中国社会科学院创新工程学术出版资助项目

A HISTORY OF BRITISH COLONIAL SERVICE

英国殖民地
公职机构简史

张顺洪◎著

中国社会科学出版社

图书在版编目（CIP）数据

英国殖民地公职机构简史／张顺洪著．—北京：中国社会科学出版社，
2018.7

ISBN 978 - 7 - 5203 - 2876 - 0

Ⅰ.①英…　Ⅱ.①张…　Ⅲ.①殖民地—国家行政机关—
政治制度史—研究—英国　Ⅳ.①D756.19

中国版本图书馆 CIP 数据核字（2018）第 168633 号

出 版 人	赵剑英
责任编辑	耿晓明
责任校对	李 军
责任印制	李寡寡

出　　版	中国社会科学出版社
社　　址	北京鼓楼西大街甲 158 号
邮　　编	100720
网　　址	http://www.csspw.cn
发 行 部	010 - 84083685
门 市 部	010 - 84029450
经　　销	新华书店及其他书店

印刷装订	北京君升印刷有限公司
版　　次	2018 年 7 月第 1 版
印　　次	2018 年 7 月第 1 次印刷

开　　本	710 × 1000　1/16
印　　张	22
插　　页	2
字　　数	335 千字
定　　价	89.00 元

凡购买中国社会科学出版社图书，如有质量问题请与本社营销中心联系调换
电话：010 - 84083683

目　　录

前　　言

　　本书旨在考察英国殖民地公职机构的历史。什么是英国殖民地公职机构呢？在这里有必要先做简要说明。从严格的概念翻译来讲，"英国殖民地公职机构"对应的英文应是 British Colonial Service。而在英文著述中，特别是在英国学者和政府的出版物中，往往只用 Colonial Service，很少前面加 British；Colonial Service 是"殖民地公职机构"之意。而"殖民地公职机构"在英文中又有单数"Colonial Service"与复数"Colonial Services"之分。1930 年之后，英文 Colonial Service 泛指整个殖民地公职机构。英国研究殖民地公职机构史的有关专家把 1837 年作为"殖民地公职机构"的开始，因为这一年英国印发了首部《殖民地规章》，为殖民地公职人员提供了关于工作职责、待遇、纪律等方面的指南。英国学术界关于这个专题的权威著作《为君主供职：皇家殖民地公职机构与海外文职机构史 1837—1997》（1999），就把 1837 年作为英国殖民地公职机构的开始。但实际上英国殖民地的"公职人员"是早已存在着的，可以说英国在海外有了殖民地就有了殖民地的"公职人员"。

　　英国的殖民事务管理结构是比较复杂的，不同类型的殖民地在英国本土属于不同的政府部门主管。例如，20 世纪 30 年代时，英国就有 4 个政府部门管理帝国事务。英国殖民统治下的印度由印度部主管；加拿大、澳大利亚、新西兰等自治领归自治领部主管；"英埃苏丹"等地则由英国外交部主管；其他的广大殖民地、保护地、委任统治地则由殖民部主管。本书讨论的殖民地公职机构是由殖民部主管的机构。英国殖民地公职机构这个概念实际上有广义和狭义之分；狭义上的殖民地公职机构主要是指管理英国殖民部主管下的管理殖民地、保护地等的公职机构。英国成立单独的殖民部是在 1854 年，一直存在到 1966 年。广义上的殖民地公职机构应该包括英帝国历史上所有殖民地的公职机构。本书主要从狭义上考察英国殖民地公职机构，但为了让读者更好地理解英国殖民地公职机构的历史，本书也从广义角度对英国殖民地公职机构进行了一定的考察和阐述。例如，本书第五章和第六章，就分别考察了"印度文官机构"和"苏丹政治机构"；这两个机构不属于英国殖民部主管，也不是狭义上的英国殖民地公职机构的一个部分。但是，它们同样是英国进行殖民统治的工具，本质上与"殖民地公职机构"没有什么区别。英国的殖民地管理机构，不管是国内的还是海外的，都比较复杂，而且处于较大的变化当中。为了便于读者比较全面地了解英国殖民地公职机构的历史，本书第一章、第二章对英国早期和 19 世纪殖民部成立前的殖民地事务管理做了简要的考察。

学术界对英国殖民地公职机构已有一定的研究。在国际学术界，研究英国殖民地公职机构的历史以英国学者为主。在英国，近些年来有代表性的专家主要就是安东尼·柯克－格林。从 20 世纪 70 年代到世纪之交，二三十年时间里，柯克－格林发表和出版了一系列关于英国殖民地公职机构的文章和著作，并成为英国现阶段研究这个专题的代表人物。柯克－格林本人曾是英国殖民地公职人员，后来在牛津大学从事教学和研究工作。在他的著述中，最有代表性的是他的两部著作，一部是《英国的帝国行政官员 1858—1966》，一部是《为君主供职：皇家殖民地公职机构与海外文职机构史 1837—1997》。这两部著作是本书重要的参考书。除这两部著作外，当今英国学术界并无其他著作从整体上专门考察英国的殖民地公职机构的历史。但是，也有著述考察英国殖民地的总督和区长的历史；英帝国史著作的一些章节讨论到殖民地的公职机构；也有一些文章讨论到与殖民地公职机构相关的问题；也有著述考察过英国殖民地公职机构中某个分支机构的历史，如梅斯菲尔德（G. B. Masefield）的《殖民地农业机构史》（1972）。像这样的学术出版物比较多，这里就不一一介绍了，在本书的正文、注释或参考文献中将会适当提及。需要强调的是，在一些"国别史"研究中，不少著作设有章节考察英国殖民统治时期的历史，有的著作也讨论到英国当时殖民地统治机构的问题，但大多只是"局部的"的介绍和探讨。

国内学术界对英国殖民地公职机构研究很少，近年除个别学者发表过相关论文外，几乎无人专门研究这个问题。但是，一些著作，特别是关于英国史、英帝国史、亚非拉美国家历史（曾经是英国殖民地的国家或地区）的著作，对英国殖民统治制度问题往往有所讨论。在撰写本书过程中，这样的学术著作也是有帮助的。在本书的正文、注释和参考文献中有所体现，这里不作介绍。

本书共分八章，第一章对英国早期殖民统治机构与殖民地管理情况做个十分简略的、很不全面的考察，时间大约从英国海外殖民之初到拿破仑战争结束。第二章考察英国最强盛时期殖民地公职机构的发展简况，时间大致是1815年至1914年。第三章考察两次世界大战时期英国殖民地公职机构的发展变化。这个时期是英国殖民地公职机构快速发展的阶段。第四章考察第二次世界大战后英国殖民地公职机构的扩展、演变、消亡的过程。从一定意义上讲，第二、三、四章是本书的核心内容。第五章和第六章分别简要地考察英国的"印度文官机构"和"苏丹政治机构"，这是英国在"英属印度"和"英埃苏丹"进行殖民统治的公职队伍。第七章对英国殖民地最高行政官员——总督的情况进行概略考察；第八章则对英国殖民地基层最主要的官员——区长的情况进行概略考察。

在撰写本书过程中，作者试图在体例、结构、内容安排和选择上做些创新性的尝试。首先，本书没有按常见的章、节、目结构方式来撰写，而是采取了比较灵活的方式安排内容。其次，在考察英国殖民地公职机构历史时，注重对每个阶段的世界格局和英帝国演变状况进行简要的阐述，以便读者能够在更广阔的历史视野下观察和理解英国殖民地公职机构发展变化的历史，用世界历史眼光来看待英帝国某个领域——殖民地公职机构发展演变的历程。第三，前四章是按"编年体"模式来撰写的；后四章则属于"专题性探讨"。这是一种尝试，希望这样的安排能够有利于读者更深入地了解英国殖民地公职机构的历史。第四，在本书多章中，专门设立了"人物小传"，对一些有代表性的相关人物做简略考评，以便读者加深对英国殖民地公职机构的认识，体会历史进程中人物角色的具体表现。此外，为了方便读者，本书脚注中的外文资料名称、作者等一律翻译成中文，在第一次出现的时候加注原名。资料信息参阅参考文献。

通过这些考察，笔者希望能够比较系统地揭示英国殖民地公职机构历史的概况：形成的过程和背景、发展演变阶段、基本结构和运行方式、人员招聘与培训，以及公职队伍的社会背景、待遇、职责等。英国殖民地公职机构的历史是英帝国史的重要部分，也是英国史的一个重要方面，当然也属于近现代西方殖民主义史不应忽视的内容。对我国学术界来说，这样的考察是世界史学科建设的基础性工作，有助于加强英国史、英帝国史、西方殖民主义史的研究，为我国世界史学科的建设和发展贡献力量。这项研究工作，首先旨在弄清楚一些基本史实；并在此基础上，坚持以马克思主义唯物史观为指导，提出具有中国学术特色的一些理论和学术见解；与此同时，从学科建设角度出发，着力弄清一些相关的概念，做到科学地构建一个比较系统的、成熟的相关领域的中文概念体系。

关于英国殖民地公职机构的历史，笔者断断续续从事了多年研究工作，曾去英国查阅过有关资料；在撰写这部著作期间，笔者特地两次到英国查阅了有关资料，特别是英国国家档案馆的文献。撰写此书，首先是查阅了一系列有关的中英文著作和文章。同时，重点查阅了不少第一手英文资料。这些文献资料包括已经出版和尚未出版的两个方面。已出版的第一手英文文献资料主要有：英国政府敕颁文书、英国殖民部印行文件、当时的报刊等；已出版的文献资料还包括一些非常重要的档案文献集，如《英国关于帝国终结的文献》（多卷本）、《关于英国海外政策的文献》（多卷本）、《关于英帝国与英联邦宪制史的文献选辑》（多卷本）。在尚未出版的档案文献当中，主要有英国内阁档案和英国殖民部档案，也使用了英国自治领部和外交部的一些档案。还有一种文献从某种意义上讲也是第一手资料，就是英国殖民官员撰写的回忆录、传记和关于殖民地事务的著述，特别是当时人、当事人撰写的与英国殖民地公职机构有关的著述。这样的著述，如弗里德里克·卢加德的《英属热带

非洲的双重委任统治》（1922）、安东·伯伦特的《殖民地公职机构》
（1930）、肯尼思·布拉德利的《曾经是区长》（1966）、约翰·史密斯
主编的《管理帝国：英国殖民地公职机构回顾》（2001）等，也是重要
的参考资料。在当时的历史发展进程中出版的有关著作，如悉尼·史密
斯·贝尔的《大不列颠的殖民管理》（1859），也是有益的研究参考
资料。

　　本书作者希望在运用大量文献资料的基础上，向学术界推出一本比
较扎实的世界史领域的专题研究作品，为读者提供一本学习和研究世界
史相关专业的有价值的参考书。但是，在这里笔者也深怀歉意地坦承，
在查阅、掌握和利用英文研究资料方面，与英国有关专家相比，我们仍
然存在一定的差距，有些第一手资料不能及时查阅到；在史料选择与甄
别上也存在一定的局限。特别提请读者注意的是，在撰写本书过程中，
有的地方只有依赖英国学者甚至是那些具有殖民统治经历、对殖民主义
怀有深情厚意的著述。在引述这类著述的材料和观点时，笔者尽量注
明，以便读者作出判断。希望读者在浏览此书时，能够意识到本书在这
方面的局限，也敬请批评指正。

第一章　英国早期殖民统治机构与殖民地管理简况

英国曾经拥有世界近现代最大的殖民帝国。1500 年之际，英国就开始了海外殖民扩张；后来逐渐建立起殖民帝国；到第一次世界大战前夕，英帝国领土达到世界陆地面积的约四分之一，人口也约占当时世界人口的四分之一，被称为"日不落帝国"。第一次世界大战后，英国作为战胜国，又获得了战败国德国的部分殖民地和奥斯曼帝国的部分领土，作为委任统治地。因而，英帝国的领土在一战后，又有所扩大。第二次世界大战后，随着英国国力和西方其他殖民国家的相对衰落，民族解放运动出现了前所未有的高潮，殖民帝国纷纷解体，英帝国也迅速走向终结。在英帝国的演变和解体过程中，形成了英联邦。英联邦于1931 年正式成立；二战后英帝国迅速解体，大多数殖民地独立后加入了英联邦，这样英帝国就逐渐向英联邦过渡了。今天，英联邦有 50 多个成员国，但英国也难以像昔日一样，在英联邦中发挥主导作用了；今天的英联邦不过是一个松散的国际组织。[①]

1. 英国早期海外殖民扩张

英帝国是在西方整个殖民扩张的时代形成和扩大的，也是随着资本

[①]　参阅张顺洪《从帝国到联邦：20 世纪英国殖民体系的演变》，齐世荣、廖学盛主编：《20 世纪的历史巨变》，人民出版社 2000 年版，第 246—267 页；参阅王振华《英联邦兴衰》，中国社会科学出版社 1991 年版。

主义的兴起而产生和扩张的。西方殖民活动是从 15 世纪末叶西方国家航海探险开始的。最突出的标志是 1492 年哥伦布远航美洲；可以说，哥伦布远航美洲开启了西方殖民扩张的时代。在西方列强的殖民扩张中，英国①从一定意义上讲是一个后来者；西班牙、葡萄牙走在了前面。在西方列强中，西葡两国率先"瓜分"世界，在海外建立起殖民帝国。

英国的海外探险活动开始得并不晚，早在 1496 年，英格兰国王亨利七世就发给水手约翰·卡伯特从事"地理发现"航行的专利权。卡伯特航行到了北美洲，到达了后来称作新不伦瑞克和新英格兰沿岸的地方。但是，英国在海外建立殖民地的行动要慢于西班牙和葡萄牙。英国的海外殖民扩张面临着与西班牙、葡萄牙的竞争。当西葡两国在海外拥有庞大的殖民地，掠夺的财富源源不断地注入欧洲时，英国人为了获取利益，不惜采取海盗行动，在海上抢劫西葡两国船只。这导致与西班牙的尖锐矛盾（1580 年西班牙合并葡萄牙）。② 实际上，海盗行为正是英国殖民扩张的一个手段。今有历史学者专门考察了海盗行为与英帝国兴起的关系。③ 1588 年，英西两国爆发了大规模海上冲突，这一年西班牙国王菲律普（亦译腓力）二世派出"无敌舰队"攻打英国，结果战败。

英国的海外殖民扩张主要分两条路线、两个方向。一是向西跨过大西洋到达美洲，主要在北美洲扩张。另一是向南再向东，在大西洋沿非洲海岸航行，绕过非洲南端好望角，到达亚洲的印度，并进一步向周边扩展。英国早期殖民扩张活动的重点是在北美洲。

1578 年，来自英格兰德文郡绅士家庭的汉弗莱·吉尔伯特（Humphrey Gilbert）获得英格兰女王伊丽莎白一世颁发的在"未占领土地"

---

① 请读者注意，1707 年英格兰与苏格兰才正式合并，此前"英国"的海外扩张往往主要是指"英格兰"的海外扩张。为了叙述方便，我们还是统称"英国"。

② 参阅钱乘旦主编《英国通史》第 3 卷，姜守明等著：《铸造国家——16—17 世纪英国》，江苏人民出版社 2016 年版，第五篇第一章《英帝国的肇始》，第 283—309 页。

③ 马克·G. 汉纳：《海盗巢穴与英帝国的兴起：1570—1740》（Mark G. Hanna, *Pirate Nests and the Rise of the British Empire, 1570–1740*），北卡罗来纳大学出版社 2015 年版。

殖民的专利权。1583 年，吉尔伯特在一次探险航行中失踪。① 英国在北美建立殖民点的第一次尝试是在 1587 年。这年 7 月，包括妇女儿童的移民团队到达了美洲，在罗阿诺克登陆，领头人是约翰·怀特（John White）。②

1606 年，弗吉尼亚公司获得英国王室特许状，负责英格兰在北美进行殖民的尝试。1607 年，英格兰人在詹姆斯敦建立起第一个永久性居民点，开始了弗吉尼亚殖民地的历史。③

1620 年，五月花号载有约 100 人到达科德角（Cape Cod），人们定居在普利茅斯。这是在新英格兰殖民的尝试。到 1625 年詹姆斯一世去世时，英格兰人已在弗吉尼亚、新英格兰和西印度群岛打下了建立殖民地的基础。英格兰出现了向北美和西印度群岛的移民潮，形成移民殖民地和贸易据点。英国在北美与西印度群岛的殖民地逐渐建立起来。北美大陆是英国的殖民扩张重点，也是英国移民的主要目的地。西印度群岛却是英国海外扩张的一个重要枢纽，在经济上占有重要地位，特别是糖的生产和贸易给英国带来巨大经济利益。④

在东方，英国殖民势力到达印度后，印度成了英国在东方殖民扩张的重点地区。1600 年，英属东印度公司成立，被授予垄断东方贸易的特权。英属东印度公司起初只是在印度沿海地区建立一些商业据点。1613 年，莫卧儿帝国准许英国人在苏拉特设立商馆。1615 年，英王使臣托马斯·罗到达印度，常驻莫卧儿帝国宫廷。1618 年，莫卧儿皇帝准许英属东印度公司在其帝国境内进行贸易。⑤ 英国人的贸易据点逐渐

---

① A. N. 波特主编：《图解英国海外扩张》（A. N. Porter, ed., *Atlas of British Overseas Expansion*），劳特利奇出版公司 1991 年版，第 8 页。

② 同上。

③ 同上书，第 10 页。

④ 参阅威廉·罗杰·路易斯主编《牛津英帝国史》（William Roger Louis, ed., *The Oxford History of the British Empire*），尼古拉斯·坎尼主编：第 1 卷，《帝国的起源》（Nicholas Canny, ed., *The Origins of the Empire*），牛津大学出版社 1998 年版，其中第 10 章的标题是《帝国的枢纽：17 世纪的加勒比与英国》（"The 'Hub of Empire': The Caribbean and Britain in the Seventeenth Century"），第 218—240 页。

⑤ 林承节：《印度史》，人民出版社 2015 年版，第 154 页。

成为拥有军事城堡的城镇,俨然是印度的"国中之国"。英国在印度的殖民扩张伴随着莫卧儿帝国的衰落。

尽管英国的海外殖民扩张晚于西班牙和葡萄牙,但17世纪时英国已成为主要殖民国家之一。在北大西洋地区,"英人(the English)是欧洲最重要的出场者";"英商是跨大西洋非洲奴隶的主要贩运者,也是与亚洲直接贸易的重要参与者"[①]。

英国海外殖民扩张的过程,也是与欧洲列强争霸的过程。争霸的主要对手在16世纪下半叶到17世纪初是西班牙。此后的17世纪争霸对手主要有"海上马车夫"之称的荷兰。在17世纪中叶和下半叶,英荷双方打了三次较大规模的战争,最后英国取得了优势。在18世纪,英国海外殖民扩张和殖民争夺的主要对手是法国,英国与法国打了几场战争,欧洲其他一些国家也卷入英法争霸的军事冲突之中。这些战争主要是:西班牙王位继承战争(1701—1714)、奥地利王位继承战争(1740—1748)、七年战争(1756—1763);拿破仑战争(1803—1815)也可以说是一场英法争霸战。

七年战争是欧洲两大集团之间的较量,其中英法之间的战争主要发生在海上,重点在北美、西印度群岛和印度。英国是七年战争的最大赢家。在这场战争中,英国夺取了法属加拿大,法国也被迫放弃了所占有的密西西比河东岸的土地;法国被迫撤出印度,只保留了几个据点。七年战争也是英国大规模征服印度的开始。经过七年战争,法国在北美的殖民势力几乎丧失殆尽,英国成为北美的殖民霸主。在失去了法国这个竞争对手后,英国与北美殖民地的矛盾反而上升了。这是美国独立战争爆发的原因之一。

拿破仑战争期间,英国乘欧战之机,又攻占了西欧国家的一些海外殖民地,如夺取了荷兰的开普殖民地和锡兰(今斯里兰卡)。拿破仑战争之后,英国加强了世界殖民霸主地位。有学者称,从1815年拿破仑

---

① 威廉·罗杰·路易斯主编:《牛津英帝国史》,尼古拉斯·坎尼主编:第1卷,《帝国的起源》,牛津大学出版社1998年版,尼古拉斯·坎尼的《前言》,第XI页。

战争结束到 1914 年第一次世界大战爆发的一个世纪是"英国的世纪"①。

在整个 18 世纪的英法争霸中，英国还加强了在非洲沿海地区、亚洲地区和澳洲地区的殖民扩张活动。18 世纪末 19 世纪初，虽然英国失去了北美 13 块殖民地，但到这个时期英国在全球范围内已形成了一个殖民帝国网络；在亚洲，印度成为英国殖民扩张的重心和基地。

在 18 世纪及以前，英国在非洲的殖民活动主要是奴隶贸易和其他殖民贸易活动，有建立殖民地的尝试，但没有很成形的殖民地。七年战争期间，英国人在西非地区从法国手中夺取了一些殖民领地。1763 年《巴黎条约》签订，结束了七年战争；英国把在冈比亚河上原来的一些商业据点合在一起，组成"塞内冈比亚直辖殖民地"②。这是英国第一次在非洲建立殖民地。以前英国在西非的利益主要由贸易公司负责，这些公司只在沿海堡垒的范围内行使管理职权。新建立的"塞内冈比亚直辖殖民地"，从组织制度上讲，类似英国在北美洲的殖民地，总督由国王任命，参事会由指定的成员组成，并建立起司法制度。18 世纪末，虽然英国在西非地区的殖民贸易上升了，但建立塞内冈比亚殖民地的尝试却没有成功。③

1787 年，英人曾将在英国被释放的一些黑人奴隶和在美国独立战争期间帮助过英国人的黑人运送到西非的塞拉利昂，试图建立殖民地。但英国政府不愿为建立这样的殖民地花钱，而是希望通过成立公司，用开展贸易活动获得的利润来维持殖民地行政管理。1791 年根据议会法案，英国成立了"塞拉利昂公司"。这个公司不得进行奴隶贸易，也不得垄断该地区的贸易。公司在后来被称作弗里敦的地方建立起殖民地，派驻了总督；1808 年由英国政府接管，塞拉利昂成为英国"直辖殖民

---

① 有学者用"英国的世纪"作为著作之名，也有学者用"英国的帝国世纪"作为书名，如蒂莫西·帕森斯的《英国的帝国世纪 1815—1914：世界史视角》（Timothy Parsons, *The British Imperial Century, 1815 - 1914: A World History Perspective*）。

② ［英］J. D. 费奇：《西非简史》，于珺译，上海人民出版社 1977 年版，第 152—153 页。

③ 同上书，第 153—154 页。

地"（皇家殖民地）。①

英国在澳洲地区建立殖民地始于 18 世纪末。首任总督是阿瑟·菲利普，于 1786 年接受总督职位。英国内政大臣悉尼勋爵于 1786 年 8 月宣布，"英王陛下认为把植物湾（Botany Bay）定为罪犯流放地是适当的"。同时，他指示海军部提供船只，将 750 名罪犯及所需物品运往澳大利亚的植物湾。②

阿瑟·菲利普被任命为总督，并兼任驻军总司令。他奉命在植物湾建立殖民地；"着手开垦土地，按最适合于获得谷物和食用根茎的办法分派罪犯从事耕作"。为协助总督处理政务，成立了刑事法庭和民事法庭；刑事法庭由 1 名军法官和 6 名军官组成，民事法庭由军法官和总督任命的两名官员组成。③

1788 年 1 月，菲利普的船队到达澳大利亚。船队很快在植物湾发现了后来被命名为悉尼湾的地方，认为此处更适合建立殖民地。英国开始了在澳大利亚建立殖民地的进程。澳大利亚的原住民则逐渐被屠杀或被驱赶到了"保留地"。

2. 英国早期殖民地管理机构

庞大的殖民帝国如何管理呢？这也是英国殖民主义者在帝国扩张过程中不得不解决的问题。帝国并不是按设计图纸规划出来的，而是在历史发展进程中，在各种力量综合作用下逐渐形成的。对殖民地管理并无既有的固定模式。可以说，英国殖民统治方式是不断变化和调整的。在英国国内，对海外殖民地事务的管理，起初并没有成熟的组织机构，管理机构逐渐发展起来，经历了很大的变化。奥利弗·莫顿·迪克森指

---

① ［英］J. D. 费奇：《西非简史》，第 231—235 页。这里的"直辖殖民地"英文是"Crown Colony"，塞拉利昂在 1808 年成为英国的"Crown Colony"；关于"Crown Colony"，我国学界有不同译法，《西非简史》的译者将其译为"直辖殖民地"；而在本书中"Crown Colony"统一译为"皇家殖民地"，而不是"直辖殖民地"。

② ［澳］曼宁·克拉克：《澳大利亚简史》，中山大学《澳大利亚简史》翻译组译，广东人民出版社 1973 年版，上册，第 18 页。

③ 同上书，第 19—21 页。

出，"17 世纪上半叶是殖民管理的开始和实验期"；北美大陆的种植园主人数不够多，财富也不够充分，在清教徒大量移民之前，没能引起英国政府的重视。① 在殖民活动初期，与贸易和拓殖地相关的事务，由国王和枢密院处理。1622 年，詹姆斯一世安排了一个专门委员会，负责调查布匹贸易衰退问题，并向枢密院汇报改进措施，以便促进"王国的财富和繁荣"。1625 年，查理一世继位不久就成立了一个贸易委员会（Commission of Trade），比詹姆斯一世成立的机构职责更广。这个机构每周开会，研究的问题不仅仅是贸易问题，也包括拓殖地其他事务。但这个机构不久就解散了。②

1634 年，查理一世任命了一个枢密院委员会，称作"国外拓殖地委员会"（Commission for Foreign Plantations）。③ 这个委员会有权给英国殖民地政府制定法律和发布命令；对犯罪行为实施惩罚；免除总督职务并要求总督们提供关于政府的报告；任命法官和治安官员，建立民事和教会法庭；听取和处理来自殖民地的控告；处理特许状和专利权，并撤销那些用不正当方式获得的特许状和专利权。④ 这个机构可能存在到了1641 年。

1640 年英国发生资产阶级革命，此后社会经历了一个时期的动荡。克伦威尔上台后，英国殖民地商业得到发展，也采取了一些措施推动英国商业发展，特别是通过了航海条例，加强英国与殖民地之间的贸易。

1660 年，查理二世复辟后，英国显然加强了对海外殖民活动的管理。查尔斯·杰弗里斯认为，在 1660 年之前"没有任何组织机构负责

---

① 奥利弗·莫顿·迪克森：《美洲殖民管理（1696—1765）：英国贸易局及其与美洲殖民地的政治、工业与管理关系研究》（Oliver Morton Dickerson, *American Colonial Government 1696 – 1765: A Study of the British Board of Trade in Its Relation to the American Colonies, Political, Industrial, Administrative*），阿瑟·H. 克拉克出版公司 1912 年版，第 17 页。

② 查尔斯·M. 安德鲁斯：《英国的贸易和拓殖地委员会，1622—1675》（Charles M. Andrews, *British Committees, Commissions, and Councils of Trade and Plantations, 1622 – 1675*），约翰·霍普金斯出版社 1908 年版，第 9—13 页。

③ "拓殖地"的英文是"Plantation"，也可译为"种植园"，在这里应该与"殖民地"（Colony）可以交换使用。

④ 查尔斯·M. 安德鲁斯：《英国的贸易和拓殖地委员会，1622—1675》，第 16—17 页。

处理北美和西印度殖民定居点的相关事务。一切都是新的和实验性的，没有任何先例可循。"他认为1660年到1782年，可被视为英国处理海外领地的第一阶段。①

1660年7月4日，英王任命了一个由勋爵组成的委员会，即贸易和拓殖地局委员会（Committee of the Board for Trade and Plantations）。② 这是一个枢密院委员会，具有常设委员会的特征。在1675年，委员会承担了对贸易和拓殖地事务的全盘管理，直到1696年。③ 枢密院委员会在成立之初，就研究过任命殖民地总督的问题。

1660年末，查理二世颁发了两个委任状，成立了贸易委员会（Council of Trade）和国外拓殖地委员会（Council for Foreign Plantations）。同年，成立了皇家非洲公司（Royal African Company），具有在西非沿岸贩卖奴隶的垄断权。贸易委员会由62位成员组成，国外拓殖地委员会由48位成员组成，皇家非洲公司由66位成员组成。三个机构的成员有所交叉；有28位是前两个机构的共同成员，8位是三个机构的共同成员，11位是贸易委员会和皇家非洲公司的共同成员。商人、船长、种植园主们进入了这三个委员会。这些人对贸易和拓殖地事务非常熟悉，并且与拓殖地有着密切关系。④

拓殖地委员会和贸易委员会存在的时间并不长。其中，拓殖地委员会于1660年12月举行了第一次会议，而有记录的最后一次会议则是在1664年8月；这个委员会可能到1665年春就解散了。贸易委员会在1660年11月举行了第一次会议；最后有记录的活动则是1664年7月涉及苏格兰贸易问题的报告，名义上存在到1667年。⑤

1670年，英国王室颁布委任状，组成了新的拓殖地委员会。这个

---

　① 查尔斯·杰弗里斯爵士：《殖民部》（Sir Charles Jeffries, *The Colonial Office*），牛津大学出版社1956年版，第24页。

　② 查尔斯·M. 安德鲁斯：《英国的贸易和拓殖地委员会，1622—1675》，第62页。

　③ 查尔斯·M. 安德鲁斯：《英国的贸易和拓殖地委员会，1622—1675》，第63页；参阅奥利弗·莫顿·迪克森的《美洲殖民管理（1696—1765）：英国贸易局及其与美洲殖民地的政治、工业与管理关系研究》，第19页。

　④ 查尔斯·M. 安德鲁斯：《英国的贸易和拓殖地委员会，1622—1675》，第67—68页。

　⑤ 同上书，第74—88页。

机构的主要功能是：全面调查拓殖地状况，采取一切措施了解有关总督的权力和行使情况，以及拓殖地的教区、种植园主、奴隶等情况；并对总督下达关于处理与印第安人、荷兰人、法国人、西班牙人关系的指令，促进热带作物的生产；弄清哪些岛屿最适合养殖牲畜和种植英格兰所需的作物；研究获取奴隶和雇工的办法，处理殖民地贸易，保证航海条例的实施，调查殖民地政府的行为，审查殖民地法律；了解殖民地地理和相关信息；促进传教活动；研究殖民地防务问题；了解他国改善贸易和拓殖地的制度。①

国外拓殖地委员会于 1670 年 8 月召开第一次会议。此后，会议召开比较频繁，在工作期，可能一周两次。这个委员会比以前的委员会考虑和处理殖民地事务更加广泛，对殖民地政府调查更加细致。委员会还扮演了一个重要角色，即起草各种关于总督的委任状和训令。② 该委员会也从枢密院获取殖民地通过的法律文本并对其进行评论，同时向枢密院或者国务大臣推荐适合担任殖民地职务的人选。在这个方面，该委员会的特别任务是选择特别专员并给予指令，到殖民地去解决一些棘手的问题。拓殖地委员会也处理对殖民地政府不满的请愿书和抗议书。③

1672 年，拓殖地委员会新组合成为贸易和拓殖地委员会（Council of Trade and Plantations）。这个委员会的主要功能是负责有关"殖民地"和"拓殖地"的"福利"，负责英国与殖民地、拓殖地的贸易与航行事务，并就航行、商业、对外事务等问题给国王充当顾问。④

关于英国与殖民地（拓殖地）的贸易问题，主要任务是增加用于国内的原材料并改善其品质，促进制成品销售，改善国内外渔业贸易，开通港口，排除对英国贸易及制造业的干扰与破坏。⑤ 贸易和拓殖地委员会更注重对殖民地总体状况进行调研，以充分获取关于委员会、法院、

---

① 查尔斯·M. 安德鲁斯：《英国的贸易和拓殖地委员会，1622—1675》，第 99—101 页。
② 同上书，第 101—103 页。
③ 同上书，第 104 页。
④ 同上书，第 106—107 页。
⑤ 同上书，第 108—109 页。

立法、行政权、法律、民兵、防御工事、武装与军火等方面的信息。①

查尔斯·M. 安德鲁斯指出："在总督和其他官员任命建议上，在评判殖民地法律上，在核查殖民地参事提名上，在与总督通信中，在与商业有联系的所有事务方面组织有效的交流和监管制度上，在向枢密院的国王报告上——简言之，在殖民事务的控制与管理上，1672 年的委员会把英国殖民政策置于比以前任何时候更广泛、更全面的基础之上，开创了比此前任何机构更加周密的殖民控制制度。"② 总的讲，贸易和拓殖地委员会控制与管理殖民地事务，加强了英国的殖民扩张和殖民统治。

1688 年英国发生"光荣革命"后，议会权力增大了，议会加强了对殖民地事务的管理。在议会影响下，威廉三世于 1696 年颁发委任状，成立了一个贸易局（Board of Trade）。这个机构由实际的成员和名义上的成员组成，实际的成员有 8 位。贸易局成员有时被召参加内阁会议。根据工作内容，贸易局 3 位或 5 位成员构成法定人数。关于贸易或拓殖地一般问题，3 位即构成法定人数；但若向国王或枢密院提交关于拓殖地事务的报告，通常需要 5 位成员签字。③

贸易局被赋予的职责很多。首先，贸易局负责英格兰一般贸易和与部分国家的贸易事务。这个局还要促进能够营利的计划，推进有用的和营利的制造业。这一职责是当时重商主义思潮的体现。第二，贸易局还有责任"照顾穷人并雇佣他们"，不让英国增加负担。贸易局的第三大功能是"关心拓殖地"。"贸易局最重要的职责是使殖民地在商业上对母国有利。"④ 贸易局还要了解殖民地有什么样的制成品，能够促进什么样

---

① 查尔斯·M. 安德鲁斯：《英国的贸易和拓殖地委员会，1622—1675》，第 109—110 页。这里殖民地的"委员会"英文是"Councils"，根据不同情况，可能是指"参事会"，或"行政会议"和"立法会议"中的"会议"。

② 查尔斯·M. 安德鲁斯：《英国的贸易和拓殖地委员会，1622—1675》，第 110—111 页。

③ 奥利弗·莫顿·迪克森：《美洲殖民管理（1696—1765）：英国贸易局及其与美洲殖民地的政治、工业与管理关系研究》，第 22—24 页。

④ 同上书，第 24—25 页。

的制成品，应该控制什么样的制成品，以便维护英国制造商的利益。①

贸易局能够掌握给予总督们的训令，并与总督们进行通信联系，要向国王汇报重要的通信内容。贸易局可以向国王建议担任殖民地总督、副总督、秘书长及其他一些殖民地官职的人选，以便国王任命。贸易局负责审查殖民地大会（colonial assemblies）通过的法律，并将审查意见向国王和枢密院报告。贸易局也听取来自殖民地的诉讼，并向国王报告其处理建议。贸易局要求就殖民地大会筹集的资金及用于公共目的的开支提交严格的报告；有权派人对殖民地进行检查和处理有关事务。② 可见，贸易局对殖民地事务有比较大的干预权。自 1696 年成立起，贸易局就成为"英国政府与殖民地的交流中介，是英格兰最熟悉殖民事务的机构"③。贸易局主要通过南方大臣向国王和枢密院汇报。1752 年时，殖民地的总督们被要求直接向贸易局单独汇报。

贸易局存在 80 多年间，其权力范围经历了一些变化。1765 年权力达到顶峰。但是，1766 年的一道枢密院敕令规定所有与商业和殖民地相关的举措应由国王，或枢密院委员会，或主要的国务大臣来制定。这道枢密院敕令使贸易局变成了一个咨询机构，贸易局重要性下降了，并于 1782 年被撤销。英国后来成立过新的"贸易局"，但其功能发生了变化，主要关注商业活动，淡出了英国殖民事务。

有学者认为，"18 世纪英帝国行政管理体系的中心机构是国王的枢密院"。这个机构由英格兰、苏格兰、威尔士的高官组成，是管辖英国和英帝国的职能部门。最重要的成员是国务大臣和政府各部的部长；而在殖民地管理上，最重要者则是南方大臣（Secretary of State for the Southern Department）。④

---

① 奥利弗·莫顿·迪克森：《美洲殖民管理（1696—1765）：英国贸易局及其与美洲殖民地的政治、工业与管理关系研究》，第 25 页。

② 同上书，第 25—26 页。

③ 阿瑟·赫伯特·巴斯耶：《殖民大臣，1768—1782》，《美国历史评论》（Arthur Herbert Basye, "The Secretary of State for the Colonies, 1768 – 1782", *The American Historical Review*），第 28 卷，第 1 期（1922 年 10 月），第 15 页。

④ 马克斯·萨维尔等：《殖民地时期美国史》（Max Savelle, et al., *A History of Colonial America*），美国伊利诺伊州：德赖登出版社 1973 年版，第 468—469 页。

在贸易局权力下降的同时，1768 年英国新成立了一个政府部门①，并设立了一位新国务大臣职位，主要职责是管理北美殖民地。关于这位大臣如何称呼，当时的人们和后来学术界都有争议，有的称"殖民大臣"，有的称"第三国务大臣"，相关大臣曾自称为"国王陛下首辅国务大臣之一"②。此前，北美殖民地事务由南方大臣负责，南方大臣同时负责南部英格兰、威尔士、爱尔兰、美洲殖民地以及与欧洲天主教国家和伊斯兰教国家关系等事务。关于这个新设立的大臣如何称呼，阿瑟·赫伯特·巴斯耶曾撰文专门讨论过，但正如作者坦陈的，"整个讨论是非结论性的"③。之所以有这样的争议，与这个"国务大臣"职位存在时间很短也有关系。1782 年，随着北美 13 块殖民地的丧失，该"殖民大臣"职位被撤销，其主管的殖民地事务转交英国内政大臣（Home Secretary）负责。

在欧洲大陆，1789 年法国爆发革命。为了防止法国革命的冲击，欧洲主要大国包括英国组成了武装干涉法国的同盟。1793 年第一次反法同盟组成，英国是主要参加国之一。1794 年，英国成立战争部，任命了战争大臣（Secretary of State for War），首任大臣是亨利·邓达斯（Henry Dundas）。

1801 年，战争大臣更名为"战争和殖民大臣"（Secretary of State for War and the Colonies），英国殖民事务转归这位大臣主管；"当殖民事务从一个部转移到另一个部时，没有一个人从内政部调到战争部"，只有职责和档案材料的转移。④ 第一任战争和殖民大臣是罗伯特·霍巴特勋爵（Lord Robert Hobart）。

美国独立后，英国海外殖民扩张并未停止步伐。在拿破仑战争期间，英国又占领了其他国家的一些殖民地，殖民地管理任务增长了。为

---

① 这里的"部"英文是"Department"，而 1854 年成立的单独的殖民部中的"部"英文则是"Office"。

② 在 1768 年到 1782 年之间，存在一个"第一殖民部"（The First Colonial Office）。但当时并没有使用"Colonial Office"这个概念。

③ 阿瑟·赫伯特·巴斯耶：《殖民大臣，1768—1782》，《美国历史评论》，第 28 卷，第 1 期（1922 年 10 月），第 23 页。

④ D. M. 扬：《19 世纪早期的殖民部》（D. M. Young, *The Colonial Office in the Early Nineteenth Century*），朗曼出版公司 1961 年版，第 11—13 页。

了加强对殖民事务的管理，在战争大臣下面，设立了国务次官。例如，在战争和殖民部，罗伯特·皮尔（Robert Peel）曾担任国务次官（1810年6月至1812年8月）；他被视为"这个部第一位能够把自己所有注意力放在殖民事务上长达几个月的国务次官"[1]。亨利·古尔本（Henry Goulburn）接替罗伯特·皮尔担任国务次官（1812年8月至1821年12月），"在殖民事务处理上，马上出现了进一步改进"[2]。

可见，英国对殖民事务管理逐渐走向正规化，总体上呈不断加强之势。关于英国对殖民事务管理的加强和殖民部的发展，本书第二章还将继续考察。在17、18世纪，英国尚未建立起后来称作的"殖民地公职机构"（Colonial Service）的机构。但是，在海外有了殖民地，英国就得派出人员进行统治，所以可以讲，管理殖民地的"公职人员"是早在殖民地建立之初就有的。在较早时期，管理殖民地的一种典型做法是由君主任命一位总督，辅之以一位殖民秘书（Colonial Secretary，本书一般译为秘书长）和一位首席法官（Chief Justice）。殖民地的其他行政管理人员则主要由总督运用其自身权力，任命本地人员来帮助总督管理殖民地。[3] 当然，需要注意的是这种情况是处于不断发展变化当中的。英国早期海外殖民地主要是"移民殖民地"，有大量来自英国的白人殖民者，总督可以从这些人当中挑选人员帮助他统治殖民地。而到了19世纪，英国占领了大量的"被征服的殖民地"，居民以本土人为主体，因此英国管理殖民地的模式随之发生变化。

3. 英国殖民地的权力结构

英国殖民地的权力结构是比较复杂的，处于不断变化当中，不同殖民地情况也有差异。学者们研究考察时，在有些表述上也不尽相同。

---

[1] D. M. 扬：《19世纪早期的殖民部》，第16—17页。
[2] 同上书，第17页。
[3] 安东尼·柯克-格林：《为君主供职：皇家殖民地公职机构与海外文官机构史，1837—1997》（Anthony Kirk-Greene, *On Crown Service: A History of H. M. Colonial and Overseas Civil Services, 1837 – 1997*），J. B. 陶里斯出版公司1999年版，第6页。

英国在海外建立殖民地，是以王室名义进行的，王室在海外殖民扩张殖民统治当中发挥了重要作用。当然，王室不仅仅代表王室家族自己，而是英国国家的代表，发挥着英国政府的作用。"对美洲和西印度群岛的王室殖民地而言帝国权威直接以君主的名义来履行。"[1] 在早期阶段，英国对殖民地的管理，主要是由殖民地总督来进行的。总督一般是由王室任命的，但在一些情况下实际的确定权掌握在公司手中。王室任命的总督或副总督在王室殖民地（Royal Colony）履行行政、司法和立法权。殖民地的总督所代表的"君权"一般认为比在英国的更大；总督不仅履行王室的大多数职能，而且履行殖民大臣和财政大臣的一些职能，还要履行军队司令的职能。[2] 也可以说，总督"戴着两顶帽子"，一是"国王的代表"，一是"殖民地社会的主管官员"。当时，英国在北美的大多数殖民地是"王室殖民地"，总督由王室任命；给予总督的训令一般由贸易局拟定，由南方大臣或其他部长下达，反映枢密院和君主的意愿。[3]

在王室殖民地，政府一般由总督、一个任命的委员会（Appointed Council）和一个选举产生的大会（Assembly）组成。总督代表着英国利益，任命的委员会辅助总督履行政府职责；由殖民地选举产生的大会则更多地代表殖民地本身的利益，当然主要是代表殖民地上层阶层的利益。这样，英国作为宗主国与殖民地或更确切地说殖民地上层阶层的矛盾就主要表现为总督与大会之间的矛盾。这一矛盾从一定意义上讲，就像英国君主与议会之间的矛盾一样。这一矛盾达到不可调和的程度时，就会爆发危机。而18世纪下半叶美国独立战争正是这种危机最突出的体现。

英国在海外的殖民地众多，殖民地类型也不完全一样，不同类型的殖民地结构上也不尽相同。这个时期，英国海外殖民地是以王室殖民地为主，有的中文著作中将其称作"皇家殖民地"。而在英文概念上，

---

① 威廉·罗杰·路易斯主编：《牛津英帝国史》（William Roger Louis, ed. , *The Oxford History of the British Empire*），第 2 卷，P. J. 马歇尔主编：《18 世纪》（P. J. Marshall, *The Eighteenth Century*），牛津大学出版社 1999 年版，第 107 页。

② 威廉·罗杰·路易斯主编：《牛津英帝国史》，第 2 卷，P. J. 马歇尔主编：《18 世纪》，第 110 页。

③ 马克斯·萨维尔等：《殖民地时期美国史》，第 472、490—491 页。

"王室殖民地"与"皇家殖民地"是有差别的;"王室殖民地"的英文
是"Royal Colony";后来的"皇家殖民地"的英文则是"Crown Colo-
ny",主要是指 19 世纪和 20 世纪上半叶并非以白人移民为人口主体的
殖民地。① A. W. 阿博特对"皇家殖民地"曾做过解释。他认为"皇家
殖民地"一词直到进入 19 世纪好长时间之后才使用,但这种制度在此
前一个时期是存在的。在皇家殖民地,政府的形成不是源自议会,而是
源自拥有王室特权的君主,王室特权通过颁布枢密院敕令的方式来实
施。总督作为英王的代表被任命到殖民地任职,掌握着行政权力。当地
的大会也有可能投票征税,或制定法律,或表达意见,但总督最终是对
英王负责,而不是对殖民地的立法机构负责。②

有学者将"王室殖民地"和"皇家殖民地"视为同一概念,用
"皇家殖民地"取代了"王室殖民地"。其实,两者是有一定区别的。
这里不妨先讨论一下"王室殖民地"与"皇家殖民地"的差异。"王室
殖民地"的英文概念学术界并不常用,它属于"旧的代议制制度"
(Old Representative System)。在这种"旧的代议制制度"下,殖民地的
立法机关由一位总督、一个任命的委员会(Council)和一个选举产生
的大会(Assembly)组成,依照的是母国英国的模式:国王、贵族院
(议会上院)和平民院(议会下院)。这是以英国移民为人口主体的殖
民地的政治模式。英国在北美的殖民地主要采取这种政治模式,可以说
它在很大程度上照搬了英国的"民主模式"。在这种制度下,殖民地的
权力比较大,这种权力主要通过由选举产生的大会来体现。③

---

① 请读者注意,在学术出版物中,这两个概念是含混的;不同作者可能会有不同的翻
译;在本书中,我们坚持这样的译法,把两者区别开来。

② A. W. 阿博特:《皇家代理人及其部门简史》(A. W. Abbott, *A Short History of the Crown
Agents and Their Office*),奇西克出版社 1959 年版,第 11 页。

③ 马丁·怀特:《英国殖民地宪法》(Martin Wight, *British Colonial Constitutions*),牛津:
克拉林敦出版社 1952 年版,第 15—17 页;弗雷德里克·马登等主编:《关于英帝国与英联邦
宪制史的文献选辑》,第 5 卷《依附帝国和爱尔兰(1840—1900):代议制自治政府的进与退》
(Frederick Madden with David Fieldhouse, *Select Documents on the Constitutional History of the British
Empire and Commonwealth*, Vol. Ⅴ: *The Dependent Empire and Ireland 1840 – 1900: Advance and Re-
treat in Representative Self-Government*),第 4 章《皇家殖民地政府》("Crown Colony Govern-
ment")。

　　"皇家殖民地"的英文概念使用更为广泛，不管是在英国的政府文件当中，还是在学术著作中，都有广泛应用。"皇家殖民地"制度取代"旧的代议制制度"；从这个意义上讲，"皇家殖民地"也就取代了"王室殖民地"。在"皇家殖民地"制度下，殖民地的立法机关由总督和一个委员会（Council）组成，通常相当长一个阶段立法机关中没有选举产生的大会（Assembly）。而这个委员会的成员起初是任命的，不是选举产生的，为总督提供咨询。在这种制度下，"皇家"控制着所有事情。这种制度比旧的代议制更为专制。但是，这种"皇家殖民地"是演变的，虽然演变得比较慢。立法机关中的委员会（Council）后来发展成为两个部分：行政会议（Executive Council）和立法会议（Legislative Council）。行政会议像英国旧有的枢密院（Privy Council）一样，一般由政府主要部门的首脑组成，也通常有非官方成员；行政会议就政策问题为总督提供咨询；这个机构从殖民地总督的咨询机构缓慢地向殖民地的政府机关"内阁"演变。行政会议负责处理该殖民地的公职机构队伍的风纪问题。立法会议则成为殖民地的立法机关；在不同发展阶段，立法会议可能包括官方成员、指定的非官方成员和选举的非官方成员；非官方成员，特别是选举的非官方成员的增多，就意味着殖民地本土力量的增强，英国总督权力的相对下降。① 在有的殖民地，立法机关也演变为立法大会。

　　"王室殖民地"与"皇家殖民地"，在本质上没有什么差别。在北美的王室殖民地，总督是政府首脑，代表着英王，依据英王颁发的特许状和王室训令行使权力。总督代表英王统治殖民地。王室殖民地设有参事会②，其功能是协助总督工作，是总督的顾问；参事会有立法权，相

---

　　① 马丁·怀特：《英国殖民地宪法》，第15—17页；弗雷德里克·马登等主编：《关于英帝国与英联邦宪制史的文献选辑》，第5卷《依附帝国和爱尔兰（1840—1900）：代议制自治政府的进与退》，第4章《皇家殖民地政府》。

　　② "参事会"英文是Council，国内学术界有多种翻译。前辈学者多把英国殖民地的总督之下的Council译成"参事会"，可以说已约定俗成；在本书中，参阅或引用国内有关学者著作时，也保持使用"参事会"；但同时，本书在大多数情况下使用新的翻译法，如"行政会议"中的"会议"就是"Council"的中文，"立法会议"中的"会议"也是"Council"的中文。请读者留心这样的不同翻译法。

当于英国议会的上院；参事会还有司法权，是殖民地的最高法院。参事会成员由英王任命，总督可以推荐人选。[①]

同时，殖民地还设有立法机关，称作大会，英文是"Assembly"，其职能相当于英国议会，但没有英国议会的权力大。在北美英国殖民地，首次召开这样的大会是在1619年；这一年7月30日，弗吉尼亚总督乔治·亚德利爵士（Sir George Yeardley）在詹姆斯敦召集殖民者举行了这样的一个代议性质的大会。[②]

把殖民地的大会直接称作议会是不准确的，也是不恰当的；在中文里，也不应将"Assembly"（大会）翻译为"议会"。议会的英文是Parliament，一般是指拥有主权的独立国家的立法机关。"光荣革命"后，英国本土建立起君主立宪政体，君主权力下降，议会权力上升，在殖民地选举产生的官员的"政治合法性"逐渐大于任命的官员的"政治合法性"。1689年之后，英国已接受了殖民地大会作为必要的立法机关和在殖民地征税的必要机构。有学者指出："1689年之后，帝国权威机关承认了在所有已建立起来的殖民地中，选举产生的大会对立法和地方税收是必要的。"[③] 显然，各个殖民地的情况不完全一样，大会获得的权力也不尽相同，也不是同步的。殖民地的大会代表殖民地的上层。随着殖民地力量的增强，其权力也不断扩大，不断从总督手中夺取权力。大会有权监督殖民地政府的财政支出，也掌握了一定的行政权；大会还有任命一些官员如征税官、税务检察官员等的权力。[④] 有学者指出："求助于特许状权利、英国人权利和惯例，殖民地大会逐渐扩大了其关于政府账目与开支、纸币发行以及王室官员薪水与费用的权力。大会也侵蚀了总督提名或任命岁收官员、殖民地代理人、公共印刷商和法官的权力，及掌控印第安贸易、军事事务和地方

① 参阅杨生茂、陆镜生《美国史新编》，中国人民大学出版社1990年版，第42—43页。

② 路易斯·B. 赖特、伊莱恩·W. 福勒主编：《英国对北美的殖民化》（Louis B. Wright and Elaine W. Fowler, eds., *English Colonization of North America*），爱德华·阿诺德出版公司1968年版，第40—53页。

③ 威廉·罗杰·路易斯主编：《牛津英帝国史》，第2卷，P. J. 马歇尔主编：《18世纪》，第111页。

④ 杨生茂、陆镜生：《美国史新编》，第43—44页。

法庭的权力。"①

　　讨论英国在北美殖民地的统治时，国内有学者指出："英王以特许状的形式，向私人或民间团体授予建立、管理和享有殖民地的权利。多数殖民地的政治权威源自特许状。按照授予的对象不同，北美殖民地的特许状可分3类：王室特许状、业主特许状和公司特许状。特许状在其生效的殖民地具有基本法的地位，除英国当局之外，任何个人和团体都无权加以改变或取消；在业主殖民地和自治殖民地，更改特许状需要得到该殖民地居民的同意，或者有明显的证据表明殖民地违反了契约。特许状通常规定了殖民地政府的形式与原则，以及殖民地居民的权利和义务。英国根据特许状和相应的惯例对殖民地进行管辖，而殖民地则根据特许状组成政府，制定和实施不违背英国法律和习俗的法令规章。"② 这段文字简要地说明了英国北美殖民地的一般管理原则和形式。

　　17、18 世纪，英国在美洲的殖民地除了北美洲的外，中美洲的西印度群岛地区也有一些小块的殖民地。这些殖民地的管理体制与北美殖民地的管理模式差不多。这种体制称为代议制（representative institutions），就是"旧的代议制制度"。其管理形式是：一位作为英王代表的总督，一些级别较低的官员，由被任命的人员组成的一个顾问性的参事会，和一个由选举的成员组成的可以制定法律的大会（Assembly）。在这种体制下，总督权力仍是比较大的；总督是军队的司令，能够颁布军事法，能够召开和解散立法大会，并能否决立法大会的决定。官员的任命大多数仍然是由英国决定的。殖民地的立法大会就像在北美大陆一样，要求并且很重视保护与英国议会所享有的同样的特权，如立法大会的成员免于因欠债而被捕等。③

──────────

① 威廉·罗杰·路易斯主编：《牛津英帝国史》，第 2 卷，P. J. 马歇尔主编：《18 世纪》，第 111—112 页。

② 刘绪贻、杨生茂总主编：《美国通史》第 1 卷，李剑鸣著：《美国的奠基时代：1585—1775》，人民出版社 2008 年版，第 254 页。

③ 威廉·罗杰·路易斯主编：《牛津英帝国史》，第 2 卷，P. J. 马歇尔主编：《18 世纪》，第 434 页。

牙买加是英国在西印度地区占领较早的殖民地。1655 年，英国资产阶级革命时期，克伦威尔派海军从西班牙手中夺取了牙买加，1670 年《马德里条约》确认了英国的占领。牙买加是英国在西印度地区最大的岛屿殖民地。英国夺取牙买加实行了短期的军事管理后，即推行如下制度：法律由总督、参事会、立法大会通过后施行，如果英王没有批准，其有效期仅为两年。[①] 对此，殖民地种植园主们提出异议说："总督既然是国王的代表，他的行动应该对国王有约束力，不要由于等待最后决定而阻碍或中止这样通过的法律的实施。"[②] 殖民地与宗主国的矛盾特别体现在殖民地法律的制定方面。到 1680 年时，形成了这样的状况；"殖民地议会"制定的法律必须符合英国法律的精神，必须在三个月内送到英国审查，总督有否决权，英王也可以驳回。[③]

英国的海外殖民地大体上讲有两类：一类人口以英国移民及其后裔包括欧洲他国移民及其后裔为主，一类人口以被占领土地上的本土居民为主。早期在美洲的殖民地为第一类殖民地，美洲的原住民大多被屠杀或被驱赶了。以白人移民为主的殖民地，居民享受的政治权利要高于以原住民为主的殖民地。英国移民及其后裔将英国的民主意识带到海外，促使他们从母国争取更多的政治权利。英国资产阶级革命时期的复辟国王查理二世曾经宣称：牙买加的英国人及其子女"从出生之时起，即被确认为英国的自由公民；而且，无论哪一方面，均得与英国出生的自由臣民享有同等的特权"[④]。在英国西印度群岛的各岛屿殖民地，其政府形式"非常像英国政府的缩影"。每个殖民地，英国派遣一位总督，并设立了参事会和一个具有立法功能的大会。总督是

---

① ［特］埃里克·威廉斯：《加勒比地区史（1492—1969）》，辽宁大学经济系翻译组译，辽宁人民出版社 1976 年版，上册，第 275 页。

② ［特］埃里克·威廉斯：《加勒比地区史（1492—1969）》，上册，第 275 页。

③ ［特］埃里克·威廉斯：《加勒比地区史（1492—1969）》，上册，第 275 页；关于英国在加勒比地区如何进行殖民统治，参阅 D. H. 菲格雷多、弗兰克·阿尔戈特 - 弗雷雷《加勒比海地区史》，王卫东译，中国出版集团、中国大百科全书出版社 2011 年版，第 48—50 页。

④ ［英］J. H. 帕里、P. M. 舍洛克：《西印度群岛简史》，天津市历史研究所翻译室译，天津人民出版社 1976 年版，第 388—389 页。

国王的代表；参事会由国王任命的成员组成，在立法体系上像英国上议院；立法大会由自由业主选举出来的代表组成，相当于英国的下议院。西印度的情况也表明，殖民地在政府形式上模仿了英国政治模式。当然，实际上殖民地与宗主国的政治体制是不一样的。"光荣革命"后，英国的议会下议院权力不断上升，国王的权力和上议院的权力则呈下降趋势，而在殖民地这种变化是缓慢的。而且，从人口成分上讲，在英国不管有没有选举权，国民都是"自由公民"，而在殖民地"自由公民"只是人口的小部分。① 殖民地还有很多奴隶和原住民，他们没有选举权，也不属于"自由公民"；在很长时期，由于财产方面的限制，下层民众也没有选举权。

在这样的殖民地，在总督与立法大会之间存在着突出的矛盾。总督代表着英国的利益，掌握着殖民地行政权，而由选举的代表组成的立法机关则主要代表着殖民地上层利益集团的利益，他们控制着"钱"，总督管理殖民地需要财政开支时，得由他们投票赞同。因此，总督往往有求于殖民地的立法机关，立法机关也往往利用"财权"与总督讨价还价。

关于英国殖民地权力结构问题，英帝国通史专家 T. O. 劳埃德有一段概括性表述，值得注意，特引述如下。"权力结构基于一位总督，一个负责日常事务的委员会（Council，可译为参事会）和一个通过法律、表决税收、表达公众情绪趋向的大会（Assembly），对所有熟悉英国的国王、枢密院、议会制度的人来说，看来是一种自然的安排。这种结构证明是非常有韧性的；在以后三个半世纪，英国制定的大多数殖民地宪法显示出与弗吉尼亚公司行事方式的相似性，虽然有时候有改进，如成立一个立法会议作为上院与大会共事；在几种情况下，特别是当人口大多数不是英国后裔时，这个立法机构是由任命产生的而不是由选举产生的。"② 这是劳埃德讲述 17 世纪初北美殖民地——弗吉尼亚的权力结构

---

① ［英］J. H. 帕里、P. M. 舍洛克：《西印度群岛简史》，天津市历史研究所翻译室译，天津人民出版社 1976 年版，第 389—390 页。

② T. O. 劳埃德：《英帝国史，1558—1983》（T. O. Lloyd, *The British Empire 1558 – 1983*），牛津大学出版社 1984 年版，第 18 页。

时撰写的一段文字。

在 18 世纪时，西印度群岛的英国殖民地有一种现象值得注意，即在殖民地，如牙买加，许多行政职务由英王授予了居住在英国的人。持有这些特权的人"又把这些官职承包或租给在牙买加执行职务的代表人或转包人，他们每年对原主汇寄几千英镑。"① 这一事实表明，当时英国殖民地存在着卖官鬻爵的腐败现象。

4. 英国对印度的殖民统治

印度是英国在亚洲殖民扩张的重心。18 世纪下半叶，英国加快了在印度的殖民扩张步伐。1757 年普拉西战役，英国占领了孟加拉地区，在印度开始了大规模的武力征服行动。当 18 世纪末叶北美 13 个殖民地独立后，英国在海外的殖民帝国重心从北美移到了南亚。

英国在印度的殖民扩张活动在早期主要是由英属东印度公司进行的。东印度公司成立于 1600 年，从英王处获得了特许状，拥有英国在东方的贸易特权。东印度公司从其诞生起就不仅仅是一个从事纯商业活动的公司，除垄断贸易外，还拥有殖民扩张和殖民统治的权力，可以说它拥有"政权"和"军权"。英属东印度公司的权力是逐渐增长的，多次从国王和议会获得授权。公司拥有对公司职员的立法权和司法权；拥有建立要塞、任命和管理官员的权利；拥有建立军队的权利；有权建立铸币厂，造印度货币供公司在印度使用；有权对非基督教民族宣战或媾和；有权自行处理战争得到的领土，但英王保留着对公司所占领土的最高领有权；公司还有权建立市政府和法院。②

东印度公司由英王授权成立，但在 18 世纪 70 年代之前，英王或英国政府并不直接干预东印度公司事务。对公司活动的管理掌握在总督和

---

① ［英］J. H. 帕里、P. M. 舍洛克：《西印度群岛简史》，第 396 页。

② 林承节：《印度近现代史》，北京大学出版社 1995 年版，第 33 页；关于东印度公司在印度的早期殖民扩张活动，参阅汪熙《约翰公司：英国东印度公司》，上海人民出版社 2007 年版，第 2 章、第 3 章、第 4 章。

董事会（Court of Directors）手中。董事会在伦敦，由 24 位董事组成；董事要向业主大会（或股东大会）（Court of Proprietors）报告，由业主大会任命董事。[①]

18 世纪中叶，英国开始大规模武力征服印度后，在印度的殖民统治有两种形式，或者说把印度分成了两个部分。一部分是属于"附属国"的土邦，一部分则由英国直接统治，称为"英属印度"（British India）。这些土邦并非都是由武力征服的，也有通过订立条约的办法变为英国附庸。通常条约的主要内容是：英国驻扎军队，费用由土邦的王公负担；外交上，土邦接受英属东印度公司的监护；[②] 王公们的王位继承要经东印度公司批准。英国在各土邦的驻扎官实际上是"太上皇"[③]。

英国对印度的殖民统治较长时期采取了"双重权力重心"的形式。东印度公司征服孟加拉地区后，由公司在孟加拉建立起政权。东印度公司在伦敦的董事会成为印度最高权力机构，而公司在印度的政府则是执行机构。但是，因为英王对英属东印度公司占领的土地具有最高领有权，英国政府就可干预对印度的管理。从 18 世纪下半叶开始，英国在印度开展了大规模武力征服，所占领土越来越多。与此同时，英国通过议会立法等方式对东印度公司活动的干预也不断加强，对印度的殖民统治权逐渐从东印度公司向英国政府过渡。

1773 年，英国议会通过了《管理法》（Regulating Act），后来通常称作为《东印度公司法》。该法规定：东印度公司董事会今后要将从印度寄回的有关税收的信件交给财政部，并把有关民政和军政的信件交给国务大臣；孟加拉管区总督（Governor）升格为英印大总督（Governor-General），由 4 人组成的参事会辅佐；总督和参事会接受公司董事会的指令，但由英王任命。第一位英印总督是沃伦·哈斯丁斯（Warren Hastings），他仍兼任孟加拉管区的总督。一定意义上讲该法建立了英占印

---

① 林承节：《印度近现代史》，第 32 页。
② 同上书，第 57 页。
③ 同上书，第 65 页。

度的"中央政府"①。同时,该法还规定在加尔各答建立最高法院。这是代表英王的法庭,法官由英王任命,负责审理在印度的公司职员和英国臣民的案件。②

早期阶段,英属东印度公司在印度形成了三个大管区,各管区设有总督和参事会。1773 年法案通过后,原来的三个管区成为三个省,总督和参事会构成了省政权,都在英印总督的管辖之下。

政府官员从公司职员中任命。哈斯丁斯任总督后,把公司职员分为商业职员和行政职员,不能兼任。行政职员就成了官员,负责税收、司法、行政管理等事务。这可以说是英属印度文官制度的开始。③

1784 年,英国议会通过了一个新的《东印度公司法》,因是小威廉·庇特(William Pitt the Younger)任首相时提出的,故亦称《庇特法》。该法规定:英国成立一个监督局(Board of Control,或译为控制委员会,也有其他译法),监督东印度公司的民政和军政事务。东印度公司董事会下达的一切信件、指示、命令都须事先向监督局报告,监督局有权提出修改意见,还可直接下达有关指令。监督局由 6 人组成,由国王任命,包括一名主要的国务大臣和财政大臣。显然,英国政府加大了对印度殖民事务的管理。但是,东印度公司仍然保留着文武职员的任命权。④

1784 年的《东印度公司法》通过后,总督、省督参事会由总督或省督加几名成员构成。英军总司令和各管区司令分别参加总督参事会和省督参事会。参事会设秘书若干人,负责部门工作,这些部门逐步发展成为中央各部和省各厅。区(或县)一级的主要官员为收税官,不仅

① 林承节:《印度近现代史》,第 66 页;参阅钱乘旦主编《英国通史》第 4 卷《转型时期——18 世纪的英国》(刘金源等著),江苏人民出版社 2016 年版,第 357—358 页。关于哈斯丁斯担任孟加拉总督和英印总督的时间和称呼,学术界说法有一定出入。总的情况是哈斯丁斯先被任命为东印度公司在印度的三大管区之一的孟加拉管区的总督(Governor),首府在加尔各答;两三年后,哈斯丁斯被英国任命为英印"大总督"(Governor-General),有权管辖其他管区,同时兼任孟加拉管区的总督。

② 林承节:《印度近现代史》,第 66—67 页。

③ 同上书,第 68 页。

④ 同上书,第 67 页。

仅负责收税，还负责行政、司法事务；还有治安长官，负责维护秩序，设有警察局。①

通过1784年的《东印度公司法》，英国推进了在印度殖民统治的统一，英印总督对孟买之外的其他领地有明确的权威，也能主导自己的参事会。②

当时，东印度公司的职员与公司签订了契约，这种制度下的文官制度又称为契约文官制。公司职员由公司董事会推荐。起初，官员都由英国人垄断。但在基层，英国人不得不聘用一些印度人从事收税等具体工作。1793年的一个法案确定了排除印度人担任较高职务的原则。该法规定：任何未与东印度公司签订合同的职员、担任年薪及津贴超过五百镑的职务时，不得超过三年。③ 这种形式的文官队伍充满着腐败，连第一任英印总督哈斯丁斯本人也因腐败问题受到弹劾。

为了加强文官队伍的培养，1800年英国在加尔各答成立了威廉堡学院（College of Fort William），1806年在英国成立了一个学院，后称作黑利伯里学院（Haileybury College），作为培养印度文官的基地。学习的课程有东方语言、宗教、历史等。④ 关于英国的印度文官机构，后文将设专章考察，这里不予赘述了。

18世纪下半叶和19世纪初，是英属东印度公司大肆吞并印度领土的时期。武力征服印度使东印度公司财政上遇到困难，因此向英国议会寻求援助。英国议会于1813年通过一个新的东印度公司法。该法主张英国君主对东印度公司所占领土拥有主权；延长了东印度公司特许状20年，但剥夺了公司除茶叶贸易和对华贸易外的贸易特权，并要求公司保持清晰的商业和领土方面的账目；同时，对传教士开放印度。⑤

---

① 林承节：《印度近现代史》，第68页。
② 威廉·罗杰·路易斯主编：《牛津英帝国史》，第2卷，P. J. 马歇尔主编：《18世纪》，第521页。
③ ［印度］恩·克·辛哈、阿·克·班纳吉：《印度通史》，张若达、冯金辛等译，商务印书馆1973年版，第3册，第873页。
④ 林承节：《印度近现代史》，第68—69页；Haileybury College有译为"海利伯锐学院"的，本书译为黑利伯里学院。
⑤ 林承节：《印度近现代史》，第83—84页。

本章主要对英国 17、18 世纪的殖民管理进行了粗略考察。这是英国殖民扩张和殖民统治的早期阶段。这个时期,英国还没有成立专门管理海外殖民事务的政府部门——殖民部;也还没有形成一个具体管理殖民地的"殖民地公职机构"。这两个"机构"的正式形成是在 19 世纪,下一章将进行比较详细的考察。

第二章　英国殖民地公职机构的发展
——"英国世纪"（1815—1914）

　　1815 年拿破仑战争结束，也结束了英法两国延续一个多世纪的争霸，英国在欧洲——乃至在世界上——暂时没有了强劲对手。这个时候英国工业革命正在进行当中，工业飞速发展，到大约 1850 年时，工业革命完成，英国成了"世界工厂"。学术界有人把从拿破仑战争结束到1914 年第一次世界大战爆发这个一百年时间称为"英国的世纪"。的确，在这个时期内，英国曾长时段处于世界发展的领先地位，是世界海上霸主，进行了极大的海外殖民扩张。

　　虽然 1783 年美国独立对英国殖民扩张是一个沉重打击，英国海外殖民扩张经受了一定挫折，但英国并没有停止海外扩张步伐。就是在北美 13 块殖民地独立建立美国时，英国还保留了北美北部的大片殖民地——加拿大，并在北美北部不断扩展，形成广阔的英属北美地区。英属北美的延伸扩大，逐渐形成了今天的加拿大。美国独立后，英国殖民扩张重点转移到了亚洲、非洲和澳洲，英国加大了在印度的殖民征服步伐。早在拿破仑战争期间，英国就从荷兰手中夺取了锡兰（今斯里兰卡）。到 19 世纪中叶，英国完成了对印度的征服，整个印度沦入英国殖民统治之下；当时的印度包括今天的印度、巴基斯坦、孟加拉国。英国在侵占印度的同时，加强了在亚洲其他地区的扩张。往西，1839 年英国占领了亚丁，并逐步加大在中东地区的殖民扩张活动。往东，19 世纪英国先后发动了三次侵缅战争，把缅甸纳入英国殖民统治之下。再往东，早在 1786 年英国就占领了马来亚的槟榔屿，1819 年占领了新加坡，并逐步扩大对马来亚的侵占。在东亚地区，英国对中国进行了殖民侵略，1840 年发动了第一次鸦片战争；1842 年，英国强迫清政府签订了中国近代第一个不平等条约《南京条约》，割占了中国的香港，并获得一系列侵略权益。在澳洲，英国加大了殖民扩张活动，把澳大利亚、新西兰整个纳入了英帝国。1831 年，英国当时的战争和殖民部采纳了爱德华·吉本·威克菲尔德的系统殖民化原则，充分利用所占领土地，扶助对澳大利亚的移民。[①] 19 世纪，英国还强占了太平洋地区的一些岛国，将其纳入英国殖民统治之下。同时，英国不断加大在非洲的殖民扩张。在列强瓜分非洲的浪潮中，英国占领了大片土地，包括苏丹、肯尼亚、乌干达、中非地区的罗得西亚和尼亚萨兰、西非地区的尼日利亚，等等。到一战前夕，大英帝国约占世界陆地面积的四分之一，这些区域的人口约占世界人口的四分之一，大英帝国成为名副其实的"日不落帝国"。

1. 殖民部

19 世纪，英国政府对殖民地进行管理的部门主要是殖民部。虽然学术界有人讲到在 18 世纪末就存在"殖民部"和"殖民大臣"，但成立单独的殖民部是在 1854 年，专门负责殖民地事务。此前两个多世纪，英国对殖民地的管理部门处于较大变化当中。我们在第一章已有所讨论。这里对英国殖民部的发展略加考察。

1801 年，英国将"战争大臣"更名为"战争和殖民大臣"。拿破仑战争结束后，战争和殖民大臣更多的工作是关于殖民地事务。这样，所谓的"殖民部"也算是形成了，也有学者把当时管理殖民地的机构称作殖民部，英文是 Colonial Office，与后来单独的殖民部英文名称是一样的。例如，D. H. 扬就认为，到 1821 年时"在英国行政格局中，殖民

---

① 参阅威廉·罗杰·路易斯主编《牛津英帝国史》（William Roger Louis, ed., *The Oxford History of the British Empire*）第 3 卷，安德鲁·波特主编：《19 世纪》（Andrew Porter, ed., *The Nineteenth Century*），牛津大学出版社 1999 年版，第 172 页。

部已经稳固地确立了自己的地位"①。这个说法是不够准确的，实际上在 1854 年之前，不存在"殖民部"（Colonial Office）这样一个机构。②

随着英国在海外殖民扩张活动的加强，管理殖民事务的任务不断加重，相应也需要增强殖民地管理机构，扩大人员队伍。

1825 年，在战争和殖民部设立了一个新职位——"常任国务次官"（Permanent Under-Secretary of State），负责管理殖民事务。常任国务次官应该是"国务大臣每天必须应用的所有知识的宝库"③。第一位负责殖民事务的常任国务次官是罗伯特·威廉·海（Robert William Hay）。这样，虽然没有专门的殖民大臣，却在战争和殖民部有了负责殖民事务的常任国务次官。罗伯特·威廉·海的继任者是詹姆斯·斯蒂芬（James Stephen）；斯蒂芬是 19 世纪英国最为知名的殖民事务国务次官。

随着殖民扩张的加强，19 世纪初英国战争和殖民部关于殖民事务的工作量大增。从下面相关数据，可略见一斑。1806 年，该部收到关于殖民事务的信是 1653 件，发出的信是 902 件；1816 年，收到 4487 封信件，发出了 3161 件；1824 年，收到 7491 封信件，发出 4959 件。又如，从 1803—1812 年，平均每年送来审查的殖民地法律是 137 部；从 1817—1822 年，平均每年送来审查的殖民地法律是 227 部；而在 1826 年，詹姆斯·斯蒂芬审查的殖民地法律则达到 480 部。④ 可见，这个时期的殖民事务增长很快。

1828 年为新任的国务大臣准备的一份备忘录显示，当时英帝国从地域上被分成 4 个地区：东方地区、北美、地中海与非洲、西印度，由

---

① D. M. 扬：《19 世纪早期的殖民部》（D. M. Young, *The Colonial Office in the Early Nineteenth Century*），朗曼出版公司 1961 年版，第 46 页。

② 值得注意的是 1837 年英国首次颁布《殖民地规章》时，"殖民部"写了一个引言，这里的"殖民部"英文是"Colonial Departmnet"，所署地址是唐宁街，时间是 1837 年 3 月 30 日。可见，当时在战争和殖民部内还设立有一个"殖民部"，只是这个"部"的英文是"Departmnet"，而不是"Office"。参阅安东尼·柯克－格林《为君主供职：皇家殖民地公职机构与海外文官机构史，1837—1997》，第 8—9 页。

③ D. M. 扬：《19 世纪早期的殖民部》，第 84 页。

④ 同上书，第 245 页。

战争和殖民部主管的殖民地政府共有 14 个。①

1854 年，英法与俄国爆发克里米亚战争，英国设立了第四位国务大臣（Secretary of State），并将战争和殖民部一分为二；战争部负责战事方面的工作，殖民部则专门负责殖民事务。殖民部与战争部分开，作为一个独立的政府部门。② 正如上文已述，在战争和殖民部中，管理殖民事务的部门早已存在着。成立单独的殖民部是英国加强殖民地管理，加强殖民扩张的体现。1854 年单独的殖民部成立时，第一任殖民大臣是乔治·格雷爵士（Sir George Grey）。

成立单独的殖民部是英国加强殖民地管理的一项重大举措。但当时就有人认为殖民部在殖民地管理上仍然存在着缺陷。单独的殖民部成立 5 年后的 1859 年，悉尼·史密斯·贝尔出版了《大不列颠的殖民管理》一书。这本书的第 15 章标题是：《由殖民部的特性产生的殖民管理制度中的缺陷》。作者指出：殖民部长经常调换，不是因为与殖民地治理有关，而是因为英国本土的或欧洲的政治上的原因；殖民部长的任期短且具有不确定性，这样当他还没有熟悉管理体制时，他就被调出了殖民部；殖民部长可能重新任职，但不是回到殖民部，而是到了其他部门；只要"行政官"经常变换，那么就不可能根据已成形的、持久的制度来治理殖民地。作者认为：殖民大臣实质上讲是一个远离他所管理对象的官员，也缺乏对其管理行为的直接问责；由于远离殖民地，殖民大臣或多或少疏于了解殖民地居民的风俗习惯和思维方式，只能依赖其他人来了解情况；而这些"其他人"几乎都是官员，而这些官员并不一定给他提供"无偏见的、有价值的信息"；如果信息是错误的，殖民大臣做出的判断就不准确，那么他所采取的措施可能对该殖民地就是不公的，殖民地没有机会及时表达意见；而在母国英国又没有哪家报刊与殖民地一致，愿意给殖民地提供表达意见的平台。因此，作者建议：要任命常任的殖民部长（殖民大臣）。"如果殖民部优秀官员只要行为得当就能保持职位，不受内阁

---

① D. M. 扬：《19 世纪早期的殖民部》，第 55 页。
② 查尔斯·杰弗里斯：《殖民部》，第 24—25 页。

变换的影响，那将有机会，也有动力，设计一个殖民地治理的整体方案。"①

单独的殖民部正式成立后，在 19 世纪下半叶大多数时间里，殖民部分成五个部门（局）：综合局、北美局、西印度局、澳大利亚局、非洲与地中海局。②

1877 年起，殖民部也与英国其他政府部门一样，通过选拔性考试录用官员。在殖民部任职的官员并不多，在 19 世纪时，一般只有几十个文职人员。到 1909 年，增加到 125 位。这 125 位文职人员包括：1 位常任国务次官，4 位助理国务次官（Assistant Under-Secretary of State），1 位办公室主任，7 位主要职员，9 位一级职员，16 位二级职员（second-class clerks），1 位法律助理，1 位殖民大臣的主要私人秘书和 3 位助理私人秘书，1 位会计师和 1 位助理会计师，1 位图书管理员，1 位首席登记官及 1 位副手，1 位印刷主管及 1 位助手，1 位复制管理员，1 位殖民地法律登记员，53 位第二等级的职员（second division clerks），2 位办公室管理员，17 位信使和 1 位办公室护工。③ 1909 年，殖民部有两个分部（division），一个是自治领分部（1907 年成立），一个是皇家殖民地与综合分部。

殖民部的"一把手"就是殖民大臣。殖民大臣负责管理殖民地事务，管辖的殖民地、保护地很多；一战后委任统治地也由殖民部

① 悉尼·史密斯·贝尔：《大不列颠的殖民管理》（Sydney Smith Bell, *Colonial Administration of Great Britain*），伦敦：朗曼出版公司等 1859 年版，第 362—376 页。需要指出的是：作者在书中将"殖民大臣"与"殖民部长"交换使用；作者用的是"Colonial Minister"，而没有用"Colonial Secretary"，而"Colonial Minister"指的就是"殖民大臣"（The Secretary of State for the Colonies）。可见，在当时这两个概念的含义可以视为一样的。

② 参见艾伦·帕尔默编《英帝国与英联邦词典》（Alan Palmer, *Dictionary of the British Empire and Commonwealth*），伦敦：约翰·默里出版公司 1996 年版，"殖民部"（Colonial Office）词条，第 85—86 页。

③ 科斯莫·帕金森爵士：《从内部看殖民部》（Sir Cosmo Parkinson, *The Colonial Office from Within 1909-1945*），伦敦：费伯与费伯有限公司 1947 年版，第 24 页。

主管。① 但是，殖民大臣并不分管英国殖民统治下的印度，印度是英国占领的人口最多的殖民地，也是美国独立后所形成的"第二帝国"的重心，英国专门设立了印度部对印度进行殖民统治，设立了印度大臣职位。英国后来还有些殖民地如埃及、苏丹，长期由外交部主管。1925 年，殖民部内部的"自治领分部"从殖民部分出来，组成了新的"自治领部"（Dominions Office）。对英国殖民地的统治，有三个关键人物，一个是殖民大臣，一个是殖民地的总督，一个是总督下面的区长或区专员。殖民部与殖民地官方通信是在殖民大臣与总督之间进行的。殖民大臣代表英王和英国政府对总督发出指令；总督代表其所在殖民地向殖民大臣汇报工作。而殖民部实际上则是殖民大臣的秘书班子，是殖民大臣开展工作的行政机器。②

根据《殖民地规章》，填补殖民地公职机构高级别空缺岗位的实权由殖民大臣掌握，包括总督在内。除了"纯粹的"低级别职位外，没有殖民大臣的同意，总督不能任命或晋升官员。每个季度总督要向殖民大臣呈送关于所有最低级别以上职位变化的报告。对殖民地从纪律上进行管控的权力也掌握在殖民大臣手中。尽管殖民地公职机构中的官员在殖民地任职，并由殖民地政府付薪，但由于殖民大臣掌握着对殖民地公职机构的监管权，殖民部才是殖民地公职机构的"实际的总部"③。

为了加强对殖民地事务的管理，从 1862 年起，英国殖民部编印了

---

① 根据马丁·怀特的《英国殖民地宪法》（Martin Wight, *British Colonial Constitutions*，牛津：克拉林敦出版社 1952 年），"殖民地"（colonies）是指被英王兼并了的依附领地，是英王领土的一部分，其居民是英国臣民；从法律上讲，有两种殖民地，一种是移民殖民地，一种是被征服或割让的殖民地。"保护地"（protectorates）是指没有被兼并的依附领地，不是英王领土的一部分，其居民不是英国臣民；基本特点是英王获得了对外关系和防卫的控制权。"从技术上讲，保护地是外国"。英国"保护地"有两类，一类是"殖民保护地"，这类依附领地除了"法律地位"不同外，与殖民地是一样的。另一类是"保护国"，是指将自己对外关系权力割让给了英王的国家；在这类"保护国"，英国的权威由对殖民大臣负责的驻扎官或顾问来代表。见第 5—11 页。在这本书中，马丁·怀特对英国的殖民地、保护地、委任统治地等的法律地位和英国统治方式进行了简明的概括和阐述。这里提请读者注意，在实际中，英国的"殖民地"、"保护地"或委任统治地的地位没有实质区别，都处于英国殖民统治之下，深受殖民压迫和掠夺。

② 查尔斯·杰弗里斯：《殖民部》，第 37 页。

③ 同上书，第 107 页。

《殖民部名录》（*Colonial Office List*）并成为年度性的出版物。1862 年第一版《殖民部名录》全称是《1862 年殖民部名录或英国属地总记》。标题页面上标明了将每年继续出版；经殖民大臣批准编辑，使用官方档案等等。① 其主要内容是关于英国殖民地的历史资料和统计资料，其中还有一部分是《殖民地规章》。到 1870 年，《殖民部名录》编印到第九版。

2.《殖民地规章》

所谓"英国的世纪"也是英国殖民扩张的世纪，是英国加强殖民统治的世纪。英国在殖民地管理上从本土和海外两个方面都加强了制度建设，完善管理机构。在殖民地管理上，英国于 1837 年首次颁布了《殖民地规章》（*Colonial Regulations*），以规范和加强对殖民地公职人员的管理。随着殖民事务的发展和殖民地公职机构队伍的扩大，英国不断修改完善《殖民地规章》。

需要强调一下的是，管理英国海外殖民地事务在英国政府部门中并不是只有殖民部。对不同的殖民地，英国的管理方式并不完全一样，管理殖民地的部门和机构也是分开的。例如，对印度的管理，英国就实行比较特殊的制度。1853 年英国决定在印度实行文官考试制度，取代原来的推荐提名制度。1858 年成立了正式的印度文官机构（India Civil Service），是与殖民地公职机构分开的。1858 年英国议会通过了《印度政府法》，完全由英国政府接管印度，替代了为英国殖民扩张卖力两个多世纪的东印度公司。英国专门成立了印度部（India Office），设置了印度大臣职位。

在整个 19 世纪，英国殖民地公职机构并不是统一的，不同的殖民地有不同的公职队伍，管理方式不完全一样。除印度有单独的印度文官机构外，1869 年锡兰、海峡殖民地等建立了自己的文官机构，称作

① 威廉·C. 萨金特、阿瑟·N. 伯奇编：《1862 年殖民部名录或英国属地总记》（William C. Sargeaunt, Arthur N. Birch, *Colonial Office List for 1862*; or, *General Register of the Colonial Dependencies of Great Britain*），伦敦：爱德华·斯坦福出版公司，1862 年版。

"东方学员机构"（Eastern Cadetship），实行公开考试招聘制度；被英国割占的中国香港的文官队伍也是这个机构的一部分。在其他一些殖民地也成立了管理性机构，如 1899 年成立了苏丹政治机构。

19 世纪，英国的殖民地主要分为两大类，一类是白人移民为主体的殖民地，一类是被征服地居民为主体的殖民地。前者逐渐发展成自治程度很高的殖民地，成为英帝国内的"自治领"（Dominion）。英属北美（加拿大）于 1867 年成为英帝国内第一个自治领。后来澳大利亚、新西兰等也成为自治领。1907 年英国在殖民部成立了一个自治领分部，负责几个自治领事务的管理。

英国的真正的统一的"殖民地公职机构"是 20 世纪 30 年代初才正式形成的，此前并没有一个统一的"殖民地公职机构"。不同的殖民地有其单独的文职机构或其他的公职机构，当然公职人员是早就存在的。总督是"殖民地公职机构"中最高级别的公职人员。实际上，只要有总督就有殖民地的公职人员；总督还需要一班人马来管理殖民地。这样，可以说在英国建立殖民地之初，就有了殖民地的公职人员。

英国学者柯克－格林认为："殖民地公职机构"这一概念在使用时是指所有领地中基本的公职机构，这些领地的管理是由殖民大臣负责。[①] 这一定义显然不够全面，不能涵盖英国殖民地的公职机构全貌。在殖民大臣职位产生之前和殖民大臣这个职位取消之后，英国都有殖民地的公职人员。

尽管统一的殖民地公职机构在 20 世纪 30 年代初才出现，但"殖民地公职机构"的正式产生一般认为是在 1837 年。这一年英国首次颁行了《殖民地规章》，全称是《为国王陛下领地中的主要官员和其他人员提供信息和指导的规则和规章》。[②] 英国"殖民部"（Colonial Department）于 1837 年 3 月 30 日发表的《殖民地规章》的前言称，过去各殖

---

① 安东尼·柯克－格林：《为君主供职：皇家殖民地公职机构与海外文官机构史，1837—1997》，第 13 页。

② 首部《殖民地规章》英文全称是：*Rules and Regulations for the Information and Guidance of the Principal Officers and Others in His Majesty's Colonial Possessions*，伦敦：W. 克洛斯出版公司 1837 年版。

民地有不同的规章，理解上也不是很准确，使用起来不方便。现在把散见于以前通信中的规章及常规规章集中起来，为未来改进提供一个基础。1837 年被视为"殖民地公职机构"的产生年。但英国有学者认为：实际上的"结构性的、职业的殖民地公职机构"的出现是在半个世纪之后。①

1862 年，殖民部编辑出版《殖民地名录》时，其中印有《殖民地规章》。1862 年的《殖民地规章》的全称是《女王陛下殖民地公职机构规章》（*Rules and Regulations for Her Majesty's Colonial Service*），共 16 章。其中第 1 章关于总督；第 2 章关于殖民地宪法；第 3、4 章关于公职人员的任命、薪水和其他待遇；第 5 章关于优先顺序；第 6 章关于通信；第 7 章关于财政和其他有关报告；第 8—12 章主要是关于殖民地经济活动管理规范等问题；第 13 章关于外国人归化问题；第 14 章关于殖民地向英国枢密院女王上诉的问题；第 15 章关于罪犯审理和犯人流放殖民地的问题；第 16 章关于礼仪方面的指令。

1908 年版的《殖民地规章》，全称为《国王陛下殖民地公职机构规章》（*Regulations for His Majesty's Colonial Service*）。这部《殖民地规章》共分五章，分别是：《宪法》《公职人员》《仪式》《通信》《财政》。第 1 章《宪法》有 3 部分："殖民地和保护地""总督""参事会和大会"②；第 2 章《公职人员》分为 7 个部分："任命""纪律""薪水""休假""总督的薪水与假期""旅程""西非的休假与旅程"；第 3 章《仪式》包括 6 个部分："优先顺序"（Precedence）"勋章和奖章""行礼""旗帜""访问""制服"；第 4 章《通信》也包括 7 个部分："殖民部""报告""军事""海军""航运""领事""个人"；第 5 章《财政》包括 12 个部分："会计人员""预算""收入"（Receipts）"开支""分类与管理""汇款""公款与公共储备的监管""账目与簿记""审记""供应与储存""报告""来自帝国岁收的基金"。除了这五章共

---

① 《殖民地规章》（1837 年版），第Ⅲ—Ⅳ页；参阅安东尼·柯克－格林《为君主供职：皇家殖民地公职机构与海外文官机构史，1837—1997》，第 9 页。

② 这里的参事会和大会英文是 Councils 和 Assemblies，学术界有不同翻译，本书第一章讨论到这个问题。

403 条规章外，还有附录和索引。①

对比一下 1928 年英国颁行的《国王陛下殖民地公职机构规章》，时隔 20 年，英国《殖民地规章》还是分为 5 章，章的标题是一样的，还是《宪法》《公职人员》《仪式》《通信》《财政》，只是章以下的结构和内容稍有不同。②

下面对 1908 年英国的《殖民地规章》有关章节的内容作简要考察。

第 1 章《宪法》，首先介绍了英国殖民地和保护地的有关情况。英国的各殖民地、保护地差别较大。1908 年的《殖民地规章》把英国殖民地和保护地分成了两大类，基本上是按政治制度或管理模式来划分的。一类殖民地是拥有"责任制政府"的殖民地。在这类殖民地，英国王室只是保留了对殖民地立法的否决权；英国殖民大臣除了能控制总督外，对殖民地其他官员没有什么控制。在这样的殖民地，总督根据对殖民地立法机构负责的"部长"（ministers）的建议处理所有内部事务。这类殖民地包括加拿大、新西兰、开普殖民地（南非）、纽芬兰（当时还不是加拿大的一部分）、澳大利亚及其各州。

在还没有形成责任制政府的殖民地，行政权掌握在受英国殖民大臣控制的官员手中。这类殖民地通常被称作"皇家殖民地"（Crown Colonies），保护地一般也按这种模式管理。在这类殖民地和保护地中，政治制度也不尽相同。区别主要在于殖民地立法机构成员由选举产生的程度不同。这类殖民地和保护地很多，如巴哈马、巴巴多斯、英属圭亚那、马耳他、牙买加、毛里求斯、圣卢西亚、塞拉里昂、冈比亚、黄金海岸、格林纳达、海峡殖民地、直布罗陀，尼日利亚等。

第 1 章的第二部分是关于总督的。本书后面设有专章考察英国殖民地的总督问题，这里就不讲了。第三部分是关于殖民地的委员会和大会，英文是 Councils 和 Assemblies。这两个英文单词，在英文中不同情况下含义并不一样；在中文里不同场合下，学术界翻译上也有区别。英

---

① 《国王陛下殖民地公职机构规章》（*Regulations for His Majesty's Colonial Service*），达林有限公司为英国皇家文书局出版，殖民部，1908 年 7 月。

② 《国王陛下殖民地公职机构规章》（*Regulations for His Majesty's Colonial Services*），殖民部文件第 37 号，英国皇家文书局，1928 年 10 月。

国殖民地的总督就是殖民地的"国王",他是扮演"专制君主"还是"立宪君主"角色,主要看他与这些"委员会"和"大会"的关系,以及"委员会"和"大会"成员的组成方式。

由王室任命的委员会成员一般部分是殖民地的主要行政官员,部分是无官职的人士,前者称为"官方成员",后者称为"非官方成员"。随着殖民地政治的发展,一般情况下,立法会议(Legislative Council)的部分成员由选举生产;立法会议一般由官方成员、被任命的成员、殖民地选民选举产生的成员所组成。如果因为死亡或辞职等原因,立法会议出现空缺时,总督通常可以指定临时人员替代。在立法会议上,任何可能涉及动用公共收入的法律、投票或决议都必须由总督提出或者由总督同意后提出。[①]

在皇家殖民地,行政会议(Executive Council)包含殖民地政府的主要官员,有时也有非官方成员。这些行政会议成员是担任官职者,或者是通过殖民大臣获得王室任命者。总督可以临时任命成员填补空缺,但需要英王确认。英王自己就能够直接免除殖民地立法会议成员的资格。在紧急情况下,总督可以暂停行政会议成员的资格,但总督必须向殖民大臣全面报告他采取这种行动的理由。[②]

第2章标题是《公职人员》。本章所指的"公职人员"在拥有责任制政府的殖民地,一般只涉及总督一人,主要关于总督与英国君主的关系。在皇家殖民地,一般规则是公职人员由总督颁发证书任命或按总督指示写成的证书任命。但是,殖民地最高法院的法官则以英王的名义任命,临时或永久任命都是如此。

殖民地的公职人员分为三个大的级别:第一级,年薪不超过一百英镑;第二级,年薪在一百至三百英镑之间;第三级,年薪超过三百英镑。[③]

第一级官员出现空缺时,殖民地总督做出任命并于下一季度向英国

---

① 《国王陛下殖民地公职机构规章》,1908年版,第18条,第8—9页。
② 同上书,第23条,第9页。
③ 同上书,第29条,第10—11页。

殖民大臣报告。第二级官员出现空缺时，总督马上向英国殖民大臣报告，并提出供任命的建议人选。但以上两项规定不适合非该殖民地的居民。当第三级官员出现空缺时，总督同样要向殖民大臣马上报告，而且必须讲明任何可能被临时任命的人员的职位，直到殖民大臣确认或替换时为止。总督可以就最终任命提出建议人选，但必须讲明殖民大臣有选择其他人的可能。① 殖民地总督每年要向英国殖民部提交关于公职人员的资质、提出申请的人员、适合晋升的人员的内部报告。

关于殖民地公职人员的纪律问题，《殖民地规章》有比较详细的规定。这里略举数例。例如，领取薪水的公职人员，如果其报酬确定的前提是他的所有时间都由政府支配，则不能卷入贸易活动，也不能从事商业或农业活动。所有领取薪水的公职人员，不管其所有时间是否都由政府支配，均不准直接或间接进行或拥有本地投资，不能与那些可能使其个人利益与其公共职责产生冲突，或在任何方面可能影响他们履行职责的任何职业或活动有关联。在这方面，如果有任何疑问，公职人员需要向总督报告，由总督决定。②

没有获得殖民大臣事先明确批准，任何公职人员在假期都不允许接受任何领取薪水的工作；如果假期是在殖民地度过，则需要总督批准。③

任何公职人员都不能担任报纸的编辑，或直接、间接参与报纸的经营。他不可以向殖民地或其他地方的任何报纸出力；尽管他可以提供关于大家感兴趣的主题的署名文章，但不可以就政治或行政问题写东西。任何公职人员，不管是在履职还是休假期间，都不能就公共政策或影响任何英国领地的防卫和军事资源的事务接受采访。④

殖民地的总督、副总督和所有其他"皇家公职人员"，在殖民地供职期间，不能接受有价值的礼物（私人朋友的一般礼物除外），不管是以金钱、商品、免费旅程或其他个人好处，都不能接受，也不允许赠送这样的礼物。这一条也适用于这些公职人员的家属。该殖民地

---

① 《国王陛下殖民地公职机构规章》，1908 年版，第 30—34 条，第 11 页。
② 同上书，第 40—41 条，第 12—13 页。
③ 同上书，第 42 条，第 13 页。
④ 同上书，第 44—45 条，第 13 页。

或与该殖民地相邻的国家或地区的国王、酋长或其他成员赠送的礼物，因可能造成冒犯不便拒绝时，礼物要交给殖民地政府。没有特殊的允许，总督不能接受或转寄呈递给英王的物品。①

《殖民地规章》对公职人员的免职或撤职原因和程序也做了详细规定。仅纪律部分，就有 76 条。在《殖民地规章》中，关于总督职责和行政会议、立法机构的规定是最重要的部分。《殖民地规章》的其他各章各条对殖民地各相关事务的管理都做了比较详细的规定。这里不一一加以考察了。总之，《殖民地规章》的制定和颁行是英国殖民统治加强的体现。1908 年颁行的《殖民地规章》很详细，表明英国殖民地管理体制已相当系统化了。

3. 殖民地公职机构的形成和发展

英国殖民地公职人员，就是英国在殖民地进行殖民统治的人员，他们是与英国殖民部的人员分开的。殖民部人员是英国本土文官机构（Home Civil Service）的一部分，而殖民地的官员则属于"殖民地公职机构"。殖民地公职人员最高级别者是总督。除总督外，总督之下有"秘书长"，英文一般是用"Colonial Secretary"；不少情况下也称作Chief Secretary，就是"首席秘书"之意。殖民地的 Colonial Secretary 与Chief Secretary 本书一般均翻译为"秘书长"②。Colonial Secretary 这个概念与英国殖民大臣的英文概念有时写法一样；殖民大臣的全称是 Secretary of State for the Colonies，但往往写成 Colonial Secretary，与"殖民秘书"（殖民地的"秘书长"）的英文写法是一样的，在阅读英文著述时，读者要注意从上下文加以区别。关于殖民地的"秘书长"，我们在考察总督的职责时，还会有所涉及，辅助总督履职的官员和机构也会有所涉

---

① 《国王陛下殖民地公职机构规章》，1908 年版，第 46—48 条，第 13—14 页。

② 根据安东尼·柯克－格林的著作《权力的象征：非洲的英国区长》（Anthony Kirk-Greene, *Symbol of Authority: The British District Officer in Africa*），I. B. 陶里斯出版公司 2006 年版），在"保护地"称作"Chief Secretary"，而在"殖民地"则称作"Colonial Secretary"，第5—6 页。

及。除总督外，殖民地的地方官员最重要的可以说是区长，一般情况下英文是 District Officer。本书将设专章对英国殖民地的区长进行考察，这里不讲了。在有些大的殖民地，在总督和区长之间，还有省督或州督或省专员等。

尽管英国殖民地公职人员早已存在，可以说有总督就有了殖民地的公职人员，但很长时期并没有形成一个"殖民地公职机构"。安东尼·柯克-格林认为，在 19 世纪上半叶，英国殖民地公职机构才开始形成。1837 年，英国颁布《殖民地规章》时第一次官方正式提到"殖民地公职机构"（Colonial Service）①。尽管出现了殖民地公职机构，但长期并未形成一个统一的"殖民地公职机构"，直到 20 世纪 30 年代初，才逐步实现殖民地公职机构的统一。19 世纪 50 年代在英属印度形成的"印度文官机构（India Civil Service），本书将设专章考察其历史。在英国殖民管理体制中，印度并不属于英国殖民部主管，"印度文官机构"也不是英国"殖民地公职机构"的一部分，两者是并行的，在职能上是一样的，但在管理上却是分开的。英国每占领一块地方，不管是什么形式的殖民地，都需要一定的官员来进行管理，得派出文职人员到殖民地，甚至成立或形成单个殖民地的"文官机构"。在 19 世纪特别是在下半叶，英国有关殖民地开始形成了自己的文官机构。② 除印度文官机构外，海峡殖民地于 1867 年成立了自己的文官机构。还有其他单个的殖民统治机构，如缅甸文官机构（Burma Civil Service）、"埃及文官机构"等等。

19 世纪 70 年代，总督职位逐渐职业化。到 90 年代，英人已意识到形成一个总的殖民地公职机构的问题。1895 年，英国殖民大臣张伯伦成立了一个委员会，对殖民地公职人员状况进行调查，以便考虑成立一个统一的"殖民地公职机构"③。

殖民地公职人员有各种类型，其中行政公职人员最引人注目，最有

---

① 安东尼·柯克-格林：《为君主供职：皇家殖民地公职机构与海外文职机构史，1837—1997》，第 7—8 页。

② 同上书，第 9 页。

③ 同上书，第 12、15 页。

代表性。谈到殖民地公职人员时，往往首先涉及的是行政人员；行政公职机构（Colonial Administrative Service）也是殖民地公职机构各分支机构中最具象征意义的殖民统治机构。

英国在各殖民地的公职人员绝对人数并不多。例如，在马来亚，每个邦的白人官员由一位驻扎官（Resident）和三至四位白人助手组成；在驻扎官之下是区长，区长在每个区有一两位助手。驻扎官和区长都不是"名义上的直接统治者，但在各种情况下，他们是指导者、哲学家、本地首领的朋友，而实际上他们控制着本地首领"①。

在单个的殖民地，英国公职人员较少，这样就不利于公职人员升迁。这也许是张伯伦担任殖民大臣时希望形成统一的殖民地公职机构的原因之一。英国采取了措施，有时将一个殖民地的公职人员调任到其他殖民地，以有利于人员晋升。本书第三章将对殖民地公职机构的统一问题进行比较详细的讨论。

英国殖民地公职人员总体上讲并不需要通过选拔性考试，而是通过推荐选拔。在这种举荐制度下，"那些有朋友当权的人有时候就更加幸运一些"；甚至连官方也有人认为：如果没有来自殖民大臣熟悉的人写推荐信，殖民大臣就不会做出任命。②这种情况下，殖民地文官的产生，就很容易受"裙带关系"的影响。而进入20世纪，来自大学特别是牛津大学、剑桥大学的毕业生寻求进入殖民地公职机构任职的人数上升。

1910年，英国殖民大臣有两位全日制私人助理秘书负责任命工作，其中一位是拉尔夫·弗斯（Ralph D. Furse）。他是牛津大学的毕业生，后来成为英国殖民部官员，长期负责殖民地公职人员的招聘工作。③有学者指出，在举荐制度下，候选人的成功或失败完全依赖于殖民大臣私

---

① A. 劳伦斯·洛厄尔：《殖民地文官机构：英格兰、荷兰与法国的殖民地官员的挑选与培训（1900）》［A. Lawrence Lowell, *Colonial Civil Service: The Selection and Training of Colonial Officials in England, Holland and France*（1900）］，麦克米伦出版公司1900年版，第73页。

② 罗伯特·休斯勒尔：《昨天的统治者：英国殖民地公职机构的形成》（Robert Heussler, *Yesterday's Rulers: The Making of the British Colonial Service*），雪城大学出版社1963年版，第7—8页。

③ 罗伯特·休斯勒尔：《昨天的统治者：英国殖民地公职机构的形成》，第13—14页。

人秘书对他们的看法。弗斯的一位长期助手曾把这种举荐制度描述为"帝国的秘密之一"①。总体上讲，英国殖民地公职机构长期实行的是这种举荐制度，而不是选拔性考试制度；不是通过选拔性考试，只是通过面试进行挑选。但是，对人选有培训要求，参加培训也是有考试的。

在英国殖民地，19 世纪形成有规模的殖民地公职机构，除印度文官机构外，还有"东方学员机构"。这个"东方学员机构"在印度之外的英国东方殖民地主要是锡兰、海峡殖民地、香港等地进行殖民统治。海峡殖民地（Straits Settlements）由新加坡、槟榔屿和马六甲组成，间或还包括其他一些地方。新加坡是海峡殖民地行政管理和商业中心。② 与英国殖民部主管下的其他殖民地不同，1869 年"东方学员机构"开始实行统一的考试选拔制度。考试科目有必考科目和选考科目。必考科目有拉丁语、希腊语、法语、德语或意大利语中的一种，和英语作文。选考科目有数学、现代地理、古代史、现代史、宪法、国际法、政治经济学基础、地质学、土木工程与测量，以及希腊语、德语、意大利语中的两种（如果还没有作为必考科目的话）。③ 由于空缺岗位少而参加考试者多，考试竞争比较激烈。例如，1886 年，31 人参加考试，只有 3 个职位；1890 年，59 人参加考试，只有 6 个职位；1891 年 49 人参加考试，只有 7 个职位；1892 年，33 人参加考试，只有 2 个职位。1895 年，考试参加者 22 人，职位是 8 个。④

1895 年，在文官机构专员们的建议下，英国殖民大臣决定合并"东方学员机构"考试，与印度文官机构和英国国内文官机构中的一级学员（first-class clerkships）一起参加考试；并于 1896 年 8 月付诸实施。参加同一考试，可以从 3 个机构中选择职务就职。⑤ 英国的文官机构委员会（Civil Service Commission）每年在伦敦举行考试。这些学员参加考

①　罗伯特·休斯勒尔：《昨天的统治者：英国殖民地公职机构的形成》，第 16 页。
②　康斯坦丝·玛丽·藤布尔：《新加坡史》，欧阳敏译，中国出版集团东方出版中心 2016 年版，第 110—111 页。
③　A. 劳伦斯·洛厄尔：《殖民地文官机构：英格兰、荷兰与法国的殖民地官员的挑选与培训（1900）》，第 67 页。
④　同上书，第 69 页。
⑤　同上书，第 70 页。

试，是为了到锡兰、海峡殖民地、马来联邦、香港的行政机构中任职。但关于锡兰公职机构，考试同时在伦敦和锡兰举行。"东方学员"在伦敦通过这种考试的，由英国殖民大臣任命职务；在锡兰参加考试成功者，则由锡兰总督任命。①

参加考试的学员可以选择到哪个殖民地任职。"东方学员"通过考试后，并不在英国参加培训，而是直接到殖民地去就职，只需适当地学习相关语言和其他知识。②

但对殖民地公职人员进行培训，这个时期也初具规模。例如，1909年英国殖民部为新招聘的、准备赴非洲担任行政职务的人员，开设了一门培训课，课程为2个月，后来又增加到3个月，教学活动安排在伦敦的帝国研究所。学习的内容包括殖民地财务、热带经济作物、保健与卫生、刑法与刑事诉讼程序、国际法与伊斯兰教法、初级测量、非洲语言、民族学。③ 从长时段看，英国殖民地公职人员的培训在20世纪上半叶呈现出逐渐加强之势。关于殖民地公职人员培训问题，本书第三章、第四章还将作相应考察。

在19世纪中期和后期，英国的白人移民殖民地，如加拿大、澳大利亚、新西兰、开普殖民地（南非），逐渐走向自治，除了总督之外，殖民地可以任命自己的公职人员。④

英国有学者认为，大致从拿破仑战争起，人们开始认识到需要具有管理殖民地经验的人群。⑤ 19世纪40年代以来，"殖民地公职机构"这样的设置无疑是存在的，但直到20世纪30年代，主要是以单个殖民地

---

① 英国政府敕颁文件 Cmd. 3554：《关于殖民部和殖民地公职机构任命制度的委员会报告》（Cmd. 3554：*Report of a Committee on the System of Appointment in the Colonial Office & the Colonial Services*），英国皇家文书局，1930年4月，第9页。

② A. 劳伦斯·洛厄尔：《殖民地文官机构：英格兰、荷兰与法国的殖民地官员的挑选与培训（1900）》，第70—71页。

③ 安东尼·柯克 - 格林：《为君主供职：皇家殖民地公职机构与海外文职机构史，1837—1997》，第17页。

④ A. 劳伦斯·洛厄尔：《殖民地文官机构：英格兰、荷兰与法国的殖民地官员的挑选与培训（1900）》，第75页。

⑤ 安东尼·柯克 - 格林：《英国的帝国行政官员，1858—1966》（Anthony Kirk-Greene, *Britain's Imperial Administrators*, *1858 - 1966*），麦克米伦出版公司2000年版，第127页。

的公职机构形式运行。① 安东尼·柯克－格林讲,19 世纪末年,约瑟夫·张伯伦担任英国殖民大臣时,英国"现代殖民地公职机构的历史才能确切地确定其年代"②。

根据张伯伦的要求,1899 年有关方面向殖民大臣提交了一个调研报告:《塞尔伯恩报告》。从该报告中,人们对当时英国殖民地公职人员队伍的状况可略见一斑。根据该报告,我们得知当时殖民地公职机构拥有 434 名高级行政官员,其中大约 100 名属于"东方学员机构";拥有 310 名法律官员,447 名医务官员;还有 300 余位是作为"其他人员"任命的。整个殖民地公职机构人员约 1500 名。③ 并非所有人员都是从英国录用的,一些人是从当地招聘的,年薪低于 100 英镑的人员从本地招聘。④

张伯伦担任殖民大臣期间,采取措施推进扩大殖民地公职机构人员队伍建设。例如,1900 年的《殖民部名录》就用了 4 页篇幅刊登了殖民地职务的信息。1909 年为英国殖民地尼日利亚招聘 261 名行政官员;为肯尼亚招聘了 82 名;为黄金海岸招聘 47 名;为马来亚招聘 125 名。成立于 1902 年的西非医务机构,到 1909 年有将近 200 名人员。⑤ 此后,殖民地公职人员人数进一步上升,特别是在英属非洲。这个时期也是列强瓜分或重新瓜分世界的时期,英国占领大片新的殖民地,需要更多的殖民官员维护殖民统治。

从 19 世纪末年起,英国殖民地公职机构得到快速扩大。在 19 世纪 80 年代和 90 年代,英国大肆殖民扩张,特别是积极参与列强瓜分非洲行动,在非洲占领大片新的殖民地。殖民地公职机构的发展是殖民扩张

---

① 安东尼·柯克－格林:《英国的帝国行政官员,1858—1966》,第 125 页。

② 同上书,第 128 页。

③ 安东尼·柯克－格林:《为君主供职:皇家殖民地公职机构与海外文职机构史,1837—1997》,第 16 页;参阅安东尼·柯克－格林《权力的象征:非洲的英国区长》(Anthony Kirk-Greene, *Symbol of Authority*: *The British District Officer in Africa*),I. B. 陶里斯出版有限公司 2006 年版,第 2 页。

④ 安东尼·柯克－格林:《为君主供职:皇家殖民地公职机构与海外文职机构史,1837—1997》,第 16 页。

⑤ 同上书,第 16—17 页。

和殖民统治的必然要求。到了这个阶段，在殖民地公职机构中，占压倒性的是"非洲的公职机构"；其次是"东南亚的公职机构"[1]。

从表2-1中，我们可以看到英国在非洲的殖民地公职机构有关人员数量。

表2-1 1914年英属热带非洲的英国殖民地公职机构人员分布[2]

人员 分支机构 \ 殖民地	东非保护地	冈比亚	黄金海岸	尼日利亚	尼亚萨兰	塞拉里昂	乌干达	总数
教育	8	—	18	41	—	11	—	78
铁路	13	1	14	23	—	15	10	76
勘测	33	1	13	31	3	2	14	97
农业	6	—	6	18	5	3	9	47
兽医	12	—	1	2	3	1	3	22
林业	5	—	5	34	2	4	2	52
医务	32	6	67	116	12	25	0	258
海陆运输	17	2	3	35	4	2	2	65
公共工程	17	—	55	70	4	10	10	166
地区管理	117	4	44	252	40	29	52	538
总数	260[3]	14	226	622	73	102	102	1399

原注：资料来源基于 L. H. 甘恩和 P. 杜伊格南：《英属非洲的统治者1870—1914》（L. H. Gann and P. Duignan, *The Rulers of British Africa*, *1870–1914*），1970 年版。

19 世纪末 20 世纪初，英国抢占了大片殖民地，需要选派更多官员对殖民地进行统治。英国殖民部也采取措施加大殖民地公职人员招聘力度，如加强与大学的联系，加大宣传力度，引起公众兴趣。这样，越来越多的大学毕业生申请加入殖民地公职机构。另外，英国政府接管有关殖民地后，原来特许公司的管理人员也有一些转入到英国殖民地公职机

---

[1] 罗伯特·休斯勒尔：《昨天的统治者：英国殖民地公职机构的形成》，第 3 页。

[2] 安东尼·柯克 - 格林：《为君主供职：皇家殖民地公职机构与海外文职机构史，1837—1997》，第 18 页。

[3] 安东尼·柯克 - 格林书中原表数字是 360，应为 260。

构之中。到一战前夕，仅在非洲供职的英国殖民地公职机构成员就共有1400 人。[①]

4. 皇家代理人

在英国殖民统治体系中，有一种代理人制度。A. W. 阿博特认为有不少于三类代理人制度："殖民地代理人"，由殖民地立法机关任命，以求保证殖民地通过的法律是否得到确认，殖民者利益是否得到维护；"皇家代理人"，其名义上的功能是办理一个殖民地的事务和进行通信，而其真正功能是领取和说明国库发给的款项；"国王代理人"，承担着援助和保护殖民地的商人和贸易的职责。殖民地代理人和皇家代理人驻扎在英国，而国王代理人驻扎在殖民地。[②] 这里简单地介绍一下皇家代理人的情况。

皇家代理人制度早在 18 世纪就有了。皇家代理人（Crown Agents）并不是英国文职机构的一部分，也不是英国政府机器的一部分，与英国殖民地公职机构人员也不同。根据《英帝国与英联邦词典》，从 1875 年到 1903 年，皇家代理人在伦敦的殖民地总代理人是殖民部内的分支部门；而从 1881 年起，他们主要专注于皇家殖民地的事务。皇家代理人由殖民大臣任命，作为英国所有殖民地、保护地或依附地政府在英国的代理人。[③]

2004 年，戴维·森德兰出版了《经营英帝国：皇家代理人 1833—1914》一书，对皇家代理人制度的历史进行了比较全面的考察。戴维·森德兰讲：皇家代理人是在英国的殖民地商业和财务代理人。皇家代理人制度经历了很大的发展变化；其历史可以追溯到 18 世纪中期。到1810 年时，代理人由当时的"殖民部"挑选。1833 年，除保留两位代理人外，其他的都被解雇。留下的两位放弃其他职责，拥有了"殖民地

---

① 安东尼·柯克－格林：《为君主供职：皇家殖民地公职机构与海外文职机构史，1837—1997》，第 16—19 页。

② A. W. 阿博特：《皇家代理人及其部门简史》，第 12 页。

③ 参阅帕尔默编《英帝国与英联邦词典》中的词条"皇家代理人"，第 99 页。

联合总代理人"的头衔。1863 年，这一机构重新命名，称作"殖民地皇家代理人"①。

戴维·森德兰认为，从 19 世纪 60 年代到 20 世纪上半叶，殖民地皇家代理人机构向皇家殖民地提供非本地生产的公共产业，组织提供外来资金，经营其在英国的投资，监督其铁路、港口等的建设。同时，也扮演其他一些角色，如招聘技术公职人员，给公职机构人员支付养老金和一些薪水，安排部队的运送，监督殖民地土地和矿业租让。② 皇家代理人在财政和行政上构成一个独立的组织。这个机构可以从文官机构之外自己招聘职员；在业务经营上，殖民部给予它广泛的空间。显然，在不同时期，皇家代理人的数量有所变化。他们手下的职员在 1833 年只有 3 人，1881 年有 30 人，1908 年有 200 人，1914 年有 468 人。③

1930 年，英国的《费希尔报告》在考察殖民地公职机构任命制度时，也讨论了皇家代理人（Crown Agents for the Colonies）的招聘功能。皇家代理人挑选具有技术特性的人选以供任命，如铁路、公共工程、邮电方面的工程师；也挑选需要技术培训的职务人选，如机械工、排版印刷机操作人员、工程监管人、卫生检查员、制图员、司机；还挑选其他低级别人选，如警员、办事员、工头等。皇家代理人代表有关殖民地政府对人选做出任命。④

根据 1959 年出版的由 A. W. 阿博特撰写的《皇家代理人及其部门简史》一书，"皇家代理人就两位成员（现在是两位，有时是三位，偶尔是四位），他们由殖民大臣任命为皇家代理人（以前是为'殖民地'，现在是为'海外政府和行政机关'），并根据他确定的条件任职"。阿博特认为，皇家代理人为英国殖民大臣最终负责管理的所有领地的政府担当企业和财务代理人。在这些领地——包括英国的保护地和后来以联合

---

① 戴维·森德兰：《经营英帝国：皇家代理人 1833—1914》（David Sunderland, *Managing the British Empire: The Crown Agents 1833–1914*），博伊德尔出版社 2004 年版，第 1—5 页。

② 同上书，第 5 页。

③ 同上书，第 6 页。

④ 英国政府敕颁文件 Cmd. 3554：《关于殖民部和殖民地公职机构任命制度的委员会报告》，英国皇家文书局，1930 年 4 月，第 9 页。

国名义管理的领地——他们也代表许多不同的公共事业团体，如铁路与煤炭公司、市镇委员会、港口局、教育机构等。第二次世界大战后，应英联邦关系部的要求，皇家代理人也为一些高级专员领地和英联邦国家担任代理人。[①]

5. 责任制政府

现代意义上的"责任制政府"，主要是指在资本主义社会中，国家行政机关向经选举产生的国家立法机构负责，而不是向君主负责；首相或总理是立法机关中占多数的党的领袖。例如，在英国，首相作为政府首脑要向英国议会负责，而不是向英王负责，首相应是英国议会中拥有多数席位的党的领袖。

18世纪，在英国本土，责任制政府制度逐渐形成。这种"责任制政府"（Responsible Government）的形式是：行政权被授予内阁，内阁领袖从立法机关（在英国是议会的下院）中的多数派中选出。国王邀请多数派的首领组成行政机构（政府）。多数派首领挑选那些获得立法机关"信任"的同事，组成行政班子；他们获得了多数支持，这样行政和立法双方就会行动一致。[②]

英国殖民地的政治体制和管理体制不断变化，各类殖民地也并非同步。美国独立是对英国殖民扩张的沉重打击。为了防止其他移民殖民地发生类似争取独立的武装斗争，英国也相应地改变了殖民统治策略和方式，对殖民地政治制度逐步进行调整。一方面让白人移民殖民地获得更多的自治权力而又不脱离英帝国；另一方面在新占领的非白人移民殖民地实行新的"皇家殖民地"制度。在白人移民殖民地逐渐做出让步，形成"责任制政府"；而在"皇家殖民地"则实行总督专政制度，加强对殖民地的控制。

---

① A. W. 阿博特：《皇家代理人及其部门简史》，第1—2页。

② 艾弗·詹宁斯：《英民族联邦》（Ivor Jennings, *The British Commonwealth of Nations*），伦敦：哈钦森和有限公司1967年版，第164页。

在英帝国范围内，英国模式的"责任制政府"制度首先在白人移民为主体的殖民地如加拿大得到了实行。在实行责任制政府制度之前的加拿大，殖民地存在的突出问题是：殖民地政府经常提出建议措施，但遭到立法机关中多数人的反对，而政府又经常不同意立法机关通过的法案。[①] 这样，行政机关与立法机关就处于矛盾分歧之中。1838 年，德拉姆勋爵被任命为英属北美总督。1839 年，德拉姆提出了一个调研报告，简称为《德拉姆报告》，全名是《关于英属北美事务的报告》，建议早日在加拿大实行责任制政府制度。

殖民地责任制政府的形成过程是殖民地要求加强自治的力量与宗主国及其在殖民地的代表力量之间较量的过程。建立责任制政府的主张在英国北美的殖民地逐步得到实施。[②] 从 19 世纪 40 年代起，北美的殖民地开始实行责任制政府制度。例如，1848 年，加拿大省、新斯科舍率先实行了这一制度。责任制政府制度在英国其他一些白人移民殖民地也得到实施。1855 年，澳大利亚的新南威尔士、维多利亚实行了责任制政府制度；南澳大利亚于 1856 年实行；昆士兰于 1859 年实行。新西兰于 1856 年实行责任制政府制度。南非的开普殖民地于 1872 年，纳塔尔于 1893 年，实行责任制政府制度。

殖民地实行责任制政府制度，就意味着英国派驻殖民地的总督权力下降，从殖民地的"专政君主"转变为"立宪君主"；殖民地的行政会议（Executive Council）向选举出来的殖民地的立法机关——大会（Assembly）负责，而不是向总督负责；行政会议由在立法机关中占多数的党或政治势力主导。

随着责任制政府制度的实行，英帝国开始出现自治领（Dominion）。1867 年，英国议会通过了《英属北美法》，成立了"加拿大自治领"（Dominion of Canada），亦称作加拿大联邦（Canadian Confederation）。澳

---

① 艾弗·詹宁斯：《英民族联邦》，第 165 页。

② 关于责任制政府在英属北美的形成过程，早在 20 世纪初斯蒂芬·利科克曾做过比较详细的考察。详见斯蒂芬·利科克《英国殖民制度中的责任制政府》（Stephen Leacock，"Responsible Government in the British Colonial System"），《美国政治科学评论》（*The American Political Science Review*）第 1 卷，第 3 期（1907 年 5 月），第 355—392 页。

大利亚于 1901 年成为自治领；1907 年，新西兰成为自治领；1910 年南非成为自治领。为了加强对自治领的管理，1907 年英国在殖民部内设立了自治领分部（Division of Dominions）。1925 年，自治领分部独立出来组成自治领部。

责任制政府的实行和自治领地位的获得并不意味着该殖民地获得了独立。这样的殖民地仍然在英帝国内，一些重要事务仍然控制在宗主国英国手中。到一战前夕，责任制政府制度在有些殖民地已经很成熟了，但防务和对外事务仍然受英国控制；一些重要事情，如英国国籍和商务运输，仍由英国议会负责制定相关法律。

责任制政府的逐步实行就意味着在这些殖民地的英国殖民地公职人员的减少。在全面实行责任制政府的自治殖民地，英国一般仅掌握着对总督的任命权，总督下面的其他官员则由这些殖民地自身产生。

"皇家殖民地"制度也有一个逐渐向责任制政府过渡的过程。但这个过程发生得十分缓慢；大多数"皇家殖民地"是在独立前夕才形成责任制政府的。①

6. 《殖民地法律有效法》

随着英国殖民地自治程度的增加，殖民地立法机关通过的法律与英国议会通过的法律发生的分歧就多起来了。在英国与殖民地的法律关系中，英国议会是整个英帝国最高立法机关。这是长期形成的信条。早在 1766 年通过的《公告法》（Declaratory Act）就体现了这一信条。② 1865 年，英国议会通过的《殖民地法律有效法》（Colonial Laws Validity Act）也确认了这一信条。

1865 年的《殖民地法律有效法》全称是《一部排除关于殖民地法律有效性的疑问之法》（An Act to Remove Doubts as to the Validity of Colo-

---

① 参阅张顺洪等《大英帝国的瓦解——英国的非殖民化与香港问题》，社会科学文献出版社 1997 年版，第 5 章《宪制改革与权力转移》（第 124—164 页）。

② 马丁·怀特：《英国殖民地宪法》，第 88 页。

nial Laws）。该法的目的是消除"帝国立法"与"殖民地立法"之间存在的"明显矛盾"。该法首先指出，存在着关于殖民地立法机关通过的一些法律的疑问，和关于这样的立法机关的权力的疑问。而这些疑问应该被排除掉。该法指出："殖民地法律"包括由殖民地立法机关通过的法律或英王陛下会同枢密院为殖民地制定的法律。《殖民地法律有效法》第二条规定：任何殖民地法律，在任何方面与或将与任何延伸到该殖民地的议会法条款相抵触，或与根据该议会法权威制定的任何敕令或规章相抵触，将按议会法、敕令或规章的解释执行。[1] 简言之，殖民地法律如果与英国议会通过的法律相违背，则殖民地法律是无效的。

该法也有其他限定性的解释。第三条规定：殖民地的法律不因为与英格兰的法律相抵触而无效，除非这部法律与上述讲的英国议会相关法的条款、敕令、规章也相抵触。第四条规定：获得总督同意的殖民地法律，不能只因为与英王给予总督的相关训令相抵触而无效，但授权总督同意殖民地通过关于该殖民地和平、秩序的训令除外。第五条规定：殖民地立法机关有权在其管辖范围内成立、撤销和改组法庭，有权修订宪法和制定行政规定；殖民地的代议制立法机关有权制定关于这样的立法机关的章程、权力和程序的法律，但条件是通过这种法律的方法和形式符合英国议会法、特许状、枢密院敕令或该殖民地有效法律的要求。[2]

这一《殖民地法律有效法》界定了殖民地立法机关的权力，也界定了英国的帝国立法与殖民地立法之间的关系。[3] 修改《殖民地法律有效法》的权力在英国议会手中。1931 年，英国议会通过了《威斯敏斯特法》（*Statute of Westminster*），规定 1865 年的《殖民地法律有效法》不再适用于自治领，但在其他殖民地仍然有效。

为了加强对殖民地的管理和殖民地法律的规范，英国议会在 19 世

---

[1] 马丁·怀特：《英国殖民地宪法》，第 544 页。

[2] 同上书，第 544—545 页。

[3] 马丁·怀特：《英国殖民地宪法》，第 88—89 页；参阅《殖民地法律有效法》的文本，马丁·怀特：《英国殖民地宪法》，第 543—545 页。

纪下半叶还通过了其他相关法，如 1887 年的《英国居留地法》（*British Settlements Act*），1889 年的《解释法》（*Interpretation Act*），1890 年的《国外管辖权法》（*Foreign Jurisdiction Act*）。

以上这些法律的通过，一方面是殖民地自治权力扩大的结果，一方面也是英国试图维护殖民统治的一种努力。这些法有利于英国保持对殖民地的控制，殖民地通过的法案是否有效，如何解释，最终的权力掌握在宗主国英国手中。

7. 关于英属西非军事机构合并的报告

英国殖民地的公职人员多为"文官"，但警察机构也是殖民地公职机构的一部分。除警察外，英国控制殖民地需要军队，特别是在侵占一块殖民地的初期和殖民地爆发反抗斗争的时期。为了让读者更好地了解英国殖民统治的有关情况，这里不妨介绍一下 19 世纪末英国一个委员会撰写的一份关于英属西非军事力量合并的报告，委员会的主席是塞尔伯恩（Selbourne）。

这份报告的名称就是《跨部门委员会关于英属西非军事机构合并的报告》[1]，1899 年 6 月由英国殖民部印制。这个时候乃欧洲列强瓜分非洲之际，英国在自己占领的西非地区派遣了多种武装力量。报告认为，在塞拉利昂、黄金海岸、拉各斯等地的警察部队相互孤立和独立，当某个殖民地"麻烦产生时"，不得不求助于正规军，甚至"帝国部队"，这会引起一些问题。因此，报告建议这些武装力量与新近成立的"西非边防军"（West African Frontier Force）合并，组成一个军事组织。报告讲，在与战争部协商后，决定合并后的武装力量借用原有的"西非边防军"名称；为了提高这个部队的地位，军官们应该享有军事头衔。合并后的军队人数是：欧洲人 282 名，本土人 6179 名；一共分 6 个营：黄金海岸营、拉各斯营、塞拉利昂营、第一尼日尔营、第二尼日尔营、第

---

① 英国殖民部档案 CO 879/58，报告的英文名称是："Report of the Inter-Departmental Committee on the Amalgamation of the Colonial Military Forces in West Africa"。

三尼日尔营。报告建议，如果可能的话，每个营本土人的50%应来自豪撒族，50%应来自其他"尚武民族"。部队经费主要由殖民地基金支持，管理上由殖民大臣负责。报告建议这个部队的单位是营（Battalion）。报告对军官的挑选和要求、对部队人员组成、制服等都提出了建议；报告就本土士兵的招聘、培训、入伍期限、报酬等问题也提出了建议；报告对部队的结构、风纪、检查也提出了建议；讨论了军队的财务和供给等问题；报告还建议要鼓励本土军人学习英语。[①]

1900年，英国殖民部正式成立"西非边防军"。部队驻扎在尼日利亚、黄金海岸、塞拉利昂、冈比亚。部队营的数量后来大为增加，远超过报告中讲的6个营。1928年，"西非边防军"更名为"皇家西非边防军"；1960年解散。

8. 人物小传

（1）詹姆斯·斯蒂芬

詹姆斯·斯蒂芬爵士（Sir James Stephen，1789—1859）是19世纪英国负责殖民事务的著名官员。1789年1月3日，詹姆斯·斯蒂芬出生于英格兰的兰贝斯。詹姆斯·斯蒂芬的祖父和父亲的名字均为詹姆斯·斯蒂芬；其祖父被詹姆斯·斯蒂芬传记的作者称为"詹姆斯·斯蒂芬一世"；其父亲则被称为"老詹姆斯·斯蒂芬"；詹姆斯·斯蒂芬本人被称"小詹姆斯·斯蒂芬"。詹姆斯·斯蒂芬的祖籍在苏格兰，祖父"詹姆斯·斯蒂芬一世"当过初级律师。父亲"老詹姆斯·斯蒂芬"也学习过法律，并于1782年进入律师界；后来当过英国议会下院成员，在英国当时对待殖民地的奴隶制态度上，属于"废奴派"。"小詹姆斯·斯蒂芬"是"老詹姆斯·斯蒂芬"的第三个儿子，童年时在英国、在西印度的殖民地生活过。[②]

---

① 英国殖民部档案 CO 879/58，《跨部门委员会关于英属西非军事机构合并的报告》。

② 保罗·克纳普伦德：《詹姆斯·斯蒂芬与英国殖民制度 1813—1847》（Paul Knaplund, *James Stephen and the British Colonial System 1813 – 1847*），格林伍德出版家 1974 年版，第二章《詹姆斯·斯蒂芬爵士》，第6—36 页。

1806 年，詹姆斯·斯蒂芬到剑桥大学读书，1812 年获得法学学士学位。在大学学习期间，斯蒂芬对殖民地法律很感兴趣，查阅了官方有关资料。1813 年，斯蒂芬被任命为战争和殖民部的兼职法律顾问，其职责是审查并报告殖民地立法机关通过的法律。1825 年，他接受了战争和殖民部与贸易局的常任法律顾问职务。也是在这一年，英国政府决定在战争和殖民部设立殖民事务常任国务次官。到此时，斯蒂芬已成为战争和殖民地的"固定角色"，对殖民事务很熟悉。斯蒂芬是可以被考虑担任殖民事务常任国务次官的人选之一。但是，因为他父亲的原因，他担任法律顾问一职已在议会受到质疑。"没有什么比这样的任命更令殖民地反感。他被殖民者认为是他们最大敌人的儿子；把他放在那个办公室，殖民地来往通信都会经过他，是非常令人不快的。这个任命比政府的任何其他行为更能激怒殖民者。"① 也许是由于这个原因，不是斯蒂芬而是罗伯特·威廉·海（Robert William Hay）被任命为国务次官（1825—1836）。1833 年，斯蒂芬起草了议会的废除奴隶制法案。1834 年，斯蒂芬被任命为助理殖民事务国务次官；1836 年接替罗伯特·威廉·海为殖民事务常任国务次官。

在詹姆斯·斯蒂芬在殖民部就职时期，正是英国的一个改革时期。在海外，英国政治家们需要建立一种适合老殖民地、新侵占的殖民地和新建立的移民殖民地的"帝国制度"。詹姆斯·斯蒂芬是英国殖民地管理改革的倡导者。他把英国的殖民地大致分为两类："皇家殖民地"和"有经选举产生的大会的殖民地"。他进入殖民部不久，其主要职责是向上级报告殖民地的法律。因此，他最关心的事务之一就是要求殖民地把其法律尽早送达英国，并在殖民部保存完整的案卷。他撰写的关于殖民地法律的报告，包含着"所有重要举措的完整的摘要、对涉及的原则的清晰分析、对反对或支持一部新法律的理由的简洁陈述，以及如何处理的建议"。他担任法律顾问不久，即被召参与有关敕令的起草。担任常任国务次官后，斯蒂芬形成了一种制度，即所有公文到

---

① D. M. 扬：《19 世纪早期的殖民部》，第 85 页；因为詹姆斯·斯蒂芬的父亲属于"废奴派"，而殖民地的有关利益集团却主张保持奴隶制。

达殖民部后，就要附加摘要。关于与总督的关系，保罗·克纳普伦德讲，挑选谁初任总督看来并未征求斯蒂芬的意见，但一旦任职后，其升迁机会可能有赖于斯蒂芬对其工作的评估。当时英国已形成了一个长期的规则，即殖民地任命年薪 200 英镑以上者，应该由英国政府确认。因为任命权交给了殖民地政府，总督们就不积极将新任命者名单呈送给英国殖民部。斯蒂芬则坚持要求殖民地将任命名单呈递殖民部。例如，1842 年斯蒂芬就曾要求加拿大总督将新任人员名单呈送殖民部。这种监督性做法后来得到了保持。保罗·克纳普伦德讲："詹姆斯·斯蒂芬非常努力改进帝国的殖民管理制度，但随着时间的推移，他越来越确信殖民地许多最紧迫问题的解决在于允许殖民者越来越多地处理他们自己的事务。"[1] 因此，他是赞成在英国白人移民殖民地加强自治的。他担任殖民事务常任国务次官时，也是英国白人移民殖民地向责任制政府快速过渡的时期。

斯蒂芬被人视为"精明而不辞劳苦"，是一位"优秀的文官"，在殖民事务方面影响很大。有同事认为：在许多年间，斯蒂芬"简直统治着殖民帝国"。他获得的绰号有"斯蒂芬国王"，并被评价为是"一位最认真负责的、精力充沛的官员"。他在殖民地责任政府和自由贸易的发展过程中，扮演了一个关键角色。1847 年，斯蒂芬辞去了殖民事务国务次官职务。他被授予爵士头衔，并成为枢密院成员。

从 19 世纪 30 年代起，斯蒂芬多年为《爱丁堡评论》撰写文章，主题通常是历史，因而获得了"历史学家"的名声。1849 年，斯蒂芬成为剑桥大学现代历史"钦定教授"。1849 年发表了《教会传记论集》，接连印行数版，引起读者广泛兴趣。他曾主讲法国史，出版了两卷本《法国史讲座》，受到当时法国著名学者托克维尔的赞扬。[2] 1855 年至 1857 年间，他担任过黑利伯里的东印度公司学院的教授，并继续在剑

---

① 保罗·克纳普伦德：《詹姆斯·斯蒂芬与英国殖民制度 1813—1847》，第三章《殖民地管理》，第 36—65 页。

② 参阅《卡罗琳·埃米利亚·斯蒂芬》（"Caroline Emelia Stephen"），《费城教友历史协会期刊》（Bulletin of Friends' Historical Society of Philadelphia）第 3 卷第 2 期，1909 年 6 月，第 95 页。

桥大学举办讲座。斯蒂芬死于 1859 年 9 月 14 日。

（2）约瑟夫·张伯伦

在 19 世纪，英国最著名的殖民大臣可以说是约瑟夫·张伯伦（Joseph Chamberlain，1836—1914），他是后来《慕尼黑协定》签订者、向法西斯德国推行绥靖主义政策的英国首相尼维尔·张伯伦的父亲。1836 年 7 月 8 日，张伯伦出生于伦敦一个富有的制鞋商家庭。张伯伦后来在伯明翰起家，起初当过螺丝生产商；1873 年当选为伯明翰市市长。他是激进的自由党成员；1876 年当选为英国议会议员。张伯伦后来成为自由党统一派成员。1882 年任商务大臣。在 1895 年大选中，自由党统一派与保守党联合组成政府。在这届政府中，他有机会担任内政大臣或财政大臣，但他却选择了殖民大臣职务（1895 年 7 月）。1903 年，张伯伦辞掉殖民大臣职务。

张伯伦处在自由资本主义过渡到垄断资本主义的时期，他本人是一个狂热的帝国主义者。"认识到并利用广泛的帝国情绪，张伯伦把自己置于英国帝国使命的最突出、最能言善辩的代言人的位置"；他鼓吹的主张是：帝国主义在海外是"高尚的为了文明的十字军东征"，是"非洲和东方未开发地区千万人的灯塔"；"帝国主义在国内对英国公民特别是工人阶级也有着直接的经济利益"；帝国主义是"团结整个民族，使所有不列颠人不管哪个党派都振作起来的爱国责任"[1]。

1895 年至 1903 年，他担任殖民大臣职务，是英国任期最长的殖民大臣。担任殖民大臣期间，他采取多种措施加强英国在亚洲、非洲和西印度群岛地区的殖民统治。尽管他没有担任首相，但张伯伦却被视为当时"英国最重要的政治家之一"；"他以制定英国殖民、外交、关税和市镇政策议程而最为著称"[2]。他的关税改革和帝国统一思想成为 20 世

---

① 特拉维斯·L. 克罗斯比：《张伯伦：一位最激进的帝国主义者》（Travis L. Crosby，*Joseph Chamberlain：A Most Radical Imperialist*），I. B. 陶里斯出版公司 2011 年版，第 114—115 页。

② 同上书，第 115 页。

纪英国政策的指导方针。① 到了 20 世纪初，他被视为"英帝国的首席部长"②。

"广义上讲，作为殖民大臣，张伯伦有三项政策：促进殖民地经济活力，巩固和（只要哪里有可能）扩大英帝国的力量，创建帝国联邦。"③ 他推行殖民扩张政策，鼓吹保护关税，倡议帝国特惠制。在他任殖民大臣期间，也正是列强瓜分或重新瓜分世界的时候，张伯伦主张殖民扩张，积极瓜分世界。张伯伦尤其重视在非洲夺取领土，在他的鼓动下，英国占领了大片殖民地；英国发动了英布战争（1899—1902），最终击败布尔人，加强了对南部非洲的殖民统治。在西部非洲，英国与法国展开了激烈的殖民争夺。在中国，与列强一起掀起了瓜分中国狂潮，在中国强占租界和势力范围。

张伯伦希望建立更强大的帝国，使其成为"盎格鲁·撒克逊民族联盟"。他曾讲："我相信英民族是世界自古以来所有统治民族当中最伟大的…仅仅占领世界表面的广大空间而不加以充分利用是不够的。开发其地产是土地主的责任。"④ 因此，张伯伦主张加强在热带非洲、西印度和其他"欠发达的"领地投资。

为了加强殖民统治，张伯伦试图实施一个将伦敦的官员与殖民地的官员进行交换的方案；随着英国殖民扩张的加强，张伯伦扩大了殖民部的机构和职能，增加了殖民部工作人员，低级职员从 24 人增加到 51 人，任命的高级人员从 25 人增加到 41 人。这样，在英国政府当中，殖民部的地位得到了提升。⑤

----

① 《不列颠百科全书》（国际中文版）词条："约瑟夫·张伯伦"，中国大百科全书出版社 2002 年版。

② 《牛津国家人物传记大辞典》（*Oxford Dictionary of National Biographies*），网络版，词条"约瑟夫·张伯伦：工业家和政治家"。

③ 特拉维斯·L.克罗斯比：《张伯伦：一位最激进的帝国主义者》，第 112 页。

④ 特拉维斯·L.克罗斯比：《张伯伦：一位最激进的帝国主义者》，第 115 页；关于张伯伦与英国当时的对外政策，读者可参阅伊恩·卡伍德、克里斯·厄普顿主编《约瑟夫·张伯伦：国际政治家、民族领袖、本地偶像》（Ian Cawood and Chris Upton, eds., *Joseph Chamberlain*: *International Statesman*, *National Leader*, *Local Icon*），帕尔格雷夫·麦克米伦出版公司 2016 版，第 17—47 页。

⑤ 特拉维斯·L.克罗斯比：《张伯伦：一位最激进的帝国主义者》，第 112 页。

英国有学者认为正是在张伯伦担任殖民大臣期间，"现代殖民地公职机构产生了"①。在殖民地公职机构的发展上，张伯伦采取了诸多举措。例如，1896 年，"东方学员机构"加入了与国内文官机构和印度文官机构的共同考试。张伯伦注重对殖民地情况的调研，注重加强对殖民地的管理。1899 年提交的塞尔伯恩调研报告，对殖民地公职机构的队伍状态进行了考察。这个报告是由张伯伦在 1895 年初当殖民大臣时任命的一个内部委员会提交的。1900 年，成立了供殖民地公职人员在伦敦活动的冠俱乐部（Corona Club）②，以利于回国度假的殖民地公职人员相互交流。在冠俱乐部的年度晚宴上，通常殖民大臣要致辞。为了加强英国在非洲的殖民统治，张伯伦非常重视促进热带医学的研究和教育，以便英国殖民地公职人员能够更好地适应热带非洲的气候条件。当时，英国在热带非洲特别是在热带西非的殖民管理，被热带疾病严重削弱；英国派往西非的大多数人员在他们能够完成任期之前，就被疟疾所击倒。张伯伦任命了热带医学专家作为殖民部的医学顾问；成立了伦敦热带医学院；殖民部还建立了西非医务人员队伍。③

为了加强帝国的管理，张伯伦一度试图将殖民地公职机构与印度文官机构合并，组成单一的英帝国文官机构，并与殖民部的员工进行合并。尽管这一构想未能实施，但张伯伦加强了殖民地公职机构的建设，扩大了公职人员队伍，使殖民地公职机构成为英国"皇家职业性机构"，具有自身的特色。④

---

①　安东尼·柯克－格林：《为君主供职：皇家殖民地公职机构与海外文职机构史，1837—1997》，第 19 页。

②　从 1949 年 2 月到 1962 年 12 月，英国还为殖民地公职机构人员出版了一份名为《冠》（Corona）的杂志。英国研究殖民地公职机构历史的专家安东尼·柯克－格林近年先后编辑出版了两本摘自《冠》杂志的文选。参阅安东尼·柯克－格林主编《帝国一瞥：〈冠〉文选集》（Anthony Kirk-Greene, Glimpses of Empire: A Corona Anthology），T. B. 陶里斯出版公司 2001 年版；安东尼·柯克－格林主编：《帝国面貌：〈冠〉文选第二集》（Anthony Kirk-Greene, Aspects of Empire: A Second Corona Anthology），T. B. 陶里斯出版公司 2012 年版。

③　《牛津国家人物传记大辞典》，网络版，词条"约瑟夫·张伯伦：工业家和政治家"。

④　安东尼·柯克－格林：《为君主供职：皇家殖民地公职机构与海外文职机构史，1837—1997》，第 16 页。

　　张伯伦也注意推动英国殖民地公职人员的招聘和培训工作。

　　张伯伦是当时英国著名的政治家，在政坛有很大影响。当时人就注意到："作为当今殖民大臣，他'在英国政治家当中尤其杰出'。"①

---

① 伊恩·卡伍德、克里斯·厄普顿主编：《约瑟夫·张伯伦：国际政治家、民族领袖、本地偶像》，第229页。

第三章 两次世界大战时期英国殖民地公职机构(1914—1945)

1. 两次世界大战时期的世界形势与英帝国概况

1914 年到 1918 年的第一次世界大战，是人类历史上规模空前的战争。战争促成了世界格局的重大变化。英法等老牌帝国主义国家虽然是战胜国，但国力受到削弱；美日两国国力上升，国际地位提高；德国是战败国，被迫签订割地赔款条约，失去了海外殖民地和势力范围；沙皇俄国则被社会主义苏联所取代。在世界范围内国际共产主义运动和民族解放运动出现了高潮。

在第一次世界大战中，虽然英国取得了最后的胜利，但却付出了巨大代价。英国和爱尔兰有 600 万人参战，英帝国的其他部分有 300 万人参战；其中死伤和失踪共约 326 万，实际死亡近 100 万。还有其他人员伤亡和巨大的物资损失。[①] 值得注意的是，在一战中英国有 3 万军官死亡。这样的人员伤亡给英国殖民地公职机构造成了影响，因为殖民地公职机构"尤其需要领导"；这一影响并未很快消失。[②]

在一战中，英国受到削弱，但英国作为战胜国，从战败国德国、奥斯曼土耳其夺得大片"委任统治地"。英国获得的委任统治地包括：伊拉克、约旦、巴勒斯坦、坦噶尼喀、多哥与喀麦隆的一部分；英国与其

---

① 蒋孟引主编：《英国史》，中国社会科学出版社 1988 年版，第 694 页。
② 拉尔夫·弗斯：《捕鸟者：一位招聘官员的回忆录》（Major Sir Ralph Furse, *Aucuparius: Recollections of a Recruiting Officer*），牛津大学出版社 1962 年版，第 152—153 页。

自治领南非拥有西南非洲；在太平洋上，英国与其自治领澳大利亚和新西兰也获得相关德占岛屿作为委任统治地，如瑙鲁、西萨摩亚。

这样，一战后，英帝国版图一定意义上讲是扩大了。但是，由于国际共产主义运动和民族解放运动的发展，殖民统治受到了挑战。同时，英国经历第一次世界大战后，虽然帝国版图有新的扩展，新增了多块委任统治地，但国力却相对下降，经济困难重重，阶级矛盾加剧；在资本主义世界，美国地位进一步上升，日本对英国在远东的利益也构成更大挑战。英国为了维护海外殖民帝国，在镇压殖民地人民反抗斗争的同时，也采取了一系列加强殖民统治的举措。在国内，英国也加强了殖民部的建设，以促进对广大殖民地的统治和开发。在殖民部主导下，英国加强了殖民地公职机构建设，在这方面采取了诸多措施，本章将进行重点考察。

在我们考察一战后英国殖民地公职机构发展之前，首先来看看英国殖民地的有关情况。表3-1是英国殖民部在1926年管辖的殖民领地人口情况。

英国殖民地类型比较复杂，就是同在殖民部管辖之下的殖民领地也是有区别的。1928年，英国皇家文书局出版的《国王陛下殖民地公职机构规章》的第一章标题是《宪法》，其中开首就讲明了《殖民地规章》适应的"殖民地和依附地"，共三类。第一类只有马耳他。尽管马耳他已建立了责任制政府，在内部事务上有自治权，但在"与帝国事务有关"的方面，马耳他要执行这一殖民地规章。第二类是"殖民地"（Colonies），这类领地由英国殖民大臣掌控的公职人员进行管理，既包括殖民地，也包括按管理殖民地相似方式管理的"保护地"（Protectorates）。这类殖民地包括以下领地：一是那些拥有一个选举的立法院（House of Assembly）和一个任命的立法会议（Legislative Council）的殖民地，只有巴哈马、巴巴多斯、百慕大；二是那些拥有由部分选举的成员组成的立法会议，而官方成员不占多数的殖民地，包括英属圭亚那、锡兰、塞浦路斯；三是那些拥有由部分选举的成员组成的立法会议，而官方成员占多数的殖民地和保护地，包括斐济、格林纳达、黄金海岸、牙买加、肯尼亚、背风群岛、毛里求斯、尼日利亚（殖民地和保护地）、

表 3-1　　　　　　　　殖民部管辖下的地域和人口[①]

区域	人口
西印度群岛、包括百慕大	1828206
英属圭亚那、英属洪都拉斯	348336
福克兰（马尔维纳斯）群岛	3538
直布罗陀	18540
塞浦路斯	330601
巴勒斯坦	842000
外约旦	350000
伊拉克	2850000
塞舌尔	25847
毛里求斯	387743
锡兰	4643769
海峡殖民地、马来联邦、非联邦马来、其他依附领地	4333506
香港	597300
斐济	166988
相关保护地等	268594
南非高级专员领地	775333
西非	22683217
东非	10081909
中非	2323423
其他领地	350703

北罗得西亚、圣卢西亚、圣文森特、塞拉里昂（殖民地和保护地）、海峡殖民地、特立尼达；四是那些拥有任命的立法会议的殖民地和保护地，包括英属洪都拉斯、福克兰群岛（马尔维纳斯群岛）、冈比亚、香港（割占中国的土地）、尼亚萨兰保护地、塞舍尔、乌干达保护地、桑

---

① 安东·伯特伦爵士：《殖民地公职机构》（Sir Anton Bertram, *The Colonial Service*），剑桥大学出版社 1930 年版，第 10—11 页。

给巴尔（除英属洪都拉斯外，其他的立法会议都拥有官方多数）；五是没有立法会议的殖民地和保护地，包括阿散蒂、英属所罗门群岛保护地、直布罗陀、吉尔伯特和埃利斯群岛殖民地、黄金海岸北方领地、圣赫勒拿、索马里兰、威海卫（占领中国的土地）。第三类是委任统治地，主要包括巴勒斯坦、坦噶尼喀、英属喀麦隆、英属多哥兰。[①] 从以上列举中，我们可以进一步看到英国殖民统治体系的复杂性。

两次世界大战期间，英国的殖民统治机构和殖民统治方式也发生了较大变化。一方面，随着自治领的发展壮大和离心力的增强，英国于1925 年成立了单独的自治领部，是在原来殖民部中自治领分部的基础上成立的，负责处理与加拿大、澳大利亚、新西兰、南非等自治领相关的事务。1926 年帝国会议发布了《贝尔福宣言》，确认各自治领与英国在英帝国内原则上的平等地位，在内外事务上不相互依赖。同时，英国为了维持帝国统治，防止各自治领完全独立，努力构建英联邦。1931年，英国通过了《威斯敏斯特法》，正式成立了英联邦，自治领成了英联邦的成员。

另一方面，为了维护殖民统治利益和世界霸权地位，英国加强了对帝国的经略。例如，1919—1920 年间，有三个委员会分别讨论了关于医务、农业、兽医机构问题，就把殖民地作为一个整体来考虑。1922年，医务咨询委员会的活动范围也从英属热带非洲扩展到所有的依附领地。为加强殖民地公职队伍的力量，1923 年开始实施自治领遴选方案。在 1926 年，成立了帝国经销理事会，以促进帝国内产品销售。1927 年召开了首届殖民部会议，以促进殖民部与殖民地政府之间的联系，加强殖民统治。1929 年教育咨询委员会的活动范围也从热带非洲扩大到整个殖民帝国。1929 年，英国通过了第一个《殖民地发展法》。1930 年出台了加强殖民地公职队伍建设的《费希尔报告》，并召开了第二届殖民部会议，采取了一系列加强殖民地公职队伍的措施。1932 年，英国

---

① 《国王陛下殖民地公职机构规章》（*Regulations for His Majesty's Colonial Services*），殖民部文件第 37 号，英国皇家文书局，1928 年 10 月，第 3—5 页；关于殖民地管理立法方面的一些详细规定，读者可参阅本规章第 3—8 页。

召开了渥太华帝国经济会议，签订了《渥太华协定》，建立起帝国特惠制度。从1938年起，英国殖民大臣向议会提交的年度报告以英国政府敕颁文件形式印行，标题为《殖民帝国》。1940年，英国政府又通过了《殖民地发展和福利法》，进一步加强对殖民地的开发和利用。

与此同时，英国殖民部的内部结构也在不断发展和完善。例如，1927年给殖民大臣配备了经济与财政顾问。1930年在殖民部成立了人事分部，负责殖民地公职人员的招聘、培训、任命、晋升、调任等事务，确定供职条件；[①] 殖民部内部还成立了一些新的专业部门，如1939年成立的社会机构局。[②]

两次世界大战时期，英帝国的情况也在发生着变化。表3－2是1937年时，英国部分殖民地的税收、开支、进口和出口，从中读者可以了解一下第二次世界大战爆发前夕，英国的殖民帝国的一些经济情况。[③]

表3－2　　　　　　　　1937年英国部分殖民地有关经济数据　　　（单位：英镑）

殖民地	估计的税收	估计的开支	进口总额	出口总额
肯尼亚（a）（b）	2209552	2204539	10833334 *	3954054
北罗得西亚（b）	912700	910700	4086429	12030599
尼亚萨兰（b）	792818	777591	863467	916665
坦噶尼喀领地	2050680	2031826	4201025	6169888
乌干达（b）	1857873	1871092	见肯尼亚	5702708
桑给巴尔（b）	476625	474894	1229831	873828

---

① 参阅查尔斯·杰弗里斯《殖民部》，第138—140页。

② 英国殖民部档案 CO 970/16，1942年9月 C.J. 杰弗里斯的备忘录"殖民部计划"，见《英国关于帝国终结的文献》（*British Documents on the End of Empire*）（总编辑是 S. R. 阿什顿 S. R. AsRton，）第1辑第1卷《帝国政策与殖民地实践1925—1945》（*Imperial Policy and Colonial Practice 1925 – 1945*），英国皇家文书局1996年版，第1部分，第4号文件，第14—26页。

③ 英国政府敕颁文件 Cmd. 5760：《1937—38年的殖民帝国：1938年补充关于殖民地与中东公职机构评估的报告》（Cmd. 5760：*The Colonial Empire in 1937 – 38：Statement to Accomany the Estimates for Colonial and Middle Eastern Services 1938*），英国皇家文书局1938年6月，附录Ⅰ。

续表

殖民地	估计的税收	估计的开支	进口总额	出口总额
黄金海岸（c）	3772891	3611603	18600278	16070709
尼日利亚（a）（c）	7102484	6801286	14622777	19249124
塞拉利昂（b）	996112	925943	1839582	2965050
亚丁（c）	154500	131775	6003248	3199937
锡兰（d）	8699535	8861042	18195023	24870531
香港（b）（e）	1928094	1981295	38084417	28842574
海峡殖民地（b）	4192894	4319310		
马来联邦州（b）	8684315	8418936	81486088	105595683
非马来联邦州（b）	3871190	3721095		
沙捞越	—	—	1721505	2453870
塞浦路斯（b）	918150	802080	2219463	2181657
马耳他（f）	1219651	1248530	4019537	698891
巴勒斯坦（c）	4908828	5077167	15904608	6455516
巴哈马（b）	514331	411670	1219353	295076
巴巴多斯（f）	461085	458461	2220650	1646709
英属圭亚那（b）	1250858	1227731	2395103	2735161
英属洪都拉斯（b）	232036	241045	819187	535514
牙买加（f）	2279799	2222884	6138379	4994281
特立尼达和多巴哥（a）（b）	2456847	2087809	7465732	6568890
斐济（b）	834280	803958	1586256	1994286

原注说明：（a）出口仅指"国内出口"；（b）对 1937 年税收与开支修订了的估计；（c）对1938 年 3 月 31 日前一年的税收与开支修订了的估计；（d）对 1937 年 9 月 30 日前一年的税收与开支修订了的估计；（e）不包括"珍宝"的进口与出口；（f）1938 年 3 月 31 日前一年的税收与开支的估计；＊不包括对乌干达的进口。

　　两次世界大战时期，英国殖民部管辖的殖民地范围和数量变化不大。1939 年英国政府出版的《殖民帝国》，介绍了殖民地包括保护地和委任统治地及其人口。这里也将有关数据列入表 3－3，以便读者了解有关情况。

表 3 - 3 　　　　　　　　殖民地、保护地和委任统治地人口①

地区	人口
西非	
尼日利亚	20200000
黄金海岸	3610000
塞拉里昂	1920000
冈比亚	190000
东非与中非	
英属索马里兰	350000
肯尼亚	3260000
乌干达	3690000
桑给巴尔	240000
坦噶尼喀领地	5190000
尼亚萨兰	1620000
北罗德西亚	1380000
东方	
锡兰	5680000
马来亚	4790000
北婆罗洲	770000
香港	990000
亚丁殖民地和保护地	650000
地中海	
巴勒斯坦	1300000
马耳他	260000
塞浦路斯	370000
直布罗陀	19000

①　英国政府敕颁文件 Cmd. 6023：《殖民帝国》（Cmd. 6023：*The Colonial Empire*），英国皇家文书局，1939 年 5 月，第 1—2 页。

地区	人口
西印度	
百慕大	30000
巴哈马	66000
巴巴多斯	190000
背风群岛	140000
向风群岛	210000
特立尼达	450000
英属圭亚那	330000
牙买加	1150000
英属洪都拉斯	56000
大西洋、印度洋、太平洋	
斐济与西太平洋群岛	400000
毛里求斯	400000
塞舌尔	30000
圣赫勒拿和阿森松	4500
福克兰群岛和依附领地	2400

　　从以上信息，我们可以了解到两次世界大战时期英国的"殖民帝国"的有关状况。

2. 殖民地公职人员进一步增多

　　一战后，英国加强了对殖民地的经略。新获得的委任统治地也需要殖民地公职人员进行统治，导致受过适当训练的人选的短缺。这就需要加强殖民地公职人员的招聘。战后殖民地公职机构的招聘人数出现了较大增长。例如，1919—1921年之间，招聘人数出现了"战后激增"。但是，1922年金融萧条引起招聘人员数量急降。这导致一些较高素质的人员离开，也影响到一些培训中心的信心。相应地，提交给殖民大臣的申请也出现下降。与1920年相比（当年提交申请703份），1922年只有 213 份申请。从 1923 起，逐渐回升。殖民地公职机构候选人被接受的人数，从 1923 年的 232 增加到 1927 年的 460；在 1925 年至 1929 年的 5 年间，总的讲，被接受的候选人每年均在 400 人以上。[①]

下面两个表格（3 - 4、3 - 5）表明了殖民地公职机构在相关年份招聘的人数，并标明了各分支机构的人数。

表 3 - 4　　　　　1913—1920 年殖民地公职机构招聘人数[②]　　　（单位：人）

	1913 年	1919 年	1920 年
行政	82	108	179
教育	19	13	37
财政与关税	15	27	31
法律	10	11	21
警察	13	44	45
医务	67	44	73
农业	11	15	49
兽医	7	4	33
林业	1	4	33
其他科学	9	3	5

---

① 安东尼·柯克 - 格林：《为君主供职：皇家殖民地公职机构与海外文职机构史，1837—1997》，第 22—23 页；参阅英国政府敕颁文件 Cmd. 2884：《1927 年殖民部会议：会议录概要的附件》（Cmd. 2884：*Colonial Office Conference*，*1927*：*Appendices to the Summary of Proceedings*），英国皇家文书局 1927 年 6 月，附件 2《殖民地文职人员的招聘与培训：负责任命工作的私人秘书备忘录》（"Recruitment and Training of Colonial Civil Servants：Memorandum by the Private Secretary for Appointments"），第 11—13 页。

② 安东尼·柯克 - 格林：《为君主供职：皇家殖民地公职机构与海外公职机构史，1837—1997》，第 22 页；参阅英国政府敕颁文件 Cmd. 2884：《1927 年殖民部会议：会议录概要的附件》的附件 2《殖民地文职人员的招聘与培训：负责任命工作的私人秘书备忘录》的附录：《显示 1913 年和 1919—1926 年殖民大臣在负责任命工作的私人秘书帮助下任命的人选数量的报表》（"Statement Showing the Number of Candidates Appointed by the Secretary of State with the Assistance of the Private Secretary [Appointments] in the Years 1913 and 1919 - 1926"）；这份报表中的招聘人数不包括锡兰、马来亚、香港等通过选拔性考试招聘的"东方学员"，也不包括根据殖民地皇家代理人的推荐而任命的人选（英国政府敕颁文件 Cmd. 2884：《1927 年殖民部会议：会议录概要的附件》的附件 2《殖民地文职人员的招聘与培训：负责任命工作的私人秘书备忘录》，第 11 页）。

续表

	1913 年	1919 年	1920 年
勘测与地质	2	—	30
其他任命	12	22	28
总数	248	295	564

表 3 - 5　　　　1921—1928 年英国殖民地公职机构招聘人数[①]　　（单位：人）

	1921 年	1922 年	1923 年	1924 年	1925 年	1926 年	1927 年	1928 年
行政	90	18	67	72	85	103	101	153
教育	43	39	30	43	46	76	64	74
财政与关税	21	4	12	9	10	20	18	19
法律	10	3	8	11	12	7	16	14
警察	32	17	14	32	19	30	19	32
医务	63	41	49	84	129	97	121	85
农业	40	17	16	35	33	30	42	59
兽医	9	6	7	5	8	16	9	11
林业	25	3	10	20	16	13	11	11
其他科学	7	2	2	7	8	2	18	10
勘测与地质	32	9	5	12	15	15	19	27
其他任命	13	14	12	22	25	15	22	12
总数	385	173	232	352	406	424	460	507

原注：招聘人数不包括 1935 年之前的锡兰与 1932 年之前的马来亚和香港通过选拔性考试招聘的"东方学员"。

　　上面两表是关于这个时期有关时间段殖民地公职机构的人员招聘情况。而从下表 3 - 6 可以看到单个殖民地的人员分布情况，以便加深对英国殖民地公职机构的认识。

---

　　① 安东尼·柯克 - 格林：《为君主供职：皇家殖民地公职机构与海外文职机构史，1837—1997》，第 24 页。

表 3-6　　　　　　　1925 年尼日利亚公职机构职位的分布①　　　　（单位：人）

机构	职业	机构	职业
农业	39	矿业	7
审计	17	尼日利亚团	233
煤矿	27	警察	61
海关	28	行政	368
教育	101	邮电	76
林业	40	印刷	6
地质勘测	9	监狱	18
总督办公室	3	公共工程	252
司法执法	9	铁路	462
土地	3	办公厅	47
法律	6	测量	38
副总督办公室	2	财政	25
海事	132	兽医	17
医务和卫生	204		

原注资料来源：1926 年《尼日利亚手册》。

一战后三四年时间里，军队提供了大量殖民地公职机构的人选；此后，大学则恢复了对人选的提供。尽管如此，殖民部官员还是感到招聘人选不足，需要加强招聘工作。负责殖民地公职人员招聘工作的官员拉尔夫·弗斯在 1927 年的备忘录中分析了影响殖民地公职人员招聘的因素。一是战后一代看来缺乏"进取心"，倾向于留在国内。原因之一是父亲和哥哥死于战争，可能使一些家庭不愿意让男孩到海外。二是对殖民地公职人员的素质有了更高要求。弗斯指出："我们因此面对如下要求：（1）每年比战前增多约 60% 的人员；（2）一个更高的素质标准；（3）更多更好的培训。"因此，必须采取特别措施，促进人员招聘。②

---

① 安东尼·柯克-格林：《为君主供职：皇家殖民地公职机构与海外文职机构史，1837—1997》，第 114 页。

② 英国政府敕颁文件 Cmd. 2884：《1927 年殖民部会议：会议录概要的附件》的附件 2《殖民地文职人员的招聘与培训：负责任命工作的私人秘书备忘录》，第 12—16 页。

在这份备忘录中，弗斯讲述了一战结束后采取的改进招聘与培训的措施。主要分两个方面，一是采取吸引应聘人员的措施，二是最好地利用申请者。例如：（1）许多部门的薪水得到了提高；（2）关于殖民地公职机构的信息得到了很大改进，如重新编印关于任命和就职条件的手册，增加关于空缺岗位的信息，与大学和中学建立起了更加广泛的联系，对特殊的空岗进行大量广告宣传；（3）"不遗余力地"了解关于申请人的档案和资格的可靠信息，从性格和气质上评判他们的合适性；（4）做出"非常全面的安排"，来获取专家们关于候选人从专业上讲是否符合技术性公职机构的要求；（5）尽量检查"我们推荐的结果"，为今后挑选人选做参考。① 弗斯在备忘录中还讨论了今后改进殖民地公职人员招聘与培训的措施。关于弗斯备忘录的影响，特别是英国采取的加强殖民地公职队伍建设的重大举措，在本章后面还会适当加以讨论。

英国殖民地公职机构的人数，在一战后总体上呈增长趋势。这一点从英国殖民部任命的殖民地公职机构成员人数也可略见一斑。当然，任命的人数在有些年份是下降的，尤其是因为这个时期经历了经济衰退。表3－7是1929—1939年间，由英国殖民部任命局（Appointment Department）任命的殖民地公职机构有关的人数，读者从中可见大致情况。

表3－7　　　　1929—1939年英国殖民地公职机构任命人数②

	1929	1930	1931	1932	1933	1934	1935	1936	1937	1938	1939
行政	115	80	20	25	36	44	67	68	91	96	84
教育	62	65	18	4	9	7	9	18	14	14	22
财政与关税	15	14	11	3	9	21	22	11	10	21	9
法律	11	16	8	7	8	9	17	22	33	26	8
警察	33	26	16	2	5	10	14	9	19	22	11

① 英国政府敕颁文件 Cmd. 2884；《1927 年殖民部会议：会议录概要的附件》的附件2《殖民地文职人员的招聘与培训：负责任命工作的私人秘书备忘录》，第16—18页。

② 拉尔夫·弗斯：《捕鸟者：一位招聘官员的回忆录》，附件1。

续表

	1929	1930	1931	1932	1933	1934	1935	1936	1937	1938	1939
医务	107	77	35	12	22	31	48	53	47	54	54
农业	42	40	34	4	9	23	14	11	28	23	19
兽医	11	6	3	—	6	3	5	5	7	8	18
林业	13	14	7	4	3	2	5	9	12	12	6
其他科学专家	6	8	1	4	5	1	4	4	26	24	8
勘测与地质	17	9	3	—	2	3	7	9	8	10	9
其他任命	17	23	9	5	7	11	19	30	11	15	7
总数	449	378	165	70	121	165	231	249	306	325	255

从表 3 - 7 可见，任命人员的人数在 30 年代初出现了一个低谷，最低是在 1932 年，只任命了 70 人，这与当时的世界经济形势有一定关系。此后，任命人数则逐步上升。只有第二次世界大战在欧洲爆发的 1939 年人数有所下降。以上表格还不包括这些年份中获得农业奖学金的人、工程师实习生、兽医实习生、法律实习生、林业实习生等。[①] 这种增长趋势说明英国加强了对殖民地的经略。

3. 殖民地公职人员的教育和培训

英国殖民地公职机构招聘的人员主要来自英国公学（Public School）和大学。在中世纪，英国就建立了公学，但现在有名的公学主要建立于 19 世纪。公学的毕业生对英国的公职机构，包括文官机构、军事公职机构甚至企业都十分重要。[②] 关于公学的重要性，殖民部负责招聘的官员弗斯曾经写道："它们至关重要，没有它们，我们将不能掌控局势。

---

① 拉尔夫·弗斯：《捕鸟者：一位招聘官员的回忆录》，附件 1。
② 罗伯特·休斯勒尔：《昨天的统治者：英国殖民地公职机构的形成》（Robert Heussler, *Yesterday's Rulers: The Making of the British Colonial Service*），雪城大学出版社 1963 年版，第 82 页。

在英格兰，大学培养心智；公学培养品格和领导才能。"①

　　所谓的"公学"实际上是私立性质的学校。英国公学与统治阶级有紧密的联系，在历史上主要培养英国上层阶级和上层中产阶级家庭的儿子。根据《昨天的统治者：英国殖民地公职机构的形成》一书，对大多数英国人来说，"公学"意味着通常列入名单的8个最好的学校，就是伊顿、温切斯特、拉格比、哈罗、查特豪斯、威斯敏斯特、惠灵顿、什鲁斯伯里。② 还有其他一些著名的公学，如博蒙特、布拉德菲尔德、切尔滕纳姆、基督医学院、克利夫顿、达维奇、费尔斯特德、国王坎特伯里、马尔伯勒、奥多、雷普顿、塞德伯、阿宾汉姆。③ 英国公学的突出特点是：它们独立于国立学校体系，收取高额学费，毕业生较易在文职和军职机构中获得高级职位，学校在全国拥有声望。从19世纪早期开始，这些公学的毕业生大量进入政府部门担任各种职务。有的公学与国家部门形成了直接的纽带。伊顿公学的校长就由英国王室任命。④

　　在两次世界大战之间，英国政府对公学的依赖是显而易见的。1921—1938年，通过了印度文官机构考试的申请人中有五分之三上过公学；在外交公职机构中，同一时期比例则更高一些；在殖民地的行政机构中，上过公学的人几乎占垄断地位，来自其他学校者很少。⑤ 罗伯特·休斯勒尔指出："在英格兰，很正常的现象是人们不知道主要的公众人物在哪里接受过高等教育，但很多人却知道他们上过哪一所公学。每个人都知道温斯顿·丘吉尔上过哈罗公学，但许多人却不清楚他后来去哪里了。在英国典型文职人员的品格和能力形成的三大阶段——家

---

　　① 罗伯特·休斯勒尔：《昨天的统治者：英国殖民地公职机构的形成》，第82页；今天，公学在英国仍有较大的影响，是英格兰和威尔士存在的独立于英国普通学制之外的学校；公学是一种传统型的学校，学生是精心挑选的，上学需要付费。学生年龄一般从13岁到18岁。

　　② 这8个公学的英文分别是：Eton, Winchester, Rugby, Harrow, Charterhouse, Westminster, Wellington, Shrewsbury。

　　③ 罗伯特·休斯勒尔：《昨天的统治者：英国殖民地公职机构的形成》，第86—87页；这些公学的英文分别是：Beaumont, Bradfield, Cheltenham, Christ's Hospital, Clifton, Dulwich, Felstead, King's Canterbury, Marlborough, Oundle, Repton, Sedbergh, Uppingham。

　　④ 罗伯特·休斯勒尔：《昨天的统治者：英国殖民地公职机构的形成》，第87—89页。

　　⑤ 同上书，第90页。

庭、公学、大学中，几乎毫无疑问公学这个阶段发挥着最持久、最连贯的影响。"①

罗伯特·休斯勒尔认为，对殖民地公职人员来说，公学是打基础阶段，在公学开始的"思想进程"随着同窗一起进入了大学。在大学里，他们接受了新的思想观念。上过大学的公学毕业生比他们没有上过大学的朋友们更为老成。②

在两次世界大战时期，殖民地官员两大来源地是牛津大学和剑桥大学。这两个大学在殖民地行政机构的课程设置上和与殖民部关系上都很相似。在牛津大学，一般的殖民地公职机构实习生采用三年本科课程，非常重视古典学和现代历史；在第三年则专攻法律或政治。在文学和地理等科目方面，兴趣比较小；而语言和科学课程吸引力最小。③ 在公学和牛津，古典学都受到重视。

在这个阶段，牛津、剑桥的学生对殖民地公职机构中的殖民地行政机构感兴趣，而对殖民地公职机构中的专业和技术职务并不太感兴趣。④

殖民部负责招聘工作的官员弗斯每个学年都从牛津、剑桥和其他一些大学的朋友那里获得关于被推荐的候选人的信息。殖民地公职机构的官员们往往利用度假之机访问母校，会见潜在的候选人。弗斯本人有时也去牛津、剑桥进行交流。这样的非正式会谈为正式的招聘打下了基础。最佳的候选人则被邀请到殖民部面试。通常情况下，面试通过后，候选人需要在接下来的学期注册学习殖民地行政机构课程。⑤ 每年参加该课程的人员数量不同。1930 年最多，是 59 人；1932 年最少，11 人；一般情况下是 30 多人。⑥

课程内容有语言、英国法律、殖民地法律。例如，准备去北尼日利亚的实习生需要学习伊斯兰法律；还要听关于人类学、英国在非洲的统

① 罗伯特·休斯勒尔：《昨天的统治者：英国殖民地公职机构的形成》，第 92 页。
② 同上书，第 107 页。
③ 同上书，第 109—110 页。
④ 同上书，第 114 页。
⑤ 同上书，第 124 页。
⑥ 同上书，第 125 页。

治、热带林业等方面的讲座。同时，还有非正式的研讨会，行政机构与技术机构的实习生可以同场交流。[①]

通过招聘进入英国殖民地公职机构的人员来自牛津、剑桥两个大学的比例很高。下表 3 - 8 是 1926—1929 年英国殖民部从有关大学为英属热带非洲的行政机构招聘的人数的情况，具体情况从中可见一斑。[②]

表 3 - 8 　　　来自各大学的人数概况（英属热带非洲的行政机构）

大学	1926	1927	1928	1929
剑桥大学	34	42	45	25
牛津大学	20	37	39	48
都柏林三一学院	6	2	1	9
爱丁堡大学	1	2	—	2
伦敦大学	3	—	1	—
格拉斯哥大学	2	—	—	1
阿伯丁大学	2	—	—	—
贝尔法斯特大学	—	—	—	1
德拉姆大学	—	—	—	1
利物浦大学	—	—	—	1
圣安德鲁斯大学	—	—	—	1
谢菲尔德大学	1	—	—	—
自治领的大学	2	—	2	—
总计	71	83	88	89

在两次世界大战时期，英国政府非常重视殖民地公职机构建设，不仅加强人员招聘力度，而且注意加强培训工作，尤其在 20 年代后半期和 30 年代前半期。本章后面部分的考察也将揭示这一趋势，这里主要

---

① 罗伯特·休斯勒尔：《昨天的统治者：英国殖民地公职机构的形成》，第 126 页。

② 英国政府敕颁文件 Cmd. 3554：《关于殖民部和殖民地公职机构任命制度的委员会报告》（Cmd. 3554: *Report of a Committee on the System of Appointment in the Colonial Office & the Colonial Services*），英国皇家文书局，1930 年 4 月，报告第三部分《殖民地的公职机构的统一》（"Unification of the Colonial Services"），第 19 页。

依据有关档案材料，对这一时期殖民地公职人员的教育培训略加补充。

1927 年 10 月，在牛津大学成立了殖民地公职机构俱乐部（Colonial Service Club），并制定了详细的俱乐部规则。成立俱乐部的目的是促进会员之间的交往与讨论。所有在牛津大学注册参加培训学习的殖民地公职机构任何分支机构的成员都可以成为俱乐部的会员，但需要交纳会费才能成为俱乐部会员；牛津大学还有不超过 7 名的资深人员可以加入俱乐部。俱乐部管理有一定的投票选举机制。俱乐部官员包括：会长，是殖民部公职机构实习生的导师；财务主管，由会长提名，是牛津大学的资深会员之一；还有秘书、青年财务主管、图书管理员，由大会选举产生。俱乐部的事务由一个委员会处理，委员会的成员包括以上俱乐部官员和 6 位经选举产生的人员。①

牛津大学成员贝利奥尔学院学者肯尼思·贝尔（Kenneth Bell），在俱乐部成立时被任命为殖民地公职机构实习生的导师，领取津贴。贝尔作为导师有责任向殖民部报告所有在牛津大学参加培训的殖民地公职机构的实习生的不当行为，如醉酒和其他"坏行为"。档案材料显示贝尔与英国殖民部的有关官员保持着密切联系，并向殖民部报告俱乐部运行有关情况。② 但是，肯尼思·贝尔又担心自己被视为告密者，因此，他希望只就实习生导师的角色向殖民部报告有关情况。1928 年 10 月 1 日，在给殖民部官员亨特（G. E. J. Gent）的一封信中，贝尔表达了这样的想法。他写道："请您必须让我以某种方式保证，关于俱乐部成员的行为方式，我在俱乐部中不能扮演某种特务角色。"③

牛津大学成立了殖民地公职机构俱乐部后不久，剑桥大学也成立了这样的俱乐部。1928 年初的材料显示，剑桥大学的俱乐部已成立，殖民部的有关精神同时告知两家俱乐部的会长，对应肯尼思·贝尔的角色，在剑桥大学是范·格鲁顿（Van Grutten）。殖民部官员重视殖民地

---

① 英国殖民部档案 CO 323/1021/13，"殖民地公职机构俱乐部规则"（"The Colonial Service Club: Rules and Bye-Laws"）。

② 英国殖民部档案 CO 323/1021/13；参阅英国殖民部档案 CO 323/994/10 卷中的有关材料。

③ 英国殖民部档案 CO 323/1021/13。

公职机构俱乐部的运行，殖民大臣埃默里也曾出面处理与俱乐部运行相关的事务。①

显然，成立这样的俱乐部和任命实习生导师意在加强对殖民地公职人员的培训。

为了加强殖民地公职人员语言培训，特别是英属非洲语言培训，1928年英国殖民部与伦敦大学东方学院商量安排了有关非洲语言的教学课程。东方学院响应殖民部的要求，积极开设非洲语言课程。学院院长丹尼森·罗斯（E. Denison Ross）为此与殖民部官员多次信函来往。除开设其他非洲语言课程外，东方学院还特别为殖民地公职机构回国度假人员开设了一门斯瓦希里语强化课程。课程时间是12周，共120个小时。具体设计是：（1）语法纲要、翻译、作文、会话，60小时；斯瓦希里语课文，30小时；历史、地理、习俗与信仰纲要，30小时。②

两次大战时期，英国对殖民地公职人员的培训显然加强了。20世纪30年代，有的殖民地如斐济积极要求采用剑桥大学举办的英属热带非洲机构的培训课程的经验，加强自身的殖民地公职机构人员的培训。③

4. 自治领遴选计划

在第一次世界大战中，英国遭受了重大人员伤亡，增加了英国战后在选择殖民地公职人员当中的困难。为了加强殖民地公职机构，英国考虑在白人自治领适当招聘殖民地公职人员。1920年，英国有关人员就开始考虑这一计划。实施这样一个计划也是出于"帝国政策"的考虑，即"希望鼓励每年至少有几位从老自治领挑选的人员加入这一公职机构，与我们共担殖民地管理工作"④。1922年，殖民部负责招聘工作的官员弗斯为此特地访问了加拿大，与加拿大的大学联系，做出招聘安排，并

---

① 参阅英国殖民部档案 CO 323/994/10 卷中的有关材料。
② 英国殖民部档案 CO 323/1012/1 卷中的有关材料。
③ 英国殖民部档案 CO 83/203/10，CO 83/206/17 等卷中的有关材料。
④ 英国殖民部档案 CO 1017/14，"英联邦招聘计划：总的政策"（"Commonwealth Recruitment Scheme: General Policy"），第4号文件，"英联邦招聘计划"。

建立起招聘机构。1923 年初夏，这一计划首先在加拿大实施，称作"自治领遴选计划"（Dominion Selection Scheme）。被挑选者年龄一般在 22 岁至 27 岁之间，从大学毕业生中挑选。在加拿大成立了专门挑选殖民地公职人员候选人的机构，向英国殖民部提名推荐，供殖民部任命。在 1923 年，就有两位加拿大人被任命为英国殖民地公职人员。① 稍后，在澳大利亚、新西兰等自治领也实施了这一遴选计划。例如，1928 年弗斯奉殖民大臣之命与澳大利亚和新西兰的权威机构讨论采纳已在加拿大成功实施的招聘计划，并于 1929 年做出安排；到 1930 年 9 月，已从新西兰的大学毕业生中任命了 3 位。英国殖民大臣帕斯菲尔德认为："这些安排不仅将对殖民地公职机构，而且对整个帝国产生有价值的结果。"②

在英国殖民部档案中，有一份关于促进在澳大利亚和新西兰大学招聘殖民地公职人员的记录，大致内容如下。这个计划的目的是使澳大利亚和新西兰的大学毕业生更容易以与英国候选人同等的条件被考虑任命到殖民地公职机构。关于遴选问题，并不需要参加选拔性考试，但某些职务需要通过资格考试。进入科技机构则需要达到"技术熟练的标准，以使殖民大臣的技术顾问满意"；顾问们还要了解候选人在大学学习的相关课程。而最重要的是看候选人的"品格、个性、气质"。这份材料还讲述了遴选机制，以及被招聘者的去向问题。③

在实施这一计划中，特意做出安排，以便自治领的候选人不必到英国参加面试。具体招聘办法和程序是：在有关大学任命一位联络官员，通常

① 安东尼·柯克－格林：《"在'白人负担中将加拿大纳入伙伴关系'"：英国殖民地公职机构与 1923 年自治领遴选计划》（Anthony H. M. Kirk-Greene, "Taking Canada into Partnership in 'The White Man's Burden'"：British Colonial Service and the Dominion Selection Scheme of 1923），《加拿大非洲研究杂志》（Canadian Journal of African Studies）第 15 卷第 1 期，1981 年，第 44 页。

② 英国殖民部档案 CO 323/1110/20，"招聘自治领大学毕业生到殖民地公职机构"（"Recruitment of Graduates from Dominion Universities to Colonial Service"），1930 年 9 月 30 日殖民大臣帕斯菲尔德（Passfield）审改的文稿。

③ 英国殖民部档案 CO 323/1110/20，"招聘自治领大学毕业生到殖民地公职机构"中的材料："关于促进从澳大利亚的大学招聘殖民地公职人员计划的记录"（"Notes on Scheme for Facilitating Recruitment for the Colonial Services from the Australian Universities"）和"关于促进从新西兰的大学招聘殖民地公职人员计划的记录"（"Notes on Scheme for Facilitating Recruitment for the Colonial Services from the New Zealand Universities"）。

是大学老师；联络官员保有申请材料和申请表，召集大学遴选委员会会议，来考虑由大学生和研究生提交的申请；候选人受到大学遴选委员会推荐后，其材料将递交到自治领联络官员，这位联络官员是该自治领有地位者，负责与英国殖民部联系；这位联络官员也是"自治领中央遴选委员会"的秘书；"自治领中央遴选委员会"定期召开会议，研究由各大学遴选委员会提交的候选人材料，并进行面试；"自治领中央遴选委员会"是高级权力机构，由来自自治领范围内不同领域的权威人士组成；这个中央遴选委员会确定人选后，由联络官员将推荐人选材料和委员会的报告递交给英国殖民部；然后，由一个负责任命工作的机构进行研究推荐人选，殖民大臣则拥有是否任命的全权。[1] 这一程序一直延续到第二次世界大战之后，除在有的自治领规定了一定配额外，没有什么大的变化。

这一计划得到了顺利实施。到 1942 年时，已有 300 多位来自自治领的人选被招聘到英国殖民地公职机构中。[2] 同时，还有在英国大学读书的自治领学生也通过英国殖民部的招聘程序进入了英国殖民地公职机构。

"自治领遴选计划"在第二次世界大战结束后得到继续实施，而且人数有所增加，这一点从表 3-9 可见。

表 3-9　　自治领招聘计划：1945 年 6 月 1 日至 1952 年 7 月 31 日
任命的人数[3]

	澳大利亚	加拿大	新西兰	南非	南罗得西亚	总数
行政	24	9	35	32		100
农业	4	16	7	12		39

---

[1]　英国殖民部档案 CO 1017/14，"英联邦招聘计划：总的政策"，第 4 号文件，"英联邦招聘计划"。参阅英国殖民部档案 CO 323/1110/20，"招聘自治领大学毕业生到殖民地公职机构"："关于促进从澳大利亚的大学招聘殖民地公职人员方案的记录"和"关于促进从新西兰的大学招聘殖民地公职人员方案的记录"。

[2]　根据安东尼·柯克-格林的《权力的象征：非洲的英国区长》一书，1923 年到 1941 年超过 300 位自治领的人加入了英国殖民地公职机构；其中 100 位来自南非，94 位来自加拿大，63 位来自新西兰，47 位来自澳大利亚。（第 8 页）

[3]　英国殖民部档案 CO 1017/14，"英联邦招聘计划：总的政策"，第 4 号文件，"英联邦招聘计划"。

续表

	澳大利亚	加拿大	新西兰	南非	南罗得西亚	总数
农药专家		2				2
建筑师与市镇规划人员		1	2			3
审计				1		1
化学	1					1
民航	1		1	2		4
海关	1			1		2
牙科	2	1				3
开发人员	2					2
教育	2	2	2	1		7
工程	2	5	2	4	1	14
渔业		1				1
林业			1	1		2
地质勘查	3		4	10		17
所得税	1	1				2
法律	3	1	8	2		14
医务	5	7	2	3	1	18
气象			2			2
矿业		2	7	2		11
警察	3	2	4	6	2	17
社会福利			1	1		2
统计人员				1		1
调查	3		3	2		8
兽医	2	1	3	2		8
其他	1			1		2
生物				2		2
研究	1	1		3		5
总数	61	52	84	89	4	290

有些来自自治领的人员在英国殖民地公职机构中官至殖民地总督。[①]需要指出的是：在实施"自治领遴选计划"之前，已经有了来自自治领的人员在英国殖民地公职机构中任职。而实施这样的计划，则有利于加强英国殖民地公职机构，从而有利于维护殖民统治。

5. 1927 年殖民部会议

为了解决英国殖民统治面临的一些问题，促进殖民地之间的联系与合作，以便加强殖民统治，英国殖民部于 1927 年召开了首届"殖民部会议"（Colonial Office Conference），会议于 5 月 10 日开幕，5 月 31 日闭幕。参加会议的有殖民地的总督；总督不能亲自参加者，则派遣代表参加会议。8 个殖民地总督出席会议；18 个殖民地，高级官员作为代表出席会议；80 多位来自英国政府部门或科研机构的专家出席了相关会议。拉尔夫·弗斯认为：这次会议中，"所有人都是合作的和高效的"[②]。

正如本书前面已提到的，英国的殖民地分为各种类型，有白人移民殖民地、被征服的领地、保护国、委任统治地等，分别由英国不同的政府部门主管。例如，印度由印度部主管，埃及、苏丹等则由外交部主管。1925 年自治领部成立后，英国的白人自治领转由该部主管，而众多的殖民地则仍由殖民部主管。殖民地的公职机构（Colonial Services）[③]由英国殖民部主管，负责管理英国的"殖民帝国"。这里的"殖民帝国"（Colonial Empire）与"大英帝国"或"英帝国"（British Empire）含义是不一样的。"英帝国"是指整个帝国，而"殖民帝国"不包括印度、苏丹等不归殖民部主管的殖民地；1925 年自治领部成立后，则不包括白人自治

---

①　安东尼·柯克－格林：《为君主供职：皇家殖民地公职机构与海外文职机构史，1837—1997》，第 29 页。

②　拉尔夫·弗斯：《捕鸟者：一位招聘官员的回忆录》，第 153 页。

③　这里英文 Services 一词是复数，指未统一前的公职机构，而 Service（单数）则一般指统一后的殖民地公职机构。

领（加拿大、澳大利亚、新西兰、南非等）。① 英国在印度进行殖民统治，建立了"印度文官机构"；统治苏丹则建立了"苏丹政治机构"。参加 1927 年英国殖民部会议的是英国殖民部主管下的殖民地的总督。

　　早在 19 世纪末年，英国殖民大臣约瑟夫·张伯伦就考虑过建立统一的殖民地公职机构的问题，但实际上并没有什么进展。1927 年 5 月召开的首届殖民部会议把这个问题提到了议事日程。5 月 10 日，殖民大臣埃默里②在大会致开幕词，首先讲到了英国的"殖民帝国"的特性。他指出，"殖民帝国"是"英帝国"中的一个重要组成部分，它不同于由"平等的、自治的"国家组成的联邦（Commonwealth），也不同于"伟大的印度帝国"（great Empire of India）；"殖民帝国"只是正在逐渐地引起大众的关心。"我相信，作为我们开会的结果和我们深思熟虑的结果，这个概念将在我们心目中和公众心目中显现得更加清晰、更加有力；如果这样，那本身就是对我们尝试举办这次会议的合理性的一个证明。"③ 埃默里讲："殖民帝国"尽管具有"几乎令人眼花缭乱的多样性"，但也有其一定的统一性，即它"整体上几乎是一个热带和亚热带帝国"，都关注热带的经济问题和健康问题；其人口是混合性的，主要是非欧洲人，很大程度上是"原始人群"；而对这个殖民帝国"总治理的最终责任"，必然是"在这个国家"④。显然，英国殖民大臣埃默里在这里是在为英国殖民统治贴金，渲染英国传播文明的使命，把殖民地的人民视为"原始人群"。

　　接着，埃默里讲到这个殖民帝国却缺乏管理上的统一与合作。他指

────────────

　　① 例如，根据安德鲁·索普的《两次世界大战年代的英国 1914—1945：朗曼指南》（Andrew Thorpe, *The Longman Companion to Britain in the Era of the Two World Wars 1914 – 1945*，朗曼出版公司 1994 年版），1938 年时的"英帝国"包括英国、爱尔兰、加拿大、澳大利亚、南非、新西兰、纽芬兰、印度等及"殖民帝国"；而"殖民帝国"则包括英属西印度、英属西非、英属东非、东方殖民地、地中海殖民地及其他殖民地共 40 多块领地（第 139、147 页）。

　　② 埃默里（Leopold C. M. S. Amery），1924 年 11 月至 1929 年 6 月任英国殖民大臣；1925 自治领部成立后，埃默里兼任自治领大臣（1925—1929）；1940 年至 1945 年任印度和缅甸大臣，是保守党成员。

　　③ 英国政府敕颁文件 Cmd. 2884：《1927 年殖民部会议：会议录概要的附件》，第 4 页。

　　④ 同上书，第 4—5 页。

出，殖民帝国内部缺乏"结构上或行政上的统一"，严格地说根本没有一个"殖民地公职机构"。"我在这个办公室与约 36 个不同的政府打交道，每个政府与其他政府都是完全分开的，在行政上、财政上、立法上都是独立的。每个政府不管是管理两千万人和像中欧一样大的地域，还是管理两万人和几个零散的岛屿，都有自己的行政机构、医务机构、农业机构、公共工程部门和其他技术机构，并有各自不同的工资级别和养老金制度。""整个体系错综复杂，缺乏结构基础上的协调，我相信不会被我们海峡对岸更讲究逻辑的邻国容忍片刻。"① 但是，埃默里认为，英国的殖民帝国现有管理制度也有其长处。例如，"土生土长"的管理制度适应本地的环境，管理人员熟悉"本土"民情。而现有的制度也有其短处。例如，"自治和自足原则"可能走得太远；小的"密封室"不可避免地导致停滞。而且，这样的短处，随着帝国发展的需要，将显得更加突出。因此，"我们的确需要更加紧密的合作和更加有效的交换，既包括信息和思想的交换，也包括受过培训有专业技能的人员的交换"。埃默里指出："在许多其他方面，殖民帝国的整个领域，需要合作与交换。""在我的心目中，解决的办法无论如何在我们的时代最好是从会议协商制度的发展中来寻找；这种制度已经证明如此有效地促进英国与自治领关系中思想和行动的统一，它将肯定会在取得我们期望在殖民帝国发展中产生的结果上至少同样地有效。"②

随之，埃默里在致辞中讲到了会议协商制度的进展。他列举了一系列会议，如 1887 年的第一次"殖民地会议"，1897 年的"殖民地会议"，1923 年的"帝国经济会议"，1925 年的"帝国昆虫学与真菌学会议"，1927 年即将召开的"帝国教育会议"，1928 年将召开的"帝国森林会议"等；还有一些地区性的会议，如 1924 年在牙买加召开的西印度地区的"农业会议"，1925 年在西非召开的"医务官员会议"，1926年召开的"东非总督会议"③。

---

①　英国政府敕颁文件 Cmd. 2884：《1927 年殖民部会议：会议录概要的附件》，第 5 页。
②　同上书，第 5—6 页。
③　同上书，第 6—7 页。

在致辞中，埃默里还讲到了殖民部会议的特性和可能取得的成果。作为首届殖民部会议，这次会议是尝试性的。"我们将通过经验摸索什么样的讨论方法最适合我们的情况和问题。"这次会议是官方会议，没有非官方的代表；会议将主要讨论管理问题。除了做出决定外，通过交流思想，"我们将会有巨大收获"；"我们在殖民部工作的人，从你们的直接经验中，甚至会有更多的收获"。就凭这一点，召开这样的会议就是有意义的。这样的会议今后应该继续举办。①

在致辞的最后部分，埃默里讲的是"科学研究和组织"问题。他说还有很多问题，其中一个具有突出的重要性的问题是科学研究。埃默里强调："我们拥有丰富的尚未开发的资源。科学，也只有科学，才能够带来迅速的开发。"他强调科学研究工作具有团队工作的性质。在科学研究领域，"我们需要更加开阔的视野和某种更加有效的交流制度"。埃默里指出，在提交给会议的材料中，有人提出建议成立一个统一的科学公职机构。他认为，这次会议应该充分考虑这个问题，他相信会议将找到某种解决办法，以便"使我们能够创造一个更有效的工具，科学开发我们几乎无限的资源"②。

埃默里的讲话清楚地表明：英国加强殖民地公职机构建设，一个重要目的是开发殖民地"几乎无限的资源"。而开发殖民地资源的主要宗旨是什么，埃默里没有讲明，不言而喻是要解决英国面临的经济困难，维护英国的国际地位。

大会讨论了一份关于一战后殖民地公职人员招聘和培训问题的备忘录。③备忘录揭示，一战结束后英国政府在满足殖民地对公职人员的需求上面临着很大困难，每年的需求量与战前相比约增长了60%；同时，

---

① 英国政府敕颁文件 Cmd. 2884：《1927 年殖民部会议：会议录概要的附件》，第 8—9 页。

② 同上书，第 9—10 页。

③ 备忘录是由殖民部负责招聘工作的官员拉尔夫·弗斯准备的，注明的时间是 1927 年 4 月；弗斯是殖民大臣的"私人秘书"（Private Secretary）；备忘录的标题是《殖民地文职人员的招聘与培训》。备忘录对一战后招聘事宜、战争结束后采取的改善招聘工作和培训工作的步骤、未来的进展等问题进行了比较详细的阐述。详见英国政府敕颁文件 Cmd. 2884：《1927 年殖民部会议：会议录概要的附件》，第 11—29 页。

也有了更高的衡量人员素质的标准，并且需要更多更好的培训。因此，必须采取特殊步骤促进公职人员的招聘工作，要最充分地利用现有资源。备忘录还指出，某些科技部门缺乏具有必要的个人素质和一般教育与专业教育的人选，培训机构现有的课程也不能充分适应殖民地的需要。①

这次大会讨论了各殖民地的公职机构之间存在的人员交换与调任问题，并指出在目前缺乏统一的殖民地公职机构的情况下，公职人员特别是科技人员在调任上很不方便，许多情况下公职人员几乎没有晋升高级职位的机会。为了解决这些问题，大会建议在殖民帝国内成立各种统一的技术性公职机构。② 在这次殖民部会议的记录概览中，有一部分是关于殖民地公职人员的供职条件的。会议讨论了存在的问题，并提出了对策建议，主要是需要建立统一的殖民地公职机构。

关于建立殖民地科学研究机构的问题，会议考虑设计一个计划，让工资条件差不多、政治条件相似的殖民地之间形成共同的技术公职机构，如西非医务管理机构。会议还鼓励地区性的公职机构实行联合。

会议也讨论了建立常规调任机制的可行性方法；这种人员流动不是晋升，只是调任。总的看法是这种交换是"高度可取的"，但可能会有困难，如殖民地之间工资上的差距、家属问题、语言问题。在这种情况下，公职人员如果没有晋升，就不愿意交换到其他殖民地去任职。尽管有这样的困难，殖民部会议还是认为这种"交换原则"是有价值的，也最有利于公职机构。

殖民部会议还讨论了殖民部人员与殖民地公职机构人员之间的交流问题。会议赞成这种交流原则，认为有利于殖民地政府与殖民部更密切的合作。会议讨论了三种交流形式。第一种形式是殖民部官员，作为调研团体的成员或特别委员会的成员定期访问殖民地；第二种形式是加强殖民部官员与殖民地政府工作人员的联系，使他们相互熟悉；第三种形

---

① 英国政府敕颁文件 Cmd. 2883：《1927 年殖民部会议：会议录概要》（Cmd. 2883：*Colonial Office Conference, 1927；Summary of Proceedings*），英国皇家文书局 1927 年 6 月，第12 页。

② 英国政府敕颁文件 Cmd. 2883：《1927 年殖民部会议：会议录概要》，第17—20 页。

式是殖民地公职人员到殖民部供职一段时间；同时，殖民部的官员也可到殖民地去工作，可考虑 12 个月或 18 个月或 24 个月，不只是在殖民地政府部门工作。总之，今后要加强殖民部官员与殖民地的公职人员之间的交流与交换。实际上，约瑟夫·张伯伦在担任殖民大臣时就提出过类似主张。

会议还讨论了殖民地公职人员"进修假"的问题。"进修假"虽已存在，但只有很少几个殖民地能够规范执行。会议认为：充足的"进修假"是必要的，不仅有利于殖民地政府行政管理，而且也有利于公职人员本身。会议还讨论了关于殖民地公职人员退休金的立法问题。[①]

6. 1930 年《费希尔报告》

1927 年的殖民部会议促进了《费希尔报告》的产生。这里重点考察一下 1930 年英国沃伦·费希尔委员会报告关于殖民地公职机构的内容。在英国殖民地公职机构的发展演变进程中，《费希尔报告》占有十分重要的地位，曾被视为"殖民地公职机构的大宪章"[②]。

殖民地的公职机构从属于英国殖民部，由殖民大臣主管，但长期以来并未形成统一的殖民地公职机构，各殖民地的公职人员在聘任、待遇等方面有较大差异。除总督等高级公职人员外，其他公职人员很少在殖民地之间流动。

英国殖民部档案详细记载了有关殖民地公职机构和殖民部人员聘任问题调研委员会的情况。[③] 在英国殖民大臣埃默里的主持下，1928 年下半年筹建一个调研委员会。调研委员会要由权威人士组成，要由著名人士来担任委员会的主席；成员要有代表性，应该来自议会、大学、殖民

[①]　英国政府敕颁文件 Cmd. 2883：《1927 年殖民部会议：会议录概要》，第 17—33 页。

[②]　安东尼·柯克－格林：《为君主供职：皇家殖民地公职机构与海外文职机构史，1837—1997》，第 30 页；关于《费希尔报告》，读者可参阅张顺洪《英国殖民地公职机构的统一：1930 年费希尔报告考察》，《学海》2010 年第 3 期。

[③]　英国殖民部档案 CO 323/1011/2，"建议任命一个关于殖民地公职机构和殖民部人员招聘问题的调研委员会，1928—1929"（"Proposed Appointment of a Committee to Investigate Recruitment and Entry into Colonial Service and Colonial Office 1928–1929"）。

部、财政部等机构。① 1929 年 4 月，埃默里任命了这个委员会，主席是
沃伦·费希尔爵士（Sir Warren Fisher, 1879—1948），负责调查殖民部
和殖民地公职机构任命制度中存在的问题。费希尔毕业于牛津大学，是
20 世纪上半叶英国著名的文官。一战后，费希尔成为英国财政部常任
长官（Permanent Secretary），也是英国文官机构的首脑，被视为 20 世纪
英国政府官员中最有影响力的人物之一。② 委员会的其他成员有：赫斯
基思·贝尔（Hesketh Bell, 殖民官员）、约翰·巴肯（John Buchan, 议
会代表）、法默（J. B. Farmer, 地方大学代表）、汉密尔顿
（R. W. Hamilton, 议会代表）、米克尔约翰（R. S. Meiklejohn, 文官委员
会代表）、诺伍德（Cyril Norwood, 公学代表）、里德尔（Walter
R. B. Riddell, 牛津代表）、罗伯茨（H. A. Roberts, 剑桥代表）、斯科特
（R. R. Scott, 财政部代表）、汤姆林森（G. J. F. Tomlinson, 殖民官员）；
委员会还有两位成员是约翰·丘奇（John Church）和威尔逊
（S. H. Wilson）；委员会的秘书是亨特（G. E. J. Gent）。③

　　经过约一年时间的工作，费希尔委员会于 1930 年 4 月提交了调研
报告，全名为《关于殖民部和殖民地公职机构任命制度的委员会报
告》，④ 一般称《沃伦·费希尔委员会报告》，简称为《费希尔报告》。
报告分四大部分，第一部分关于殖民地的公职机构，介绍了"殖民帝
国"的情况，考察殖民地的公职机构的任命机制、任期与任职条件；第
二部分主要考察殖民部本身的任命机制和殖民部与殖民地的行政机构的
关系；第三部分是关于殖民地的公职机构的统一问题；第四部分则为整
个报告提出的各种建议的概要。

---

　　① 参阅英国殖民部档案 CO 323/1011/2，"建议任命一个关于殖民地公职机构和殖民部人
员招聘问题的调研委员会，1928—1929"。

　　② 安东尼·柯克-格林：《为君主供职：皇家殖民地公职机构与海外文职机构史，
1837—1997》，第 30 页。

　　③ 参阅英国殖民部档案 CO 323/1011/2，"建议任命一个关于殖民地公职机构和殖民部人
员招聘问题的调研委员会，1928—1929"；英国政府敕颁文件 Cmd. 3554：《关于殖民部和殖民
地公职机构任命制度的委员会报告》。

　　④ 该报告作为英国政府敕颁文件 Cmd. 3554：《关于殖民部和殖民地公职机构任命制度的
委员会报告》发表。

这是一个内容非常丰富的报告。报告的第一部分标题是"殖民地的公职机构"。这一部分又包括三个小部分：（1）"殖民帝国"；（2）"当前殖民地的公职机构的任命制度"；（3）"殖民地公职机构的任命期限和条件"。在"殖民帝国"标题下的部分，简要地介绍了英国的殖民帝国的面积、人口、经济状况，并阐述了殖民帝国的重要性。[①]

关于殖民地的公职机构的任命制度问题，报告首先讨论了负责任命的权威机构，分别简要介绍了殖民大臣和殖民地总督在任命殖民地公职人员方面的职权。殖民大臣掌握着殖民地公职机构中高级职务的任命权，而殖民地总督也掌握着本殖民地公职人员一定的任命权。报告讲：这一点在英国制定的《殖民地规章》中已有规定。总督可以任命年薪不超过 200 英镑的人员；对年薪超过 200 英镑而少于 400 英镑的人员，总督可以临时任命，但需要殖民大臣批准。但是，在这两种情况下，总督无权挑选居住在其殖民地之外的人员。而年薪超过 400 英镑的人员，都由殖民大臣任命。在极个别殖民地，殖民大臣授权总督扩大了任命权限。除以上规定外，总的讲，殖民地公职人员的挑选权掌握在殖民大臣手中，而实际中则是由总督向来到殖民地任职的人员颁发聘书。[②]

其次，报告比较详细地考察了进入殖民地公职机构的制度，主要考察了负责考试和挑选工作的机构和官员，并且提供了相关年份被挑选进入殖民地的不同公职队伍的人员数目和相关情况。报告指出，除了从本地招聘低级别人员外，殖民地之外的人选进入殖民地行政管理机构，有多种途径。一是英国文官机构委员会通过为国内文官机构、印度文官机构、东方学员机构举行年度选拔性考试的方式，招聘人员。其中，"东方学员"任命到锡兰、海峡殖民地、马来联邦、香港的行政管理机构。英国文官机构委员会还为锡兰警察机构等举行考试，招聘相关人员。二是由殖民地皇家代理人挑选人选，任命为殖民地铁路、公共建设工程、邮电、海运部门的"合格的技师"。殖民地皇家代理人也挑选要求技术

---

① 英国政府敕颁文件 Cmd. 3554：《关于殖民部和殖民地公职机构任命制度的委员会报告》，第5—7 页。

② 同上书，第 8 页。

培训的岗位人选，如监工、卫生检查员、制图员、火车司机，以及其他低级别的人员如职员、工头等。在所有这样的聘任中，皇家代理人代表殖民地政府与候选人订立契约，任期若干年。三是由殖民大臣私人秘书挑选并推荐给殖民大臣任命。在殖民地行政机构中绝大多数人以这种方式产生。殖民大臣批准后，由殖民部发聘书。如果这样的任命具有长期性，则被挑选的人选通常需要实习一至三年。四是英国政府其他部门为殖民地公职机构挑选推荐适当岗位的人选。例如，战争部、内政部、海关局、教育局等部门为殖民地公职机构挑选推荐相关人选。一般是，这样的人员推荐给殖民部后，由殖民大臣任命。[①] 需要指出的是，这是《费希尔报告》形成时的情况，英国殖民地公职人员的挑选、任命方式在发展过程中是有变化的。

《费希尔报告》还对这四种进入殖民地公职机构的途径和相关情况进行了考察与评点；分析了成功经验和存在的问题，并提出了相关建议。

第三，报告考察了殖民地的公职队伍的晋升问题。报告认为晋升或调任也是填补岗位空缺的一种途径。报告介绍了殖民部中负责晋升工作的部门的情况和运行机制。从这份报告看，到 20 世纪 20 年代末英国已形成对殖民地公职机构高级别人员的晋升调任的一套机制。在英国殖民部综合分部（General Division）之下设立了"晋升分局"（Promotions Branch）。晋升分局还成立了一个晋升委员会。此外，根据空缺岗位特点，顾问们可能参加晋升委员会的会议。如果工作需要，这个晋升委员会每周召开一次会议。晋升分局负责记录并保存总督们关于殖民地公职人员的年度秘密报告，殖民地公职人员个人提出的调任申请，以及其他有关公职人员的相关信息，如专业资格、档案、经历、品质、爱好等。每年出现的空岗不少，1929 年提交给晋升分局的空岗数是 322 个。如果晋升分局有合适的人选，就提交给晋升委员会考虑。1929 年，实际上被晋升委员会研究的空岗数是 103 个；同一年整个通过调任填补的空

---

① 英国政府敕颁文件 Cmd. 3554：《关于殖民部和殖民地公职机构任命制度的委员会报告》，第 9—11 页。

岗数是 70 个。但是，对殖民地总督和秘书长的晋升或调任则不通过晋升委员会研究这个程序。关于总督和秘书长的任命，由常任国务次官咨询助理国务次官后，直接向殖民大臣提出建议；当然，晋升委员会经常会被问到有关人选的素质。① 对这项工作，报告还提出了相关改进建议。

这部分的第四点还简单地讨论了殖民地最高官员——总督的任命问题，并提出了相关建议。②

"殖民地公职机构的任命期限和条件"这一部分分别介绍了殖民地公职人员的薪水等级情况、旅程与回国休假条件、被挑选人员的指导性培训课程情况、学习培训休假制度的安排问题，以及科研人员和殖民地办公厅人员的任命问题，并提出了相关建议。报告的精神是要改善殖民地公职机构的待遇，包括薪水、假期、培训等方面条件的改善；加强殖民地的公职机构人员之间的轮岗；增加殖民地公职机构中的科研人员队伍。③

报告的第二部分标题是"殖民部"。这一部分简要讨论了殖民部工作人员的任命问题，临时借调到殖民部任职的殖民地的公职人员问题和殖民部的人员临时借调到殖民地任职问题。这一部分还讨论了殖民部与殖民地的行政机构的关系，主要讨论了殖民大臣的权力和殖民部的组织结构。报告认为，殖民部人员的任命制度无须改变。报告建议加强殖民地的公职人员借调到殖民部的工作，人数应该增多，借调时间应该延长；1929 年，有 11 位来自 7 个"海外行政部门"的人员借调到殖民部工作；今后适当时候，要让殖民部的每个局都能够有 1 位或更多的来自"海外公职机构"的借调人员，这将不仅有利于殖民地的公职人员，也有利于殖民部的工作。报告也认为，应该加大安排殖民部的人员到殖民地去短期任职的力度。关于殖民部与殖民地行政部门的关系，报告认为殖民大臣能够直接或间接地控制每个依附领地的行政机构，《殖民地规

---

① 英国政府敕颁文件 Cmd. 3554：《关于殖民部和殖民地公职机构任命制度的委员会报告》，第 26—30 页。

② 请读者参阅本书第 7 章。

③ 英国政府敕颁文件 Cmd. 3554：《关于殖民部和殖民地公职机构任命制度的委员会报告》，第 31—39 页。

章》明确规定了殖民大臣对殖民地公职人员的任命权力和纪律处分；殖民大臣的权力还来自他对殖民地经费开支和殖民地政府人员构成的控制，也包括他有权建议英王否决殖民地的立法。报告还介绍了殖民部内部的组织结构；除一个综合分部外，还有 7 个地域局：西印度局、远东局、锡兰和地中海局、中东局、西非局、东非局、坦噶尼喀和索马里兰局。① 这些部门执行殖民大臣的政策，当然也是英国政府的政策；对殖民地的具体统治则由殖民地的公职人员进行。

《费希尔报告》第三部分是关于《殖民地的公职机构的统一》，分成三个小的部分：现状、统一的困难、统一的好处。关于现状，报告开宗明义地指出，在考察过程中，几乎每一阶段都碰到各殖民地公职机构之间缺乏一致性的问题，不同行政单位之间的供职条件和工资系统缺乏适当联系。这一看法与 1927 年殖民大臣埃默里在殖民部会议上的观点是一致的。总的情况是，在英国殖民部的管理下，过去各殖民地形成了自己单独的公职机构，并规定了本领地公职人员的供职条件。有的地区成立了跨殖民地的地区性专业公职机构。②

这一部分还简明地考察了自 1899 年英国殖民大臣约瑟夫·张伯伦考虑成立一个总的殖民地公职机构后，各种成立统一性公职机构的建议和尝试。报告指出，一战后科学技术机构的快速发展引起了人们对专业人员招聘工作紧迫性和困难的重视，一系列关于单个机构的委员会都提出要求更加合理地组织殖民地的公职机构。根据 1920 年一个委员会的报告，英属东非各领地医务机构进行了合并；1921 年，西印度医务会议决定支持英属西印度各领地医务机构的统一；1928 年，殖民地农业机构委员会建议成立统一的殖民地农业机构；1929 年，殖民地兽医机构委员会也建议成立统一的机构。③

---

① 英国政府敕颁文件 Cmd. 3554；《关于殖民部和殖民地公职机构任命制度的委员会报告》，第 40—44 页。

② 报告第三部分《殖民地的公职机构的统一》（"Unification of the Colonial Services"），见《关于殖民部和殖民地公职机构任命制度的委员会报告》，第 45—54 页。

③ 英国政府敕颁文件 Cmd. 3554；《关于殖民部和殖民地公职机构任命制度的委员会报告》，第 45—49 页。

关于建立统一的殖民地公职机构的困难，报告指出，专家们越来越认识到目前各殖民地单独的体制已经不能适应时代需要，人员的专业化和对专家顾问的需求逐渐暴露出旧体制的局限性。但是，目前建立统一的殖民地公职机构存在着诸多困难。这些困难主要表现在五个方面：第一，各殖民地的气候条件和其他生活条件不同；第二，各殖民地行政机构中类似分支机构的人员在工资级别和其他任职条件方面存在着差异；第三，许多公职人员偏爱在某个特定的领地供职；第四，在殖民地的许多公职部门特别是行政部门任职，公职人员需要熟悉当地的语言和风俗习惯，以便保证工作效率；第五，许多殖民地政府不赞成对现有殖民地的公职机构制度做出大的改变，并反对限制它们在某种情况下拒绝财政或其他建议的权力，而这样的建议又是在公职机构走向统一进程中所必需的。[①]

关于殖民地公职机构统一的好处，报告指出，"我们希望无保留地声明仅仅名义上统一的殖民地公职机构也是具有真正价值的"。在印度，尽管公职人员在省与省、省与中央之间的流动并不多，但与殖民地公职人员不同，印度文官享有作为一个统一的公职机构的好处与声誉。报告认为统一的公职机构的好处主要有三点：第一，更广泛地承认了跨殖民地流动的原则，特别是专业和技术部门人员流动的原则；第二，有利于改善殖民地公职人员的职业前景，使其不局限于某一特定的殖民地或地区，并将增加按能力晋升到最高级别的可能性；第三，将极大地提高殖民地公职机构的声誉，这对招聘人员均会产生积极效果。报告认为这些好处将提高殖民地公职人员的工作热情和效率，而不仅仅有利于招聘工作。[②]

报告分析了上述提到的几种困难，认为它们是可以克服的。在气候方面，欧洲人对热带地区的适应能力已得到很大提高。至于不同殖民地任职条件上的差异，报告认为实际上可以排除许多"无意义的差异"。

[①]　英国政府敕颁文件 Cmd. 3554：《关于殖民部和殖民地公职机构任命制度的委员会报告》，第 50 页。

[②]　同上书，第 50—51 页。

例如，西非、东非的殖民地在推进任职条件一体化方面已经取得成效。谈到殖民地公职人员个人对某一特定领地的偏爱时，报告认为如果统一的公职机构建成，这种偏爱反而会减弱。至于语言方面的问题，对高级公职人员来说，并不是关键因素，重要的是他们的素质；低级公职人员在任职初年往往不需要调任到其他殖民地。报告还指出，来自某些殖民地政府的担忧所构成的困难是最值得注意的，这涉及各殖民地所获得的自治程度上的差异。① 但报告对这个问题语焉不详。这个问题关系到殖民地民族解放运动对殖民地政府的影响力；殖民地自治程度越高，意味着殖民地民族独立运动的力量越大，对宗主国就会产生更大的离心力，英国对该殖民地的公职机构的控制力就会相应削弱。

为了增强对殖民地政府的说服力，报告强调："我们唯一的目的是保证维持和提高海外公职机构所要求人员的数量和质量，以及在职人员的工作效率和任职前景。我们相信我们建议的目的是提高公职机构的声誉，并保证尽可能地让最好的官员获得机会晋升到最高级别。"②

报告的最后部分——第四大部分的标题是"建议概要"。报告建议：（1）在目前通过"私人秘书"（Private Secretary）机制做出任命的情形下，应该不以"私人秘书"的职务来任命，任命部门应该纳入殖民部，作为殖民部拟成立的"人事分部"（Personnel Division）的一个常设机构；（2）成立一个殖民地公职机构任命局（Colonial Service Appointments Board），作为一个常设的、独立的机构，负责最后遴选候选人，提供给殖民大臣任命；（3）殖民部的晋升部门应该与殖民部的"综合分部"分开，而作为拟成立的人事分部的一个部门；（4）晋升委员会（Promotions Committee）应该改组，规模要小一些；（5）总督的遴选优先考虑殖民地的公职机构中高级官员是否合适；（6）适当调整工薪结构；（7）殖民地政府应该向殖民地公职人员及其家属提供免费休假旅程；（8）各种指导课程的安排应该由拟成立的殖民部人事分部来进行；

---

① 英国政府敕颁文件 Cmd. 3554：《关于殖民部和殖民地公职机构任命制度的委员会报告》，第52—53页。

② 同上书，第53页。

（9）关于热带非洲公职机构的课程，可以考虑在不同课程之间建立更有效的联系；（10）应该充分鼓励安排"进修假"（study leave），不管在英国国内还是在殖民地；（11）应该充分鼓励殖民地的办公厅（Secretariat）人员与其他行政管理人员之间最充分的轮岗；（12）殖民地的公职人员借调到殖民部工作的时间应该更长一些，人数应该增多；（13）殖民部的行政管理人员按现有政策获得增长海外经历的机会时，应该有机会提高其个人对热带环境的认识；（14）应该建立单一的殖民地公职机构，并在这个更大的整体中实现各殖民地专业机构的统一，使各殖民地供职条件达到必要的一致。①

《费希尔报告》深入考察和讨论了殖民地的公职机构统一的问题。报告提出了实现统一的建议，并要求将这一建议提交给即将召开的殖民部会议，供与会代表讨论。②《费希尔报告》所署完成时间是 1930 年 4 月 24 日。

从英国殖民部有关档案看，《费希尔报告》印出后，分送各殖民地传阅；有的殖民地还提出了阅后意见。③ 也有材料显示有关人士索要《费希尔报告》。例如，1930 年 6 月 10 日，英国驻巴格达的驻扎官致信殖民部索取该报告。④

《费希尔报告》的出台为召开新的殖民部会议做好了准备。

7. 1930 年殖民部会议

1930 年 6 月至 7 月间，英国召开了第二届殖民部会议。殖民大臣帕斯菲尔德为大会致辞，他讲到，出席这次会议的代表仍然只是官方代

---

① 英国政府敕颁文件 Cmd. 3554：《关于殖民部和殖民地公职机构任命制度的委员会报告》，第 55—56 页。

② 同上书，第 53—54 页。

③ 英国殖民部档案 CO 323/1076/9，"殖民地公职机构与殖民部的招聘：1930 年 4 月关于任命制度的报告"（"Recruitment for Colonial Service and Colonial Office：Report on System of Appointment April 1930"）。

④ 英国殖民部档案 CO 323/1076/9，"殖民地公职机构与殖民部的招聘：1930 年 4 月关于任命制度的报告"，第 16 号文件。

表，而没有非官方代表；以后是否邀请非官方代表参加则是这次会议讨论的议题之一。帕斯菲尔德讲到殖民帝国的面积与人员，讲到各殖民地的相互隔离问题；讲到热带英属殖民地、保护地的管理目的发生变化的问题，讲到1929年建立的殖民地发展基金的情况。大会除了将讨论这些问题外，帕斯菲尔德提请大会考虑《费希尔报告》中关于建立统一的殖民地公职机构这一"非常重要的建议"①。

这次会议重点讨论了殖民地公职机构的统一问题，并成立了两个委员会来专门研究《费希尔报告》。一个称作Y委员会，主席是威廉·高尔斯爵士（Sir William Gowers），一个称为Z委员会，主席是威廉·罗伯逊爵士（Sir William Robertson）；前者考虑殖民地公职机构的统一问题，后者考虑《费希尔报告》的其他建议。Y委员会向大会提交的研究报告，就殖民地的公职机构统一问题做了进一步说明。报告认为殖民地的公职机构实际上已经在很大程度上是一个单位，承认统一的殖民地公职机构这一原则不会在多大程度上偏离现状。报告将公职机构真正的一体化实践面临的障碍概括为三点：第一，工资、供职条件、气候及其他条件的多样性；第二，不同殖民地相同级别的公职人员入选方法不同；第三，缺乏由殖民大臣进行强制性调任的权力。报告重点分析了这三个方面的困难，认为它们都是可以克服的。②

Y委员会的报告认为，如果不立即采取统一殖民地公职机构的具体行动，就有可能从此不可逆转地失去这一历史机遇。报告指出，殖民地绝大多数公职人员是在由殖民大臣制定的相同的一般规则下任职的；他们的任命、薪水、退休金、管理规章和任职条件，总的来讲是受殖民大臣掌控的；他们有权力向殖民大臣上诉，对殖民地政府的决定提出反对意见；在晋升机会上，他们并不局限于自己所在的殖民地，而是在整个殖民帝国范围内。报告称，实际上可以说已经具备了承认单一殖民地公

---

① 英国政府敕颁文件 Cmd. 3628：《1930年殖民部会议：会议录概要》（Cmd. 3628：*Colonial Office Conference*, 1930：*Summary of Proceedings*），英国皇家文书局1930年7月，第10页；帕斯菲尔德（Sydney James Webb, Lord Passfied），1929年6月至1931年8月任英国殖民大臣，工党成员。

② 英国政府敕颁文件 Cmd. 3628：《1930年殖民部会议：会议录概要》，第85—88页。

职机构的条件；与客观实际不符的不是各殖民地分散的公职机构的联合，而是它们之间名义上的孤立。但报告也指出，他们考虑的公职机构统一方案只是涉及英国"正式招聘的人员"，并主要涉及公职机构中的"被委任的公职人员"①。在当地招聘的低级别人员仍将是当地公职机构的成员，也不必调到其他殖民地任职。报告最后指出，应该接受《费希尔报告》提出的原则，殖民大臣应立即宣布今后殖民地公职机构将成为单一的机构。②

　　会议期间，对殖民地公职机构实现统一问题进行了广泛的讨论。殖民部官员威尔逊（Sir S. Wilson）③ 7 月 9 日的记录显示，会上有反对建立统一殖民地公职机构的意见。记录讲：7 月 7 日，会议对威廉·高尔斯爵士为主席的委员会报告进行了讨论。牙买加总督斯塔布斯爵士（Sir R. Stubbs）严厉批评了委员会提出的建议，认为这些建议是"不受欢迎的、考虑不周的、有害的"。赫曼特（Hemmant）是威廉·高尔斯的 Y 委员会成员之一，在会上也表达了不同意见。锡兰总督赫伯特·斯坦利爵士（Sir Herbert Stanley）也表达了不同意见，他认为"如果（公职人员）还没有义务接受强制性调动，谈论统一的机构是可笑的"④。

　　会上对成立统一殖民地公职机构建议的主要反对意见是：（1）成立单一殖民地公职机构几乎唯一的好处是它将产生吸引候选人的良好效果，而这一点又具有不确定性；（2）接受强制性调动的义务会对招聘产生消极影响，而没有任何实际证据显示这样的义务是必要的；（3）行政公职机构的价值是对本地条件的了解和语言的掌握，而单一机构下的强制调动对本地政府利益是有损害的。在这份记录中，威尔逊本人表示并不赞成这样的反对意见。他认为一些人对《费希尔报告》提出成立统一殖民地公职机构的建议产生了"不必要的恐慌"。实际上，成立统一的殖民地

---

　　① "被委任的公职人员"英文是"commissioned ranks"，英国政府敕颁文件 Cmd. 3628：《1930 年殖民部会议：会议录概要》，第 88 页。

　　② 英国政府敕颁文件 Cmd. 3628：《1930 年殖民部会议：会议录概要》，第 86—89 页。

　　③ 档案材料上的名称是 Sir S. Wilson；据查全名是 Sir Samuel Wilson，1925 年至 1933 年间，为英国殖民部常任国务次官。

　　④ 英国殖民部档案 CO 323/1076/9，"殖民地公职机构与殖民部的招聘：1930 年 4 月关于任命制度的报告"。

公职机构并不会马上带来大的变化，殖民大臣在实践中已掌握了对公职
人员任命的相关权力，成立统一机构并不会带来权力大扩展。殖民地公
职人员已经是在由殖民大臣制定的相同的总规章下任职。他们的任命、
薪水、养老金、纪律与任职条件，虽然由其供职的殖民地政府直接颁行，
但总体上是受殖民大臣控制的。而且晋升机会并不局限于他们自己供职
的殖民地，而是在整个"殖民帝国"范围内。《费希尔报告》提出的方
案主要涉及通常在英国招聘的人员；殖民地当地招聘的人员将被视为当
地管理部门的成员。威尔逊认为目前殖民部会议应该同意成立统一的殖
民地公职机构。①

　　1930 年的殖民部会议对 Y 委员会的报告进行了讨论，尽管存在着
不同看法，但总体上认为建立统一的公职机构具有重大好处。会议通过
了如下决议："这次会议认为如果能够设计出总体上可以接受的方案，
殖民地的公职机构的统一是可行的，要求殖民大臣任命一个委员会来准
备详细方案，提交给各殖民地政府。"② 这次会议做出了支持殖民地公
职机构统一的决定。会议也做出了如下决定："会议总体上同意 Y 委员
会得出的关于沃伦·费希尔委员会报告提出的 1—13 点建议的结论。"③
Y 委员会总体上同意《费希尔报告》提出的建议：例如，赞同报告关于
在殖民部成立人事分部的建议，赞同将任命工作与晋升部门纳入拟成立
的人事分部，赞同由拟成立的人事分部来指导培训课程的安排，赞同殖
民地的办公厅人员与其他管理人员轮岗，等等。④

　　会议的结论讲道："会前一个应具有深远影响的建议是关于建立单
一的殖民地公职机构。在这么短的时间内，会议仅能对这一建议做出一
般的考虑，但虽然困难被充分地意识到了，总的看法却是：如果能够建
立成——即使是逐渐发展成——一个单一的殖民地公职机构，将会获得

---

①　英国殖民部档案 CO 323/1076/9，"殖民地公职机构与殖民部的招聘：1930 年 4 月关
于任命制度的报告"，第 23 号文件，1930 年 7 月 9 日威尔逊关于成立统一的殖民地公职机构建
议的记录。

②　英国政府敕颁文件 Cmd. 3628：《1930 年殖民部会议：会议录概要》，第 90 页。

③　同上书，第 94 页。

④　同上书，第 90—94 页。

很大的好处。"①

除了讨论殖民地公职机构统一问题外，这次殖民部会议还讨论了其他一些问题，如电信通讯发展、渔业发展与相关自然资源调查、统一的农业机构和农业培训、殖民地与英国之间教师交流问题等等。关于非官方代表参加殖民部会议的问题，会议的结论是否定的。②

8. 殖民地公职机构的统一

20世纪30年代、40年代是英国殖民地公职机构统一构想付诸实施的阶段。安东尼·柯克－格林指出，1930年发表了《费希尔报告》和殖民部会议报告，并因为公职机构的统一及其任命制度的改革，这一年"可以说是现代殖民地公职机构发展史上真正的转折点"③。除殖民地审计机构早在1910年就实现了统一外，1930年英国召开第二届殖民部会议后，最早实现统一的是殖民地行政机构（1932）。1932年7月，殖民大臣菲利普·坎利夫－利斯特（Sir Philip Cunliffe-Lister）决定建立一个"殖民地行政机构"（Colonial Administrative Service），进入这一机构的唯一方法是"通过遴选"（by selection）。④

殖民地行政机构实现统一后，其他大多数分支机构在20世纪30年代逐渐实现了统一。⑤ 表3－10是英国殖民地公职机构各分支机构实现统一的时间表。

从表3－10可以看出，殖民地公职机构的大多数分支机构于二战之前实现了统一。二战后一个重要发展是，组成了统一的殖民地工程机构。同时，招聘工程师的任务也从皇家殖民地代理机构转交给了殖民部。从1930年起，殖民地公职机构的组织就基于"统一"原则，这样

---

① 英国政府敕颁文件 Cmd. 3628：《1930年殖民部会议：会议录概要》，第108页。

② 同上书，第107—109页。

③ 安东尼·柯克－格林：《为君主供职：皇家殖民地公职机构与海外文职机构史，1837—1997》，第33页。

④ 拉尔夫·弗斯：《捕鸟者：一位招聘官员的回忆录》，第239页。

⑤ 英国自治领档案 DO 35/909/3 卷和 DO 35/984/3 卷中，有关于这个时期殖民地公职机构统一的有关材料。

表 3 - 10　　　1910—1949 年殖民地公职机构各分支机构的统一①

机构名称	统一时间
殖民地审计机构	1910
殖民地行政机构	1932
殖民地法律机构	1933
殖民地医务机构	1934
殖民地农业机构	1935
殖民地森林机构	1935
殖民地兽医机构	1935
殖民地监狱机构	1936
殖民地教育机构	1937
殖民地警察机构	1937
殖民地化学机构	1938
殖民地海关机构	1938
殖民地地质勘测机构	1938
殖民地矿务机构	1938
殖民地邮政机构	1938
殖民地勘查机构	1938
伊丽莎白女王的殖民地护士机构	1940
殖民地工程机构	1945
殖民地民航机构	1948
殖民地研究机构	1949

每个殖民地有各自的公职机构，但同时其公职人员也被视为英国殖民地公职机构各分支机构的成员。②

殖民地公职机构实现统一后，新的公职人员有更多机会从一个殖民地调任到另一个殖民地。他们也能获得在整个殖民帝国范围内升迁的机

①　安东尼·柯克 - 格林：《为君主供职：皇家殖民地公职机构与海外文职机构史，1837—1997》，第 35 页。

②　英国政府敕颁文件 Cmd. 7167：《殖民帝国（1939—1947）》（Cmd. 7167：*The Colonial Empire 1939 - 1947*），英国皇家文书局，1947 年 7 月，第 26—27 页。

会, 一旦某个殖民地的高级别岗位如秘书长职务出现空缺, 其他殖民地的相关公职人员可以被考虑作为人选。这种变化给殖民地公职人员带来了一定的好处, 有利于加强殖民地公职队伍的风纪, 增强了在殖民地担任公职的吸引力。特别是小的殖民地, 现在更容易从其他殖民地吸引高级别的公职人员。同时, 作为供职条件, 公职人员也有义务接受调任。这样, 在一个殖民地任职积累的经验, 可以在另外一个殖民地发挥作用; 特别是二战后, 有的殖民地已先经历了走向独立的进程, 英国相关公职人员调任到其他殖民地任职时, 就有了应对"权力转移"的经验。[①]

英国殖民地公职机构的统一是英国加强殖民统治的需要, 也是其殖民统治制度不断发展的结果。殖民地公职机构的统一在英国殖民地公职机构发展进程中, 占有十分重要的地位。安东尼·柯克-格林认为, 1930年《费希尔报告》的出台以及所提出的殖民地公职机构统一计划的采纳是英国殖民地公职机构发展演变过程中的两个里程碑。[②] 除采取了以上措施外, 还在殖民部成立了一个人事分部, 由一位助理国务次官负责。这个机构的工作是协调和处理殖民地公职机构的人员招聘、晋升、纪律等问题; 这些工作以前由综合局负责。同时, 还成立了一个独立的常设机构"殖民地公职机构任命局"(Colonial Service Appointments Board), 负责人员的最后遴选。这个任命局的局长和两个成员要求有在殖民地工作的经历, 并由文官机构委员会的专员们提名。这个机构被认为是"无偏见的"; 它发挥着殖民大臣私人秘书的功能, 原来是由私人秘书向殖民大臣推荐候选人以供殖民大臣任命。这样, 19世纪推荐公职人员人选的传统做法最终画上了一个句号。殖民地公职人员招聘中的传统推荐制度被称为"Patronage", 这个词直到1930年仍然"大胆地"被标在殖民地公职机构人选的申请表上, 而现在放弃了这一做法。现在只是在殖民地公职机构新的申请表上保留了"P", 但这个"P"代表的

① 参阅安东尼·柯克-格林《为君主供职: 皇家殖民地公职机构与海外文职机构史, 1837—1997》, 第33—34页;《英国的帝国行政官员, 1858—1966》, 第148—149页。

② 安东尼·柯克-格林:《英国的帝国行政官员, 1858—1966》, 第147—151页。

是"Personnel"（人事）中的"P"，而不是"Patronage"中的"P"①。

20 世纪 30 年代，英国政府高度重视殖民地公职机构的建设。除以上措施外，还成立了一系列顾问委员会；并为殖民大臣配备了更多的专家顾问。②

《费希尔报告》的出台和殖民地公职机构统一原则的采纳是特定历史条件下的产物，可以说是英国面对国际共产主义运动高潮，面对方兴未艾的民族解放运动，面对自身国力相对衰落和一战后经济困难，采取的加强经略帝国的重要举措。一战结束后，英国的经济特征是："开工不足，生产设备闲置，传统工业品生产没有恢复到战前水平，出口萎缩，失业率高，经济效率低。"③ 在这种情况下，接连发生大规模的罢工；1926 年发生了总罢工，总人数达 600 万；④ 1929 年 10 月，美国暴发经济危机，危机席卷资本主义世界，英国也陷入了前所未有的资本主义世界经济大危机之中。这是英国加强帝国经略的背景。

1930 年后，英国殖民地公职机构逐渐走向统一，但在多大程度上实现了统一是难以准确评估的。1938 年，学者拉斯基在考察殖民地公职机构时写道："尽管自 1930 年《费希尔报告》提出以来，公职机构在某种意义上是一个真正的整体，但它仍然在很大程度上是不同单元的

---

① 安东尼·柯克-格林：《为君主供职：皇家殖民地公职机构与海外文职机构史，1837—1997》，第 30—32 页。参阅查尔斯·杰弗里斯《白厅与殖民地公职机构：一部行政回忆录 1939—1956》（Charles Jeffries, *Whitehall and the Colonial Service: An Administrative Memoir, 1939 - 1956*），阿斯隆出版社 1972 年版，第 9—12 页；参阅拉尔夫·弗斯《捕鸟者：一位招聘官员的回忆录》，第 238—241 页。这里的"Patronage"一词比较难翻译；在《英汉大词典》中，这个词有"赞助""恩赐态度""惠顾""任命权""圣职授予权"等含义。新人要进入英国殖民地公职机构，长期以来的做法是需要有熟悉候选人的人士来推荐、介绍、引进或举荐。这样，推荐介绍的人士就发挥着重要作用，难免有"裙带关系"或"恩赐官职"之嫌。1930 年的改革措施应该说是英国应对时势需要的进步之举。关于这种传统的举荐制度，读者还可参阅科林·纽伯里的文章《举荐与职业性：给变动中的帝国配置官员 1760—1870》（Colin Newbury, "Patronage and Professionalism: Manning a Transitional Empire, 1760 - 1870"），《帝国和联邦史杂志》（*The Journal of Imperial and Commonwealth History*）第 42 卷第 2 期（2014）。

② 安东尼·柯克-格林：《为君主供职：皇家殖民地公职机构与海外文职机构史，1837—1997》，第 34—36 页。

③ 蒋孟引主编：《英国史》，第 698—699 页。

④ 同上书，第 699—715 页。

聚合，功能性与地区性的差异阻碍着给这个聚合体强加一个统一的目标。"[1] 罗伯特·休斯勒尔在 1963 年写道：建立一个法国意义上真正统一的机构的建议经常提出来，并力争实现，但"它从来没有变成现实"[2]。的确，历史发展的步伐并没有让英国殖民地公职机构演变成一个"真正意义上的统一机构"。1930 年统一计划被采纳时，世界正经历着经济危机，经济危机结束几年后第二次世界大战又爆发了。二战结束初期，尽管殖民地公职机构的人员数量在一个时期内有很大的增加，但从总的历史发展趋势看，战后是民族解放运动蓬勃高涨并取得巨大胜利的时期，是世界各殖民帝国纷纷解体的时期，世界历史发展步伐和方向并不是由英国殖民主义者决定的，英国企图长期维护殖民帝国的愿望无法实现。

9. 第二次世界大战与英帝国

1939 年 9 月第二次世界大战在欧洲爆发，英法参战与德意法西斯国家抗衡。在第二次世界大战期间，英国是同盟国一方；1941 年 12 月太平洋战争爆发后，英国与美、苏、中等国一起，共同反抗德、意、日法西斯国家，组成世界反法西斯同盟，为世界反法西斯战争胜利做出了贡献。第二次世界大战期间，英国的自治领如加拿大、澳大利亚、新西兰等也随英国参战；英国殖民统治下的印度也在英国一方参加了第二次世界大战；同时，英国广大"殖民帝国"也随英国加入了战争。广大的英帝国版图从一定意义上讲，成了英国反抗法西斯的"战略后方"，为英国提供了人力物力，为反法西斯战争的胜利做出了贡献。

在英国"殖民帝国"中，受战争影响最大的可以说是马来西亚、新加坡，包括被英国割占的中国香港，在太平洋战争爆发后，这些地区被日军占领。战争之初，英军在新加坡惨败，一部分军人被迫投降。而锡

---

① 哈罗德 J. 拉斯基：《殖民地文职机构》，（Harold J. Laski, "The Colonial Civil Service"），《政治季刊》（*The Political Quarterly*）第 9 卷第 4 期（1938），第 543 页。

② 罗伯特·休斯勒尔：《昨天的统治者：英国殖民地公职机构的形成》，第 5 页。

兰受到了一些空袭；在地中海地区，英国的殖民地马耳他受空袭最为严重，塞浦路斯、直布罗陀也受到空袭；在东非地区的英国殖民地曾处于法西斯进攻的严重威胁之下，但只有英属索马里一度被意大利占领，肯尼亚一部分被攻占；西非地区的英国殖民地没有受到直接的进攻；西印度地区的英国殖民地受到敌国潜艇的干扰，巴巴多斯港口受到一次鱼雷袭击。有些殖民地没有受到战火干扰。[①]

英国殖民地为战争的胜利做出了贡献。战争期间，殖民地进行了经济和人力动员。在经济动员方面，殖民地有以下六方面主要目标：（1）参与封锁、贸易控制等活动；（2）增加对英国和盟国的食物与原料出口；（3）以支持战争为目标，组织进口控制与航运计划；（4）为本地消费，增加本地食品生产和其他必需品生产；（5）采取救援措施应对主要出口产业因市场的失去、航运困难等问题引起的特殊困难；（6）采取财政措施，包括征税、价格控制等措施。[②]

殖民地被迫马上增加战略物资的生产。例如，在马来亚，增加橡胶和锡的生产；北罗得西亚的铜，锡兰的茶叶，塞拉利昂的铁矿，西印度、毛里求斯和斐济的糖，也都是重要的战略物资。日本占领了英国东南亚殖民地后，对其他殖民地来说，需要更加紧迫地提供农业和矿业资源；主要是加强生产，满足盟国和本地需求。采取紧急措施并成立相关机构，最大可能地提高在非洲的橡胶生产；加强激励措施，增加锡兰的橡胶产业生产；东非的剑麻需求激增；增加了东非的除虫菊生产，以替代日本产品；日本占领东南亚和西太平洋一些岛屿后，英国殖民地的油料种子和植物油供应大量增加，以取代在东南亚地区和西太平洋岛屿出产的椰子油和棕榈油。殖民地矿产资源也全面用来支援战争。尼日利亚的锡产量得到巨大增加；在殖民政府的支持下，北罗得西亚铜业得到扩张；铝、钨、石墨等矿产品生产也得到全速推进；英属圭亚那铝矿资源得到大量开发，并在黄金海岸开发了新的铝矿资源。[③]

―――――――――――――

① 英国政府救颁文件 Cmd. 7167：《殖民帝国（1939—1947）》，第1—2 页。

② 同上书，第6 页。

③ 同上书，第6—7 页。

　　与此同时，殖民地要尽量减少战略物资的进口。尽量生产本地所需的粮食；还要为驻扎在本地的英国军队和盟国军队提供所需物资。同时，在殖民地大量增加税收。例如，在殖民地执行征收所得税的政策；对已经执行了所得税政策的殖民地，则大量增加所得税。在几乎所有的殖民地，总收入都达到前所未有的水平。许多殖民地将积累的大量资金作为无息贷款提供给了英国。①

　　在第二次世界大战期间，英国"殖民帝国"除提供物资外，还为战争提供了大量人力。② 首先是士兵。"殖民帝国"的士兵主要来自英属非洲。到1945年5月，在常规军队里的非洲人总数估计约374000人。"殖民帝国"内其他地区殖民地参加军队的士兵相比之下就比较少了。巴勒斯坦、塞浦路斯、毛里求斯以及西印度的殖民地提供了分遣队到海外服役；马耳他士兵则参加本土防务；斐济等地士兵也参加了在太平洋地区的战斗；马来亚等地的本地防务部队也积极投入战斗。英国在西印度的殖民地提供了5500人负责地勤任务。在战争结束时，整个"殖民帝国"的军队超过473000人。除了参加军队外，殖民地居民还参加了海上服务。据估计，在战争后期阶段，殖民地的服役水手多达15000人。③ 在战争中，英国殖民地人民遭受了重大伤亡。

　　与此同时，农业与工业也需要大量的劳动力。殖民地需要尽力加紧生产必需的原材料和食品，用来保障本土供应和出口。修筑军事基地、机场、港口、公路、铁路等等，也需要大量的人力物力。在一些殖民地，如尼日利亚、肯尼亚、坦噶尼喀、北罗得西亚，实际上对青壮年进行了强征。④

　　二战期间英国"殖民帝国"的殖民政府、本土领导人、团体与个人给英国政府与组织，以礼金形式提供了不少援助。表3-11是有关殖民

---

① 英国政府敕颁文件 Cmd. 7167：《殖民帝国（1939—1947）》，第7—8页。
② 这里讲的"殖民地"不包括印度等不属于英国的"殖民帝国"的殖民地。
③ 英国政府敕颁文件 Cmd. 7167：《殖民帝国（1939—1947）》，第9—10页；这是英国公布的资料，没有明确讲马来亚共产党开展抗日游击战争。
④ 英国政府敕颁文件 Cmd. 7167：《殖民帝国（1939—1947）》，第9—10页。

地的礼金数量。表 3 – 12 是 1939 年和 1945 年殖民地军队人数的情况。①

表 3 – 11　　　　　二战期间英国"殖民帝国"给各国的礼金

殖民地	礼金数量（英镑）
亚丁	77454
巴哈马	125200
巴巴多斯	202332
百慕大	344133
英属圭亚那	128877
英属洪都拉斯	26590
锡兰	1096101
塞浦路斯	13424
福克兰群岛	71656
斐济	169321
冈比亚	11478
直布罗陀	58172
黄金海岸	361696
香港	399731
牙买加	223376
肯尼亚	386032
背风群岛	37262
马耳他	35193
马来联邦州	5963744
非马来联邦州	1151411
海峡殖民地	9479475
毛里求斯	301962
尼日利亚	409255
北婆罗洲	37649

① 英国政府敕颁文件 Cmd. 7167：《殖民帝国（1939—1947）》，附件 2。

续表

殖民地	礼金数量（英镑）
北罗得西亚	409942
尼亚萨兰	164214
巴勒斯坦	38832
沙捞越	316380
圣赫勒拿	5681
塞舌尔	15762
塞拉利昂	148698
索马里兰	7574
坦噶尼喀领地	420988
特立尼达	929095
乌干达	302118
西太平洋	45032
向风群岛	58338
桑给巴尔	40770
总额	24014948

原注：这里仅是经过殖民大臣之手的礼金，不包括其他形式的礼物。

表 3-12　　　　1939 年和 1945 年有关殖民地军队数量的对比[1]

领地	1939 年 9 月 1 日	1945 年 5 月 1 日
东非	11000	228000
西非	8000	146000
加勒比殖民地和百慕大	4000	10000
福克兰群岛	250	200
圣赫勒拿	—	250
直布罗陀	—	700
马耳他	1400	8200
塞浦路斯	—	9000

---

[1]　英国政府敕颁文件 Cmd. 7167：《殖民帝国（1939—1947）》，附件 3。

续表

领地	1939 年 9 月 1 日	1945 年 5 月 1 日
巴勒斯坦与外约旦	1500	25000
亚丁	700	1800
毛里求斯	250	3500
塞舌尔	——	1500
锡兰	3500	26000
马来与婆罗	10000	——
沙捞越	——	——
香港	1500	——
斐济	650	7000
汤加	——	2000
新赫布里斯	——	100
吉尔伯特与埃利斯群岛和海洋岛	50	2000
所罗门群岛	——	2000
合计	42800	473250

英国的广大殖民地提供了大量人力物力，供英国用于战争，为反法西斯战争的胜利做出了贡献。在以往大战中，英国殖民地也为英国赢得战争做出了贡献。实际上，庞大的海外殖民帝国是英国在大国较量中取得胜利的一个重要基础。在第一次世界大战和第二次世界大战中，英国与德国相比，英国因为拥有庞大的海外帝国，处于有利的"外线作战"地位，而德国从一定意义上讲则处于"内线作战"地位，在世界范围内，战争一开始德国就处于"被包围"状态。这或许是决定战争胜负的一个重要因素。

10. 二战期间的英国殖民地公职机构

第二次世界大战给英国殖民地公职机构带来冲击，正常招聘工作受到了影响，一些本应加入殖民地公职机构的人员转而参加军队，一些公职人员在战争中遭受伤亡。例如，1939 年，60 多人在他们向殖民部提交的加入殖民地公职机构的申请被考虑之前，就参加了军队；1940 年 6 月，殖民大臣乔治·安布罗斯·劳埃德（George Ambrose Lloyd）举办了一次约有 30 位毕业生参加的茶会，他们被从军队召回，将被派到殖民地担任公职，这些人是 1939 年挑选拟进入殖民地公职机构任职却被直接转入了军队；1939 年，招聘的殖民地公职人员是 255 人，比前一年下降了五分之一；1940 年又下降到 236 人；1941 年是 144 人。1942 年，当英国在东方的殖民地马来亚、香港等被日军占领时，那里的殖民地公职人员中的一些被打死或被关押；而 1942 年，呈递给殖民大臣的要求进入殖民地公职机构的申请几乎不到 100 份。在整个战争期间，殖民地公职机构只招聘了大约 750 人。[①]

　　但是，在第二次世界大战期间，英国也采取了一些加强殖民地公职机构的举措，特别是采取措施为战后殖民地公职机构的发展做准备。例如，在 1940—1942 年间，黑利勋爵（Lord Hailey）到英属热带非洲执行了一项秘密任务，并于 1944 年提出了调研报告《英属热带非洲的土著管理与政治发展》。[②]

　　1942 年 6 月 15 日，英国战时内阁会议研究的重要问题之一就是关于英国殖民地公职机构的重组。这次内阁会议讨论了殖民大臣提交的备忘录[③]，备忘录对殖民地公职机构重组提出了方案提纲。殖民大臣罗伯特·加斯科因－塞西尔（Robert Gascoyne-Cecil）讲：在殖民地公职机构的统一上，已经取得了很大进步，但目前制度的三个特点阻碍着朝这个方向的进一步发展。这三个特点是：第一，只要殖民地文职人员的薪水由殖民地政府支付，则较穷的殖民地——尽管它们最需要——就难以聘任到最适合的人选；第二，当殖民地负责承担这方面开支时，它们对行政管理人员的需求就会因该殖民地发展状况的变化而起伏不定，这就难以保

---

　　① 安东尼·柯克－格林：《为君主供职：皇家殖民地公职机构与海外文职机构史，1837—1997》，第 39—40 页。
　　② 安东尼·柯克－格林：《为君主供职：皇家殖民地公职机构与海外文职机构史，1837—1997》，第 XIX 页、第 41 页；黑利勋爵全名为威廉·马尔科姆·黑利（William Malcolm Hailey），曾多年在英属印度从事殖民活动，担任过省督，并被授予男爵头衔。
　　③ 殖民大臣的备忘录文件号是：W. P.（42）249，"殖民地公职机构的重组"（"Colonial Service Reorganization"），1942 年 6 月 11 日，见英国内阁档案 CAB 66/25。

证稳定地提供合适的人选；第三，无权要求已经不胜任相关工作的人员退休，这使殖民地公职机构的效率受到影响。为了克服这样的困难，殖民大臣建议制订一个殖民地公职人员总名录，这些公职人员有义务接受殖民大臣可能任命的、在任何殖民地的任何职务。这些公职人员的任职条件由殖民大臣根据共同原则来确定，而不受不同殖民地的立法机关投票的影响。这一方案的要点是：通过财政部的一笔援助，将能够使殖民地公职机构中高级别人员在待遇和机会上均等，从而排除殖民大臣在充分利用现有人力上面临的障碍。在重组殖民地公职机构高级人员队伍的同时，也在考虑适当措施，"提供让殖民地人民自己尽量分担在自己国家设计和执行政策的更为充分的机会"。英国战时内阁原则上同意这一方案，并责成殖民大臣与财政大臣及殖民地总督们协商，提出具体方案。①

　　1943 年 1 月 25 日，英国战时内阁讨论了殖民大臣关于殖民地公职机构的备忘录。② 备忘录讲了殖民地公职机构中行政管理人员的匮乏问题，建议立即采取新措施，将所有借调给军队的殖民地公职人员调回来由殖民大臣安排，恢复文职岗位。但备忘录也考虑到两个因素：（1）需要一定时间来做出安排，取代这些公职人员；（2）派遣到所占领的敌国土地上任职者可能会难以被调回到殖民地公职机构中任职。殖民大臣强调，殖民地文职人员的缺乏也引起了焦虑。例如，在非洲，大约 25% 的行政公职人员被调到了军队；西非的驻扎部长（Minister Resident）已告诉殖民大臣"行政机器绷得如此紧，以致可能在某个重要时刻随时崩溃"③。内阁讨论了殖民大臣的备忘录，并同意备忘录提出的建议，只有海军部有一点小的保留意见。海军部希望拥有对那些非常期待留在海军中任职的原殖民地公职人员的自由处理权；这样的人员数量很少。殖民大臣认为，目前可以接受海军部的保留意见，但如果这一保留意见严重地限制

---

　　① 英国内阁档案 CAB 65/26：战时内阁会议结论［War Cabinet 74（42）］，1942 年 6 月 15 日内阁会议结论，第 6 号结论。

　　② 殖民大臣的备忘录文件号是：W. P.（43）25，"殖民地公职机构"（"The Colonial Service"），1943 年 1 月 14 日，见英国内阁档案 CAB 66/33；此时的英国殖民大臣是奥利弗·斯坦利（Oliver Frederick George Stanley）。

　　③ 英国内阁档案 CAB 65/33，战时内阁会议结论，1943 年 1 月 25 日内阁会议结论，第 4 号结论。

了离开海军的人员数量，则殖民大臣将寻求内阁做出新的裁决。以此保留为前提，内阁会议同意了殖民大臣备忘录提出的建议。①

1943 年 2 月 26 日，英国殖民部负责招聘殖民地公职机构人员的官员拉尔夫·弗斯提交了一份《关于战后殖民地公职人员培训的备忘录》。在备忘录第一部分，弗斯首先考察了殖民地公职机构发展状况和存在的问题，分析了需要进行改革和加强培训的理由。在第二部分，集中提出了具体改革建议，包括课程的设置、教学安排等。主要建议是：（1）所有行政公职人员接受三个阶段的培训：一个初级课程，一段时间在殖民地实习，实习后在国内参加第二课程；（2）在职业生涯的稍后时间，遴选部分最有前途的人员，给予他们"进修假"，专门学习高级课程；（3）对行政人员之外的其他公职人员，战前的培训课程应该保留，或根据新需要进行修订，并在必要情况下增设新课程；（4）行政人员之外的其他公职人员，初期工作时间也应与行政人员一样视为实习期；（5）所有实现了统一的殖民地公职机构的人员也应参加为行政公职人员举办的第二课程；（6）同行政公职人员一样，从其他机构遴选的人员也应享受"进修假"。弗斯指出，这个备忘录是深入调研的结果；起初，调研只是为了探索为殖民地行政机构中高级人员提供培训课程的可能性，而随着调研的展开，实际探讨的是殖民地公职机构整个领域的培训。② 弗斯的备忘录为战后初年英国殖民地公职机构培训工作的安排打下了基础。1944 年 3 月，英国组成了一个以德文郡公爵为主任的委员会，具体考虑设计战后殖民地公职机构培训问题。这一点我们将在第四章进行考察。

1944 年 2 月 15 日，英国殖民部向战时内阁提交了一份关于殖民地公职机构人力再分配的备忘录。由于殖民大臣缺席，这份备忘录是由自治

① 英国内阁档案 CAB 65/33，战时内阁会议结论，1943 年 1 月 25 日内阁会议结论，第 4 号结论。

② 英国自治领部档案 DO 35/1175，拉尔夫·弗斯的《关于战后殖民地公职人员培训的备忘录》（"Memorandum on Post-War Training for the Colonial Service"），1943 年 2 月 26 日提交；弗斯的备忘录，见英国殖民部文件 Colonial No. 198；《战后殖民地公职人员的培训：殖民大臣任命的委员会的报告》（Colonial No. 198, *Post-war Training for the Colonial Service*: *Report of a Committee Appointed by the Secretary of State for the Colonies*），英国皇家文书局，1946 年，第 20—44 页。

领大臣呈递给内阁的。备忘录讲，殖民部对这样的人力分配问题特别关注。"战争期间，就强加于殖民地公职机构的任务而言，殖民地公职机构人力不断削弱，现已达到这样的程度，可以毫不夸张地说，许多殖民地的行政机关处于严峻的崩溃边缘。"而在殖民地又缺乏人力储备，来补充殖民地公职机构正常的需要。现在不是仅仅地维持战前公职机构的水平，而是要"根据国王陛下政府为殖民帝国所采取的前进政策，规划和执行殖民地新的发展"。还有一个特殊的问题，就是"重新占领和重建被日本蹂躏的远东领地"。由于战争期间有限的招聘不能弥补殖民地公职机构人员的正常消耗，备忘录建议欧洲敌对状态一结束，就立即大量招聘殖民地公职机构中的高级别的行政、专业、技术人员。备忘录指出，已经有几百位在部队服役的人选可供考虑，在财政部的支持和有关部门的配合下，正在做出安排来考虑这批人选和其他合适的人选。这些人选尚不能一概地进入 A 级（Class A），因为他们几乎都是年轻人；也不能一概地归入 B 级（Class B），除非把他们当作"专家"。备忘录估计，在过渡期从"战斗机构"中招聘适合进入殖民地公职机构的人员可能达到 2000人。除了"高于一切的军事考虑"外，已挑选的人选应该尽早到殖民地公职机构中就职。备忘录还建议，应该明确规定这样的人选将被视为"专家"，相关部门应该支持殖民部的安排。①

1944 年 8 月 26 日，英国殖民大臣给战时内阁呈递了一份关于战后初期殖民地公职机构人员配备的备忘录。殖民大臣讲：外交大臣散发了一份关于战后招聘外交公职人员的声明；而殖民地公职机构与外交机构一样，也迫切需要招聘大量人员。因此，在与首相和劳工与国家机构部长（Minister of Labour and National Service）协商后，殖民大臣也建议发布一项声明。备忘录有一个附录：《战后招聘殖民地公职机构人员声明》，殖民大臣请内阁其他成员在 8 月底之前提出修改意见。②

---

① 殖民部关于殖民地公职机构人力再分配的备忘录（"Re-Allocation of Man-Power Position of the Colonial Service"），文件号是 W. P.（44）106，见英国内阁档案 CAB 66/47。

② 殖民大臣的关于战后初期殖民地公职机构人员配备的备忘录（"Staffing of the Colonial Service in the Immediate Post-War Period"），文件号是 W. P.（44）451，见英国内阁档案 CAB 66/54。

备忘录附录声明的大意是：战争给殖民地公职机构带来了很大压力，人员很缺乏，有的超期任职，有的即将退休，曾被日军监禁的人员将需要时间休养身体，现有的队伍在战争结束时将会比战前弱得多，而即使达到战前水平，也不能满足未来需要。因此，战后需要紧急招聘大量人员。本土招聘的人员可以缓解一些困难，但"仍有广泛领域"需要"从外部招聘的人员"。打败德国后，军队中的人选和从事与战时工作有关的人选，可能被考虑任命到殖民地公职机构的不同分支机构。关于这些安排的信息将会在适当的时机提供给相关人员。[1]

以上这些事实表明，英国政府在战争期间也在考虑战后加强殖民地公职机构的问题。

在英国殖民地公职机构中，高级别公职人员的招聘工作是由英国殖民部负责的。而殖民地公职人员中大量低级职员则由殖民地政府从本地招聘。当然，根据殖民地的不同条件，在殖民地当地招聘的人员不足，特别是较高级别的公职人员，则需要由从英国或自治领招聘的人员来补充，或者从其他殖民地调任。[2]

二战期间，英国任命的殖民地公职人员很少。战争结束时，许多殖民地政府急需加强公职人员队伍。1945 年 6 月，战争在欧洲一结束，英国就加紧招聘殖民地公职人员。此时，殖民地公职机构中高级职位空缺已超过了 2000 个，而且还有新的职位需求。英国加大了招聘宣传力度，注重从军队里招聘殖民地公职人员，并在印度、埃及建立了临时招聘中心。[3] 关于战后殖民地公职机构人员的招聘与培训工作，我们将在第四章加以详细考察。

11. 人物小传：拉尔夫·弗斯

拉尔夫·多利格南·弗斯爵士（Sir Ralph Dolignon Furse，一般称

---

[1] 殖民大臣的关于战后初期殖民地公职机构人员配备的备忘录，文件号为 W. P.（44）451，见英国内阁档案 CAB 66/54。

[2] 英国政府敕颁文件 Cmd. 7167；《殖民帝国（1939—1947）》，第 24 页。

[3] 同上书，第 24—25 页。

拉尔夫·弗斯）是 20 世纪上半叶英国殖民部的一位重要官员，他长期负责殖民地公职人员的招聘工作，并以此成为知名人物。拉尔夫·弗斯生于 1887 年。7 岁时，中日甲午战争爆发，弗斯极为关注这场战争；他说，他记住了日本海军每条舰船的吨位、速度、火力装备。[①] 弗斯在英国著名的伊顿公学读书，并到牛津大学贝利奥尔学院学习，获得文科学士学位。弗斯于 1910 年 23 岁时被推荐进入英国殖民部工作，被任命为殖民大臣的助理私人秘书（Assistant Private Secretary）。第一次世界大战期间，他参加了爱德华国王骑兵团（国王海外自治领团）；1914 年为上尉，一战期间在法国、意大利服役；1916 年升为少校；1917 年受伤；1918 年获得优异服务勋章。1919年 2 月 3 日，拉尔夫·弗斯回到了殖民部，身份是殖民大臣米尔纳勋爵的助理私人秘书，负责任命方面的工作。[②] 一战后，他成了殖民地公职机构发展中的一个“关键”角色。弗斯推动了 1923 年“自治领遴选计划”的实施，为此曾出访加拿大；后来还访问过澳大利亚、新西兰、南非。从 1924 年到 1939 年，他着力推动对殖民地公职人员的培训工作，在牛津大学、剑桥大学安排实习生培训课程。1927年 4 月，他提交了一份备忘录：《殖民地文职人员的招聘与培训：负责任命的殖民大臣私人秘书备忘录》，备忘录考察了过去的进展，指出了存在的困难和克服困难的建议。[③] 这份备忘录成为 1930 年《费希尔报告》的蓝本。1930 年殖民部成立人事分部后，弗斯被任命为招聘主管，负责招聘工作。在 1935 年到 1936 年之间，弗斯访问了英国南部非洲的殖民地，了解殖民地情况。弗斯于 1943 年呈递了一份关于殖民地公职人员培训的备忘录，对战后培训工作产生了重要影响。

　　1948 年，弗斯从殖民地公职机构招聘主管任上退职。此后，他作

[①]　拉尔夫·弗斯：《捕鸟者：一位招聘官员的回忆录》，第 10 页。

[②]　同上书，第 55 页。

[③]　拉尔夫·弗斯：《捕鸟者：一位招聘官员的回忆录》，第 152 页；备忘录原文见英国政府敕颁文件 Cmd. 2884：《1927 年殖民部会议：会议录概要的附录》。

为殖民大臣的培训课程顾问，在殖民部工作到 1950 年。[①] 弗斯在英国殖民部工作近 40 年，一直负责殖民地公职人员的招聘事务。有学者认为：弗斯在缔造殖民地公职机构中比其他任何人做得都多，"堪称殖民地公职机构之父"[②]。

拉尔夫·弗斯有一个观点值得研究英帝国史的学者注意，他认为英国有五个帝国。英国在法国建立了第一个帝国，长达 3 个世纪。第二个帝国是在北美洲。美国独立后，英国保持了其他白人移民殖民地，后来建立了自治领；而在白人自治领，"我们吸取了足够的教训，保持了我们的第三帝国"。英国在印度建立了第四帝国，允许印度像白人移民殖民地一样，逐步走向自治。而"殖民帝国"则是"我们的第五个帝国，也将是我们最后一个帝国"[③]。

1962 年，拉尔夫·弗斯出版了他的自传《捕鸟者：一位招聘官员的回忆录》，对其在殖民部的工作经历进行了详细回顾。弗斯用"Aucuparius"作为其自传的主标题，而"Aucuparius"意为希腊古典神话中著名的用陷阱和罗网捕捉飞鸟的人。对此，弗斯在其自传前言中特地做了说明；他把自己从事殖民地公职人员招聘工作比喻为像希腊神话中诱捕飞鸟一样的事情。[④] 弗斯对英帝国充满着感情，钟情于歌颂殖民统治，宣扬英国给殖民地传播了文明。[⑤]

12. 关于人员晋升信件实例

这里从笔者掌握的有关档案材料当中，选出三份信函译出，以便读

---

① 参阅安东尼·柯克－格林《为君主供职：皇家殖民地公职机构与海外文职机构史，1837—1997》，第 32 页；参阅安东尼·柯克－格林编《英国殖民地公职机构传记词典》(*A Biographical Dictionary of the British Colonial Service 1939 – 1966*)，汉斯·泽尔出版家 (Hans Zell Publishers)，1991 年。

② 罗伯特·休斯勒尔：《昨天的统治者：英国殖民地公职机构的形成》，第 14 页；参阅安东尼·柯克－格林《为君主供职：皇家殖民地公职机构与海外文职机构史，1837—1997》，第 32 页。

③ 拉尔夫·弗斯：《捕鸟者：一位招聘官员的回忆录》，第 297—299 页。

④ 安东尼·柯克－格林：《为君主供职：皇家殖民地公职机构与海外文职机构史，1837—1997》，第 32 页；拉尔夫·弗斯：《捕鸟者：一位招聘官员的回忆录》，第 4—5 页。

⑤ 拉尔夫·弗斯：《捕鸟者：一位招聘官员的回忆录》，第 308—309 页。

者更为直观地了解当时英国殖民地公职人员晋升的有关问题。

(1) 1916 年 11 月 9 日特立尼达和多巴哥总督向殖民大臣推荐有关人员晋升区长的信①

致尊敬的安德鲁·博纳·劳议员

先生:

我很荣幸地收到了您 10 月 13 日的第 325 号电报,电报是关于填补公共工程局因高级分区工程师拉巴斯蒂德(F. de Labastide)先生退休留下空缺的建议人选。

我推荐韦尔特伊(St. Y. de Verteuil)先生为一级区长,因为虽然他不是土木工程师机构的社团成员,也没有获得过相应学位,但他有长期的实践经验,是一位好的管理者。比他资历深的是贝姆勒(F. de Boehmler)先生和罗贾斯(J. Rojas)先生,但公共工程局局长向我反映这两位都不合格,专业上和管理上都不够提升为一级区长。在这种情况下,最好的做法是晋升韦尔特伊先生。

我推荐塞乌尔特(L. G. Seheult)先生,晋升为二级区长,他在资历上比麦克杜格尔(E. M. McDougall)先生、韦尔特伊先生和拉萨尔(A. E. Lassale)先生浅。但是,塞乌尔特先生是受过训练的工程师,是土木工程师机构的准成员,而其他三人没有取得过任何专业资格。所以,我认为晋升塞乌尔特先生对该局最有利。

我附上一份公共工程局局长的备忘录供您参阅,它是关于被考虑晋升以填补这些空缺的高级职员的情况的。

我很荣幸是先生您最顺从、最卑下的仆人

总督 钱塞勒

---

① 英国殖民部档案 CO 295/507。安德鲁·博纳·劳(Andrew Bonar Law)是当时的英国殖民大臣;钱塞勒(J. R. Chancellor)是当时特立尼达和多巴哥总督。

(2) 1920 年 5 月 17 日牙买加总督向殖民大臣推荐布朗的信[①]

致尊敬的殖民大臣米尔纳子爵

阁下：

我很荣幸地向您推荐牙买加最高法院注册官布朗先生（Mr H. I. C. Brown），到本殖民地之外晋升。

最高法院注册官职位的薪水每年是 600 英镑到 700 英镑。布朗先生也是一位所有权仲裁人（1888 年第 21 法律第 5 款），在这个职务上他的报酬过去 4 年平均每年是 364 英镑。

检察长说，布朗先生不仅仅的确是个好律师，而且在整个岛上受到尊敬和欢迎。他几次充当过检察长的角色，为他赢得了荣誉，也使政府完全满意。他是牙买加学者，1896 年在牛津获得学士学位。

我推荐布朗先生在牙买加之外晋升，是因为他由于本地交往关系，不情愿接受晋升到本殖民地法院系统。

> 我很荣幸是您尊敬的阁下的
> 最顺从、最卑下的仆人
> 总督 普罗宾（L. Probyn）

(3) 1920 年 5 月 13 日牙买加助理秘书长致秘书长的信[②]

致尊敬的秘书长

先生：

我很荣幸申请因尊敬的伯特伦（L. J. Bertram）退休不久将空缺的审计长职务。

---

① 英国殖民部档案 CO 137/739。
② 同上。

在我为本殖民地政府供职的 40 年间，我的工作一直与下列部门的账务联系在一起 —— 邮政、总监狱、总行政管理、破产受托人、铁路和海关；在过去 12 年间，我实际上是全岛所有的地方公署、地方财库和政府储蓄银行机构的审计员，同时还拥有商业会计的应用知识。而且，如您所知，在刚过去的整个财政年度以及以前一些时候，我担任过总收税官、印花专员、孤寡基金管理人、海事局局长的角色。我相信我在这个办公厅归档的履历使我有理由期待您将把我推荐给总督阁下以便做出这样的任命，薪水以今年估计的标准，即每年 1000 英镑。

我非常荣幸是您的

助理秘书长

诺斯沃西（R. Nosworthy）

这里仅列举这三封与职务晋升相关的信件。虽然还很不全面，但这些信件也有利于读者直观地了解当时英国殖民地公职人员职务晋升的有关环节和方式。

第四章 战后英国殖民地公职机构
——从扩展到消亡

1. 第二次世界大战后初期的世界形势和英帝国

第二次世界大战是人类历史上空前规模的战争。战争给世界人民带来了巨大创伤。战后，世界格局发生了深刻变化。战争削弱了老牌帝国主义国家，英法两国的相对国力进一步削弱，荷、比、西、葡等国也受到削弱。德国是战败国，其领土被盟国分别占领，后来形成了东西两德分裂局面。日本战败，日本帝国终结，本土也被美国驻军。二战结束时，在帝国主义国家中，只有美国国力大增，一跃成为世界超级大国。苏联作为社会主义国家，在反法西斯战争中做出了不可磨灭的贡献。苏德战场是欧洲的主战场。虽然在二战期间，苏联遭受了巨大创伤，但同时也一跃成为强大的社会主义国家。苏联的强大推动了国际共产主义运动的发展。在苏联的直接帮助下，战后初年东欧诞生了8个社会主义国家。在亚洲的东方，中国、朝鲜、越南也取得了革命胜利，开始了建设社会主义国家的进程。在国际格局中，战后很快形成了社会主义阵营与资本主义阵营，出现了分别以苏联和美国为首的两大阵营的对峙。

与此同时，亚非拉民族解放运动掀起了前所未有的高潮。战后初年即有一系列殖民地半殖民地国家获得独立。这些国家成为新生的发展中国家。战后，随着西方殖民帝国的瓦解，发展中国家群体不断扩大，成为世界格局中一支日益增强的力量。

随着第二次世界大战的结束，联合国走上了世界历史舞台。中、美、苏、英、法是联合国的五大创始国，也是常任理事国；在联合国形成了"大国一致"原则，这为防止新的世界大战爆发发挥了重要作用。而且，随着不断有发展中国家加入联合国，联合国的成分也逐步发生变化，联合国在维护世界和平方面发挥着积极作用。

尽管英国是第二次世界大战的战胜国，但在战争中国力受损，国际地位进一步下降。二战刚结束时，英国在对外政策中，还重视防止德国东山再起。但到1947年，随着美苏对抗逐渐显现，某种意义上讲，英国在欧洲从主要"防德"转向了主要"防苏"。在经济上，英国出现了困难，债务缠身，英镑面临贬值压力，对美国形成了很大的依赖。

随着国际共产主义运动的发展，民族解放运动的高涨，英国殖民地出现了战后第一波独立高潮。1947年英国被迫撤出印度，印度和巴基斯坦独立；1948年缅甸独立，南亚的锡兰也获得独立。同时，英国殖民地掀起了反殖民统治争取民族独立的高潮，各种形式的斗争，如游行示威、罢工不断发生；有的殖民地如马来亚还爆发了反抗英国殖民统治的武装斗争。二战的结束实际上宣告英帝国进入了快速解体的进程。但是，英国政府并未对帝国的迅速解体做好"思想准备"，相反却想努力维护殖民统治，加强对殖民地的经略，加大对殖民地的开发，来解决英国面临的经济困难。战后初年，英国殖民部得到加强；英国殖民地公职机构的人员队伍得到扩大。英帝国内的自治领进一步迈入实际独立的状况；随着印度的独立，1947年英国撤销了印度部。从某种意义上讲，"英帝国"一分为二；独立的国家大多加入了"英联邦"，剩下的殖民地则构成"殖民帝国"。

在英国被迫撤出南亚、撤出巴勒斯坦后，英国的"殖民帝国"仍然还在英国的殖民统治之下。表4-1来自英国于1948年6月出版的《殖民帝国（1947—1948）》。

表4-1是战后初年英国的"殖民帝国"各领地的面积和人口，我们从中对英国"殖民帝国"能够略见一斑。关于英国的"殖民帝国"的进出口情况，请阅本章末表4-8。二战后，总体大趋势是：英帝国处于快速解体中，英国国力和国际地位相对下降，但英国在战后初期阶

表4－1　　　　　英国"殖民帝国"各领地的面积和人口①

	面积（平方英里）	人口
东非与中非		
英属索马里兰（保护地）	68000	700000
肯尼亚（殖民地与保护地）	224960	4200000
坦噶尼喀（托管地）	362688	5650000
乌干达（保护地）	93981	4000000
桑给巴尔（保护地）	1020	250000
北罗得西亚（保护地）	287640	1660000
尼亚萨兰（保护地）	37949	2230000
西非		
冈比亚（殖民地与保护地）	4132	250000
黄金海岸（包括多哥）（殖民地）	91843	4095000
尼日利亚（包括喀麦隆）（殖民地和保护地）	372674	22000000
塞拉利昂（殖民地和保护地）	27925	1800000
东方依附领地		
马来联邦	50850	4878000
新加坡	217	941000
文莱（保护国）	2226	48000
北婆罗洲（殖民地）	29479	330000
沙捞越（殖民地）	50000	500000
香港	391	1750000
地中海依附领地		
塞浦路斯（殖民地）	3572	450000
直布罗陀（殖民地）	1.875	21000
马耳他（殖民地）	121	290000
西印度群岛		
巴哈马（殖民地）	4375	81000
巴巴多斯（殖民地）	166	193000

①　英国政府敕颁文件 Cmd. 7433：《殖民帝国（1947—1948）》［Cmd. 7433：*The Colonial Empire（1947－1948）*］，英国皇家文书局，1948 年 6 月，附件 5。

续表

	面积（平方英里）	人口
百慕大（殖民地）	21	35000
英属圭亚那（殖民地）	83000	376000
英属洪都拉斯（殖民地）	8867	59000
牙买加和依附领地（殖民地）	4846	1308000
背风群岛（殖民地）	422	109000
特立尼达和多巴哥（殖民地）	1980	558000
向风群岛（殖民地）	821	252000
西太平洋依附领地		
英属所罗门群岛（保护地）	11500	95000
斐济（殖民地）	7083	260000
吉尔伯特和埃利斯群岛（殖民地）	333	35000
新赫布里底（英法共管地）	5700	45000
汤加（保护国）	250	40000
太平洋和印度洋		
福克兰群岛（殖民地）	4618	2200
圣赫勒拿和阿松森（殖民地）	81	5000
亚丁（殖民地和保护地）	80（殖民地） 112000（保护地）	81000 650000
毛里求斯（殖民地）	805	430000
塞舌尔（殖民地）	156	35000

段却加强了对殖民地的经略，殖民地统治机构不但没有削弱，反而在战后若干年内得到了加强。这突出地表现在殖民部的加强和殖民地公职机构队伍的扩大两方面。

2. 殖民部的发展变化

与战前相比，二战后若干年内英国殖民部的内设机构大为增加。1925 年自治领部成立，与殖民部分开后，当时殖民部只设有 8 个地域局和一个综合局（General Department），共 9 个局。这 8 个地域局是：东非和中非两个局，西非两个局，西印度一个局，中东一个局，远东一个局，地中海一个局。而到了 1955 年，英国殖民部内部的局却增加到了 30 个。其中，地域局 9 个，分别是：东非与中非两个局，西非两个局，西印度两个局，东南亚一个局，太平洋地区一个局，地中海地区一个局；其他部门包括：海外公职机构分部 4 个局，经济分部 7 个局，法律分部两个局，交通局、防务与综合局、组织机构局、信息局、国际关系局、社会公职机构两个局、学生局。① 机构的增加表明英国对殖民地管理的加强。

与此同时，殖民部高级官职大为增加，管理结构发生了变化。除殖民大臣外，二战之前的 1928 年职务设置的情况是常任国务次官（Permanent Under-Secretary of State）下设有一个副国务次官，两个助理国务次官。副国务次官负责管理总务、西印度、远东、锡兰与毛里求斯；一位助理国务次官负责管理中东的殖民地；另一个助理国务次官负责管理黄金海岸、尼日利亚、英属东非、英属索马里以及地中海地区的英国殖民地。1938 年调整为：常任国务次官下设一个副国务次官，三个助理国务次官。而战后的 1948 年的情况则是：常任国务次官下设两个副国务次官；两个副国务次官之下共设有 8 个助理国务次官。为了加强对殖民地的统治，英国还于 1948 年设立了一个新官职——殖民事务国务部长（Minister of State for Colonial Affairs），协助殖民大臣工作，其地位处于殖民大臣与议会国务次官之间。殖民大臣、殖民事务国务部长、议会国务次官三者都在常任国务次官之上。1958 年的情况是：在常任国务次官之下仍设两个副国务次官，但两位副国务次官之下设有 9 位助理国务次官。这 9 位助理国务次官的分工是：一位负责生产、销售、研究工作；一位负责经济情报、财政、统计工作；一位负责防务、交通、情报工作；一位负责国际关系、社会公职机构工作；一位负责海外学生工作；一位负责西印度与太平洋地区殖民事务；一位负责远东与地中海地区殖民事务；一位负责西非与圣赫勒拿殖民事务；一位负责非洲学生工

---

① 查尔斯·杰弗里斯：《殖民部》，第 112—113 页。

作与中非、东非殖民事务。[①] 职务的增多说明殖民事务增多了，对殖民事务的管理加强了。

除行政机构和官职增多外，英国殖民部成立的顾问委员会在二战后也大为增多。英国殖民部很早就利用公职人员之外的专家来满足殖民统治的需要。早在 20 世纪初年就成立了顾问性质的委员会。例如，1909年就为英属热带非洲成立了一个常设的医务与卫生顾问委员会。这样的顾问委员会不断增多。1938 年任命了一个劳工顾问；1940 年任命了教育与动物防疫顾问；此后，还任命了关于合作、渔业、林业、社会福利等方面的顾问。[②] 1954 年时，殖民部有以下方面的顾问或顾问委员会：农业研究，农业机械，农业、动物防疫与林业，文、理、工科学院，合作，经济，教育，福克兰群岛（马尔维纳斯群岛）依附地科学委员会，渔业，地质学与矿物，住房与城市规划，劳工，地方政府，医务，医学研究，本土法律，农药研究，产品，道路规划，社会发展，社会科学研究，罪犯处理，大学奖学金，在英国的殖民地学生的福利等。[③]

正如本书前面讨论过的，英国殖民部只是英国管理海外殖民地的一个政府部门，印度部、自治领部、外交部也发挥过管理海外殖民地的功能。1947 年印度部、自治领部撤销后，英国殖民部作为管理海外殖民地的机构更为突出。殖民部的功能就是维护英国殖民统治，但其具体事务自成立以来也一直处于变化之中的。这里引述英国出版的《殖民帝国（1947—1948）》中的一段文字，以便读者了解当时殖民部扮演的角色。

殖民部的工作因此涉及政府的各个方面。它的许多活动如下：它执行殖民地发展和福利法，这意味着它既负责审查殖民地政府提交的十年计划，又负责组织根据这些计划制定的许多重要纲要（从

---

① 安东尼·柯克－格林：《为君主供职：皇家殖民地公职机构与海外文职机构史，1837—1997》，第 84 页。参阅查尔斯·杰弗里斯《殖民部》，第 116—119 页，以及附录Ⅱ"殖民部工作的分布"（第 208—209 页）。

② 查尔斯·杰弗里斯：《殖民部》，第 119—120 页。

③ 安东尼·柯克－格林：《为君主供职：皇家殖民地公职机构与海外文职机构史，1837—1997》，第 87 页。

测量与地形勘测到一大批研究项目）。它为殖民地政府招聘其所需而本地缺乏的高级行政岗位和技术岗位人员，并开设特别的培训和进修课程。它是一个获取从殖民地经验和研究所信息的交换中心。它拥有一个需要技术知识的、主要由专业人员组成的顾问团队。通过 300 名在科学、公共事务、行政管理各个方面能力突出的专业人士组成的顾问委员会，它保证殖民地问题能够以最充分的经验和知识背景得到解决。它组织会议，以促进殖民地之间的合作，帮助地区发展。它关心并就许多问题提供指导，覆盖经济与社会事务各个方面，从销售策略到对使用稀缺物资的优先顺序，从防务到通货，从组织空运和其他运输服务到农药的使用。它关照在这个国家的 3000 名殖民地学生，而同时在殖民地建立高等教育设施，扩大整个教育的基础。它特别关心促进英国人民和殖民地人民之间的友谊和理解，特别关心使殖民地事务在本国、在殖民地、在海外广为人知。它派遣技术顾问到殖民地，激励经济成长和政治进步，在几乎各个领域为政府提供咨询。[①]

以上这段文字摘自英国政府的敕颁文件，显然对英国殖民统治活动赞赏有加，是完全站在英国政府立场之上的话语表述。对此，我们应该有充分的意识。不过，从这样的表述中，我们也能在一定程度上窥知英国是如何重视对殖民地的经略的。需要强调的是，英国加强殖民地经略，目的是要通过开发殖民地促进英国经济发展，尽量维护殖民统治，维持英国的大国地位和国际影响力。

为了加强对殖民地的经略，英国在二战后大力增加殖民部的工作人员。20 世纪上半叶殖民部人员的增长趋势就足以说明这一点：1909 年是 125 人，1919 年是 187 人；1925 年在自治领部成立前夕是 431 人；二战爆发前夕，仅殖民部就有 460 人；而到了 1948 年 3 月底则达到了

---

① 英国政府敕颁文件 Cmd. 7433：《殖民帝国（1947—1948）》，第 3 页。

1180 人。① 战后初年，英国殖民部人员和机构等都得到扩展。

这表明英国政府更加重视对殖民地的开发和利用，也说明英国政府努力维护殖民统治和传统的宗主国与殖民地的关系。但是历史发展并不取决于英国政府的愿望和规划，多种因素决定了英帝国历史演变的结果。战后，随着民族解放运动的发展，英国殖民地纷纷独立。1966 年 8 月，英国殖民部就与英联邦关系部合并，组成了英联邦部（Commonwealth Office）。英联邦关系部则是 1947 年由自治领部演变而来的。1968 年 1 月，英联邦部又与英国外交部合并，组成了外交与英联邦部，一般亦称外交部。需要指出的是，英国大多数殖民地独立后加入了英联邦。现在，英联邦有 50 多个成员国。

关于英国殖民部与英国殖民地公职机构的关系，在本书前面已论及，这里再简要地进行一点讨论。概言之，英国殖民部是英国负责管理殖民地的政府部门，而英国殖民地公职机构则是执行管理殖民地任务的机构。从管理结构上讲，殖民地公职机构从属于殖民部；殖民地的公职机构中高级别官员是由殖民部挑选的。殖民地公职机构中的最高职位就是殖民地的总督，总督虽然代表英王，但实际上总督的任免主要取决于殖民大臣。

英国殖民地公职机构的人员与殖民部的工作人员也是不同的：殖民地公职机构的人员在殖民地供职，进行殖民统治，而殖民部的工作人员则是英国政府机构中的成员。两支队伍是分开的，从来没有合并过。但是，两支队伍的官员之间是可以适当交换的。殖民地公职机构中的官员可能借调到殖民部工作一段时间，而殖民部工作人员也可能作为殖民地公职机构人员到某个殖民地去工作一段时间，主要为积累经验、促进相互了解。这种借调安排本书在前面已讨论过。英国殖民部采取了一些措施加强两支队伍的相互关系。例如，殖民部人事分部的工作之一就是安排回国度假的殖民地公职人员参观殖民部，并且鼓励多层次的、民间的

---

① 英国政府敕颁文件 Cmd. 7433：《殖民帝国（1947—1948）》，第 13 页；参阅阿兰·帕尔默编《英帝国与英联邦词典》，"殖民部"词条。

和官方的接触。[1]

3.《殖民地公职机构的组织》

二战一结束，英国为了适应战后发展需要，扩大殖民地公职人员队伍，加强对殖民地的管理和开发，公布了有关殖民地公职人员的新政策。这一政策集中体现在英国殖民部 1946 年发表的文件《殖民地公职机构的组织》之中。[2] 该文件分七大部分：（1）背景；（2）行动计划；（3）招聘与培训；（4）殖民地公职机构的结构；（5）中央与区域公职机构；（6）退休与养老金；（7）财政规定。

第一部分"背景"阐述了英国的殖民帝国各殖民地的差异性，指出"殖民地公职机构"是殖民帝国内各个单位的公职机构的总和。虽然广为接受的原则是：只要殖民地有合适的候选人，就应该任命到适当的岗位。但是，一些殖民地因人口太少；另一些殖民地具有潜在的人力资源，但教育不够普及，发展水平不够高，因此缺乏足够的合适人选。文件认为，1930 年实行殖民地公职机构统一的政策是合理的，但此前 10多年发生了许多变化，政策的具体实施情况需要进行评价。[3]

第二部分是"行动计划"，简单讲明了提高殖民地公职机构质量和效率的措施要点。首先，殖民地公职机构需要大量增员。人员将主要来自殖民地本身、英国或自治领。第二，扩大的队伍必须完全适合他们的任务。这意味着殖民地的人选要有机会获得晋升资格，且所有人选必须得到更好的培训。第三，殖民地公职机构的结构必须适应现代环境。对此，英国政府将采取一些措施。例如，增加预算，增加殖民地的合格人选进入本殖民地的公职机构；从英国和自治领招聘必要的合格人选；组织培训课程，并增加培训经费；协调既有人力资源的

---

① 查尔斯·杰弗里斯：《殖民部》，第 110—112 页。

② 英国殖民部文件：《殖民地公职机构的组织》（Colonial No. 197：*Organization of the Colonial Service*），英国皇家文书局，1946 年。

③ 英国殖民部文件 Colonial No. 197：《殖民地公职机构的组织》，第 3 页。

分配。①

第三部分关于招聘与培训，是该文件的重点。第一是要增加殖民地候选人员的机会。这涉及改善教育设施，增加经费投入。文件宣称要"充分利用"殖民地的潜力。一项实际措施就是拨款，对殖民地候选人员进行培训，使其能够胜任较高级别的职务。所采取的一项措施是从殖民地发展和福利法提供的经费中，此后10年拨出100万英镑培训遴选出的殖民地人选，使他们能够有资格被任命到殖民地公职机构中高级别的岗位。第二是关于从英国与自治领的招聘。英国政府计划从英国和各自治领招聘人员到殖民地供职。除了按通常办法招聘长期人员外，还通过签订合同招聘短期公职人员。第三是关于遴选之后的培训。殖民地公职机构的人员并不由公开的选拔性考试产生，而是由殖民部官员挑选。入选者需先参加培训，然后再担任具体职务。文件讲：由于有关大学的"最慷慨和最有价值的合作"，已经设计出培训计划；牛津、剑桥、伦敦三所大学已受邀并同意提供帮助；殖民地发展和福利法将提供财政援助。英国政府将从殖民地发展和福利法规定的资金中拨出款项150万镑，供10年内资助"一般的和技术性的殖民地公职机构的培训方案"，包括对欧裔和殖民地人选的培训。②

第四部分关于殖民地公职机构的结构。这部分首先指出：殖民地公职人员在不同的特殊条件下供职，这使得无法规定关于薪水、级别、供职条件的统一模式，但文件提出了若干基本原则。这些基本原则是：（1）一个殖民地的公职机构中的所有岗位的薪水应该根据工作性质和相关责任确定，而不受任职人员的种族与居所影响；（2）薪水的定级应该适用于本地招聘的工作人员，即使在某些级别上暂时还没有本地招聘的人员；（3）在确定基本薪水时，应该考虑相应的本地条件，如招聘的公职人员所在地区相关阶层占主导地位的收入水平；（4）当由这种方式确定的薪水不足以吸引和留住"外籍人员"时，就应该给他们

---

① 英国殖民部文件 Colonial No. 197：《殖民地公职机构的组织》，第4页。
② 同上书，第4—7页。

发放"外籍薪水"①；（5）为某些级别的公职人员提供免费住所的做法应该停止；（6）应该为其家庭不在本殖民地的公职人员及其家属提供必要的探亲假免费旅程或至少给予资助；（7）公职人员的供职条件应该进行评检，以便增加殖民地公职机构的舒适环境与吸引力，减少不方便和不利的因素；（8）比较贫穷的殖民地在获得完全合格的公职人员时，绝不能处于不利地位；（9）为了保证公职人员能达到任职标准和更好地利用公职机构中的人力资源，英国殖民大臣仍将根据《殖民地规章》的规定，控制殖民地公职机构中高级职位的任命；（10）殖民地公职机构必须继续按明显的职业和功能分支部门来组织，但同时应该避免僵化的本位主义；（11）在殖民地，应该成立公职机构委员会。②

第五部分关于中央与区域公职机构。文件讲：在某些领域，近期的发展显示需要覆盖整个"殖民帝国"并由殖民大臣掌控的"中央的"公职机构。这样的公职机构有两类：一类是"生物研究机构"，如医务机构、农业机构、兽医机构、渔业机构；一类是与"非生物科研"相关的机构，如勘测、地质调查、气象分析部门。这些机构的成员可以受聘于殖民地政府，作为殖民地政府的人员，他们的薪水由殖民地经费支付。殖民地发展和福利法规定的经费将适当分配资助有关机构。除了"中央"性质的机构外，在相邻的殖民地，条件适合的话，建议发展"区域性的"机构。在薪水和供职条件方面，要有明显一致的规定，以便公职人员能够自由交换。这种区域性机构的管理，难以由殖民部遥控，相关殖民地政府应该授权，由某种"中央的执行权威"受托负责。区域性机构不是封闭性的，殖民大臣有权自由任命和调离其成员。③

第六部分关于退休与养老金。文件指出：目前还没有关于殖民地公职机构的养老金方案。养老金根据殖民地立法机关通过的法律，由殖民

---

　①　"外籍薪水"英文是 expatriation pay，是支付给"外籍公职人员"（expatriate officers）的额外薪水。所谓"外籍公职人员"是指非该殖民地的人而在该殖民地担任公职的人员，绝大多数是英国人。在殖民地的公职机构当中，有不少本地人，他们大多是中下层级别的人员，不属于英国的"殖民地公职人员"。随着本土化的进展，外籍公职人员逐渐减少，而本地担任高级职务者相应增多。

　②　英国殖民部文件 Colonial No. 197：《殖民地公职机构的组织》，第7—9页。

　③　同上书，第9—10页。

地基金支付，各殖民地之间养老金数额的确定和支付条件仍然相差很大。要对各殖民地的养老金法律进行检查，以便有利于保证公职机构的效率；要求几个殖民地政府采取这样的行动。进行检查时，要参照以下一般原则：（1）养老金比率应该与公职人员退休时薪水挂钩，养老金计算方法在同一殖民地同一级别的人员中应该是相同的；（2）现有按具体岗位而不是按具体人员确定养老金的做法在实践中引起许多混乱，应该采用更简明的英国制度——公职人员凭借被任命为"确定的"文职人员就有资格领取养老金；（3）只要殖民大臣和总督同意其退休，公职人员即使没有达到正常退休年龄，也应该能够获取养老金或报酬。关于遗孀和孤儿抚养费问题，文件认为，仍然有必要有一个"中央组织的方案"来覆盖在那些没有本地方案的殖民地供职的"外籍人员"，这一建议将提交给相关殖民地。根据该文件，其他的更加灵活、适应多种情况的养老金方案也在考虑之中。①

第七部分关于经费问题。除了前面第三部分已提到的250万用于培训外，还会从划拨给殖民地政府的款项中，提留特别补助金，以便殖民地政府能够支付接受培训的人员的开支，或者支付他们所需要却又无力支付的公职人员的薪水、路费等。这样的补助金数量不好统计。②

这份文件还讨论到一个建议：由英国政府接替支付殖民地公职机构中"外籍公职人员"的所有薪水、费用和养老金。但是，这个建议英国政府并没有接受。总的看，《殖民地公职机构的组织》意在加强英国殖民地公职机构的建设，扩大殖民地公职人员队伍，提高其素质，保障其利益，以便更好地为英国殖民统治服务。

4.《战后殖民地公职人员的培训：殖民大臣任命的委员会的报告》

在颁布《殖民地公职机构的组织》这份文件的同时，英国殖民部

---

① 英国殖民部文件 Colonial No. 197：《殖民地公职机构的组织》，第10—11页。
② 同上书，第11—12页。

也公布了另一份文件:《战后殖民地公职人员的培训:殖民大臣任命的委员会的报告》。[①] 委员会由殖民大臣于 1944 年 3 月任命;委员会主席是德文郡公爵,成员来自牛津大学、剑桥大学、伦敦大学、殖民部;一些殖民地总督、相关顾问人员等向委员会提供了证据。这份报告完成于 1945 年 2 月,在很大程度上基于此前由殖民部主管招聘的官员拉尔夫·弗斯于 1943 年 2 月提交的一份关于战后殖民地公职人员培训问题的备忘录。[②]

这份报告的第一部分是前言,简要介绍了有关情况。报告认为,整个培训方案付诸实施需要时间,而殖民地公职机构亟须加强,打败德国后先期招聘的人员可能只能接受很少的初步培训或没有机会接受任何培训,就得直接到殖民地去担任职务,特别是行政人员。而报告关注的正是行政人员的任前培训。报告认为培训课程的设置,也符合所招聘的殖民地出生的人员。而殖民地的新人在其开始参加培训课程之前,应该已经通过奖学金制度或其他方式,在某个大学获得一个学位。这样做在某些情况下可能会使非洲的人选年龄偏高,不过报告认为 25—30 岁的非洲学生与 21—22 岁的欧洲学生能够相互融洽。报告认为,这些建议将逐步付诸实施,直到最终实施整个方案,这一方案是为正常的和平时期设计的。[③]

《战后殖民地公职人员的培训》报告的第二、第三部分介绍了建议设置的培训课程的内容和时间安排。报告详细讨论了培训公职人员的两大类课程的设计和安排。第一类课程只为行政人员开设,时间是 15

①　英国殖民部文件 Colonial No. 198:《战后殖民地公职人员的培训:殖民大臣任命的委员会的报告》(Colonial No. 198: *Post-war Training for the Colonial Service: Report of a Committee Appointed by the Secretary of State for the Colonies*),英国皇家文书局,1946 年。殖民部的这份文件在英国自治领部档案 DO 35/1175 卷中有保存;DO 35/1175 卷中,还保存着英国殖民部文件 Colonial NO. 197:《殖民地公职机构的组织》,包括其草稿,和殖民部官员拉尔夫·弗斯 1943 年 2 月提交的《关于战后殖民地公职机构培训的备忘录》。

②　英国殖民部文件 Colonial No. 198:《战后殖民地公职人员的培训:殖民大臣任命的委员会的报告》,附有拉尔夫·弗斯的《关于战后殖民地公职人员培训的备忘录》("Memorandum on Post-War Training for the Colonial Service"),1943 年 2 月提交。

③　英国殖民部文件 Colonial No. 198:《战后殖民地公职人员的培训:殖民大臣任命的委员会的报告》,第 4—5 页。

个月。这一课程分两个部分，即普通课和语言与区域课。普通课在牛津或剑桥进行，从10月到次年5月，均共256个学时。课程内容相当广泛，包括农学、法学、人类学、英帝国史等。牛津、剑桥的课程内容设置有所不同。语言与区域课在伦敦大学进行，从6月到12月。参加学习的成员将根据殖民部的指示，学习不同的语言；同时上一门区域社会研究课，主要内容是地理学、社会学、殖民地行政。报告对课程的设计讲得比较详细。例如，关于语言学习，报告认为，学生大部分时间应该学习由殖民部指定的语言；每天至少有三个课时，运用三种方式授课，即欧洲人当讲师，本土人当助教，并利用录音设备教学。①

报告指出，第一类课程的目的是："给予学生对他将从事的工作的一个总的背景知识；初步培养学生的处事能力；向他说明实习期旅行中应该留意什么，他可能见到的某些事情的重要性；并且告诉他关于如何开始职业生涯的不可或缺的起码知识。"② 报告建议举办假期培训班，在7月到9月期间，在伦敦大学的协助下，让学生了解英国地方政府管理的经验，了解城市和乡村地区社会服务机构的运行经验。对学生还要进行考试；要在殖民地公职机构中实习。③

第二类课程为所有人员开设，包括行政人员和专业人员，时间是7个月。这一课程分两个部分：先于9月份在牛津或剑桥参加培训，时间为二至三周；然后上6个月的课，从10月到次年3月，学习安排在牛津、剑桥、伦敦三所大学中的一所。课程的主要内容是英国殖民的目的、殖民地行政比较、社会管理、经济与统计。还设有若干选修课，如人类学、法律、殖民地史、殖民地经济学、殖民地教育、农业与农村经济、语言。第二类课程的主要目的是：（1）通过进一步学习与其工作相关的科目，检验该公职人员所获得的经验；（2）使公职人员重视交流互动，如使他们能够把自己领地的事务与地区、殖民帝国、英

---

① 英国殖民部文件 Colonial No. 198：《战后殖民地公职人员的培训：殖民大臣任命的委员会的报告》，第5—8页。

② 同上书，第6页。

③ 同上书，第9—10页。

联邦、外国殖民管理、世界舆论联系起来看，向他说明组成政府机器的各部门之间的关系；（3）给予公职人员机会学习他自己特别感兴趣的科目。①

报告还建议：（1）培训在 9 月份开始，正好放在第二类课程的第一学期前；（2）要求牛津大学和剑桥大学作为举办单位；（3）要求伦敦大学提供教师和讨论引导人；（4）殖民地公职机构各分支机构的代表应该包括在每个暑期学校之中；（5）暑期学校应视为课程的基本内容，所有人必须按时参加暑期学校。②

报告还讨论了其他一些相关问题，如实施方案的时机、财政问题等。

从报告设计的教学内容可以看出，这两大类课程的主要目的是提高英国殖民地公职人员维持殖民统治和加强殖民地开发的能力。这一点也说明此时英国政府考虑的不是从殖民地撤退，而是如何维持殖民统治。这个时候，英国政府考虑的是如何长期占有殖民地，因而注重扩大殖民地公职人员的队伍和提高公职人员的素质，加强对殖民地的管理和开发。战后初年，英国面临着治理战争创伤、恢复国民经济的任务，开发殖民地是解决英国经济困难的一大途径。而大力开发殖民地，则需要大量增加殖民地公职人员。

显然，英国殖民地公职人员的培训，在不同时期是有变化的；对不同经历和不同岗位的人员培训要求也是有所区别的。这一点从 1950 年英国殖民部印行的《国王陛下殖民地公职机构的任命》中就能看到。这份出版物对英国殖民地公职机构中的各个分支机构的人员在被挑选后的培训要求进行了说明，各分支机构显然是有区别的。例如，对加入殖民地行政机构的人员，绝大多数人要参加一年的培训课；而殖民地民航机构、殖民地化学机构的人员，被挑选后一般不需要参加培训。关于殖民地行政机构的人员被挑选后的培训问题，这份材料讲，挑选后直接任

①　英国殖民部文件 Colonial No. 198：《战后殖民地公职人员的培训：殖民大臣任命的委员会的报告》，第 5—11 页。

②　同上书，第 14 页。

命的会越来越少，大部分人须在牛津、剑桥或伦敦大学参加所规定的培训课程。课程于10月初大学学年开始时起，第二年8月份结束。三个大学的教学提纲是一样的，内容包括殖民地行政、农业、人类学、经济学、地理学、历史系、语言、法律、本地行政管理、社会学。在假期时，还有一个关于当地政府的指导课；课程结束时，在三个大学培训的实习生还要一起到牛津或剑桥参加为期一周的关于当时殖民地问题的讨论。①

5. 战后初期殖民地公职队伍的扩大与新问题的出现

第二次世界大战期间，殖民地公职机构受到冲击，不少人员参加战争并有伤亡，招聘的人员也减少了，一些本可到殖民地供职者参加了军队。正如上文已讨论过的，二战一结束，英国就颁布了关于殖民地公职人员的新政策，以加强殖民地公职队伍建设。实际上，第二次世界大战在欧洲一结束，日本尚未投降时，英国就恢复了大规模招聘殖民地公职人员的工作。在印有1947年2月5日的一份关于殖民地公职机构招聘的官方报告摘要中，英国殖民大臣阿瑟·克里奇·琼斯（Arthur Creech Jones）讲：1945年6月恢复招聘殖民地公职人员的信息，向驻扎在世界各地的英国武装部队公布并分发了文字材料，在印度还成立了一个特别招聘办公室。这个办公室于1946年10月关闭。期间收到了3000份申请，但仍在海外服役者可以通过常规渠道向殖民部的殖民地公职机构招聘主管提出申请。②

战后初期，英国殖民地公职机构的变化主要是招聘人员增多，队伍扩大；加强了对公职人员的培训；专业技术人员和女公职人员增多；关于殖民地开发的人员和机构增多。

---

① 英国殖民部 C. S. R. I. 1950：《国王陛下殖民地公职机构的任命》（C. S. R. I. 1950，Colonial Office, *Appointments in His Majesty's Colonial Service*），英国皇家文书局，1950年。
② 英国自治领部档案 DO 35/1175，《1943—1946年关于殖民地公职机构人员的秘密报告》（"Confidential Reports on Officers in Colonial Service 1943 – 1946"）。

二战期间，英国殖民地公职机构有不少职位空缺。1945 年 5 月，第二次世界大战在欧洲结束，此后两年多时间，大量空缺职位得到了补充。从 1945 年 6 月到 1947 年底，大约有 3300 个空缺职位得到了填补；到 1948 年 4 月底时，还有 1100 余职位空缺。[①] 战后初年，殖民地公职机构总体招聘人数大幅上升。表 4－2 显示 1937、1947、1957 三个年份殖民地公职机构中若干个分机构的招聘人数；这些职位是由英国殖民大臣掌管的。[②]

表 4－2　　　　　　　殖民地公职机构招聘人数

	1937 年	1947 年	1957 年
行政	91	226	109
教育	14	139	329
财务与关税	10	23	41
法律	33	35	26
警察	19	22	58
医务	47	128	266
农业	28	51	65
兽医	7	16	28
林业	12	12	19
测量与地质勘测	8	28	42
总数	269	680	983

英国战后殖民地公职机构明显地加强了对妇女人选的招聘。表 4－3 显示 1942—1952 年间有关机构对女公职人员任命的数量。

① 英国政府敕颁文件 Cmd. 7433：《殖民帝国（1947—1948）》，第 16 页。
② 查尔斯·杰弗里斯：《白厅与殖民地公职机构：一部行政回忆录 1939—1956》，第 102 页。

表 4 - 3　　　1942—1952 年任命到殖民地公职机构中的妇女人数①

	1942	1943	1944	1945	1946	1947	1948	1949	1950	1951	1952
教育	5	13	54	52	49	58	69	91	109	99	118
医务	1	4	—	8	15	13	6	7	8	11	12
护士	97	67	76	91	157	228	220	183	131	175	178
其他	1	3	6	35	7	15	6	9	7	9	8
总数	104	87	136	187	228	314	301	290	255	294	316

　　战后初年，英国殖民地公职机构的人数迅速攀升。1947 年，殖民地公职机构的人数已超过 11000 人。到 1954 年，由殖民大臣任命的人员上升到 18000 人。这还不包括大约 200000 本地聘用和直接招聘的为殖民地政府工作的人员。这是英国殖民地公职人员队伍的高峰。②

　　但是，英国殖民地公职机构在扩大队伍的同时，也逐渐出现了人心不稳的问题。二战一结束，随之而来的是汹涌澎湃的民族解放运动。殖民地人民展开了各种形式的反抗斗争。一些殖民地在二战结束不久就获得了独立。战后初年国际共产主义运动得到蓬勃发展，出现了一系列新的社会主义国家，特别是新中国的诞生，进一步促进了世界民族解放运动的发展。面对新形势，英国在被迫撤出一些殖民地的同时，不得不在余下的殖民地不断进行宪制改革，殖民地的独立趋势日益加强。这场民族解放运动是世界性的，西方其他宗主国也面临着同样的冲击。到 20世纪 50 年代初，面对这一历史潮流，英国殖民地公职队伍出现严重的人心不稳现象，担忧职业前途，有的人甚至放弃了在殖民地的职务而选择其他职业。殖民部官员 C. J. 杰弗里斯指出，"无疑目前许多行政公职人员严重缺乏士气"，其根本原因是他们感到"殖民地公职机构正在被'出卖'给当地政治家"。杰弗里斯还指出，殖民大臣要求填补的空缺

---

　　①　安东尼·柯克－格林：《为君主供职：皇家殖民地公职机构与海外文职机构史，1837—1997》，第 50 页。
　　②　同上书，第 51 页。

很多，但却招聘不到合适人选。①

这种人心不稳的现象，20世纪50年代初在英国西非的殖民地尼日利亚就显得很突出。1953年4月10日在尼日利亚奥尼查举行的一次行政官员会议的记录就充分反映了这种人心不稳的现象。英国在该省的驻扎官告诉与会人员，他个人很肯定地感到在1956年之前将不会实行自治。"在场的一些官员感到不可能有任何信心来接受这一观点，并表达了他们对自己当前处境的困惑，对几年后如果实现自治，他们的处境将可能更为不幸。有家庭和负担沉重的官员们特别感到担忧。欧洲人和非洲人一样，心中对未来前景异常惶惑。"这次会议没有形成什么决议，"但阁下（指省驻扎官）对未来的乐观主义看来普遍不能接受"②。

1953年5月12日，英国在尼日利亚的殖民官员麦克弗森（Macpherson）给英国殖民部的殖民事务国务部长亨利·霍普金森（Henry Hopkinson）写信，反映了当地的有关情况，并谈到成立一个"英国海外公职机构"的建议。麦克弗森希望英国内阁和议会真正意识到问题的严重性，这个问题不应仅仅在殖民部—财政部基础上解决。在信的结尾，麦克弗森强调："我没有低估在实施这种方案中所涉及的极巨大的困难，但这些公职人员在这个国家非常令人难以忍受的环境下从事着如此重要的工作，如果对他们没有某种再保证的话，我有令人沮丧的预感，大批人将出走，政府将完全崩溃。"③

1953年6月10日 C. J. 杰弗里斯的备忘录《殖民地行政机构》对有关情况做了分析。杰弗里斯指出："每年殖民大臣被要求填补的空缺仍然远高于战前。但是，适合的人员储备并没有按比例增长，一些地区存在崩溃的危险，特别是在尼日利亚。"杰弗里斯认为："毫无疑问，主要的不利因素是怀疑殖民地公职机构是否能够提供足够的终身职业前

---

① 英国殖民部档案 CO 1017/230，"殖民地行政机构的未来（1953）"，1953年6月10日 C. J. 杰弗里斯的备忘录：《殖民地行政机构》（"The Colonial Administrative Service"），C. J. 杰弗里斯就是查尔斯·杰弗里斯，此时在英国殖民部任职。

② 英国殖民部档案 CO 1017/230，"殖民地行政机构的未来（1953）"，1953年4月10日奥尼查行政官员会议记录。

③ 英国殖民部档案 CO 1017/230，"殖民地行政机构的未来（1953）"，1953年5月12日麦克弗森给殖民事务国务部长亨利·霍普金森的信。

景，从而值得年轻人不去选择其他可供选择的职业。存在着真正的、广泛的担忧：现在加入殖民地公职机构的任何人几年后可能被抛弃，只能领取很少的养老金，而又没有任何资格使其能够开始新的职业。尽管这一担忧可能被夸大了，但却有足够的理由使我们无法向任何个人保证这种事不会发生在他身上。谴责今天的年轻人缺乏冒险意识是很容易的事，但任何人如果自己不想的话，是没有义务加入殖民地公职机构的，而校长们和家长们的建议对我们也是不利的。"①

在备忘录中，杰弗里斯讲：为了避免整个公职队伍机构卷铺盖回家，"我们必须采取某种积极行动，而且我们必须做好准备花费一定的钱"②。他建议成立一个"英国海外公职机构"（British Overseas Service），这个机构"是小规模的、精心挑选的、殖民部着意培训的，通过与殖民地政府挂钩，专门提供高层次'专业'管理人员。公职人员通过招聘直接进入这个机构，享有通常的英国文官的任期保障，并且只要需要，将能够借调或长期任命到殖民地政府或其他政府"③。

杰弗里斯在备忘录中的建议要点是：（1）殖民部应该在一个时间点停止招聘像现在这样的一般的殖民地行政机构的公职人员；（2）未来的招聘应该是进入几个领地或地区性的文职机构，契约关系只存在于公职人员与聘用他的政府之间；（3）在不承担责任的前提下，殖民部应该答应提供建议，帮助殖民地政府从英国招聘管理人员；（4）为了鼓励并使殖民地政府在令人满意的条件下容易聘用到英国人员，英国政府应该根据每年被批准的殖民地行政机构成员的数量给予补贴；（5）补贴应该基于国务大臣赞同的聘用条件；（6）应该有一个小规模的、精心挑选的英国管理人员队伍，以便派送到可能需要他们的殖民地或其他海外政府供职。④

---

① 英国殖民部档案 CO 1017/230，"殖民地行政机构的未来（1953）"，1953 年 6 月 10 日 C. J. 杰弗里斯的备忘录：《殖民地行政机构》。

② 英国殖民部档案 CO 1017/230，"殖民地行政机构的未来（1953）"，1953 年 6 月 10 日 C. J. 杰弗里斯的备忘录：《殖民地行政机构》；参阅安东尼·柯克－格林《为君主供职：皇家殖民地公职机构与海外文职机构史，1837—1997》，第 62—69 页。

③ 英国殖民部档案 CO 1017/230，"殖民地行政机构的未来（1953）"，1953 年 6 月 10 日 C. J. 杰弗里斯的备忘录：《殖民地行政机构》。

④ 同上。

6.《殖民地公职机构的改组》

从以上可以看出，英国当时的确需要调整殖民地公职人员政策，以适应新形势下的需要。这里，需要指出的是，广大殖民地长期以来贫穷落后，教育水平不高，十分缺乏本地公职人员的合适人选。许多殖民地在独立后，仍然需要一定量的外籍公务人员。而为了尽量延长殖民统治和在殖民撤退时尽可能地掌握主动权，并在殖民地独立后尽可能维持既有关系，保持英国的影响，英国政府也需要稳定英国在殖民地的公职队伍，并使公职人员在殖民地独立后继续在新生国家供职。

1954 年 6 月 15 日，英国内阁会议讨论改组殖民地公职机构的问题。殖民大臣奥利弗·利特尔顿（Oliver Lyttelton）讲，他将于 6 月 17 日在一个公开讲话中对殖民地公职机构的改组问题进行简单介绍；文件已准备好了，当周晚些时候将印发。利特尔顿讲他关于殖民地公职机构重组计划已与直接相关的部长们讨论过。但是，首相认为在文件公开之前，所有内阁成员都应有机会发表评论。财政大臣和英联邦大臣表示：他们完全支持所建议的对殖民地公职机构组织的改变。内阁会议结论讲到，殖民大臣将对他改组殖民地公职机构的建议摘要送内阁成员传阅；内阁成员若有修改意见，应于第二天通知殖民大臣。[①]

1954 年英国殖民部颁布了新文件《殖民地公职机构的改组》。[②] 这份文件的颁布标志着战后英国关于殖民地公职人员的政策进入了一个新阶段。[③] 这一阶段政策的特点主要是致力稳定殖民地公职队伍。

该文件讲，"国王陛下的殖民地公职机构"这一术语使用了一个多世纪，用来描述殖民地、保护地或其他依附英国的领地的公职机构。起

---

① 英国内阁档案 CAB 128/27，C. C.（54），第 40 号内阁结论，1954 年 6 月 15 日。

② 英国殖民部文件 Colonial No. 306：《殖民地公职机构的改组》（Colonial No. 306, *Reorganization of the Colonial Service*），英国皇家文书局，1954 年；这份文件没有注明印行的月份，只注明了 1954 年。

③ 安东尼·柯克-格林在《英国的帝国行政官员，1858—1966》一书中视 1954 年的改革为英国殖民地公职机构发展历程中的里程碑之一。（见第 147—151 页）。

初，殖民地公职机构成员由从英国任命的成员或者从殖民地的英国殖民者之中挑选的成员组成，后来越来越多的本土住民或定居的人员进入了殖民地的公职机构。但是，现在仍然必要，从英国或英联邦国家招聘大量人员来满足殖民地本地人力资源无法满足的需求，特别是专业技术人员和高级管理人员。①

然而，随着殖民地政治的发展，殖民地不断走向自治，英国政府越来越难以有效掌控殖民地公职人员的任期与任职条件。这样，英国殖民地公职人员担忧其任职时间和任职条件难以保障。文件认为：殖民地仍然需要英国的公职人员，英国殖民地公职人员留在殖民地供职具有极大的重要性；英国政府需要采取新举措，以稳定殖民地公职机构。

这份文件指出，英国政府承认对那些由殖民大臣挑选的担任现职的殖民地公职人员负有特别的义务。只要英国政府仍然负责管理他们所供职的领地，《殖民地规章》或宪法文件将会给他们提供必要的保障。如果该领地获得自治，这些公职人员有权利要求满足如下条件。第一，只要他们仍然担任职务，相关领地的政府将不降低他们供职的条件；第二，他们或其家属根据现有法律和规章有资格领取的退休金和其他抚恤金将得到保障；第三，他们将继续被英国政府视为女王陛下的公职人员，并且有资格以此身份被英国殖民大臣考虑调任或晋升到其他领地；第四，殖民地政府不能无理由拒绝这样的调任或晋升，且应在调任时保留他们领取退休金的权利；第五，因宪制改革需要终止聘用他们时，应提前通知，而且英国政府将努力帮助他们寻找新工作；第六，如果由于宪制改革的原因提前退休，他们将从有关领地的政府获得补偿。②

该文件还宣布，当一个领地获得自治时，英国政府将通过与该领地政府签订正式协定的办法来满足以上条件，并保证继续向公职人员及其家属支付其退休金。③ 殖民地公职机构的在职人员，适合上述安排者，将被编入一个新的名单；名单中的人员将属于一个新的机构——"女王

---

① 英国殖民部文件 Colonial No. 306；《殖民地公职机构的改组》，第 3 页。

② 同上书，第 4 页。

③ 对英国殖民地独立时签订的这类协定，笔者曾做过一定的考察，请参阅张顺洪等《大英帝国的瓦解》，社会科学文献出版社 1997 年版，第 180—183 页。

陛下的海外文职人员"。此后，殖民大臣发布任命时，要明确被任命者是否具有"女王陛下海外文职机构"的成员资格，还是只与某个领地的政府具有契约关系。文件认为：英国政府希望对殖民地公职人员利益的这些切实关心和保护将减轻一些人的疑虑；也希望新机构的建立将保证合格的人员被吸引到机构中来，并且与过去一样，保持一种"信心、热情与伙伴关系"的精神。关于成立一个由英国政府"直接聘用的英联邦或海外公职机构"的问题，英国政府认为涉及复杂的行政、宪法和财政问题，尚不能做出结论，但也不排除成立这种机构的可能性。①

《殖民地公职机构的改组》有一个附件：《女王陛下的海外文职机构：殖民大臣的特别规章》。这份附件讲：从 1954 年 10 月 1 日起正式成立"女王陛下的海外文职机构"，将取代原来的殖民地公职机构（Colonial Service）。② 但在一般场合，仍可使用"殖民地公职机构"。在正式名称中去掉"殖民地"一词，是考虑到许多殖民地正在走向独立，在殖民地任职的公职人员可能在该殖民地独立后留任。

"女王陛下的海外文职机构"由下列人员组成：

（1）已被任命者：已被国务大臣任命为本特别规章的清单中所列机构的成员者，且仍具备机构成员资格，且在自治后 6 个月内表示愿意被注册为"女王陛下的海外文职机构"的成员；

（2）其他在职者：在试用期或已被确认担任可领取养老金的职务，并由国务大臣挑选任命的，并将在自治后 6 个月内表示愿意被注册为"女王陛下的海外文职机构"的成员，且由其供职的殖民地总督推荐注册和被国务大臣承认；

（3）尚未任命者：此后由国务大臣批准，并接受了女王陛下海外文职机构成员资格，任命到殖民领地担任职务。③

---

① 英国殖民部文件 Colonial No. 306：《殖民地公职机构的改组》，第 4—5 页。

② 英国殖民部文件 Colonial No. 306：《殖民地公职机构的改组》，附件《女王陛下的海外文职机构：殖民大臣的特别规章》（"Her Majesty's Oversea Civil Service：Special Regulations by the Secretary of State for the Colonies"），第 6 页。

③ 英国殖民部文件 Colonial No. 306：《殖民地公职机构的改组》，附件《女王陛下的海外文职机构：殖民大臣的特别规章》，第 6 页。

新的海外公职人员仍由国务大臣任命。[1] 他们将按照其所供职领地的法律或政府规章领取工资和享受其他待遇。除了指定并被接受了的职务以外，海外公职人员不能自行担任其他职务，但有权接受殖民大臣的建议担任其他职务，或调到英联邦国家或其他国家任职。海外公职人员不会因为接受了在殖民地规章不适用的领地的职务而失去被考虑的权利，也不会因为殖民地规章不再适用于其正在供职的领地而失去这种权利。已卸任者，如果愿意且殖民大臣认为合适的话，可被视为在职成员考虑进一步聘用。文件还宣布英国政府保留修改这些规章的权力，但这种修改不会给在职的海外文职人员带来不利。以前由殖民大臣制定的特殊规章将于 1954 年 10 月 1 日取消。[2] 显而易见，以上这些规定重在稳定英国殖民地公职队伍的人心。

7.《女王陛下的海外文职机构：关于组织的政策声明》与对尼日利亚的特殊政策

1954 年改革后，随着民族解放运动进一步发展，英国殖民地公职机构依然人心不稳，招收新人难，人员流失现象严重。1955 年 11 月，殖民大臣艾伦·伦诺克斯－博伊德（Alan Lennox-Boyd）在给财政大臣巴特勒的一封信中承认，正在走向自治的殖民地今后的管理问题"是我不得不面对的最令人担忧的问题"[3]。这种情况在英属西非十分突出，尤其是在尼日利亚。1955 年，英国在西非的殖民地（主要是尼日利亚）只有 17% 的行政职位有确定的人充任，政府各部门在 50% 的职位缺额

---

①　在殖民大臣职位存在期间，应是由殖民大臣任命。

②　英国殖民部文件 Colonial No. 306：《殖民地公职机构的改组》，附件《女王陛下的海外文职机构：殖民大臣的特别规章》，第6—7 页。

③　英国殖民部档案 CO 1017/396，no 17，1955 年 11 月 1 日伦诺克斯－博伊德致巴特勒的信及其附件伦诺克斯－博伊德关于"女王陛下的海外文职机构的未来"的备忘录，见《英国关于帝国终结的文献》（*British Documents on the End of Empire*）（总编辑是 S. R. 阿什顿）第 1 辑第 3 卷《保守党政府与帝国的终结 1951－1957》（*The Conservative Government and the End of Empire 1951－1957*）（戴维·戈兹沃西编），英国皇家文书局 1994 年版，第 2 册，第 227 号文件。

的情况下运行。英国的尼日利亚联邦总督承认，除非成立一个以英国为基地的公职机构，否则他将无法阻止由殖民地公职人员大量流失所引起的行政机器的崩溃。①

　　二战后的若干年里，英国殖民地公职机构的工作重心是在英属热带非洲，这一点在 20 世纪 50 年代中期到 60 年代中期尤为突出。② 英属西非是民族独立运动力量较强大的地区。黄金海岸（加纳）起了带头作用，并于 1957 年获得独立，成为撒哈拉以南英属非洲最先独立的国家。与此同时，尼日利亚的民族独立运动也大踏步前进，英国被迫承诺尼日利亚各区可以从 1956 年起获得"区自治"，并规定如果"区自治"实现，英国文职人员将有权领取一次性补偿金而退休。英国殖民大臣伦诺克斯－博伊德认为绝大多数人打算退休。这样的话，整个行政机器将会停止运转。这是因为"非洲化"还没有达到自给自足的程度，也难以招聘新人代替将离开的公职人员。而行政机器停止运转不仅当地人受损害，"我们的整个殖民政策将会名声扫地，并且将会在我们的其他领地和国际上引起最严重的反响。我们倾注到这些领地供开发的资金将会浪费，我们与该地区的贸易亦将受到无法修复的损伤"③。可以说，伦诺克斯－博伊德在这里讲明了问题的实质。

　　面对如此形势，英国政府于 1956 年 5 月颁布了《女王陛下的海外文职机构：关于组织的政策声明》。④ 声明讲："当殖民领地接近和获得自治，它们不时需要具有特殊管理与专业资格的公职人员的帮助。许多海外政府已表示希望能够求助女王陛下找到这样的公职人员。"为了满足这种需要，英国政府准备招聘具有必要条件的人员借调到需要的海外政府任职；如果这样的需求很多的话，这些人员将成为英国政府常规聘

---

　　① 安东尼·柯克－格林：《为君主供职：皇家殖民地公职机构与海外文职机构史，1837—1997》，第 69—71 页。

　　② 参阅罗伯特·休斯勒尔《昨天的统治者：英国殖民地公职机构的构造》，第 3 页。

　　③ 英国殖民部档案 CO 1017/396，no 17，1955 年 11 月 1 日伦诺克斯－博伊德致巴特勒的信及其附件伦诺克斯－博伊德关于"女王陛下的海外文职机构的未来"的备忘录。

　　④ 英国政府敕颁文件 Cmd. 9768：《女王陛下的海外文职机构：关于组织的政策声明》（Cmd. 9768：*Her Majesty's Oversea Civil Service*：*Statement of Policy regarding Organization*），英国皇家文书局，1956 年 5 月。

用到海外任职的人员；当殖民地的宪制变革深刻影响公职人员供职条件时，将与相关的政府谈判制定出补偿方案。英国政府必须在十分缺乏公职人员的地方如尼日利亚做出特殊安排，以鼓励公职人员留任。尼日利亚的政府也想保留有经验的管理人员，这类人员的大量流失"将最严重地侵害有效管理与社会、经济发展。但是，在外籍公职人员特别是那些有家庭者当中存在着对他们个人未来的、可以理解的焦虑"①。

为此，英国政府决定采纳新方案，主要措施如下。第一，制定一份海外文职人员特殊名单，这些人员将属于英国政府机构，而临时调派给聘用他们的政府。第二，受调派期间，公职人员将按事先由英国政府与聘用他们的政府协商的工资和条件供职。他们退休时有资格领取的退休金和其他所有补偿金将由英国政府支付，英国政府从聘用他们的政府那里得到补偿。第三，聘用这些公职人员的政府同意提前一年通知终止聘用（除健康、不正当行为或不称职等原因外），并同意在采纳任何可能导致终止聘用大量公职人员的改革措施之前同英国政府协商。第四，被列入特殊名单的人员有义务接受分派给他们的职务，为英国政府服务到50岁。当然，他们不会被要求接受比现职更差的职务。第五，英国政府希望用通常的方法为特殊名单上的所有公职人员安排连续的职务，直到至少50岁。任何公职人员如果不是因自己的过错而失去职务时，则可以继续获得最多5年或到50岁的全部工资，同时政府将尽力为他安置工作。若找不到工作的话，他将获得退休金和额外补偿。②

英国政府将与尼日利亚联邦政府和地区政府讨论实施这样的方案，将根据某些条件做出安排，把现有可领取养老金的外籍公职人员转入一个特殊名单。这样的方案实际上使英国在尼日利亚的公职人员成为殖民地公职队伍中一个特殊的部分。声明认为，必要时这样的方案今后也可以在其他领地推行。③

这项政策公布后，英国政府与尼日利亚联邦及各区政府进行了谈

---

① 英国政府敕颁文件 Cmd. 9768：《女王陛下的海外文职机构：关于组织的政策声明》，第3页。

② 同上书，第3—4页。

③ 同上书，第4页。

判，并签订了协定。① 但是，实施的效果并未如英国政府所期待的那样，因为协定的规定与供职条件对英国在尼日利亚的公职人员缺乏足够的吸引力。到 1958 年 7 月，在尼日利亚任职的、有资格加入特殊名单的约 2000 人中只有不到 400 人申请加入。②

8.《女王陛下的海外文职机构：关于在尼日利亚供职的海外公职人员的政策声明》

面对这种情势，英国政府决定采取进一步措施稳定英国在尼日利亚的公职队伍，并于 1958 年 7 月颁布了一份新文件，称作《女王陛下的海外文职机构：关于在尼日利亚供职的海外公职人员的政策声明》。声明认为：海外文职人员不愿加入现行特殊名单，部分原因是权力转移到本地政府手中所造成的"政治困难"，部分原因是一次性退休补偿金吸引力过大，部分原因则是公职人员对报酬不满。特殊名单的规定还要求：只要需要某人，该公职人员就得继续在尼日利亚供职。这一规定剥夺了有关人员选择领取一次性补偿金而退休的权利。失去这种权利所造成的损失并不足以被加入特殊名单所带来的好处所补偿。而且，改善特殊名单中公职人员报酬的想法证明是行不通的。③

于是，英国政府认为必须采取新的措施解决问题，并向尼日利亚建议形成一份新的特殊名单，称作"特殊名单 B"，而原来的特殊名单改为"特殊名单 A"，并规定所有在 1957 年 8 月 31 日之前已被允诺任命

---

① 这类协定的具体内容，可参见英国自治领档案 DO 118/135：《英国政府与尼日利亚政府协定》（*Agreement between H. M. Government and the Government of the Federation of Nigeria*），1957 年 6 月 25 日。在伦敦召开尼日利亚制宪会议后，1957 年 6 月 25 日英国政府与尼日利亚联邦政府和三个地区政府签订了特殊名单协定；参阅肯尼思·扬格《新国家的公职机构：某些人力培训问题研究》（Kenneth Younger, *The Public Services in New States: A Study in Some Trained Manpower Problems*），牛津大学出版社 1960 年版，第 7 页。

② 英国政府敕颁文件 Cmnd. 497：《女王陛下的海外文职机构：关于在尼日利亚供职的海外公职人员的政策声明》（Cmnd. 497: *Her Majesty's Overseas Civil Service: Statement of Policy regarding Overseas Officers Serving in Nigeria*），英国皇家文书局，1958 年 7 月，第 3 页。

③ 同上。

到尼日利亚公职机构任职的人员均有资格加入特殊名单 B。属于当前特殊名单的成员如果加入了特殊名单 B，将不再作为特殊名单 A 的成员。尼日利亚联邦政府和各区政府将提供这些人员"公平合理的"工资和任职条件，不能比目前的薪水少、条件差。这些人员的退休金、津贴与补偿金由英国政府支付，英国政府将从尼日利亚相关的政府获得补偿。特殊名单上的人员如想退休，须至少提前一年讲明。这些人员有权就影响其领取退休金和补偿费等权益的任何惩戒行为向英国政府上诉。①

这份文件的精神和成立特殊名单 B 的目的就是要让英国在尼日利亚的更多公职人员留下继续任职。除上述优惠外，另一项措施是"冻结"名单上人员的一次性总补偿金，就是当补偿金数目达到最高值后维持一个时期不再减少，并且事先支付大部分补偿金。为此，该文件及其附件进行了详细的规定。其主要内容是：纳入 B 名单的英国海外可领取退休金的公职人员得至少提前一年讲明退休打算；他们有资格预先无息领取其补偿金的90%，而这笔开支由英国政府和尼日利亚相关政府平均分摊；英国政府不再要求 44 岁以下的公职人员部分偿还这笔预付补偿金，具体放弃多少将根据公职人员的年龄以及在相关的补偿方案采纳之后其供职时间的长短而定；对年龄大一些的人，将扩展"冻结"补偿金的特权，这份开支主要——或在某些情况下完全——由英国政府负担；在尼日利亚联邦政府和北区实施补偿方案之前，将有一个临时方案给那里的公职人员预付补偿金。②

这份文件有一个附录，标题是《特殊名单 B》。这个附录对进入特殊名单的公职人员应该享有的待遇做了说明和规定。例如，附录讲："尼日利亚政府将保证提供给这样的人员供职的公平合理的薪水、条款和条件"；这些人员或其家属的养老金、报酬、补偿费由英国政府支付，英国政府则从尼日利亚政府获得弥补。如果尼日利亚的政府完全接受这些建议，并且大多数公职人员利用这些有利条件的话，英国政府的开支

---

① 英国政府敕颁文件 Cmnd. 497：《女王陛下的海外文职机构：关于在尼日利亚供职的海外公职人员的政策声明》，第3—5 页。

② 同上书，第4—5 页。

在当前财政年度估计将是 100 万英镑, 下一财政年度是 150 万英镑, 以后将逐年减少。①

这份文件充分体现了英国政府出面保障殖民地公职人员利益的精神, 不仅仅保障殖民地公职人员的利益, 重在"稳定军心"。

新措施实施效果较好。到 1959 年 3 月, 大约 1200 名公职人员加入了"特殊名单 B", 其中不少人在 1960 年尼日利亚独立时转入尼日利亚的公职机构。②

特殊名单 A 和特殊名单 B 措施没有在英国其他殖民地实施。英国其他殖民地的公职队伍问题虽然不像尼日利亚那样突出, 但也出现了人心不稳的现象。

9.《女王陛下的海外文职机构: 殖民大臣 备忘录》与内阁决定

随着英属西非的加纳和尼日利亚相继独立, 英国殖民地公职机构的重心转移到了英属东非和中非。在尼日利亚独立前不久, 英国殖民大臣伊恩·麦克劳德向内阁提交了一份关于海外文职机构的备忘录。备忘录首先介绍了当前的有关情况和安排。备忘录指出: 加纳、马来亚和新加坡已独立或实现了自治, 几个月后尼日利亚和塞拉利昂将独立。加纳独立前, 公职机构中 60% 的高级职务由本地人员担任; 马来亚独立时将近 50% 的高级职务由本土人担任; 1959 年中期, 尼日利亚自治的东方区和西方区, 约三分之二的高级职务由本土人担任。在这些领地, 在自治阶段有一次补偿金提供给失去职位的"女王陛下的海外文职机构"的成员; 约三分之一的人在自治一年内离开了, 而且还在继续流失。但是, 仍然有足够的人员留下来, 与本土人员一起, 能够维持"政府框架"。这些变化使海外文职机构队伍减少到约 15000 人, 包括 2300 行政

① 英国政府敕颁文件 Cmnd. 497:《女王陛下的海外文职机构: 关于在尼日利亚供职的海外公职人员的政策声明》, 第 5—7 页。

② 参阅安东尼·柯克 - 格林《为君主供职: 皇家殖民地机构与海外文职机构史, 1837—1997》, 第 71—73 页。

人员。大约 7000 人在东非供职，2000 多人在尼日利亚和塞拉利昂供职，1500 多人在北罗得西亚和尼亚萨兰供职。此外，还有约 10000 人以合同聘用的形式在海外供职，其中 2000 多在东非，将近 2000 在尼日利亚和塞拉利昂，700 多在北罗得西亚和尼亚萨兰。这些数据表明，剩下的公职人员大多数集中在英属东非和中非。麦克劳德强调，在这里"今后几年我们的政策将面临最严峻的考验"①。

麦克劳德指出：现存的安排并不足以解决问题，在英属东非、中非，问题最为紧迫和尖锐。1954 年的改革措施做出的保障仅仅在取得自治时发挥作用，而自治前海外公职人员要多年经受走向自治这个转型过程中的"重负"。在此过程中，当权力不断向本土政治家转移时，英国为公职人员保证适当供职条件的能力不断下降，而本土政治家不愿意或者无能力满足"外籍公职人员"提出的要求。而且，当时的安排强调的是保护公职人员现存的权利而不是鼓励他们留下继续任职。当自治来临时，"许多公职人员感到失去了女王陛下政府的保护，感到他们被遗忘了，心灰意懒，只是等待补偿，以有利条件获得解脱"。总督们认为，如果公职队伍的风纪和对英国政府的信心不能恢复的话，许多人将会尽快离开，这将"可能产生灾难性后果"②。

因此，麦克劳德考虑采取吸引性措施，稳住公职人员。"如果我们要在公职机构中保留足够的人员以成功实施我们的政策，我们必须使保留下的职务尽量具有吸引力"。麦克劳德建议由英国政府进行补贴，如给殖民地公职人员发放鼓励费、子女教育补贴、路费和补偿金。他估计每年的相关支出是：诱导支付（Inducement Pay），900 万英镑；教育补贴，350 万英镑；养老金与报酬，200 万英镑；旅费，712 万英镑；补偿费（10 年平均），266 万英镑。每年英国政府这项开支总计约 2400

---

① 英国内阁档案 CAB 129/102 C.（60）116，1960 年 7 月 19 日的《女王陛下的海外文职机构：殖民大臣备忘录》（"Her Majesty's Overseas Civil Service：Memorandum by the Secretary of State for the Colonies"）。

② 同上。

万英镑。①

在备忘录中，麦克劳德呼吁英国政府其他阁员支持他的建议。补偿性的政策不仅仅针对殖民地公职机构中"可领取养老金"的成员，也应包括由殖民部或者皇家代理人招聘的相应的合同制人员。这些政策措施适合绝大多数殖民地。麦克劳德认为："如果补偿费用由女王陛下政府和本地政府均摊，这将大大缓和那些关系。"这里的"那些关系"主要指本土政府部长们与英国"海外公职人员"之间的关系。备忘录建议的政策在殖民地独立之后也要实施，政策的宗旨是使被需要的海外公职人员留下来任职。备忘录也谈到以上政策建议存在的缺点，除了经费开支外，还存在着"未知的最终承诺"，就此，相关部门将与政府其他部门协商，与殖民地的总督沟通，并准备公布一份白皮书，取代 1954年的殖民部 306 号文件。②

1960 年 7 月 21 日英国内阁会议对殖民大臣备忘录进行了讨论。内阁档案记载：殖民大臣讲，从英国招聘的在殖民地供职的"外籍人员"在殖民地走向独立进程中面临越来越大的困难，他们的薪水和津贴比本地招聘的人员要高得多，全部由本土政府负责，而本土政府独立时出于经济因素考虑，不愿继续聘用"外籍人员"。这种状况对个人未来造成的不确定性正在对"外籍人员"的士气产生伤害，越来越多的"外籍人员"在其领地独立时甚至独立之前提出辞职。因为在许多地区，在本土招聘的人员中教育标准和管理能力仍然处于低水平，这样"在一些正在接近独立的领地，特别是在东非，就产生了行政崩溃的真正危险。实际上，整个英国殖民政策因此而濒临险境"③。

内阁结论称：过去英国政府专注于维护新独立政府不愿意继续聘用的公职人员的利益。现在有必要采取新的办法，就是要使任职条件能够诱使尽可能多的"外籍人员"留下任职，并诱使本地政府保留他们。

---

① 英国内阁档案 CAB 129/102 C.（60）116，1960 年 7 月 19 日的《女王陛下的海外文职机构：殖民大臣备忘录》。

② 同上。

③ 英国内阁档案 CAB 128/34 C. C.（60），1960 年 7 月 21 日，第 44 号结论："海外文职机构"（"Oversea Civil Service"）。

英国殖民大臣因此建议，"外籍人员"的报酬高于本土招聘的人员的部分，今后不再由本土政府支付，而由英国财政部支付。这笔开支估计每年大约 2400 万英镑。尽管财政大臣在会上对增加政府开支提出了异议，但内阁总体上认为，必须采取某种措施防止殖民地行政机器失灵，特别是在非洲。这种失灵的政治影响将是灾难性的，从长远看可能导致更大的开支。内阁会议责成殖民大臣同财政大臣和英联邦大臣协商是否可以适当压缩海外开支，并向首相报告协商结果。①

1960 年 7 月 26 日，英国内阁对海外文职机构问题又进行了讨论。结论指出：殖民大臣、英联邦大臣、财政部官员（财政大臣因公出访）进行了讨论。三方讨论的意见是：如果让殖民地政府仍然负担"外籍人员"旅费的一半，如果在殖民部拨款的未来开支上做出相应的节省，以抵销部分养老金和补偿金费用，那么这一方案提出的 2400 万英镑可以压缩到 1400 万镑；殖民大臣和英联邦大臣强烈支持推行这一方案。②

在内阁会议上，财政大臣讲，既然相应的节约措施没有确定，他当然不情愿考虑。而且，即使这个方案的预算开支可以控制在 1400 万英镑之内，但他仍然担心这一方案将给英国预算平衡带来压力。很难准确估计这项额外开支中的多大部分将由英国负担。财政大臣关注的是公共开支的总体增长，其中包括海外开支的上升。"在近期的几次场合，他感到有必要请他的同事们注意这一问题给英国政府政策整体上构成的巨大危险。他认为，作为财政大臣，他有责任警告内阁当前不要做出任何涉及开支的新承诺，除非确保在其他方面有相匹配的节省来抵消这种开支。他很强烈地感到在不太远的未来，政府将不得不认真考虑对海外承诺做出某种大幅度裁减。例如，他怀疑国家是否能够长时间承担目前在德国和东南亚的军事开支。"③

而殖民大臣则在内阁会议上强调，"他相信'外籍'补贴的很大部

---

①　英国内阁档案 CAB 128/34 C. C.（60），1960 年 7 月 21 日，第 44 号结论："海外文职机构"。

②　英国内阁档案 CAB 128/34 C. C.（60），1960 年 7 月 26 日，第 46 号结论："海外文职机构"（"Oversea Civil Service"）。

③　同上。

分将在这个国家开销，该方案不会给英国收支平衡造成很大压力。关于主要的问题，在尊重财政大臣担忧的同时，他确信没有这个方案，我们将不可能在依附领地维持有效的行政管理。近期的所有经验证实了这样的看法：除非做点这样的事情，否则越来越多的外籍人员将被迫到其他地方寻找替代的职业。如果那样的话，走向独立的领地的行政管理结构将会被削弱"①。

内阁讨论总的看法是：在当前情势下，必须高度优先考虑维持独立的殖民地有效的行政管理制度。亚非近期的经验足以证明没有这样的方案，新兴国家的社会结构将容易崩溃。"这不仅仅可能意味着我们殖民政策的失败，而且可能意味着对我们在这些国家投资的严重伤害——这将对我们的收支平衡造成更大得多的压力。"财政大臣指出，他对优先考虑维持殖民地有效的行政管理的看法并不持异议，但他认为他应该警告内阁：为这种可取目的而增加的额外开支不能突破海外开支总额。内阁最后决定：（1）赞同殖民大臣备忘录提出的建议，但殖民地政府应该继续承担海外机构中外籍人员旅费的一半；（2）授权殖民大臣向议会宣布，政府建议海外文职机构成员的薪水和补贴中的"外籍"部分转由英国财政部支付；（3）请殖民大臣考虑多大程度上这项新开支能够被殖民部拨款中其他部分的节省所抵消。②

从以上内阁讨论可以看出当时英国面临的困境。一方面要努力维护殖民统治的稳定，以保护英国的实际利益和国际声誉；一方面英国又面临着巨大的财政压力，公共开支捉襟见肘。这也表明英国在国力相对下降时，难以继续维持殖民帝国。在此情况下，英国政府却仍然在努力维持殖民统治和维护前殖民地与英国的关系，从而保持英国的海外利益、国际地位和国际形象；也尽量争取殖民地在独立后留在英联邦内，这也有利于英国继续发挥国际影响。

———————————

①　英国内阁档案 CAB 128/34 C.C.（60），1960 年 7 月 26 日，第 46 号结论："海外文职机构"。

②　同上。

10.《在海外政府供职》和《海外公职机构法案》

1960 年 7 月 28 日，英国殖民大臣伊恩·麦克劳德在议会声明，英国政府已决定在必要时给在殖民地供职的人员支付奖励金和补贴。10月份英国政府公布了一份新文件，题为《在海外政府供职》。① 这份文件回顾了英国关于海外文职机构的有关政策，对海外公职人员的现状和面临的问题进行了详细阐述，并做出了新安排。文件着重指出："多少代人以来，英国的男女离开自己家园到海外生活和工作，为许多国度的政府和人民服务。英国女王陛下的政府认为这种传统具有极大的重要性，将尽力促进这一传统。"② 这样的用语无疑一方面意在鼓励英国殖民地公职人员士气，一方面也为英国殖民统治披上光环。文件讲到已与一系列领地签订了公职人员协定，以保障离职和继续任职的公职人员的利益。文件就海外公职人员的重新安置问题提出了一系列解决办法，制定了未来招聘海外公职人员的政策精神。

《在海外政府供职》要求，当地政府继续负责提供本地工资和其他供职条件，而英国政府将负责发给"外籍公职人员"必要的补助金和补贴。这样做的目的是使殖民地或新生国家的政府能够获得其所需的公职人员，并使相关的属地更容易招聘所需人员。英国政府同时也考虑为那些失去公职者提供补偿和新的就业机会。

关于当时存在的问题，文件认为既有的制度安排对处于困境中的公职人员没有足够的吸引力，不能使他们愿意在需要的地方留下继续供职。同时，目前的安排对那些依附的、正在走向独立的和业已独立的领地也没有提供足够的援助。这些领地需要保留外籍公职人员，直到能够建立起本土的公职机构为止。因此，必须采取新措施，排除这些不足之处。文件讲，英国已做好准备与需要雇用公职人员的政府签订协定，以

---

① 英国政府敕颁文件 Cmnd. 1193：《在海外政府供职》（Cmnd. 1193：*Service with Overseas Governments*），英国皇家文书局，1960 年 10 月。

② 同上书，第 3 页。

解决这些问题；这样的安排既针对可以领取养老金的外籍人员，也针对合同制外籍人员。根据该文件，新安排主要有如下几点。

第一，在许多领地，支付给海外公职人员的报酬包括两部分：一部分是基本工资，相当于支付给本地公职人员的工资；另一部分是奖励金，只支付给海外公职人员（外籍公职人员）。英国政府认为对绝大多数外籍公职人员来说，这笔奖励金是他们报酬的必要部分，因而将全部承担这份开支。

第二，英国政府也将负责支付退休的公职人员一部分退休金和酬金。为此目的，在公职人员受到一个以上政府聘用的情况下，将采纳分担退休金的办法。

第三，英国政府将像支付给英国文职机构在海外任职的人员补贴一样，也给英国殖民地公职人员支付子女教育补贴。

第四，有必要就公职人员及其家庭的假期旅行做出适当安排。如果公职人员由妻子陪同在海外供职，而其子女不在他供职当地受教育，那么需要就旅行费用做出安排以便子女可以探望父母，或者如果费用不更高的话，母亲可以每年探望子女一次。但这样的旅行费用对发展中的领地来说是一笔反复出现的沉重负担，因而英国政府将承担这类开支的一半。

第五，英国政府的政策仍然是：海外文职机构的成员如果过早退休，将获得补偿金。但英国政府也承认这可能给刚获得自治的领地带来沉重负担。因而，在以后的方案中，它将与海外政府平均分担这部分开支。①

这些安排将是与有关领地签订协定的主题。根据协定，以上计划应从 1961 年 4 月 1 日起生效。与各领地签订的协定有效期最初计划是 10年。不管有关领地是否获得独立，英国政府希望每一个协定都如期履行；并希望通过这种方式，使"必要的有技能的骨干人才"在独立时得以保留下来。在每一个协定中，需要规定在新的情况下支付奖励金数额的多少将由英国政府决定。这意味着英国政府将不仅支付现有的奖励

---

① 英国政府敕颁文件 Cmnd. 1193：《在海外政府供职》，第 6—7 页。

金数额，而且也准备支付今后可能增长的数额；英国政府还将支付旅费和补偿金的一半。①

可见，英国政府可通过经济手段，掌握支配海外公职人员的主导权。这也是英国政府企图影响新生国家的一项举措。该文件还规定了关于海外公职人员的退休补偿原则，主要内容是他们退休时应得到合理补偿；并就补偿事宜做出了比较详细的规定。

文件做出的安排适合于大约 14000 名可领取退休金的公职人员和大约 6500 名合同制公职人员。该文件指出，关于英国政府的开支，要依单个协定谈判情况以及工资量的情况来确定。文件估计每年的开支可能在 1200 万至 1600 万英镑之间。②

文件还对海外公职人员的重新安置问题、本地公职人员的发展问题、未来海外招聘问题做出了详细规定。

另外，文件还有三个附件：《女王陛下的海外文职机构》《基于英国并受雇于女王陛下政府的海外机构的可行性》《进入国内文职机构和外交机构的问题》。③ 第一个附件《女王陛下的海外文职机构》主要介绍了 1954 年成立"女王陛下的海外文职机构"时，英国殖民部文件《殖民地公职机构的改组》的要点。

第二个附件《基于英国并受雇于女王陛下政府的海外机构的可行性》，首先分析了有关情况。"女王陛下的海外文职机构"当时有 14000 名可领取养老金的成员，其中约 7000 人在东非任职，约 2200 人在尼日利亚和塞拉利昂任职；此外，还有约 6500 名海外公职人员根据合同任职，其中超过 2000 人在东非任职，差不多相同人数在尼日利亚和塞拉利昂任职。这一人数规模比较大，而英国的其他公职机构如文官机构、外交机构、技术部门等可吸纳的人员有限。因此，对于是否成立这样一个机构，这一附件的结论是否定的。原因是成立一个以英国为基地的公职机构并不能解决目前"女王陛下的海外文职机构"成员的就业前景

---

① 英国政府敕颁文件 Cmnd. 1193：《在海外政府供职》，第 7—8 页。
② 同上书，第 10—11 页。
③ 同上书，第 16—22 页。

问题，也不能创造新的就业机会。除了殖民地公职人员目前由于这样那样的原因没有资格承担的工作外，将不会有任何其他工作供他们选择。①

关于这个问题，20 世纪 50 年代初英国就曾考虑过成立一个以英国为基地的海外公职机构或英联邦公职机构。② 这一问题前文已论及。后来也有人继续建议成立这样的一个机构。就这个问题，1960 年 6 月英国首相哈罗德·麦克米伦在一封信中做过阐述。他说："这样一个基于英国的公职机构的构想明显是有魅力的，因此它已经被认真讨论过好几次了。得出的结论是——我确信是正确的——特别考虑到依附领地数量的不断减少，英国作为最终的雇主将无法给这一机构的任何成员提供或保证满意的职业。职业前景将完全依赖于海外领地变化着的、无法预测的人力需求，而这些领地正在努力使它们的公职机构自给自足，并不专门指望英国来满足它们不断下降的对国外训练有素的人力的需要。英国没有办法把需求与供给结合起来，在这种情势下成立这样一个机构是具有误导性的，的确对那些我们要招聘的人也是不诚实的。"③ 麦克米伦讲得十分坦诚，明确阐明了不宜成立这样一个机构的原因。

第三个附件《进入国内文官机构和外交机构的问题》，主要是关于部分海外公职人员竞聘到英国文官机构、外交机构等部门就职时，在年龄和学历等方面的若干优惠安排；同时也介绍了一些竞聘信息和有关要求。④

1960 年这些新政策的公布，标志着战后英国对殖民地公职人员的政策进入了又一个新阶段。在这一阶段英国的相关政策基本定型，主要特点是进一步采取奖励措施，以稳定英国现有殖民地公职队伍，鼓励他们在殖民地独立后留下继续任职。无疑，这有利于保持英国对新生国家的影响，有利于维护英国的利益和国际地位。

---

① 英国政府敕颁文件 Cmnd. 1193：《在海外政府供职》，第 18—19 页。

② 参阅肯尼思·扬格《新国家的公职机构：某些人力培训问题研究》，第 6 页；《泰晤士报》1953 年 9 月 7 日、8 日的文章《一个英联邦文职机构？》（"A Commonwealth Civil Service？"）。

③ 英国殖民部档案 CO 1017/768 E/8，哈罗德·麦克米伦（Harold Macmillan）首相给盖伊·韦斯特马科特（Guy Westmacott，上校，殊功勋章获得者）的信，1960 年 6 月 24 日。

④ 英国政府敕颁文件 Cmnd. 1193：《在海外政府供职》，第 19—22 页。

根据这份白皮书的精神，英国议会通过了《海外公职机构法》（1960）。针对该法案的解释条文指出，如果相关的所有政府与英国签订协定，在1961—1962年财政年度，英国财政部的额外开支大约是1600万英镑，而以后每年额外开支估计在1200万至1600万之间。[①]

1962年6月英国殖民大臣雷金纳德·莫德林（Riginald Maudling）提交给议会的报告《殖民领地1961—1962》指出，在1961—1962年间，共有36个政府与英国签订了此类协定；基于这些协定落实下来的方案从1961年4月1日起生效。所涉及的海外公职人员的数量是11950名（不包括坦噶尼喀）。英国政府负担的开支大约是560万英镑。[②] 这一经费数额比此前估计的要少一些。

《在海外政府供职》还认为，今后最好少任命要领取退休金的海外公职人员，而多以合同制招聘人员到殖民地任职。更好的办法是到海外任职者回到英国时能够恢复以前的工作。因此，只要有可能，英国政府将力求从英国的母机构如政府机关、国有公司或地区机关借调人员到海外供职。此外，政府将采取多项措施安置过早退休的海外公职人员。

以上所有规定重在稳定英国海外公职人员的人心，解除其后顾之忧，鼓励其尽可能在殖民地或前殖民地供职。英国公职人员在殖民地独立后留下继续任职显然有利于英国维持与新生国家的关系，有利于延续英国的影响，有利于新生国家加入英联邦和英国在英联邦中发挥影响。鼓励公职人员留下继续任职这一政策是英国总的殖民撤退战略的一部分。

11.《海外供职人员的招聘：未来的政策》

前文讨论过英国没有成立以英国为基地的海外公职机构，但这种想法的精神却体现在英国政府采取的某些措施之中。1961年7月，英国

---

① 1960年《海外公职机构法案》（*Overseas Service Bill*），英国皇家文书局，1960年11月。

② 英国政府敕颁文件：《殖民领地1961—1962》（Cmnd 1751；*The Colonial Territories 1961-1962*），英国皇家文书局，1962年6月，第2—3页。

成立了一个技术合作部，该部接管了殖民部、英联邦关系部、外交部和劳工部招聘海外供职人员的工作。这项工作覆盖面很广，包括在海外领地、英联邦国家以及其他国家，也包括在联合国技术援助项目及其专业代理机构中任职的管理人员、专家、顾问的任命。1962 年 5 月，英国政府颁布了由技术合作部准备的一份文件：《海外供职人员的招聘：未来的政策》。①

该文件不仅关注英国殖民地公职人员的招聘，也关注在"独立国家、依附国家和国际组织"任职人员的招聘。谈到"依附国家"时，文件指出：许多年来，直到 1961 年技术合作部成立时，殖民部一直是一枝独秀的最大的招聘部门。在过去 2 至 3 年中，由于一些殖民地独立，殖民部的招聘规模大为下降。同时，任命人员的方式也发生了变化，现在更多的是以合同聘用的方式，而任命可领取养老金的人员比例则从 1957 年的 44.6% 下降到 1961 年的 17.9%。殖民地实现自治时，一些殖民地公职人员离开了，留下的空缺一下子难以由本土招聘的人员填补；加上新生国家经济、政治发展对公职人员的需要，这种空缺问题更显突出，在一定时期内仍然需要从"海外"招聘人员。但是，当时进行的调研评估结果显示应停止招聘"长期的、可领取养老金的"人员，而通过签订合同或借调方式，用"临时的"人员替代。大多数招聘的人员其任职期是两到三年，合同可以续订。有的政府一开始就提出两个任期合同，但大多数政府不情愿签订长期合同。技术合作部认为，7—10 年的合同加上定期探亲假可能对应聘人员有很大的吸引力。文件主张由技术合作部负责招聘工作的"所有海外政府"只要能预见若干年内需要"海外人员"供职，则采取比较长期的合作。②

这份文件还讨论了成立一个"英联邦顾问与技术机构"（Commonwealth Advisory and Technical Service）的可行性。文件认为成立这样一个机构的建议"没有充分考虑需求的本质或供给的特点"③。这实际上是

---

① 英国政府敕颁文件：《海外供职人员的招聘：未来的政策》（Cmnd. 1740；*Recruitment for Service Overseas：Future Policy*），英国皇家文书局，1962 年 5 月，第 3 页。

② 英国政府敕颁文件 Cmnd. 1740：《海外供职人员的招聘：未来的政策》，第 3—4 页。

③ 同上书，第 9 页。

否决成立"英联邦顾问与技术机构"。但是，问题是存在的，需要有办法解决。新政策规定今后在技术合作部范围内招聘大多数海外公职人员的原则是：这些人员在海外供职是其以英国为基地的职业生涯的一部分，或者是在英国机构中工作的一部分，通过借调或签订合同聘用到海外供职。① 这就把在海外（殖民地或新生国家）供职与在英国国内的工作紧密联系起来了。这样做一方面可以减轻英国政府的负担，同时又有利于英国保持与新生国家的联系并对其施加影响。

文件还对其他一些问题进行了讨论。文件有两个附件，10 个附录。文件的附录1是关于近年英国海外依附地任命的有关公职机构人员数目表（见表 4 - 4），从中可了解一些变化情况。

表 4 - 4   英国海外依附领地：技术合作部（以前是殖民部）的任命②

任命时间	1957	1958	1959	1960	1961
行政	109	77	53	56	35
农业	60	65	48	49	20
建筑与市镇计划	37	29	26	18	6
审计	15	24	22	3	1
生物	5	10	8	6	5
广播	2	4	8	4	5
化学	8	7	2	1	2
民用航空	12	6	15	1	14
合作	2	3	4	—	3
关税	3	5	6	—	1
牙科	7	6	3	7	3
教育（男）	210	181	158	96	107
教育（女）	119	119	92	72	61
工程（土木）	147	144	72	49	34

---

① 英国政府敕颁文件 Cmnd. 1740：《海外供职人员的招聘：未来的政策》，第 9—10 页。

② 英国政府敕颁文件 Cmnd. 1740：《海外供职人员的招聘：未来的政策》，附录 1：《英国海外依附领地：技术合作部（以前是殖民部）的任命》，第 24 页。

续表

任命时间	1957	1958	1959	1960	1961
工程（机电）	35	35	21	14	11
渔业	3	8	5	4	1
林业	19	26	18	13	12
地质勘测	21	23	11	16	18
所得税	38	10	19	13	2
劳工	12	11	7	6	3
法律	26	28	26	20	17
医务	105	119	100	90	47
医务辅助人员	26	20	15	15	10
气象	5	3	3	1	2
采矿	4	2	7	2	1
护理	135	140	131	100	66
警察	47	95	71	35	22
邮政	11	8	11	3	1
监狱	11	20	7	—	6
公共关系	13	9	3	2	6
数量与建筑检查员	21	24	22	21	10
社会福利（男）	4	—	4	3	1
社会福利（女）	9	6	4	3	2
统计	6	3	3	6	—
测量	21	19	17	12	17
兽医	28	19	24	17	11
其他	31	27	37	58	18
总数	1367	1335	1083	816	581

　　从表4-4中的数据可以看出，这几年任命的海外公职人员逐年下降，且下降速度较快。这显示了当时英国殖民地公职机构的本土化趋势，也显示出这一时期越来越多的殖民地走向独立。

12. 英国殖民地公职机构的本土化问题

　　殖民地公职机构是英国殖民统治的工具。起初，英国殖民地公职机构的高级官员都是英国人或者后来称作的"外籍人"，包括英人之外的白人。英国掌握着殖民地公职机构的高级职务，这是维护殖民统治的需要，而殖民地本土人士则在殖民地的公职机构中担任低级职员。但是，随着民族解放运动的发展，殖民地努力谋求并逐渐扩大了自治权，这样在殖民地的公职机构中殖民地本土人士的比例逐渐扩大。在第二次世界大战后，这一变化趋势在英国的殖民地表现明显。二战后，一方面民族解放运动蓬勃兴起，一方面宗主国英国又想极力维护殖民统治。这样就出现了一个突出的现象，当民族解放运动发展到一定程度时，英国被迫撤出殖民地，承认殖民地独立，而这时走向独立的殖民地或新获独立的国家，其公职机构还有很多"外籍官员"，大多是英国的殖民地公职人员，他们还在殖民地担任公职，或者在新生国家担任公职。

　　在殖民地获得独立的进程中，或英国被迫撤出殖民地的过程中，有一个英国殖民地公职机构本土化的问题。这一本土化进程在英国政府和学术语境中有一个专门的词，就是"localization"（本土化）。"本土化"一词的含义在这里主要是指英国殖民地公职机构中的"外籍公职人员"逐渐被本土公职人员所取代的过程。"外籍公职人员"是指"所有不按本土条件供职的非纯粹的本土公职人员"[①]，其中绝大多数是英国人。在一些殖民地，如英属东非的肯尼亚，有不少欧裔和亚裔，他们中担任公职者亦属本土公职人员。公职人员的本土化是不排除这类人的，主要是用本土人员取代英国人。因此，在非洲的一些英国殖民地，"本土化"与"非洲化"（Africanization）是有一定区别的。当然，本土化主要是由非裔取代"外籍人员"，因而它与非洲化的内涵实际上区别不

―――――――――

　　① 英国殖民部档案 CO 1017/686：《公职机构的本土化（1960—1962）：坦噶尼喀》["Localization of the Public Service（1960—1962）：Tanganyika"] 中的第 1 号文件附页作了这样的解释。

大。所以，针对非洲的情况，学术界亦有人将本土化与非洲化混用的现象。在殖民地的公职机构中，通常讨论的本土化主要是指高级公职职务的本土化，特别是行政公职人员被本土人员取代。

在英国殖民地公职机构中，本土人士担任一定的职务早已有之，但一般担任低级别职务。即使本土人士担任较高级别的公职，人数也很少；当殖民地临近独立时，本土人士才越来越多地担任高级别的职务。

在这方面，印度的情况有所不同。印度人进入英属印度的文官机构比较早，且人数逐渐增多。1950 年 5 月 11 日，英国内阁讨论尼日利亚宪法等问题时，涉及殖民地公职机构的本土化问题。在这次会上，内阁认为印度文官机构的过渡是成功的，"很大程度上是因为采取了逐年扩大印度人在印度文官机构中比例的政策"；会议讨论到增加本土人士进入殖民地公职机构的问题。① 这次内阁会议还要求殖民大臣提供有关情况。1950 年 7 月，英国殖民大臣吉姆·格里菲思（Jim Griffiths）向内阁提交了一份关于殖民地文职机构中本土出生的行政官员的备忘录。在1950 年 7 月 20 日的内阁会议上，殖民大臣就此指出，因为不同殖民地的条件不同，雇用本土管理者的政策实行得并不平衡。这在很大程度上依赖提供培训的教育设施，或者通过提供奖学金在英国培训，或者在相关殖民地建立大学进行培训。殖民大臣认为，非常重要的是在殖民地政治上走向自治与任命本土行政管理者进入文职机构高级行政职务之间要保持一种平衡。英国内阁只是"注意"到了这份备忘录，从记录看会议并没有进行讨论。② 可见，当时英国政府并不关注殖民地公职机构的本土化问题。

20 世纪 50 年代中期，英国殖民大臣克里奇·琼斯也承认，"非洲化步伐的确很慢，原因是所谓的缺乏有竞争力的、合适的人选和统治集团的成见"③。

---

① 英国内阁档案 CAB 128/17，C. M.（30），1950 年 5 月 11 日。

② 英国内阁档案 CAB 128/18，C. M.（50），第 48 号结论，1950 年 7 月 20 日。

③ A. 克里奇·琼斯：《殖民地公职机构》（A. Creech Jones, "The Colonial Service"），威廉·A. 罗布森主编：《英国和法国的文职机构》（William A. Robson, *The Civil Service in Britain and France*），霍格思出版公司 1956 年版，第 83 页。

在英国殖民地公职机构本土化过程中，最重要的也是最有象征意义的"本土化"是行政机构的本土化。行政机构的人员主要是指殖民地政府从"中央"到地方的各级行政官员。这类行政官员被本土人士所取代就是殖民地获得独立的象征。因此，在非洲，人们往往将殖民地公职机构特别是"行政机构"的非洲化等同于"非殖民化"①。在实践当中，有证据表明：行政部门"在许多方面是高级机构中最容易和最快实现非洲化的部分"②。关于"非殖民化"的内涵学术界有不同的认识。笔者也曾对此问题进行过专门的讨论，并做出解释。③ 但国际学术界一般将"非殖民化"视为殖民地获得独立的过程。

这种殖民地公职机构本土化的进程，在各殖民地当然不是同步的。殖民地独立时，"本土化"的程度也是不一样的。一般情况下，殖民地获得独立时，还有不少英国殖民地公职人员留下来在新生国家继续任职。这样就产生了一个如何处理这些留下来继续任职的"外籍官员"的问题。因此，在殖民地独立时，英国政府一般要与即将独立的殖民地或新生国家签订"公职人员协定"（Public Officers Agreement）。有时候并不直接签订协定，而是用信件交换（Exchange of Letters）或照会交换（Exchange of Notes）的方式，来代替正式签协定。第二次世界大战后，英国与走向独立的殖民地签订公职人员协定是一种普遍现象。下面简要介绍三个"公职人员协议"的主要内容，以便读者有更具体的了解。这三个公职人员协定分别是：1947 年 11 月英国与锡兰签订的公职人员协定，1964 年 1 月英国与肯尼亚签订的公职人员协定，1966 年 5 月英国与圭亚那签订的公职人员协定。

---

① C. A. 贝克：《行政公职机构的非洲化》（C. A. Baker, "Africanisation of the Administrative Service"），见安东尼·柯克-格林主编：《权力转移：非殖民化时代的殖民地行政员》（Anthony Kirk-Greene, ed., *The Transfer of Power: The Colonial Administrator in the Age of Decolonization*），牛津大学出版社 1979 年版，第 168 页。

② 同上书，第 166 页。

③ 笔者认为"非殖民化"主要是指殖民国家在被迫撤出殖民地的过程中采取的旨在尽可能地维护自身利益的各种行动，包括各种撤退战略、策略与手法。参阅《论英国的非殖民化》，《世界历史》1996 年第 6 期，第 2—10 页；《关于殖民主义史研究的几个问题》，《河南大学学报》2005 年第 1 期，第 113—117 页。

13. 公职人员协定实例考察

殖民地独立时，英国政府一般要与其签订公职人员协定，就非本土公职人员的留任或离职待遇等问题做出安排，以保障这类人员的利益，并鼓励他们在殖民地独立后留任。[1]

(1) 英国与锡兰的协定

锡兰独立时，英国与锡兰专门签订了一项关于公职人员的协定。该协定于 1947 年 11 月签订，锡兰独立时生效。协定规定"公职人员"是指锡兰独立前在锡兰的公共机构中任职的人员。这些人员应是下列公职人员之一：（1）在 1928 年 7 月 17 日之前被任命，或被选中候任，任命须经一位国务大臣或皇家代理人许可；（2）在 1928 年 7 月 17 日及以后被任命或被选中候任，任命须经一位国务大臣的批准；（3）在 1928 年 7 月 17 日及以后由皇家代理人认可者，不须经国务大臣的批准，并在锡兰独立日已确定担任长期的可领取养老金的职务或担任警察的欧裔成员。"养老金"包括报酬和其他类似的津贴。协定还规定在锡兰独立日和独立后继续任职的，有权从锡兰政府得到与独立前相同的供职条件，如有关报酬、假期、养老金等。任何不愿意继续在锡兰供职的公职人员可以退休，并有权从锡兰政府领取一笔补偿金。但是，离开锡兰转到其他殖民地、保护地、托管地任职的公职人员将无权享受这样的补偿金。补偿金数额的确定，应该根据当时的法律并按同等情况下最有效的办法执行。[2]

---

[1] 关于公职人员协定的主要内容，参见张顺洪等《大英帝国的瓦解：英国的非殖民化与香港问题》，社会科学文献出版社 1997 年版，第 180—183 页。

[2] 张顺洪等：《大英帝国的瓦解——英国的非殖民化与香港问题》，第 181 页；协定原文是：英国政府敕颁文件：《关于给予锡兰英联邦内完全责任地位的建议》，附件三：《英锡公职人员协定》，1947 年 11 月 11 日（Cmd. 7257：*Proposals for Conferring of Ceylon Fully Responsible Status within the British Commonwealth of Nations*，Appendix Ⅲ："United Kingdom-Ceylon Public Officers Agreement"），英国皇家文书局，1947 年 9 月。

（2）英国与肯尼亚的协定

英国与肯尼亚的协定首先对一些相关关键词或词组做出了解释。例如，"指定的日子"是指 1963 年 12 月 12 日（肯尼亚独立日）；"养老金"意味着任何退休金、报酬、补偿及产生的利息、退休补贴或其他类似的由肯尼亚政府提供给公职人员本人或其妻子、子女的待遇。

这一协定规定：留下来继续在肯尼亚公职机构中任职的人员，其任职条件不能低于"指定日子"之前的条件。留下来任职的公职人员的退休待遇和养老金不能低于指定日子之前离职的人员的待遇。

肯尼亚公职机构中给予不再担任公职的人员或者其遗孀、子女或个人代表的退休金，如果在指定日子之前尚未支付的话，则将被支付，并且根据指定日子之前的法律、规章和管理指南给予支付，或者根据那些待遇更好的法律、规章与管理指南支付。

根据领取养老金者的选择，养老金可以向以下任何一个国家支付：（1）英国；（2）肯尼亚；（3）在公职人员受聘的国家或他想定居的国家；（4）在支付给公职人员法律上的个人代表或依附者的情况下，在法律上的个人代表或依附者所住在国；（5）在公职人员或其个人代表或依附者可能选择的国家（要得到肯尼亚政府的同意，并用该国货币支付）。以上几种选择可以撤销并重新做出。在指定日子之后，向肯尼亚之外的国家支付的养老金将用所在国的货币支付，以支付当天的主要汇率计算。

肯尼亚政府承诺，在未来增加养老金的任何方案中，对公职人员或他们的遗孀或子女将不会有任何歧视。根据该协定，未来关于养老金支付的法律、规章和指南，都不应更不利于公职人员。

在女王陛下海外文职机构和女王陛下海外司法机构中任职的公职人员，仍然有权利被英国政府考虑调任或晋升到其他领地任职。肯尼亚政府将遵循英国政府的合理要求放行某位海外公职人员调任或晋升到其他领地就职，并且将采取必要措施维持其领取养老金的权利。①

（3）英国与圭亚那的协定

1966 年 5 月 26 日是圭亚那独立日，英国与圭亚那签订了一项关于公职人员的协定。协定规定："公职人员"是指在 1966 年 5 月 26 日之前英属圭亚那公职机构中可领取养老金职务的人员。这些人员应具备以下特征：（1）由一位国务大臣选中候任或由一位国务大臣授予在英属圭亚那公职机构中的职务；（2）其在英属圭亚那公职机构中的职务的任命受到一位国务大臣的批准；（3）已与海外政府和行政部门的皇家代理人达成协定在英属圭亚那公职机构中任职；（4）当时是或一直是女王陛下海外文职机构或女王陛下海外司法机构的成员，或一直是前殖民地联合机构的成员，或是 1961 年（英属圭亚那）海外服务机构协定之日的指定官员。这些人员包括实习期供职人员，但不包括合同聘用的短期公职人员，"养老金"包括退休金、补偿及有关利益、退休津贴或其他类似津贴等。协定规定任何在圭亚那独立日及以后继续是圭亚那公职机构中可领取养老金职务的官员，其退休权利和领取养老金的资格，或其遗孀、子女、受赡养者或个人代理人获取养老金的权利与资格，将按圭亚那独立前后的规定中择优享受。任何在圭亚那独立日之前不再是英属圭亚那公职机构中可领取养老金职务的官员的养老金，或其遗孀、子女、受赡养者或个人代理人的养老金，将按照独立日之前、之后的规定中择优支付。协定对养老金的支付方式也作了详细规定，对在圭亚那货币贬值的情况下个人养老金的增加亦做出了规定。②

以上三个协定的主旨是维护独立前后殖民地公职人员的权利。这类协定是与英国殖民地公职机构本土化紧密联系在一起的，关系到本土化

---

①　英国政府敕颁文件 Cmnd. 2285：《英国政府和肯尼亚政府公职人员协定》（Cmnd. 2285：*Public Officers' Agreement between Her Majesty's Government in the United Kingdom and the Government of Kenya*，*16 January 1964*），英国皇家文书局，1964 年 2 月。

②　张顺洪等：《大英帝国的瓦解——英国的非殖民化与香港问题》，第 182—183 页；协定原文是：英国政府敕颁文件 Cmnd. 3109：《英国政府和圭亚那政府公职人员协定》（Cmnd. 3109：*Public Officers Agreement between the Government of the United Kingdom of Great Britain and Northern Ireland and the Government of Guyana*，*26 May*，*1996*），英国皇家文书局，1996 年 10 月。

过程中英国殖民地公职人员的去留。下面将举例考察英国殖民地公职机构的本土化问题。

14. 本土化实例考察：英属东非公职机构的本土化

20世纪60年代初，英属东非相继独立。殖民地在走向独立的进程中经历了一个权力转移的过程，而权力转移的一个重要方面就是殖民地公职机构的本土化。这里将重点考察肯尼亚、乌干达和坦噶尼喀的英国殖民地公职机构的本土化问题。①

在国外学术界，20世纪60年代的某些著述对当时正在进行的英国殖民地公职机构本土化进行了讨论。例如，肯尼思·扬格的《新国家的公职机构》讨论了独立不久的原英国殖民地尼日利亚、加纳、马来亚等的公职机构中存在的问题，如本土公职人员的缺乏；A. L. 阿杜的《非洲新国家的文职机构》，对非洲新生国家文职机构的非洲化问题进行了考察，并论及英属东非的公职机构的非洲化。近些年来，国外学术界对英国殖民地公职机构本土化问题有一些新的研究，并有相关著述问世，如英国学者安东尼·柯克 - 格林的《为君主供职：皇家殖民地公职机构与海外文职机构史，1837—1997》，史密斯主编的《管理帝国：英国殖民地公职机构回顾》。② 学术界的已有研究有利于了解英属东非本土化问题。这里，将在利用相关档案材料的基础上，对英属东非公职机构的本土化问题进行概要考察。

第二次世界大战之前，英属东非没有任何非洲人担任低级职员以上的职位。③ 1948年，英国殖民部颁印了一份关于英属东非文职机构的报告，

---

① 关于英属东非公职机构本土化问题，请参阅张顺洪《英属东非公职机构本土化初考》，《世界历史》2010年第4期，第44—53页。

② 约翰·史密斯主编的《管理帝国：英国殖民地公职机构回顾》，英文是：John Smith, ed., *Administering Empire: The British Colonial Service in Retrospect*，伦敦大学出版社1999年版。

③ 威廉·罗杰·路易斯主编《牛津英帝国史》（William Roger Louis, ed., *The Oxford History of the British Empire*）第4卷《20世纪》，朱迪斯·M. 布朗、威廉·罗杰·路易斯主编（Judith M. Brown, William Roger Louis, eds., *The Twentieth Century*），牛津大学出版社1999年版，第235页。

对英属东非各领地文职机构的职位情况做了介绍。根据该报告，英属东非各领地文职机构职位可分成四类。第一类职位包括殖民地行政机构职位，需要专业技术资格的职位如医务官员、兽医官员、律师、农业官员、教育官员等，以及需要特殊资格的职位如会计师、助理警官等。这类职位几乎都由欧裔——主要是英国人担任。第二类职位并不需要特别的专业技术资格，包括药剂师、工作督导员、税务官员、实验室技师等职位。担任这类职位者一般也是从英国招聘的。第三、四类则是由亚裔和非裔担任的职位。第三类职位主要包括助理医官、助理农官、教师等。第四类职位主要包括办事员、工匠及地位更低者。[①] 到1950年时，除英属西非和东非的坦噶尼喀外，英属"黑非洲"其他领地均无非裔担任行政、专业或技术高级文职。而在英属东非，虽然有一些非裔担负重要的管理职责，但他们并无相关职位。[②] 直到独立前夕，英属东非的公职机构中高级职位仍然垄断在英国人手中。肯尼思·扬格在1960年指出，在英属东非和中非公职机构中的高级职位几乎都由"海外"官员担任。[③]

在英属东非，坦噶尼喀最早独立（1961年12月9日）。独立时，公职机构的本土化远未结束。根据坦噶尼喀首席部长办公室1960年12月准备的一份材料，当时坦噶尼喀文职机构大约有34500个职位。这个数字包括低级机构中的职位，但不包括按日支付工资者。在这34500个职位中，大约30400个为低级职位（junior posts），绝大多数由本土人士担任。其余4000多个职位为高级职位（senior posts），其中有600位

---

①　英国殖民部文件 Colonial No. 223：《关于肯尼亚、坦噶尼喀、乌干达和桑给巴尔文职机构的委员会的报告1947—1948》（Colonial No. 223：*Report of the Commission on the Civil Services of Kenya，Tanganyika，Uganda and Zanzibar 1947 - 1948*），英国皇家文书局，1948年，第10—11页。

②　英国内阁档案 CAB 129/41，C. P.（50）171，《本土出生的行政人员和殖民地文职机构：1950年7月17日殖民大臣备忘录》（"Native-born Administrators and the Colonial Services：Memorandum by the Secretary of State for the Colonies, 17 July 1950"），见 A. N. 波特、A. J. 斯托克威尔：《英国的帝国政策与非殖化1938—1964》（A. N. Porter and A. J. Stockwell，*British Imperial Policy and Decolonization 1938 - 1984*），第1卷（1938—1951），麦克米伦出版公司1987年版，第58号文件，第349—350页。

③　肯尼思·扬格：《新国家的公职机构：人员培训问题研究》（Kenneth Younger，*The Public Services in New States：A Study in Some Trained Manpower Problems*），牛津大学出版社1960年版，第1页。

本土人士，2000 位为欧裔官员（"有头衔的官员"），另有 700 位非本土的"无头衔的官员"，余下的 700 个职位或者空缺，或者由临时人员担任。在上述 600 位本土官员中，440 位是非裔，160 位为以本土条件供职的亚裔和欧裔。在无头衔的官员中，大约 500 位为亚裔，200 位为欧裔。可见，在高级职位中，非裔只占极少数。随着社会的发展，在其后 5 年中，高级公职还会大量增加。英国有关机构预测每年将增加 5%，到 1965—1966 年，约新增 1150 个职位。这样，本土化在其后 5 年中不仅仅意味着由本土官员担任现有的 2700 个高级职位，还包括新增的 1150 个职位。[①] 表 4 – 5 对 1960—1965 年坦噶尼喀文职机构本土化（非洲化）进程做了预测。

在表 4 – 5 中，在 1960—1961 年度的高级公职人员中，本土人士只占 15.1%；1961—1962 年度是 28.8%。坦噶尼喀于 1961 年 12 月独立，独立前夕高级公职人员绝大多数仍为外籍人员。按此表预测的进度，本土化到 1965—1966 年度也将只能达到 77.8%，仍有 20% 多的高级公职由外籍人员担任。

关于独立后公职机构非洲化的进度问题，坦噶尼喀政治家们态度并不一致。立法大会一些成员曾批评政府推进非洲化的步伐太慢，但尼雷尔总理却持有不同看法。1962 年夏，尼雷尔指出，在 4469 位中级和高级文职人员中，1454 位是非裔；而从独立以来，平均每月有近 50 位非裔取代中高级外籍人员。尼雷尔认为，过快的非洲化不仅会降低文职机构的效率，而且可能导致"欧洲特权阶层被非洲特权阶层所取代"[②]。

在英国殖民地公职机构的本土化进程中，行政部门和警察部门的本土化一般进展最慢。这两个部门是维持殖民统治秩序最重要的工具，也是殖民当局重点掌控的部门。的确，英国政策非常注重对殖民地警察力

---

① 英国殖民部档案 CO 1017/686：《公职机构的本土化（1960—1962）：坦噶尼喀》中的文件（EBC 9/53/169）：《坦噶尼喀文职机构与未来宪制进展相关的状况》（"The Position of the Civil Service in Tanganyika in Relation to Future Constitutional Advance"）。

② 罗伯特·A. 曼纳斯：《非洲化、新种族主义与东非》（Robert A. Manners, "Africanization, Neo-Racialism and East Africa"），《今日非洲》（Africa Today）1962 年 11 月号，第 4—5 页。

表 4 - 5　　　　坦噶尼喀文职机构：1960—1965 年非洲化预测

整个文职机构人数一览表①　　　　　　单位：人

部门	1960/61 实际情况			1961/62 估计			1965/66 估计		
	职位	本土官员	外籍官员	职位	本土官员	外籍官员	职位	本土官员	外籍官员
首席部长	488	98	345	516	232	284	593	553	40
总检察长	21	—	18	22	6	16	30	24	6
信息机构	51	19	26	60	34	26	96	92	4
财政	78	4	62	83	19	64	112	97	15
内部事务	428	110	311	444	201	243	523	452	71
农业与合作发展	532	60	411	609	116	493	801	538	263
土地、调查、供水	341	35	241	359	77	282	417	380	37
商业与工业	80	8	62	81	17	64	86	61	25
健康与劳工	498	50	303	532	115	417	672	480	192
教育	559	123	344	595	165	430	724	377	347
交通、动力、工程	343	51	250	362	98	264	415	340	75
地方政府与住房建设	45	10	24	56	33	23	82	75	7
司法	55	2	45	57	6	51	68	38	30
审计部门	44	1	34	44	7	37	51	49	2
公共干部	426	31	237	437	101	336	469	444	25
合计	3988	602	2713	4257	1227	3030	5139	4000	1139
本土官员占比	15.1%			28.8%			77.8%		

量的控制。1954 年 11 月 5 日，英国内阁会议任命了一个部长委员会，评估殖民领地军事力量、警察与安全机构的组织情况。这个委员会邀请杰拉尔德·坦普勒（Gerald Templer）将军代表他们进行调研。杰拉尔德·坦普勒的调研报告提出了多条关于加强情报工作和殖民地警察力量的建议，都得到了殖民大臣和部长委员会的赞同。但有一条建议殖民大

---

① 英国殖民部档案 CO 1017/686：《公职机构的本土化（1960—1962）：坦噶尼喀》中的第 4 号文件《东非总督会议》（"East African Governors' Conference"）的附件。制作此表时省略了 1962/63、1963/64、1964/65 年度栏。

臣和部长委员会均感到不能接受，即"在适当情况下，应毫不犹豫地实行'反向种族歧视'，以保证殖民地警察力量中非洲人快速晋升。殖民大臣担心采纳这一建议将削弱目前在非洲殖民地供职的欧洲警官们的士气。"部长委员会接受了殖民大臣的观点。① 可见，英国政府很重视加强和控制殖民地警察力量。

在殖民地独立前夕，当其他部门逐渐移交给殖民地人士掌管时，英国总督却保留着控制警察机构等部门的权力。例如，在坦噶尼喀，直到独立前夕，警察机构中高级职位的本土化程度仍然很低。根据1960年11月警察专员 G. S. 威尔逊准备的一份材料，当时在坦噶尼喀共有244位在公报上任命的警官，其中只有63位是本土人士。在这63人中，警官4人，助理警官59人；35人是亚裔，28人是非裔。非裔占坦噶尼喀人口的绝大多数，而非裔警官只占警官人数的11%。② 从英国内阁的一份文件看，坦噶尼喀独立时，尼雷尔对英国人控制安全部队表现出了一定的依赖。这份文件指出，坦噶尼喀的"总理准备依靠英国公职人员维持法律和秩序"③。这也许是尼雷尔从实际出发的一种权宜之计，但也同时体现出了一个新生国家所面临的困境。

肯尼亚的情况与坦噶尼喀的类似，其公职机构的本土化起步较晚。英国殖民部1961年1月的一份文件称："证据表明，肯尼亚现在正在认真考虑本土化。在大多数情况下，它们尚处于计划阶段。"④ 而此时离肯尼亚独立只有两年多的时间，大多数高级公职仍由外籍人员和肯尼亚的欧裔占有。肯尼亚的文职机构有约50000非裔，6000欧裔（包括外籍人员和肯尼亚的欧裔）和4000亚裔。⑤ 尽管欧裔公职人员是少数，但他们却主

---

① 英国内阁档案 CAB 128/29，C. M.（55），内阁第26号决定，1955年7月26日。
② 英国殖民部档案 CO 1017/686：《公职机构的本土化（1960—1962）：坦噶尼喀》中的文件《警察队的非洲化》（"Africanisation of the Police Force"）。
③ 英国内阁档案 CAB 128/35 C. C. 63（61），1961年11月16日。
④ 英国殖民部档案 CO 1017/685：《公职机构的本土化（1960—1962）：肯尼亚》（"Localisation of the Public Service：Kenya 1961—1962"）中的第4号文件《东非会议：公职机构的本土化》（"East African Conference：Localisation of the Public Service"）。
⑤ 英国殖民部档案 CO 1017/685：《公职机构的本土化（1960—1962）：肯尼亚》中的第3号文件的附件A：《本土化政策》（"The Policy of Localisation"）。

要占有高级行政、专业、技术、文秘等职位，占比例也很高。表4－6是1961年1月为东非总督会议准备的一份文件的附件，它概要地揭示了当时肯尼亚公职机构中各级别职位中各种族人员数量分布的情况。

表4－6　　　　　　　　所有按类别的职位和种族分类概览①

类别	包　括	职位总数	可领取退休金职位	人数的种族分类				
				欧裔	亚裔	非裔	阿拉伯裔	合计
行政类（A级以上）	总督、部长、助理部长、常务干事、次官、区专员、区长等	434	417	397	3	12	2	414
专业类（A级以上）	司法和法律人员、统计员、农业官员、土壤专家、农业科研人员、警官、工程师、地质专家等	1406	1281	1096	110	29	3	1238
一般执行人员类（B、C级）	会计师、首席职员、出纳、人事官员、档案保管员、税收官员、行政秘书、财务官员等	925	878	265	542	21	5	833
部门执行类（B、C级）	法律工作人员、审计员、新闻官员、移民官员、劳工官员、土地官员、度量主管、高级讲师等	968	883	516	167	125	20	828
部门技术类（B、C级）	摄像人员、声学技术员、设备官员、兽医、机械检查员、指纹专家、调查人员、工程人员、印刷人员等	1838	1129	1256	282	72	—	1610
半专业类（B、C级）	医院文书、卫生检查员、高级助理、外科医生、卫生药剂师等	138	138	49	67	7	—	123
私人秘书、速记员/文书（C级）	私人秘书和速记员/文书	418	375	327	46	—	—	373

①　根据英国殖民部档案 CO 1017/685：《公职机构的本土化（1960—1962）：肯尼亚》中的第3号文件的附件C制作；欧裔（Europeans）包括外籍人员和肯尼亚的欧裔；第3号文件的附件B中公职级别的顺序排列是：A、B、C、TB、P、D、E、Rank and File、S. S.、Ungraded。

续表

类别	包　括	职位总数	可领取退休金职位	人数的种族分类				
				欧裔	亚裔	非裔	阿拉伯裔	合计
护理类 N、C、E 级	护士长、首席护士、护士、卫生巡查员、精神护理员、护理辅助人员等	767	767	323	40	323	—	686
警察和监狱机构类	穿制服的 P、B、C 级人员	17220	17158	912	92	14779	3	15786
教学类（A 级以上）	TB、T、B、C、E 级中的所有教工人员	2015	1971	380	895	434	78	1787
所有 E 级职位	Ⅰ：职员、打字员类；	4742	4295	483	1512	2451	28	4474
	Ⅱ：技能类如工匠、机师、裁缝、厨师、实验助理等；	5825	3720	20	476	4488	7	4991
	Ⅲ：其他类如司机、酋长、林业官员等	2945	1659	26	79	2627	10	2742
所有低级职位	劳工、部落警察、森林守卫、水上守卫等	24449	7796	—	—	23554	17	23571
	合计	64090	42467	6050	4311	48922	173	59456

　　从表 4-6 可以看出，行政类 A 级以上的公职人员总数是 414 人，其中非裔只有 12 位；专业类 A 级以上公职人员总数是 1238 人，非裔只有 29 位。当时肯尼亚非裔人口是 600 万，亚裔人口 16 万，欧裔人口只有 6 万。[①] 而在这两类 A 级和 A 级以上高级公职人员中，非裔人不到 2.5%；加上亚裔，所占比例也不到 10%。肯尼亚于 1963 年 12 月独立，可见肯尼亚独立前一两年时间面临的公职机构本土化任务仍十分艰巨。有材料显示，在肯尼亚独立前夕，文职机构中的高级职位只有七分之一是非裔；甚至在低级行政和技术职务任职的人员中，非裔也不到一半。[②]

----

　　① 肯尼亚与坦噶尼喀、乌干达一样，允许亚裔从独立之日起两年内决定是否选择所在国国籍。

　　② R. 穆戈·盖思鲁：《肯尼亚：从殖民化到独立 1888—1970》（R. Mugo Gatheru, Kenya: From Colonization to Independence 1880－1970），麦克法兰出版公司 2005 年版，第 206 页。

　　一个值得注意的现象是，由于国际形势的压力、非洲民族解放运动的推动，以及公职人员中非裔反欧裔的情绪，肯尼亚独立前夕，欧裔纷纷离开。1962 年 2 月 6 日，英国殖民大臣雷金纳德·莫德林呈送内阁的备忘录指出，当时欧裔农场主与管理人员每月有 400 人离开。① 这一现象在客观上起到了加速公职机构本土化的作用。英国政府则采取了一些措施，主要是提供优厚待遇和待遇担保，以减缓殖民地公职机构中外籍人离职。

　　英国在东非的另一块殖民地——乌干达的本土化进展情况与坦噶尼喀和肯尼亚相似。根据英国皇家文书局出版的《乌干达：1959 年年度报告》，1959 年乌干达在推进文职机构非洲化方面取得了进展，向在 1958 年至 1963 年五年间实现公职人员 A 级和 B 级职位 25% 的本土化目标迈进了一步。到 1959 年底，128 位非裔担任 A 级和 B 级职务，527 位担任 C 级职务。同时，有 445 位非裔学生依靠政府或大学奖学金在海外学习。乌干达公职机构委员会认为，到 1963 年，大约 25% 的行政、专业、科学、高级管理的职位能够由合格的非裔担任。②

　　1960 年英国殖民大臣的一份备忘录指出，乌干达公职机构中的高级职位只有约 12.5% 由非裔担任，而坦噶尼喀只有 10% 由非裔担任。③正如 1962 年 10 月 8 日英国殖民部的一份文件所说的，"乌干达公职机构像肯尼亚和坦噶尼亚的一样，在高级职位和专业技术部门方面极大程度地依赖外籍人员"④。乌干达于 1962 年 10 月 9 日独立。在独立前 6 个

　　① 弗兰克·海因莱恩：《英国政府的政策和非殖民化 1945—1963：详考官方想法》（Frank Heinlein, *British Government Policy and Decolonization 1945 – 1963: Scrutinizing the Official Mind*），弗兰克·卡斯出版公司 2002 年版，第 261 页。

　　② 《乌干达 1959 年年度报告》（*Uganda: Report for the Year 1959*），英国皇家文书局 1960 年版，第 152—153 页。

　　③ 英国内阁档案 CAB 129/102 C.（60）116，1960 年 7 月 19 日的《殖民大臣备忘录：女王陛下的海外文职机构》。

　　④ 英国殖民部档案 CO 822/2266, no. 378，《乌干达：作为独立国家的未来》（"Uganda: The Future as an Independent Country"）《英国关于帝国终结的文献》（*British Documents on the End of Empire*）第 1 辑第 4 卷，罗纳德·海厄姆和威廉·罗杰·路易斯主编《保守党政府与帝国的终结 1957—1964》（Ronald Hyam, William Roger Louis, eds., *The Conservative Government and the End of Empire 1957 – 1964*），第一部分《高层政策、政治与宪法的变化》（*High Policy, Political and Constitutional Change*），第 136 号文件，英国皇家文书局 2000 年版，第 441 页。

月，一个关于非洲化的委员会估计，在此后五年中，除一些科学技术与教学职位外，"应该能实现非洲化"①。

以上事实表明，英属东非公职机构的本土化进程远远滞后于独立运动的进程。1961 年 1 月，英国殖民部特地召开了东非总督会议，专门讨论公职机构本土化问题。这次会议研究了英属东非本土化现状，强调要加快本土化步伐，并就发展教育、在海外招聘公职人员、培训非裔并任命他们担任更高级别的职务等问题进行了商讨。由于非洲民族主义者的压力，英国总督们认识到任命和晋升非裔的必要性，但同时强调要保持现有殖民地公职队伍的稳定性。由于殖民地即将独立，英国在这些殖民地担任公职的人员担忧其职业前程，人心不稳。殖民大臣伊恩·麦克劳德讲，最好能草拟一个方案，讲清楚"没有任何合格的非裔会被拒绝授予政府职位，但同样也要向外籍人员保证他们拥有合理的安全保障"②。这个方案的要旨是对殖民地或新生国家的政府提供一定的财政资助，使它们能够留用或招聘所需的英国人员。这是英国当时总体殖民政策的一种体现。正如本章前面已考察的，1960 年10 月，英国政府颁布了文件《在海外政府供职》；③ 1961 年，英国议会还通过了一项关于海外公职机构的法案，拨出一定资金资助英国人在殖民地或前殖民地任职。在 1961—1962 年度，英国与 36 个殖民地或前殖民地签订了有关协定。这种方案资助的公职人员大约有三分之二在英属东非任职。④ 1961 年，英国任命的殖民地公职机构人员一共581 人，其中 214 人到英属东非任职。⑤ 这表明此时英属东非公职机构

---

① 理查德·西蒙兹：《关于本土化的思考》（Richard Symonds，"Reflections on Localization"），《英联邦政治研究杂志》（*Journal of Commonwealth Political Studies*）第 2 卷（1963—1964），第 226 页。

② 英国殖民部档案 CO 1017/683：《公职机构的本土化：东非》（"Localization of the Public Service：East Africa"）中的第 8 号文件 EAC（61）Minute 3：《会议记录：公职机构》（"Report of Proceedings：The Public Service"）；亦参阅本卷文档中的第 7 号文件：《1961 年东非会议：公职机构的本土化》（"East African Conference，1961：Localisation of the Public Service"）。

③ 英国政府敕颁文件 Cmnd. 1193：《在海外政府供职》，其中主要观点见张顺洪《战后英国关于殖民地公职人员的政策（1945—1965）》，《历史研究》2003 年第 6 期。

④ 英国政府敕颁文件 Cmnd. 1751：《殖民领地 1961—1962》，第 2—3 页。

⑤ 同上书，第 2 页。

在英国殖民地公职机构中占有很重要的位置；同时也表明英属东非公职机构本土化的程度还不高，在各领地独立前夕，还有这么多英国人被派来担任公职。

这里需简单地介绍一下东非高级委员会公职机构的情况。英属东非各领地除拥有各自的公职机构外，还有公共的公职机构。为了加强管理，英国于 1948 年 1 月 1 日成立了"东非高级委员会"（East Africa High Commission），由肯尼亚、坦噶尼喀和乌干达的总督组成；桑给巴尔在高级委员会中没有代表，但加入了一些公共机构。委员会下设若干行政官员，负责履行委员会的职能。东非高级委员会的主要职能是管理整个东非的公共机构，如铁路和港口机构、邮电机构、民航和空运机构、气象机构、研究机构、统计机构、税收机构等。当英属东非各领地走向独立时，东非高级委员会公职机构也经历着本土化。1961 年 6 月英国决定成立"东非公共机构组织"，以取代东非高级委员会，并对这些公职机构做出了相应的安排。[①] 稍后，英国政府还与肯尼亚、坦噶尼喀、乌干达及东非公共机构组织签订了公职人员协定，对东非公共机构中的公职人员去留和待遇问题做出了安排。[②]

坦噶尼喀、乌干达、肯尼亚于 1961、1962、1963 年相继独立。离 1961 年初的东非总督会议时间很近，当时存在的本土化问题到独立时不可能得到圆满的解决。所以"本土化"仍然是这些新生国家亟须考虑的问题，尤其是专业技术职位的本土化问题。在 1964—1965 年间，在肯尼亚工作的 22 名水文地质人员中只有一位是非洲人；在 811 名医生中，大约只有 50 位是非洲人；在 1569 名中学教师中，非洲人只占五

---

① 英国政府敕颁文件 Cmnd. 1433：《东非高级委员会公职机构的未来：1961 年 6 月伦敦讨论的报告》（Cmnd. 1433：*The Future of East Africa High Commission Services：Report of the London Discussions June，1961*），英国皇家文书局，1961 年 7 月。

② 英国政府敕颁文件 Cmnd. 2244：《英国政府与肯尼亚、坦噶尼喀和乌干达政府及东非公共机构组织公职人员协定》（Cmnd. 2244：*Public Officers' Agreement between Her Majesty's Government in the United Kingdom and the Governments of Kenya，Tanganyika and Uganda and the East African Common Services Organisation*），英国皇家文书局，1964 年 1 月。

分之一。① 也有资料认为，到1966年底，一半以上高级职位、四分之三
的较低级行政和技术职位已实现了非洲化。② 1967年7月肯尼亚文职机
构人员统计显示，91%的最高级别行政职务已实现了"肯尼亚化"，而
只有24%的专业队伍岗位、46%的高级管理（执行）岗位、65%的低
级管理（执行）岗位，为肯尼亚公民所接管。③ 当然，独立后的本土化
或非洲化是一个复杂的工程。尽管殖民地独立后本土化进展较快，但因
多种原因，仍然有一些外籍人员继续担任公职。例如，在肯尼亚独立
15年后，其司法机构的高级职位仍然主要由外籍人担任。④

　　以上考察揭示，英属东非公职机构的本土化特别是高级职位的本土
化起步晚，滞后于民族独立进程，以致在殖民地独立时，仍有一大批英
国殖民地公职人员留下任职。这种本土化滞后的现象，也存在于英国在
非洲的其他一些殖民地。例如，英国在中非地区的殖民地尼亚萨兰就是
如此。1964年尼亚萨兰独立后，称作马拉维共和国。在马拉维，"行政
结构并没有激进地非洲化或非殖民地化"。1964年是马拉维独立之年，
在地区行政职位当中，"外籍人员"所占比例很高。在高级类（Super-
scale Class）中，"外籍人员"占100%；在行政类（Administrative
Class）中，"外籍人员"占83%；在管理类（Executive Class）中，"外
籍人员"占35%。⑤ 关于马拉维的本土化的进展，从表4-7中可见
一斑。

---

　　① 苏联科学院非洲研究所编：《非洲史（1918—1967）》下册，上海人民出版社1974年
版，第725页。

　　② R. 穆戈·盖思鲁：《肯尼亚：从殖民化到独立1888—1970》，第206页。

　　③ 唐纳德·罗斯柴尔德：《肯尼亚非洲化方案：发展与公平优先》（Donald Rothchild,
"Kenya's Africanization Program: Priorieties of Development and Equity"），《美国政治科学评论》
(The American Political Science Review)，第64卷第3期，1970年9月，第738页。

　　④ 阿莫斯·O. 奥登约：《非洲人才流失估计：主要以肯尼亚中等职业专业人员为例》
(Amos O. Odenyo, "An Assessment of the African Brain Drain, with Special Reference to the Kenyan
Mid-Career Professional")，《非洲主义舆论季刊》（A Quarterly Journal of Africanist Opinion），第9
卷第4期（1979年冬季），第45页。

　　⑤ C. A. 贝克：《行政机构的非洲化》（C. A. Baker, "Africanization of the Administrative
Service"），见安东尼·柯克-格林主编：《权力转移：非殖民化时期的殖民地行政官员》，第
172—173页。

表 4 - 7　　1958—1977 年尼亚萨兰/马拉维行政职务非洲化分类表①

年代	高级类				行政类				管理类			
	马拉维人		外籍人		马拉维人		外籍人		马拉维人		外籍人	
	数量	%	数量	%	数量	%	数量	%	数量	%	数量	%
1958	—	—	9	100	—	—	59	100	8	100	—	—
1959	—	—	10	100	—	—	59	100	8	100	—	—
1960	—	—	6	100	3	5	61	95	3	50	3	50
1961	—	—	6	100	2	3	64	97	7	29	17	71
1962	—	—	6	100	3	7	37	93	13	46	15	54
1963	—	—	6	100	6	15	33	85	17	68	8	32
1964	—	—	3	100	4	17	19	83	13	65	7	35
1965	—	—	1	100	15	68	7	32	29	97	1	3
1966	—	—	1	100	22	79	6	21	29	97	1	3
1967	—	—	1	100	20	77	6	23	29	97	1	3
1968	—	—	1	100	20	71	8	29	30	100	—	—
1969	—	—	1	100	19	70	8	30	31	100	—	—
1970	1	33	2	67	29	83	6	17	31	100	—	—
1971	1	33	2	67	29	83	6	17	31	100	—	—
1972	8	80	2	20	27	96	1	4	31	100	—	—
1973	5	83	1	17	30	100	—	—	34	100	—	—
1974	5	83	1	17	34	100	—	—	34	100	—	—
1975	5	71	2	29	34	100	—	—	35	100	—	—
1976	5	83	1	17	34	100	—	—	35	100	—	—
1977	5	83	1	17	34	100	—	—	35	100	—	—

原注：管理人员名录1958—1977

15. 英国殖民地公职机构本土化滞后的原因和影响

英国殖民地公职机构本土化滞后的原因是多方面的，前面的考察已

---

① C. A. 贝克：《行政机构的非洲化》，见安东尼·柯克 - 格林主编：《权力转移：非殖民化时期的殖民地行政官员》，第 173 页。

有提及，这里集中讨论一下，主要可以从三个方面来考虑。第一，殖民地公职机构的本土化是与殖民统治的本质、殖民主义者的根本利益相背离的。殖民地公职机构是殖民统治的工具，它的完全本土化就意味着殖民统治的终结，意味着殖民统治者丧失殖民利益。因此，长期以来英国殖民统治者并不热衷于殖民地公职机构的本土化，相反却以种种借口——如保证公职机构的效率和公职人员队伍的质量——阻止本土化进程。

第二，殖民地的教育水平落后，确实缺乏适当人选尤其是专业技术人员来担任公职。例如，坦噶尼喀在独立时，没有一个非裔林学专家、工程师和地质专家。① 这一点当然主要归因于殖民当局长期对殖民地教育事业的忽视。牛津大学学者理查德·西蒙兹指出：在非洲，"1945 年之前没能发展中等和高等教育，这使 50 年代进行的非洲化遇到巨大困难"②。殖民地教育滞后严重阻碍公职机构的本土化，英国有关人士是预料到了的。为 1961 年 1 月举行的东非总督会议准备的一份关于公职机构本土化的材料就指出："必须建立新的中等学校，并训练或招聘教师，但至少需要五年时间才能培养出第一批毕业生。""期待于 1965 年之前或今后 10 年内独立的殖民地，必须寻求其他措施以促进快速的本土化。"③ 乌干达独立前夕，其非洲化委员会指出："现在乌干达面对的危险不是外籍文职人员离开为非裔公职人员腾出的位置太少，而是太多的外籍人员离开得太快……实际上，政府行动的每一步骤都因缺乏熟练的公职人员而受到妨碍。"④

第三，尽管英国政府及其殖民当局早已意识到民族独立运动这一历史进程难以阻遏，但一般认为殖民地的独立不会来得那么快。正如比尔·弗罗因德指出的，甚至在 20 世纪 50 年代初，各界普遍认为向非洲

---

① 理查德·西蒙兹：《关于本土化的思考》，第 228 页。

② 同上书，第 232—233 页。

③ 英国殖民部档案 CO 1017/683 EAC (61) 11，《1961 年东非会议：公职机构的本土化》。

④ 罗伯特·A. 曼纳斯：《非洲化、新种族主义与东非》，《今日非洲》1962 年 11 月号，第 6 页。

人有效的权力移交是一代人之后的事。① 1954 年，联合国的一个考察团建议为坦噶尼喀制定一个在 20 年内获得独立的时间表。英国政府却认为，这样的时间表并不意味着自治，或者把权力交给主要由非裔组成的文职机构，而只意味着行政和经济崩溃；并且强调，采纳可能导致降低行政人员标准的政策是不合理的。② 然而，英国殖民大臣克里奇·琼斯也曾不得不承认："民族主义精神现在超过了几年前总督们的预见，或者说超越了他们所情愿接受的程度。"③ 实际上，坦噶尼喀于 1961 年就获得了独立，比联合国建议的时间还要早 10 多年。因而，当殖民地迅速走向独立时，英国政府及其殖民地当局即使认识到不得不推进公职机构的本土化，也难以找到合适人选，而培训足够的本土人员需要时日。

公职机构的本土化进程滞后给新生国家带来了副作用。第一，造成一定程度上对英国的依赖。由于本土化进程缓慢，殖民地独立后，英国殖民地公职人员相当一部分仍在新生国家供职。当然，这一点是符合英国殖民撤退战略的。第二，新生国家需要一定时间建立本土化的公职机构。缺乏属于自己的国家公职机构不利于新生国家稳定和发展。

在考察本土化问题时，安东尼·柯克－格林指出："在整个殖民帝国权力转移期间，在帝国文职机构向国家政府机构转变过程中，承认本土人士分享公职人员任命权的要求是缓慢的，而且接纳本土少数精英进入行政机构的办法也是渐进的、不情愿的。这一转变在最后阶段还受到外籍人员的退休风潮、有时甚至几成退休洪流的影响，这一状况由于空缺职位和新任命职位之间不断扩大的鸿沟而变得更为糟糕。"④ 安东尼·柯克－格林的这段话也揭示：殖民地公职机构本土化的滞后必然给新生国家带来这样那样的负面影响。

———————————

① 比尔·弗罗因德：《当代非洲的形成：1800 年后非洲社会的发展》（Bill Freund, *The Making of Contemporary Africa: The Development of African Society since 1800*, second edition），林恩·里纳出版公司 1998 年版，第 189 页。

② 理查德·西蒙兹：《关于本土化的思考》，第 226 页。

③ A. 克里奇·琼斯：《殖民地公职机构》，威廉·A. 罗布森主编：《英国和法国的文职机构》，第 83 页。

④ 安东尼·柯克－格林：《英国的帝国行政官员，1858—1966》，第 255 页。

16. 英国殖民地公职机构的消亡

　　战后英国众多殖民地走向独立，经历过两次高潮。一次是在战后初年，一次是在 20 世纪 50 年代末至 70 年代初。二战一结束，英国就被迫承认其委任统治地约旦独立；1947 年、1948 年，印度、巴基斯坦、锡兰、缅甸相继独立；1948 年英国也被迫撤出巴勒斯坦。这次独立运动高潮之后，英帝国还存在，只是缩小了；英国试图在非洲建立"第三英帝国"①。但是，在世界范围内民族解放运动的冲击下，这一维持帝国统治的构想未能实现。50 年代末，英国殖民地就掀起了独立运动的第二次高潮。1957 年，东南亚的马来西亚和西非的加纳（黄金海岸）独立。接着塞浦路斯（1960）、尼日利亚（1960）、塞拉利昂（1961）、牙买加（1962）、特立尼达和多巴哥（1962）、乌干达（1962）、肯尼亚（1963）、马拉维（尼亚萨兰，1964）、赞比亚（北罗得西亚，1964）、马耳他（1964）、冈比亚（1965）、马尔代夫（1965）、巴巴多斯（1966）、圭亚那（英属圭亚那，1966）、毛里求斯（1968），瑙鲁（1968）、斐济（1970）、汤加（1970）、巴哈马（1973）、格林纳达（1974）等相继独立。经过这一波独立运动的冲击，曾经的"日不落帝国"最终解体了。虽然这个时候，英国还保留着一些海外殖民领地，包括 19 世纪割占的中国香港，但昔日的"大英帝国"也不复存在了。随后，散布于亚非拉地区的一些殖民地，如图瓦卢（1978）、多米尼加（1978）、基里巴斯（1979）、津巴布韦（1980）、文莱（1984）、伯利兹（英属洪都拉斯，1981）等也相继独立。1997 年被英国割占一个多世纪的香港终于回归祖国。

　　20 世纪 60 年代末 70 年代初，英国一系列殖民地独立，英帝国瓦解了。1966 年英国殖民部被撤销，与英联邦关系部组成英联邦部；而

---

　　①　"第三英帝国"（Third British Empire）是相对"第一英帝国"（以北美为重心的英帝国）和"第二英帝国"（以印度为重心的英帝国）而言的；"第三英帝国"则是以非洲为重心的英帝国，时间应该在第二次世界大战结束印度独立之后，实际上这个所谓的"第三英帝国"并没有真正地存在过，因为英帝国很快就解体了。

1968 年英联邦部又与外交部合并为外交与英联邦部，一般仍称外交部。严格意义上讲，英国"殖民地公职机构"（或后来称作的"女王陛下的海外文职机构"或英国海外文职机构）在 1966 年殖民部与英联邦关系部合并时就终结了。虽然殖民部已经不在了，但昔日的殖民地公职机构的"尾声"仍在延续。1968 年之后，英国海外文职机构成员就由外交部管理。英国海外文职机构的重心逐渐移向香港，香港实际上成了英国海外文职机构最后成员的终点站。在香港回归前夕，英国在香港政府机构中的海外文职人员仍有 750 多人。他们当中的一些人决定享用殖民地公职人员的一种传统权利，即乘船回到英国；1997 年 3 月，有 53 人乘船回英国。同时，也有一些人选择留下来继续任职，作为中国香港特区政府的文职人员。1997 年是一个标志年，不仅香港回归中国，而且英国的殖民地公职机构也随香港回归中国走向了终结。[①]

到 21 世纪初的今天，英国还占有 10 多块小的"海外领地"，如安圭拉、百慕大、英属南极领地、英属维尔京群岛、福克兰群岛（马尔维纳斯群岛）、开曼群岛、直布罗陀等。昔日的"殖民地公职机构"，后来的"女王陛下的海外文职机构"，已成为历史了。

二战结束以后，英国政府有关殖民地公职机构的政策随着形势的变化而发生变化。二战刚结束，英国政府致力于维护殖民统治，试图通过开发殖民地来促进英国经济的恢复和发展，帮助解决英国战后面临的经济困难，维持英国的国际地位，因而大力招聘和培训殖民地公职人员。但是，战后初期民族解放运动在世界范围内风起云涌。随着民族解放运动的发展，英国的殖民地一个个独立。殖民地在获得独立前有一个走向独立的过程，这也是英国政府被迫在殖民地不断进行宪制改革的一个特殊阶段。这一阶段的宪制改革，实际上就是一种权力转移，即英国殖民统治的权力逐渐向本土人士转移。在这种情况下，英国殖民地公职人员心不稳，担忧个人职业前途，不少人放弃或试图放弃在殖民地的职务。这使英国的殖民统治机器面临危机。英国政府为了尽可能地稳定和

---

① 安东尼·柯克－格林：《为君主供职：皇家殖民地机构与海外文职机构史，1837—1997》，第 90—91 页。

表4-8　英国殖民帝国：1939年至1946年总进口和总出口①

（单位：千英镑）

地区	国家/地区	1939 进口	1939 出口	1940 进口	1940 出口	1941 进口	1941 出口	1942 进口	1942 出口	1943 进口	1943 出口	1944 进口	1944 出口	1945 进口	1945 出口	1946 进口	1946 出口
东非	肯尼亚和乌干达	8989	10751	11077	11966	14565	13965	13874	14035	14581	13824	15724	16086	14494	19225	22649	20594
	北罗得西亚	4631	10220	5294	13028	5745	10937	5583	12747	6149	13965	6990	12168	7317	11685	7400	12600
	尼亚萨兰	777	842	838	1047	1064	1297	1073	1398	1429	1379	1714	1502	1641	1876	2253	2327
	索马里兰	509	204	—	—	—	—	—	—	—	—	—	—	—	—	—	—
	坦噶尼喀	3275	4605	3509	5673	3685	6836	3735	7630	4789	6413	5829	7835	6966	8626	8195	9360
	桑给巴尔	836	1167	876	1158	1041	1551	1043	1355	1216	1137	1249	1175	1200	1383	1978	2164
	冈比亚	386	557	349	319	503	290	1044	133	1355	207	1187	378	1042	777	949	696
西非和圣赫勒拿	黄金海岸	10626	16235	7631	14324	6269	13548	9877	12550	10168	12631	9828	12314	10954	15744	17464	20362
	尼日利亚	8626	14151	10822	13053	7025	14583	15374	15165	18568	15437	18504	16203	15918	17185	25685	25358
	塞拉利昂	1667	2208	2503	2148	3814	1593	4955	1333	6227	995	5484	1446	3718	1787	3961	2644
	圣赫勒拿	38	16	—	—	—	—	—	—	—	—	—	—				
东方依附领地	亚丁	4972	2766	4438	2203	6391	2787	10918	5402	11312	6873	13156	7203	11536	5838	—	—
	锡兰	18189	24611	21207	29137	21538	32928	20555	39799	31717	42747	37507	50996	44379	49935	45161	57326
	香港	36846	37415	46654	38536	—	—									80000	63000
	毛里求斯	2376	2847	2845	2462	3148	4258	2882	3296	3350	3836	4721	3472	4360	1928	5042	4040

① 英国政府敕颁文件 Cmnd. 7167：《殖民帝国（1939—1947）》[Cmnd. 7167：*The Colonial Empire*（*1939 - 1947*）]，英国皇家文书局，1947年7月，附录7。各项数据核对无误，总数有出入，签与原文保持一致。

续表

地区		1939 进口	1939 出口	1940 进口	1940 出口	1941 进口	1941 出口	1942 进口	1942 出口	1943 进口	1943 出口	1944 进口	1944 出口	1945 进口	1945 出口	1946 进口	1946 出口
东方依附领地	塞舌尔	86	96	82	89	97	79	89	120	139	110	183	174	199	174	245	415
	马来亚	73283	87523	96863	131620	—	—	—	—	—	—	—	—	—	—	—	—
	英属北婆罗洲	787	1598	1083	2386	—	—	—	—	—	—	—	—	—	—	—	—
	文莱	—	—	—	—	—	—	—	—	—	—	—	—	—	—	—	—
	沙捞越	3059	4016	3829	5341	—	—	—	—	—	—	—	—	—	—	3383	2683
地中海依附领地	塞浦路斯	1892	2424	1834	1532	2515	1075	2469	1200	2612	2187	4829	2452	5340	3533	8138	4202
	马耳他	4167	660	2379	466	—	—	—	—	4768	32	5270	309	9101	598	12953	707
	巴勒斯坦	17835	5765	12574	4495	13332	5049	21383	9528	27232	13643	36252	15975	40882	20396	71188	24485
西印度群岛和福克兰群岛	巴哈马	1094	180	1284	229	1519	302	1326	293	1527	425	1743	338	1806	432	2841	399
	巴巴多斯	2446	2029	2303	1682	2316	1891	2022	1362	2937	2339	3418	2515	3471	2870	4992	3142
	百慕大	1752	116	1470	84	2422	125	4389	103	2582	159	2466	108	2444	143	3634	263
	英属圭亚那	2290	3068	2990	3169	3632	4080	3826	4022	5200	4892	4708	5106	4426	4504	5597	5634
	英属洪都拉斯	792	565	823	754	931	833	984	634	1411	929	1827	1510	1945	1221	1683	1296
	牙买加、开曼群岛、特克斯和凯科斯群岛	6562	4827	6221	3293	6593	4049	5601	4117	7454	4292	9114	4530	9781	5034	12523	8323
	背风群岛	706	798	689	797	802	957	833	645	1007	971	1160	980	1314	1128	1542	1284
	特立尼达	7295	7809	9424	9631	11999	9888	11860	9862	12619	8835	14400	11283	13548	11420	15709	12849

续表

		1939		1940		1941		1942		1943		1944		1945		1946	
		进口	出口	进口	出口	进口	出口	进口	出口	进口	出口	进口	出口	进口	出口	进口	出口
向风群岛	多米尼加	—	—	114	93	145	164	116	155	244	144	274	210	285	241	401	198
	格林纳达	293	311	355	292	346	378	361	546	429	564	596	613	573	588	768	827
	圣卢西亚	222	157	241	181	362	278	380	164	387	161	329	183	399	196	—	—
	圣文森特	217	240	249	243	248	284	198	230	327	166	424	204	382	193	452	216
福克兰罗门群岛		388	672	946	1246	544	769	252	37	361	834	449	585	713	812	930	1288
英属所罗门群岛		154	149	108	111	92	134	—	—	—	—	—	—	—	—	—	—
斐济		1435	2474	1645	2413	1949	2293	2014	2800	2445	2175	2330	1809	2362	1959	3217	3247
西太平洋领地依附领地	吉尔伯特和埃利斯群岛	143	230	—	—	—	—	—	—	—	—	—	—	—	—	—	—
	新赫布里底	149	124	90	72	89	108	99	215	204	298	341	322	227	280	336	235
	汤加	64	64	61	50	58	45	115	96	212	135	212	211	178	162	219	171
总数		231082	255533	267007	306882	216294	138296	150261	151432	185515	163431	212220	180197	222899	191871	—	—

延长殖民统治，阻止或延缓权力转移的步伐，并力图掌握权力转移的主动权，不得不采取一系列措施来稳定殖民地公职队伍。尽管战后英国政府对培训殖民地本土公职人员也有一定的投入，但从总体上看，英国战后殖民地公职人员政策具有阻碍殖民地公职机构本土化的作用。这是与英国政府宣扬的促进本土化的主张相背离的。当然，即将走向独立的殖民地和刚独立的国家由于长期贫穷落后，由于英国殖民当局长期忽略殖民地教育，的确也缺乏胜任公职的人选。殖民地或新生国家客观上对英国的公职人员特别是专业技术性的公职人员有一定的需求。

第五章　英属印度文官机构

　　本章考察英属印度文官机构（Indian Civil Service）的历史。从严格意义上讲，或从狭义上讲，英属"印度文官机构"不是英国"殖民地公职机构"的一部分，两者是平行的。印度文官机构也是英国进行殖民统治的公职机构，同样是英国实行殖民统治的工具。因此，有必要在本书中对其历史进行简要考察，以便读者对英国的印度文官机构和殖民地公职机构进行一定的比较，从而能更全面地了解英国殖民地的公职机构历史。

1. 英国在印度的殖民扩张

　　在第一章，我们讲到了英国在印度的早期殖民扩张活动，这里再作简要回顾和相关补充介绍。世界近代早期英国在向海外殖民扩张中，分两个方向，一是跨越大西洋向美洲扩张，一是沿非洲西海岸南下非洲南端的好望角再向东方扩张。近代英国向东方扩张和进行殖民统治的重心可以说始终是印度。英属东印度公司成立时，从英国王室获取了特许状。东印度公司不是一个纯商业意义上的机构，而是将商业活动与殖民扩张活动融为一体的机构。它从王室或议会多次获得特许状，垄断权力很大。特许状允许公司垄断英国在东方的贸易，允许它拥有军队，有权对非基督教国家和地区宣战，可以对占领的土地进行统治。当然，英国王室拥有对公司占领土地的所有权，英国政府因而有管辖权。

　　17 世纪初，英国东印度公司就开始了在印度的商业和殖民活动。当时印度的莫卧儿帝国仍很繁荣强大，英国东印度公司尚不能以武力达到目的。公司则以"卑辞厚礼"的方式谋取商业利益，在沿海地区建立一些商业殖民据点，像一个个城堡一样。在 17、18 世纪，公司逐渐建立起三大殖民据点，也可以说三个殖民管区：马德拉斯、孟买、加尔各答。对这三大管区，各设总督管理。英国在印度开展商业殖民扩张的过程也是一个与欧洲列强不断争夺"势力范围"的过程；先后主要是排除了葡萄牙、荷兰、法国的势力。与法国的较量，可以说是英国在印度殖民扩张过程中与欧洲列强的最后一次也是具有决定性意义的较量。标志性的历史事件是七年战争（1756—1763），法国在与英国海外殖民争夺中全面失败。通过这次战争，法国殖民势力基本上被逐出了以印度为中心的南亚地区。也是在七年战争期间，英国对印度开始了大规模武力征服的过程。标志性事件是 1757 年的普拉西之战，英国殖民头子克莱武统领的军队击败了印度孟加拉纳瓦布的军队，占领了孟加拉地区，开始进行大面积的殖民统治了。

1757 年在南亚地区，除荷兰占领了锡兰外，西方殖民国家英、葡、荷、法等只在南亚大陆沿海地区建立了一些"据点"[1]。而从 1757 年的普拉西战役起，英国大致用了近一个世纪的时间，完全征服了印度，昔日莫卧儿帝国的广阔领土成了大英帝国的一部分。英国 19 世纪中叶侵占的"印度"，主要包括今天的印度、巴基斯坦、孟加拉国。在南亚，英国早在 19 世纪初（拿破仑战争期间），就从荷兰人手中夺取了锡兰；在 19 世纪，英国还加强了对印度周边地区的侵略。

英属东印度公司是英国在南亚进行殖民扩张、殖民统治的先锋。从 18 世纪下半期开始，英国政府采取措施逐步接管东印度公司在印度的殖民扩张和殖民统治。按照英国国王和议会授予的特权，东印度公司的伦敦董事会实际上是英国统治印度的最高机构。自从 1773 年英国议会通过《管理法》，加强了英国政府对东印度公司事务的干预和对印度的统治后，英国政府不断采取措施，接管东印度公司的权力。东印度公司的商业特权也逐步被削夺。1857 年，印度爆发了反英民族大起义。镇

---

① ［澳］肯尼斯·麦克弗林：《印度洋史》，耿引曾等译，中国出版集团商务印书馆 2015 年版，第 167 页。

压起义后，英国于 1858 年通过了《印度政府法》，英国政府全面接管了东印度公司对印度的统治，东印度公司完成了其殖民扩张和殖民统治的"使命"。这样，印度由英国政府接管并以女王的名义统治。1858 年，英国成立了印度部（India Office）；并设立了印度大臣（Secretary of State for India，英文一般称 Indian Secretary）职位，管理印度及邻近地区的殖民事务。第一位印度大臣是爱德华·亨利·斯坦利勋爵（Edward Henry Stanley）。1858 年，英国女王颁布诏书，给印度总督加封副王（英印总督，Viceroy）头衔。英国在印度的总督在大政方针上接受印度大臣的指导。原总督坎宁被任命为英国政府接管后的第一任总督和副王。① 英国对印度的殖民统治，持续到 1947 年印度独立；印度独立时，分裂为印度和巴基斯坦两个国家；孟加拉国后来又从巴基斯坦分离出来。

印度沦为英国殖民地后，长期被视为"英王王冠上的明珠"。的确，印度在英帝国中占有十分重要的地位。在英帝国形成的过程中，印度始终是英国在东方殖民扩张和殖民统治的重心，成为英国向东方其他国家扩张的基地。在亚洲地区，英国不仅仅占领了印度，而是以印度为基地，侵略和占领锡兰、马来亚、新加坡、缅甸、文莱，占领亚丁，侵略阿富汗，控制尼泊尔，等等；占领印度，也有利于英国加强对澳洲的殖民扩张和殖民统治。印度也是英国侵略中国的重要跳板。英国在 19 世纪末 20 世纪初对中国西南边疆的侵略，也是以印度为基地的。在英国早期殖民扩张当中，可以说重心是在北美洲。1783 年美国赢得独立战争胜利后，英帝国扩张的第一阶段或者说第一英帝国宣告结束，第二英帝国取而代之，而第二英帝国的重心就是印度。

英国在对印度的殖民扩张和殖民统治过程中，很好地运用了"分而治之"的策略。其中一个做法就是将侵占印度的领土分成了两大部分：一部分是由英国直接占领的殖民地，分成若干个省；一部分是依附英国的许多个王公土邦。在征服过程中，英国对大部分印度王公并未直接使用武力，而是强迫其与英国签订不平等条件，称为"同盟条约"，接受

---

① 林承节：《印度近现代史》，第 178—179 页。

英国驻军，王公土邦负担驻军费用；外交上接受英国监管。这样，就建立了一种依附关系。在王公土邦，英国不派官员进行直接统治，王公仍然是统治者，但英国向土邦派驻扎官，这些驻扎官实际上成了太上皇。[①] 驻扎官制度是殖民统治的一种形式，可以说是一种"间接统治"的形式，英国驻扎官不直接统治被征服地区的民众，而是利用本土封建上层进行统治；在印度就是由封建王公们统治土邦，英国的驻扎官发挥监管作用。实行这种驻扎官制度有利于争取殖民地上层统治者的配合，使他们成为英国殖民统治的"合作者"。驻扎官制度后来在英国其他一些殖民地也实行过。例如，英国在受英国"保护"的马来各邦也实行了驻扎官制度。[②]"间接统治"的形式在各个殖民地也是有差异的，但实质是一样的，它有利于争取殖民地上层，维护殖民统治。

由英国武力占领的各个省组成了"英属印度"（British India），英国向各省派遣总督（省督）进行直接统治。由各省组成的"英属印度"约占整个印度面积的五分之三，人口的四分之三；而几百个土邦（各个时期数目有所变化）的面积约占全印土地的五分之二，人口约占四分之一。这些王公土邦的土地就是所谓的"印属印度"（Indian India）[③]。在英国政府和学界术语中，一般不称印度包括英属印度为英国的"殖民地"。印度相当于英帝国中的"帝国"；印度也不属于英国殖民部主管，而是由单设立的印度部主管，印度大臣与殖民大臣是分开的。实际上，印度也是英国的殖民地，与其他殖民地没有什么本质区别。

2. 印度政治机构

印度被分成了"英属印度"和"印属印度"两个部分，管理的方式也是有差异的。总体情况是，英国管理英属印度的机构称为"印度文官机构"，而管理"印属印度"的机构称为"印度政治机构"（Indian

---

① 林承节：《印度近现代史》，第57—58、64—65页。

② 参阅芭芭拉·沃森·安达娅、伦纳德·安达娅《马来西亚史》，黄秋迪译，中国出版集团中国大百科全书出版社2010年版，第204—208页。

③ 安东尼·柯克－格林：《英国的帝国行政官员，1858—1966》，第71页。

Political Service)。"印度文官机构"是本章考察的主要内容,后面将进行详述,这里先对"印度政治机构"略作介绍。

印度政治机构的历史可追溯到 1783 年,当时印度仍在英属东印度公司的控制之下,英国政府已积极加强对印度的殖民统治,但还没有全面接管,英印政府成立了一个"外交和政治部"。英国政府全面接管印度后,印度政治机构得到了加强。其成员是借调的,主要来自印度文官机构、英印军队和警察机构。① 印度文官机构的成员在印度供职几年后,可以申请被借调到印度政治机构中任职。印度政治机构的成员主要是英国人,但后来当"印度化"逐渐发生时,也有印度人加入了印度政治机构,而印度政治机构中的印裔很少在王公土邦供职。②

印度政治机构的主要职能分三个方面。一是在王公土邦中供职;二是在边疆地区供职,这些地方是"极有争议的、惊心动魄的、艰难的地区",主要是处于从阿富汗到克什米尔之间的边疆地区;三是在"印度帝国政府"管辖之下的印度地理位置之外的"外国"供职,如波斯湾地区和喜马拉雅山边境地区。③ 印度政治机构中有两个级别的驻扎官:第一级别的驻扎官就像"高级专员"一样,被尊称为"阁下"(His Honour);第二级别的驻扎官,在土邦中,以"政治代理人"而知名。④ 在印度政治机构中,有在印度文官机构工作经历的往往在土邦供职,而有在英印军队工作经历的,往往到边疆地区供职。在土邦的驻扎官不是进行管理,主要是"指导、建议、提议"⑤,驻扎官要了解土邦的血统、礼节、优先顺序等情况。除了在王公土邦和"边疆地区"任职外,印度政治机构中的官员还有的从事"对外"方面的工作。例如,在"亚丁殖民地"(Settlement of Aden),波斯湾地区的巴

---

① 参阅菲利普·伍德拉夫《统治印度者》,第 2 卷《守卫者》(Philip Woodruff, *The Men Who Ruled India*, vol. 2: *The Guardians*),牛津阿尔登出版社 1954 年版,第 270 页;安东尼·柯克-格林:《英国的帝国行政官员,1858—1966》,第 71 页。

② 安东尼·柯克-格林:《英国的帝国行政官员,1858—1966》,第 73 页。

③ 同上书,第 71—72 页。

④ 同上书,第 72 页。

⑤ 同上书,第 74 页。

林、科威特等地，印度的由外国而不是英国统治的果阿等地区，一些官员担任"外交官"如领事等职务。[①] 进入土邦任职者起初通常担任驻扎官的个人助理。

与印度文官机构一样，"印度政治机构"也是英国进行殖民统治的工具。"印度政治机构"被有的学者视为"精英"机构，是由"从被挑选出的人员中挑选出来的人"组成的。[②] 正如英国驻印总督寇松说过的，印度政治机构提供了一种职业，"这一职业与世界历史上可以提供的任何迷人的职业一样"[③]。印度政治机构的成员往往看低印度文官机构中在英属印度任职的区长们，而印度文官机构中的区长们却带着羡慕的眼光看待印度政治机构中的成员。[④]

印度政治机构的成员并不多，一般只有一百余人。1947 年，印度独立时大约 150 人，比 1939 年增加了 20 人。[⑤]

3. 印度文官机构的形成和规模

前文已经讲过，"印度文官机构"与"殖民地公职机构"是分立的两个机构。虽然两者都是英国进行殖民统治的工具，但分属英国不同的政府部门主管，成员产生方式和待遇也不尽相同。印度文官机构自 19 世纪 50 年代起，就通过选拔性考试的方式挑选候选人，而殖民地公职机构整体上没有形成过这种公开选拔性考试挑选机制。印度文官机构的英文是 Indian Civil Service，而殖民地公职机构英文是 Colonial Service。Service 一词，我国学术界有时译成"机构"，笔者选择将殖民地公职机构中的 Service 译为"公职机构"；只译为"机构"则为"殖民地机构"，含义不太清楚，可能会使读者感到迷惑。实际上，这个 Service 中

---

① 安东尼·柯克－格林：《英国的帝国行政官员，1858—1966》，第 76 页。
② 安东尼·柯克－格林：《英国的帝国行政官员，1858—1966》，第 77 页；参阅菲利普·伍德拉夫《统治印度者》，第 2 卷《守卫者》，第 270 页。
③ 菲利普·伍德拉夫：《统治印度者》，第 2 卷《守卫者》，第 270 页。
④ 同上书，第 270—271 页。
⑤ 安东尼·柯克－格林：《英国的帝国行政官员，1858—1966》，第 71—72 页。

的成员，均可视为英国在殖民地供职的公职人员，所以译成"公职机构"更清晰易懂一些，也比较符合当代学术的通常表述。1954年，英国进行殖民地公职机构改革时，将原来的"殖民地公职机构"更名为"女王陛下海外文职机构"，英文是"Her Majesty's Oversea（后来改为Overseas）Civil Service"。这里的"Civil Service"两个英文词与印度文官机构中的"Civil Service"是完全一样的。但是，笔者没有翻译为"文官机构"，而是译为"文职机构"。主要考虑是"海外文职机构"中的许多成员称不上"官"，不过是高级技术型人员，多属于技术型"管理干部"，译成"官"不是很合适，且与今天的学术话语出入较大。但是，在本书中，"印度文官机构"的译名还是保留了"文官"二字的译法。这是考虑到我国学术界多少年来已习惯于将英国在英属印度的公职人员称为"文官"。保留这样的译法，是为了避免引起不必要的学术术语上的混乱，但请读者注意这一不同译法中的英文概念是相同的。在我国学术界，不同专业背景的学者有时将英国殖民地的一些相同概念译成了不同的中文概念。这给读者理解英帝国史增加了困难，是值得我们注意的。正如在前言中讲过的，本书力求将同一英文概念译成同一中文概念。

在英国政府完全接管对印度的殖民统治之前，东印度公司已经建立起了一支文官队伍。英属东印度公司在印度开展殖民商业活动，很早就存在着所谓的"商业机构"（Merchant Service）；1772年东印度公司形成了"文官机构"（Civil Service），取代了这种"商业机构"①。但是，当时没有实行选拔性考试制度，文官机构的人员是通过推荐产生的。在东印度公司担任文官成了英国一些人发财的途径，卖官鬻爵现象十分严重。《印度通史》一书指出："哈斯丁斯建立了和商业区分开的文官制度的基础，可是他不能为它建立很健全的机制，因为他作了许多不恰当的任命，以此来满足一些有势力的人物，这就败坏了他的制度。"②

---

① 安东尼·柯克－格林：《英国的帝国行政官员，1858—1966》，第89页。

② ［印度］恩·克·辛哈、阿·克·班纳吉：《印度通史》，张若达、冯金辛等译，商务印书馆1973年版，第3册，第853页。

英国议会1773年通过了关于东印度公司的法案后，开始干预东印度公司的文官队伍问题。正如本书前面讨论过的，1793年的特权法确定了排除印度人进入文官队伍的原则。1813年英国议会通过了东印度公司特许状法，取消了东印度公司对印度贸易的垄断权，印度对所有英国商人开放。与此同时，该法规定：只有在黑利伯里学院受过训练并取得毕业证书的人，才能被公司董事推荐为印度的文官。① 1833年的东印度公司特许状法，进一步取消了东印度公司的贸易特权——对中国茶叶贸易的垄断权。同时，该法规定：印度人或在印度出生的英国臣民不能因宗教、出身、肤色的原因而被剥夺担任高级官职的可能性。当然，这一提法在当时仅仅是一种提法而已。② 东印度公司仍然保留着官员的荐任权。1853年东印度公司特许状法取消了公司董事会任命官员的权力，规定印度文官实行公开考试选拔制度。规定是有了，但要通过考试选拔还需要时间。实际上，在1856年之前，绝大多数东印度公司的文官仍是通过推荐制度选拔的，只有在黑利伯里学院接受过教育的人才有可能被推荐任职。③

1858年英国政府全面接管东印度公司对印度的殖民统治之前，印度的文官队伍已基本形成。19世纪40年代时，英属东印度公司共有776位文官（civilians），包括10位"政府秘书"，115位司法官员，651位行政官员。1858年英国政府全面接管时，东印度公司文官机构中共有846个职位。④

英属印度文官机构的成员并不多，总体上讲处于上升趋势；而且印度人所占比例也呈上升之势。这一点从表5-1清晰可见。

---

① 林承节：《印度近现代史》，第85页。

② 同上。

③ C. J. 杜威：《一个统治集团的教育：竞争性考试时代的印度文官机构》（C. J. Dewey, "The Education of a Ruling Caste: The Indian Civil Service in the Era of Competitive Examination"），《英国历史评论》（*The English Historical Review*），第88卷第347期，1973年4月，第262—285页。

④ 安东尼·柯克-格林：《英国的帝国行政官员，1858—1966》，第89页。

表 5 - 1　　　　　　　　印度文官机构的人数①　　　　　（单位：人）

年代	欧洲人	印度人	总数
1859	846	—	846
1869	882	1	883
1879	907	7	914
1889	884	12	896
1899	988	33	1021
1909	1082	60	1142
1919	1177	78	1255
1929	881	241	1122
1939	759	540	1299

　　印度文官机构是英国在印度实行统治的"精英机构"，是殖民统治队伍中的高级官员。1931 年时，英国在印度的殖民政府雇用了大约 100万人，而印度文官机构的成员只占其中很小部分；他们统治着约 3.53亿人。②

　　从以上考察可以看出，英国的"印度文官机构"起源于英属东印度公司的文官机构，在英国政府全面接管东印度公司对印度的殖民统治之前就已经存在了，可以说能够上溯到东印度公司在印度开展殖民活动之始。但是，作为正式名称的"印度文官机构"的历史，权威说法是从1858 年到 1947 年。英国研究殖民地公职机构的知名专家安东尼·柯克－格林在其著作《英国的帝国行政官员，1858—1966》一书中，安排了专章考察印度文官机构的历史。这一章的标题是《印度文官机构（1858—1947）》。显然，作者是把印度文官机构的开始定在 1858 年英国政府全面接管对印度的殖民统治之时，终结之时就是 1947 年印度独

①　菲利普·伍德拉夫：《统治印度者》，第 2 卷《守卫者》，第 363 页。有些印裔或英印裔并不从印度文官机构开始其职业生涯，而是先进入省机构中任职，被认可后再被挑选纳入印度文官机构。这类人员不包括在上表中。1939 年时，这类人员在印度文官机构中占有 85 个职务，其中 49 个属于行政职务，35 个为司法职务，1 个为秘书职务。见同一书第 363 页的注释。

②　戴维 C. 波特：《印度政治行政官员 1919—1983》（David C. Potter, *India's Political Administrators 1919 - 1983*），牛津克拉伦登出版社 1986 年版，第 21 页。

立。"印度文官机构"（ICS）在 19 世纪的部分时间在官方是以"帝国文职机构"著称，是在 1858 年至 1947 年英国统治期间英属印度的高级文官机构。

在对印度文官机构有关历史进行考察之前，这里不妨对其大致发展历程作几点概述。这里讲"印度文官机构"，实际上刚开始没有印度人，主要是英国人。印裔最早进入"印度文官机构"是在 1867 年。后来，印度人中通过考试的人多起来了。到 19 世纪末 20 世纪初，随着印度民族解放运动的发展，印度文官机构中的印裔快速增加，出现了某种程度的"印度化"。1947 年印度独立时，印裔在印度文官机构中约占半数。印度文官机构成员并不多，最多时也只有一千几百人，统治着庞大的英属印度，并且在较长时间内比较稳定地维持着英国的殖民统治。要理解这一点，有两个因素是需要考虑的。一是英国在印度驻军，加上英国的海上霸权，成为英国在印度维持殖民统治的后盾；一是在印度存在着不少殖民统治的"合作者"。

4. 印度文官机构考试制度

印度文官机构，从 19 世纪中叶起实行选拔性考试制度。通过了考试并进行培训后，再到印度担任职务。早在 1853 年，英国已决定对在印度担任文官的人员，通过选拔性考试进行挑选，取代过去的推荐方式。1854 年，英国议会通过决定，规定不能通过推荐提名方式选拔印度文官。英国通过考试为印度文官机构选拔人选，是为了加强印度文官机构，从而维护英国在印度的殖民统治。当时有人评论说："真相的确是，如果这个国家要保住印度，那就只有通过每年向印度派送欧洲培养出的最新、最棒的年轻人。"[1]

1855 年进行了第一次印度文官考试。考试在英国进行，用英文考

---

[1] 《印度文官机构竞争性任命的效果》（"Effects of Competitive Appointments in the Civil Service of India"），《伦敦统计学会杂志》（*Journal of the Statistical Society of London*），第 24 卷第 4 期，1861 年 12 月，第 586 页。

试。这样，尽管印度人也有资格参加考试，但考试地点在英国，又是用英文，对印度人非常不利。印度人学习英语需要时间，特别是考试年龄规定得较低时，对印度人参加考试很不利。所以，最初若干年内没有印度人通过考试。第一个印度人进入印度文官机构是在1867年。由于印度人的要求，1922年印度文官考试开始同时在印度和英国举行。

考试的内容和对考生年龄上下限的规定也不断变化。起初，由麦考莱①设计的考试内容并不十分重视古典学和数学。考试的分数分配给古典学最多不过19%；给数学的不超过20%。② 这样，只靠古典学或数学成绩优秀是无法通过考试的。这不利于牛津大学和剑桥大学那些古典学或者数学成绩优异的学生。

试卷内容涉及的科目较多，起初采取每门科目所得分数简单相加形成最终分数的方式。这样，只要能拿到分数，考生会参加每门科目的考试。几年以后，为了避免上述问题，每门科目设置最低分数门槛，没有跨过这个门槛的分数不能计入总分。这样就把考试限制在四到五门科目。但是，四到五门科目，也导致考生求助于应试教育方法。③ 19世纪60年代应试学校地位提升，而在19世纪70年代几乎每个成功的考生都在应试学校学习过。④

关于考生的年龄，1854年一个委员会建议不超过25岁。这样大学毕业生有一定的时间学习准备印度文官机构的考试。1859年，参加公开考试的考生年龄上限降到23岁；1865年进一步下降到21岁。参加考试的年龄上限下调明显不利于大学毕业生，他们没有充分时间来准备考试。这样，参加印度文官考试的公学毕业生增多了，大学生减少，牛津、剑桥的学生比例明显下降。⑤ 英国一度甚至将考生最高年龄降低到19岁。降低考生最高年龄使名牌大学学生考试成功者比例下降，同时

---

① 汤姆斯·巴宾顿·麦考莱（Thomas Babington Macaulay）是英国19世纪著名的历史学家和政治家，曾致力于在英国殖民统治下的印度推行英式教育。

② C. J. 杜威：《一个统治集团的教育：竞争性考试时代的印度文官机构》，第269页。

③ 同上书，第270页。

④ 同上书，第272页。

⑤ 同上书，第271页。

也引起印度人的不满，19 岁的年龄规定几乎使印度人难以在公开竞争考试中取得成功。[①] 后来，考生最高年龄限制放宽，1892 年最高年龄恢复到 23 岁。在英属印度文官机构最后约 50 年时间内，考生年龄上限在 23/24，下限在 21/22 岁。[②]

考生年龄规定的变化，直接影响到考生来源。表 5-2、表 5-3 清晰地显示了这一变化。

表 5-2　　1855—1896 年印度文官机构新成员受教育情况及其百分比[③]

	1855—96	1855—9	1874—8	1878—82	1887—91	1892—6
大学	67	96	40	18	40	93
牛津	24	34	12	3	5	52
剑桥	16	23	4	1	15	25
爱尔兰	10	24	9	1	3	5
苏格兰	10	9	8	7	6	4
伦敦	5	6	3	5	7	4
印度	2	0	1	0	4	3

原注资料来源：文官机构专员们的报告。

表 5-3　　　　　印度文官机构中欧裔的大学背景[④]

大学	1914 年和之前进入印度文官机构		1914 年之后进入印度文官机构	
	人数	%	人数	%
牛津	244	47	214	41
剑桥	150	29	180	35
苏格兰大学	68	13	40	8
爱尔兰大学	35	7	19	4

①　C. J. 杜威：《一个统治集团的教育：竞争性考试时代的印度文官机构》，第 275 页。
②　安东尼·柯克 - 格林：《英国的帝国行政官员，1858—1966》，第 92 页。
③　C. J. 杜威：《一个统治集团的教育：竞争性考试时代的印度文官机构》，第 276 页。
④　戴维 C. 波特：《印度的政治行政官员，1919—1983》，第 71 页。

大学	1914 年和之前进入印度文官机构		1914 年之后进入印度文官机构	
	人数	%	人数	%
其他	20	4	46	9
没有提到的	4	1	17	3
总计	521	100	516	100

印度文官机构的考试办法是发展变化着的。这里简要介绍一下大致情况。考试分成两个部分。第一部分是公开竞争考试，挑选新成员；第二部分是一至两年实习期职业培训后的考试。在公开考试中，1860 年的试卷涉及 16 个专业；1900 年涉及 23 个专业。在 1860 年公开考试中，"文学"占主导地位；几乎三分之二的分数分布在语言、文学、历史试卷中（历史包括古代史、现代史和东方史）。古典学占 19%；数学比古典学显得更重要，占 22%；自然科学和"道德科学"包括在增补的专业中，各占 6%。到 1900 年时，"自然科学"和"社会科学"① 分量加重，包括哲学在内，共占 32% 的分值；数学占 16%；"文学"专业内容相应减少了，占 50%。三个新的社会科学是"政治经济学与经济史""政治科学""英国法律"；新的政府科学也得到了正式承认。②

显然，印度文官机构考试的内容和标准处于变化当中。1932 年 8 月文官机构委员会组织了一次"终考"，既反映 1931 公开竞争考试的成绩，也反映 1932 年实习期课程结束后的考试成绩。32 位候选人通过了考试，两位没有通过。5 门必修专业课程是：印度史、印度刑法、刑事诉讼法、印度证据法（Evidence Act）和一门印度语言。印度语言主要包括孟加拉语、缅甸语、印地语、马拉地语、泰米尔语、泰卢固语、

---

① 在英国和西方其他一些国家，"社会科学"的含义与中国学术界通常讲的"社会科学"是有较大区别的；一般情况下，英国讲"社会科学"，不包括文学、史学、哲学等文科学科。文史哲等学科在英国一般视为"文科"（Arts/ Humanities）；而"社会科学"主要指经济、法律等学科。

② C. J. 杜威：《一个统治集团的教育：竞争性考试时代的印度文官机构》，第 279—280 页。

乌尔都语。骑技也是必修科目。另外，还有一门选修课，包括英国史、缅甸史、梵语、波斯语以及印度有关宗教法律。印度史 400 分，语言 600 分，其他 3 门必修课和骑技各 200 分。选修课每门最高 400 分。除选修课和骑技外，每门课达到 50% 的分数即可通过。①

5. 印度文官的社会背景

英属印度文官机构的成员从总体上讲来自英国中产阶级家庭。在 1858—1897 年的 40 次公开考试中，新成员中只有一位来自体力劳动者家庭；同时来自"贵族"家庭的人也屈指可数；"实际上整个文官机构招聘于三个——占主导性地中产阶级——群体：专业人员的儿子（67%）、实业家的儿子（21%）、农场主或小绅士的儿子（12—13%）。"② 表 5－4 揭示了比较具体的情况。

表 5－4　　　　印度文官机构的社会背景：
1858—1897 年新成员父亲的职业③　　　　　　（%）

		1858—97	1858—62	1892—96
商人和厂主		17	7	15
教士	圣公会	16	23	15
	其他	5	4	6
文官机构	国内	9	3	6
	印度	3	3	3
陆海军官		9	8	5
地主和独立谋生者		8	11	6
律师		8	6	10

① 安东尼·柯克-格林：《英国的帝国行政官员，1858—1966》，第 93—94 页。

② C. J. 杜威：《一个统治集团的教育：竞争性考试时代的印度文官机构》，第 283 页，附录 1。

③ C. J. 杜威：《一个统治集团的教育：竞争性考试时代的印度文官机构》，第 284 页，附录 1；参阅安东尼·柯克-格林《英国的帝国行政官员，1858—1966》，第 99 页。

续表

	1858—97	1858—62	1892—96
医生	6	10	5
教师和新闻工作者	4	4	5
小店主	4	6	5
农场主和种植园主	8	8	12
其他职业人员	3	3	4

原注资料来源：文官机构专员们的报告。

　　英属印度文官机构，同其他公职机构相似，其成员多来自英国有名的公学或大学。正如 C. J. 杜威指出的，绝大多数新成员来自一些公学或文法学校；很高比例的成员来自一个小群体的公学，这些公学在准备印度文官机构考试当中明显地具有专长。这个小群体中有切尔滕纳姆、马尔伯勒、克利夫顿、贝德福德文法学校、金士顿（在爱尔兰）。①

　　通过这种选拔性考试，挑选到一批中产阶级家庭受过良好教育的子弟进入了印度文官机构，而阻止了通过推荐方式、靠裙带关系进入该体系。这样，印度文官机构就被"复苏了"；"从总督到区长，所有官员对其通过考试挑选的下属，除极少数例外，表示满意"②。

　　一个比较突出的现象是，英国有的家庭在印度世代为官，作为印度文官机构成员，或印度政治机构、驻印军队与警察机构等的成员。例如，科顿（J. Cotton）是一位印度文官机构成员的儿子，1934 年加入印度政治机构；他是他们家族中连续为"英王和公司"供职的第六代人。③

----

　　① C. J. 杜威：《一个统治集团的教育：竞争性考试时代的印度文官机构》，第 284—285 页。

　　② 《印度文官机构竞争性任命的效果》，《伦敦统计学会杂志》第 24 卷第 4 期，1861 年 12 月，第 587 页。

　　③ 安东尼·柯克－格林：《英国的帝国行政官员，1858—1966》，第 100 页。

6. 印度文官机构人员的培训

早在印度文官机构正式成立之前，英国已采取过措施对在印度的殖民官员进行培训。1800 年，在加尔各答成立了威廉堡学院（College of Port William）。1806 年，还在英国国内成立了"东印度学院"（East India College），学院存在 50 年。主要课程是语言文字、数学、法律、政治经济学、历史。[1]

19 世纪中叶后，正如前面已讲过的，进入印度文官机构的人员首先要通过公开选拔性考试。然后，要参加为期一到两年的有针对性的培训。英国对印度文官机构人员的能力要求是比较高的。根据《印度文官机构与竞争性考试》一书，这些文官必须具备三个方面的能力。第一，要掌握任职地方的语言；第二，要懂法律，熟悉法律条文，并要有应用法律的能力；第三，要能写一手好英文，能够清晰地用符合语言规范的方式表达。[2]

上面考察已揭示，通过公开的选拔性考试后，还需要参加实习考试。19 世纪 60 年代、70 年代中期，通过选拔性考试后，需要在英国学习培训两年。每隔 6 个月进行一次考试，称为期考，一共三次期考；学习培训结束时，还有一个期末考试，称作终考（Final Examination）。根据终考成绩，决定就职情况。通过了考试，就会被任命为印度文官，并签订契约。培训期间的四次考试基本涵盖了法律、政治经济学、印度历史和地理、印度语文（选择将去任职地区的语言）等方面。[3]

培训学校主要是牛津、剑桥、伦敦和都柏林三一学院。

---

① 菲利普·梅森：《统治印度者》（Philip Mason, *The Men Who Ruled India*），伦敦：乔纳森·凯普出版公司 1985 版，第 122—124 页。

② 艾尔弗雷德·科特雷尔·图普：《印度文官机构与竞争性制度》（Alfred Cotterell Tupp, *The Indian Civil Service and the Competitive System*），R. W. 布里奇斯 1876 年版，第 52—53 页。

③ 艾尔弗雷德·科特雷尔·图普：《印度文官机构与竞争性制度》，第 77—78 页；参阅安东尼·柯克－格林《英国的帝国行政官员，1858—1966》，第 102—104 页。

这种实习期培训被认为是"容易的"。培训结束通过终考后，实习人员正式被任命到印度文官机构，并签订协议就职。许多实习人员认为站在印度的土地上，他们的培训才真正开始。印度文官机构对新来者设立了年度教导营地，通常是 12 月份到 3 月份开始培训，把当年加入印度文官机构和帝国警察机构的人员集中起来，参加"就职"活动，接受教导人员的指导。这是新入职人员相互熟悉的好机会，以便此后合作。大多数实习人员第一年是在区总部工作，作为助理治安官，在区长的指导下了解熟悉区的事务。[①]

7. 印度文官机构的结构

英属印度文官机构是英国殖民统治的工具。他们的任务就是执行英国政府部门在国内设计制定的政策。克莱夫·杜威的记载表明，整个印度文官机构的结构阶梯是这样的：在最底层是助理专员，遵照副专员的指示办事；约六位副专员，每位都有自己管理的区，在一位专员的管理下工作；专员们通过管理省办公厅的秘书们获取省督指令；省政府从英印总督（副王，Viceroy）及其参事们（Councillors）那里获得指令；"印度政府"按照英国印度部发来的公文办事；印度大臣则向内阁汇报工作；内阁则要针对议会提出的关于其部下行为的咨询提供信息。[②]

正如殖民地公职机构在英国殖民大臣主管下一样，印度文官机构受英国印度大臣主管。那么，从理论上讲，印度总督（副王）应是在印度的印度文官机构最高级别官员。有学者提出疑问：副王是印度文官机构名义上的首脑，还是英国内阁在印度的代表。[③] 但实际

---

① 安东尼·柯克－格林：《英国的帝国行政官员，1858—1966》，第 102—104 页。

② 克莱夫·杜威：《英印态度：印度文官机构的心智》（Clive Dewey, *Anglo-Indian Attitude: The Mind of the Indian Civil Service*），牛津大学出版社 1996 年版，第 3—4 页。

③ 达拉·安贾里亚：《寇松的印度：殖民治理网络，1899—1905》（Dhara Anjaria, *Curzon's India: Networks of Colonial Governance, 1899 - 1905*），牛津大学出版社 2014 年版，第 115 页；这本书考察了寇松作为印度总督（副王）与印度文官机构的关系，第 4 章标题就是《省：印度文官机构及其首脑?》（*The Provinces: The ICS and Its Head?*），第 114—153 页。

上很少有印度总督（副王）是从印度文官机构中基层官员晋升上来的。

在英属印度，权力结构是这样的：中央政府下辖省，省政府下辖区；行政主要官员是副王、省督、区长或区专员。R. D. 麦克劳德指出，省辖范围太大，下面还分成若干个分区（Divisions）；分区下面又分成若干个区（Districts）。在英属印度共有231区（不包括缅甸），在联合省就有48个区。① 各区的情况差异较大。其中联合省的一个区平均面积大约2200平方英里，人口大约一百万，主要从事农业。区首领就是区长，一般是英国人；区长下面有三个级别的助手。区下分成四至五个乡，由乡长或治安官负责，在重要的事情上按区长的指导办理。他们可以被视为区长的助理人员。②

区是英属印度各省行政领域的基本单位。各区的政府主要官员在不同地区称呼上有区别：区治安官、区税收官、区长，而有的地区特别是比较落后的地区则称为"专员"。但也有学者选择把区级首脑统称为"税收官"③。

英属印度文官机构的成员有约半数在区一级任职；例如，1919年为48%，1938年为53%。在省一级任职的比例，1919年为27%，1938年为22%；在英印中央政府任职的比例，1919年和1938年均为11%；而在司法部门任职的比例，1919年为15%，1938年为14%。④ 第二次世界大战在欧洲爆发的1939年，印度文官机构人数达到了高峰，共1299人。这时印度裔人士也占据了相当的比重。表5-5是1939年印度文官机构的岗位分布情况。

---

① R. D. 麦克劳德：《一位印度文官的印象》（R. D. Macleod, *Impressions of an Indian Civil Servant*），伦敦：H. F. G 威瑟比出版公司1938年版，第42页。需要注意的事，此书出版于1938年，区的数量应是当时的情况，在英属印度不同时期区的数量会有变化。

② 同上书，第43—44页。

③ 戴维 C. 波特：《印度的政治行政官员，1919 1983》，第21页。

④ 同上书，第22页。

表 5-5　　　　　　　　　1939 年印度文官机构岗位的分布①

	秘书			司法			管理与其他			总数		
	欧裔	印裔	总数	欧裔	印裔	总数	欧裔	印裔	总数	欧裔	印裔	总数
印度政府	49	21	70	—	—	—	59	5	64	108	26	134
孟加拉	18	2	20	21	13	34	63	74	137	102	89	191
马德拉斯	13	6	19	12	11	23	51	58	109	76	76	152
孟买	5	6	11	7	10	17	46	36	82	58	52	110
信德	4	1	5	2	3	5	5	9	14	11	13	24
联合省	5	9	14	17	12	29	75	64	139	97	85	182
旁遮普	13	2	15	11	18	29	51	39	90	75	59	134
比哈尔	5	5	10	12	7	19	40	28	68	57	40	97
奥里萨	4	2	6				6	7	13	10	9	19
中央省	5	6	11	8	2	10	24	27	51	37	35	72
阿萨姆	6	1	7	2	1	3	20	10	30	28	12	40
西北边疆	4	0	4	0	2	2	4	0	4	8	2	10
缅甸	16	6	22	17	5	22	59	27	86	92	38	130
高级专委会	0	4	4							0	4	4
总数	147	71	218	109	84	193	503	384	887	759	540	1299

注：1937 年缅甸脱离英属印度，成为英国单独的殖民地。② 从此表可以推测，这个时候印度文官机构仍有人员在缅甸任职。

8. 区长履职情况

英属印度的区长有三大角色：收税官（Collector）、治安官（Magis-

---

① 菲利普·伍德拉夫：《统治印度者》，第 2 卷《守卫者》，第 365 页；参阅安东尼·柯克－格林《英国的帝国行政官员，1858—1966》，第 108 页。

② 英国在 19 世纪侵占缅甸后，将缅甸作为英属印度的一个省进行统治；1935 年，英国通过了《缅甸政府组织法》，作为 1935 年《印度政府组织法》的一部分，规定从 1937 年 4 月 1 日起印缅分治，由英国任命总督直接统治英属缅甸。参阅贺圣达《缅甸史》第 8 章第 3 节《英国的殖民统治政策和制度》，第 10 章第 5 节《印缅分治和"总会"的衰落》（云南人民出版社 2015 年版）。

trate）和区首脑（Head of the District）。收税官主要有六项任务：征收土地税；保存土地档案；保护农民利益；掌控税收法庭；监管财政；管理消费税。[①] 作为治安官，主要任务就是：维持法律秩序，管理治安法庭，管控枪支。[②] 作为区首脑，区长负责各种事务性工作，区的事务，只要不是其他的专项工作，则应由他负责。例如，管理财物，消灭危险的野生动物；维护监测河堤，安排宗教活动，为重要人物安排狩猎。[③] 区长实际上就是英印殖民政府在地方上的代理人，是其耳目、喉舌、手足。对印度人来说，"收税官是帝国政府……他建立学校、医务室、监狱、法院。他征收土地税，确定关税，对所有的任命提名，从清道夫或警察到法院和库房的巨大的搜刮性办事处"[④]。

区里还有一些其他官员。与区长同在区总部的一般有两位其他官员，一位是警长，一位是医务长。此外，区里还有一位法官，一位区工程师；在许多区还有一位执行工程师，有的区还有一位森林管理员。在大多数区里有一两位卫生官员，促进村卫生，防止疾病流行。区里还有几个主要部门：农业部门、消费税部门、合作部门和邮电部门。[⑤] 此外，区里也有一些公共团体。最重要的是区委员会，负责农村地区的福利性事务。

区长是英国印度文官机构在基层的主要角色，也就是英国殖民统治在基层的关键性人物。本书将设专章对英国殖民地公职机构中的区长进行考察。

---

① R. D. 麦克劳德：《一位印度文官的印象》，第46页。
② 同上书，第52页。
③ 同上书，第60—61页。
④ 菲利普·伍德拉夫：《统治印度者》，第2卷《守卫者》，第93页。
⑤ R. D. 麦克劳德：《一位印度文官的印象》，第65—71页。菲利普·伍德拉夫：《统治印度者》第2卷《守卫者》一书有这样的说法：在大多数区，区长有4至6个助理，从事同类工作。有的负责部门工作，一位可能是城镇法官，一位负责管理办公室；一位可能是印度文官机构中的低级官员，其他则是直接在印度任命的，未与国务大臣订立契约。这些职务是1833年的法案规定给印度人的，1857年印度民族大起义之前，掌握这类职务的印度人比例已经增加，后来一度下降后又重新开始攀升。（第148页。）

9. 印度文官的待遇

印度文官机构的官员们的待遇条件是比较好的。他们的薪水很高，任职期长而稳。早在 18 世纪末年，英国议会对英国在印度进行殖民统治的高官薪水就有建议："建议的薪水是丰厚的；总督（governor-general）每年将领取 2.5 万英镑，参事（councilor）将领取 1 万英镑，首席法官（chief justice）将领取 8 千英镑。"①

19 世纪中叶，印度发生反英民族起义后，为了维护英国的殖民统治，英国印度部想吸引牛津大学和剑桥大学最好的毕业生加入印度文官机构，所以给他们比国内高得多的薪水。"助理专员"在他们 20 岁出头开始任职时，就能挣到约 300 镑的年薪；这是普通牧师薪水的两倍，是农业工人工资的 6 倍。到他们 30 多岁时，可以挣 1600 英镑到 2400 英镑；50 多岁时可以挣到 3600 英镑，这同英格兰的高级法官的薪水一样高，甚至更高。其他级别更高者薪水也更高。② 柯克－格林也指出，在维多利亚时代（英国维多利亚女王统治时期，1837—1901）中期，青年文官起薪是普通神职人员薪水（相当于其父辈薪水）的两倍。省督们薪水很高，还可以免费使用政府官邸，其"生活风格"可以与英国较穷的贵族同等。20 世纪 30 年代中期的薪水情况是：旁遮普省督年薪是 100000 卢比，阿萨姆和西北边疆省的省督年薪是 66000 卢比；印度政府的 29 位秘书的年薪是 48000 卢比；年轻法官年薪是 48000 卢比；在省里，专员们的年薪是 36000 卢比。这样的薪水被当时英国打算到海外担任文官的大学生们公认是"相当充足的"③。

有学者对印度文官机构成员的薪水与英国、美国、日本等国相关官员的薪水进行了对比，印度文官机构成员的薪水要高得多。例如，

---

① 玛格丽特·艾埃尔·威尔伯：《东印度公司和远东的英帝国》（Marguerite Eyer Wilbur, *The East India Company and the British Empire in the Far East*），纽约：理查德 R. 史密斯出版公司 1945 年版，第 292—293 页。

② 克莱夫·杜威：《英印态度：印度文官机构的心智》，第 5 页。

③ 安东尼·柯克－格林：《英国的帝国行政官员，1858—1966》，第 109—110 页。

1935 年，印度总督会议成员的月薪是 6666 卢比，而英国内阁成员月薪则只有 5555 卢比；英属印度比哈尔省的省督月薪是 8333 卢比，而当年美国纽约州州长的月薪是 5687 卢比，波兰总统月薪是 1560 卢比，日本首相的月薪是 622 卢比。[1] 可见，用国际标准衡量，英属印度文官机构成员的薪水是很高的。这是英国对"第一线"殖民统治者的鼓励和奖赏，也是英国维护殖民统治的一个策略，也是对殖民地的一种掠夺。

10. 印度文官机构的本土化

关于印度文官机构的本土化或者说"印度化"的问题，在本章前述中也有所提及。总的发展变化趋势是，英属印度文官机构中的印度人慢慢增多。1867 年，第一位印度人进入了印度文官机构。1871 年又有 3 位印度人加入了印度文官机构；1899 年，印度文官机构中有 33 位印度人；1909 年近 60 位。[2] 印度独立、印巴分治时，印度文官机构共有 980 位官员，其中 468 位为欧洲人，352 位是印度的印度教徒，101 位是穆斯林，2 位是下等阶层和表列种姓，5 位是定居的欧洲人和英印裔人，25 位印度基督教徒，13 位拜火教徒，10 位锡克教徒，4 位其他族群人士。

尽管印度文官的本土化进程早已开始，但直到印度独立前一年，英国才停止招聘印度文官机构的成员。英国印度大臣佩西克 – 劳伦斯勋爵（Lord Pethick-Lawrence）1946 年 8 月 13 日的备忘录讲，已向英国驻印总督（副王）阿奇博尔德·韦弗尔（Archibald Wavell）发了电报，立即停止为印度文官机构和印度警察机构招聘欧裔和印裔成员；已被"战时机构"招聘并同意任命的 73 位欧裔的任命立即取消；在这 73 位人选中，有 54 位已接受了任命并等待次月起航赴印度；需要考虑给予有关

---

① 戴维 C. 波特：《印度的政治行政官员，1919—1983》，第 33 页。
② 安东尼·柯克 – 格林：《英国的帝国行政官员，1858—1966》，第 88 页、第 120—122 页。

人员适当补偿。①

在本土化过程中，英国政府很关心印度文官机构官员的利益。印度独立时英国内阁做了细心安排，以保证印度文官机构人员的利益，包括退休养老的保障。② 这一点也可从英国政府的两份敕颁文书中看到。③ 这两份敕颁文书对印度独立时有关人员的补偿做了明确的规定，见表5-6。

印度独立后，小部分英国人留下来在印度和巴基斯坦担任职务。

印度文官机构人员去世后，养老金首先支付给其遗孀，其次支付给其未婚子女。印度独立后几十年，英国的前印度文官机构成员的子女仍有一些人在领取文官的退休养老金。④

印度文官机构是英国统治印度的工具，受到英国殖民者的赞赏。但印度民族主义者反对殖民统治，对"印度文官机构"支持英国殖民政策采取了嘲笑态度。印度总理尼赫鲁（Jawaharlal Nehru）注意到有人对印度文官机构做了阐述："我们这个国家不幸仍受到其折磨，它既不是印度的，也不是公民的，也不是服务性的。"⑤

---

① 英国内阁档案 CAB 129/12，C. P. （46）324，1946 年 8 月 13 日，《印度文官机构和印度警察的招聘：印度大臣备忘录》（"Recruitment for the Indian Civil Service and the Indian Police：Memorandun by the Secretary of State for India"）。

② 英国内阁档案 CAB 128/9，C. M 36 （47），1947 年 4 月 14 日，《印度和缅甸：对印度和缅甸公职机构成员的补偿》（"India and Burma：Compensation for the Members of Indian and Burma Services"）。

③ 英国政府敕颁文书 Cmd. 7116：《印度：对公职机构的补偿》（Cmd. 7116：*India：Compensation for the Services：Grant of Compensation for Premature Termination of Their Service in India to Members of the Civil Services Appointed by the Secretary of State and to Regular Officers and British Warrant Officers of the Indian Naval and Military Forces*），英国皇家文书局，1947 年 4 月；英国政府敕颁文书 Cmd. 7192：《印度：给予与印度宪制变革有关的印度文官机构成员和印度武装部队成员的条件和保证的概述》（Cmd. 7192，*India：Recapitulation of Terms and Assurances Given to Officers of the Civil Services of India and to Members of the Indian Armed Forces in Connection with the Constitutional Changes in India*），英国皇家文书局，1947 年 8 月。

④ 安东尼·柯克-格林：《英国的帝国行政官员，1858—1966》，第 109—110 页。

⑤ "印度文官机构"英文是 Indian Civil Service，其中，"Civil"基本含义是"公民的"；而 Service 一词基本含义是"服务"，也有机构的含义，这里尼赫鲁批评"印度文官机构"不是"服务性的"。

表 5 - 6　　　　　对国务大臣任命的文官补偿的数目（英镑）①

已任职的年限	数目	已任职的年限	数目
5	2500	19	6500
6	3000	20	6000
7	3500	21	5500
8	4000	22	5000
9	4500	23	4500
10	5000	24	4000
11	5500	25	3500
12	6000	26	3000
13	6500	27	2500
14	7000	28	2000
15	7500	29	1500
16	8000	30	1000
17	7500	31	500
18	7000		

①　根据英国政府敕颁文书 Cmd. 7116：《印度：对公职机构的补偿》和英国政府敕颁文书 Cmd. 7192：《印度：给予与印度宪制变革有关的印度文官机构成员和印度武装部队成员的条件和保证的概述》中的附件表 1 制作。

第六章　苏丹政治机构

19世纪末期，在列强瓜分非洲狂潮中，英国最终侵占了苏丹。英国侵占苏丹是与入侵埃及分不开的。英国早在拿破仑战争期间，就曾入侵过埃及。19世纪中叶，英法开凿了苏伊士运河，加强了对埃及的控制。1882年，英国占领埃及。1898年，"英埃军队"击败了苏丹军队，占领了苏丹。

1. 英埃"共管"苏丹

英埃双方于1899年签订了英埃共管苏丹的协定，苏丹成了所谓的"英埃共管地"（Anglo-Egyptian Condominium）。《英埃共管协定》的全称是《英国女王陛下政府和赫迪夫殿下政府关于未来管理苏丹的协定》。第三条规定："苏丹最高军事与民政统治权将交给一位称为'苏丹总督'的官员。此官员由赫迪夫根据英国女王陛下政府之推荐下令任命，赫迪夫须经英国女王陛下政府同意，始得下令撤换。"第四条规定："总督为妥善治理苏丹，依法管理国内各种财产的拥有、处理和转让，可随时以公告的形式制订、修改或废除法律以及具有全部法律效力的命令和规章。此项法律、命令和规章可适用于苏丹全国或任何指定的地区，并可以明文规定或者通过必要的默契，修改或废除任何现行的法律和规章。"第十条还规定："未得英国女王陛下政府事先同意，苏丹不得接受任何外国派遣之领事、副领事或领事代表，也不得允许上述人员在苏丹居留。"① 1899 年 7 月，英埃双方还签订了管理苏丹的补充协定。② 通过这两个协定，英国在苏丹大权独揽，所谓"英埃共管"，实际上是英国主管；再说，连埃及也在英国的殖民强权控制之下。英国没有用"殖民地"一词来称呼实际上沦入英国殖民统治下的苏丹，名义上还是称作"英埃共管地"。并且这个"英埃共管地"也不属于英国殖民部主管，而是由英国外交部主管。管理的官员也不属于英国殖民地公职机构，而属于"苏丹政治机构"（Sudan Political Service）。

在这种"英埃共管"机制下，在英国统治下的苏丹有一些下层埃及官员，并驻有埃及军队。1922 年，英国被迫承认埃及独立时，在埃及仍保留了驻军等一些殖民权益；英国对苏丹的统治也没有受到什么影响。1924 年 11 月 19 日，英国驻苏丹总督兼埃及军队司令李·斯塔克爵士（Sir Lee Stack）在开罗街头被暗杀。英国趁机向埃及发出最后通牒；埃及军队和官员被迫撤出苏丹，苏埃军队的小规模兵变被英军镇压。③ 英国政府认为：宣布废除 1899 年《英埃共管协定》"是不可取的"，但"实际的行政管理和所有真正的权威都掌握在英国人手中"④。

需要指出的是，埃及也长期在英国的控制之下。19 世纪下半叶，埃及欠列强大量外债，在财政上被英法等国控制。1882 年英国索性出兵占领了埃及，将埃及纳入自己的控制之下。英国占领埃及后，也派出官员进行统治。1883 年克罗默勋爵被任命为英国驻埃及的"代理人和

---

① ［苏丹］迈基·希贝卡：《独立的苏丹》下册，上海新闻出版系统"五·七"干校翻译组译，上海人民出版社 1973 年版，第 829—832 页。

② ［苏丹］迈基·希贝卡：《独立的苏丹》，第 833—834 页。

③ 参阅［苏丹］迈基·希贝卡《独立的苏丹》，第 806—807 页。

④ W. N. 梅德利科特等主编：《关于英国对外政策的文献》，第 IA 辑第 2 卷：《在德国军事控制的终结、中东问题与美国问题，1926—1927》，附件：《1926 年 10 月 26 日 A. 张伯伦爵士在帝国会议上的报告》（W. N. Medlicott, Douglas Dakin, M. E. Lambert, eds., *Documents on British Foreign Policy 1919 – 1939*, Series IA, Volume 2: *The Termination of Military Control in Germany, Middle Eastern and American Questions 1926 – 1927*, Appendix: "Statement Made by Sir A. Chamberlain to the Imperial Conference on October 20, 1926"），英国皇家文书局 1968 年版，第 934 页。

总领事"。在 1883 年至 1907 年之间，克罗默是埃及实际上的统治者。
克罗默建立了英国"埃及文官机构"，并进行招聘工作。埃及不是英国
通常性的殖民地，如印度、澳大利亚等。英国的"埃及文官机构"
（Egyptian Civil Service）主要是发挥"顾问性"角色。在埃及政府的每
个部门都有一位"强有力的英国顾问"和一个英国官员团队。在 1883
年至 1886 年间，每年大约 200 名外国人被任命为埃及文官机构的职员，
其中多数是英国人。到 1886 年，在埃及有 299 位英国官员。埃及财政
部、公共工程部、军队被欧洲人控制，而主要职位掌握在英国人手中。
英国在埃及的官员数量继续增加，1919 年时达到高峰，有约 1600 名。[1]
1922 年，由于埃及人民的反抗斗争，英国被迫承认埃及独立，但仍保
留驻军。英国平时在埃及维持 5000 人的"和平时期军队"，同时建立
由英国军官控制的埃及军队。在埃及的亚历山大里亚，英国建有海军基
地。19 世纪 20 世纪之交，埃及对外贸易的一半是与英国进行的，通过
苏伊士运河的船只中超过 70% 是英国的。英国承认埃及独立后，驻埃
及人数逐渐减少，但到 1945 年时还有 400 多名英国官员在埃及政府机
构中任职。[2]

2. 苏丹政治机构的规模

　　"苏丹政治机构"与"殖民地公职机构""印度文官机构"是分开
的，在英国的主管部门也不一样；"苏丹政治机构"由外交部主管，后
两者则分别由殖民部和印度部主管。殖民地公职机构主要管理英国的殖
民地，印度文官机构则统治英属印度各省。英国还建立了一个"印度政
治机构"，主要管理印度各土邦。当然，"苏丹政治机构"与"殖民地
公职机构""印度文官机构"一样，都是英国殖民统治的工具。"苏丹
政治机构"也有不同于"印度政治机构"的地方，苏丹政治机构官员
担任各省的省督和省以下各地区的专员，称作区专员；印度政治机构的

---

[1]　安东尼·柯克－格林：《英国的帝国行政官员，1858—1966》，第 65—66 页。
[2]　同上书，第 65 页。

官员在土邦作为驻扎官，主要发挥监督任用；苏丹政治机构的官员，担任省督和区专员，履行着管理职能，与印度文官机构的官员担任省督和区长的角色可以说大致是一样的。在英埃共管苏丹条件下，英国的各省省督和区专员利用本土的传统权威势力，包括各地的部落酋长或头人，采取了一定的"间接统治"形式。

英埃苏丹虽然不属于英国殖民部主管，也不被称作殖民地，但实际上是英国的殖民地。占领苏丹后，起初英国从英埃军队中抽调了一些英国军官对苏丹进行统治。首批加入"苏丹政治机构"的文官是在 1901 年招聘的，一共 6 位；以后每年平均约招聘 8 位实习生，接受培训以便加入到苏丹政治机构。① 下表 6 - 1 是 1899—1952 年苏丹政治机构招聘人员的情况。

表 6 - 1　　　　1899—1952 年苏丹政治机构招聘人数②　　（单位：人）

年份	人数
1899—1918	94
1919—1933	179
1934—1939	43
1941—1944	8
1045—1952	72
总数	396

在苏丹政治机构中，早期阶段文职的省督（Governor）并不多。1909 年，出现一位文职省督；1912 年，两位；1914 年一战爆发时，有五位。③

---

① 罗斯玛丽·肯里克编：《苏丹故事：苏丹政治机构官员妻子回忆录 1926—56》（*Sudan Tales：Recollections of Some Sudan Political Service 1926 - 56*），Compiled by Rosemary Kenrick，肯尼克·奥莱安德出版公司 1987 年版，第 1 页。

② 安东尼·柯克 - 格林：《英国的帝国行政官员，1858—1966》，第 170 页。

③ 哈罗德·麦克迈克尔爵士：《苏丹》（Sir Harold MacMichael，*The Sudan*），欧内斯特·本有限出版公司 1954 年版，第 77 页的注释。

苏丹政治机构的最后一批人员招聘是在 1952 年。英国"苏丹政治机构"的官员，一年内同时在苏丹供职的，从未超过 150 人；苏丹政治机构整个存在期间，其成员总计不超过 500 人。[①] 但是，在英埃苏丹，在英国殖民统治下，还有一支较大的"文职机构"，有 9000 多个岗位，1950 年包括 993 位英国官员（officials）。"苏丹政治机构"是殖民地的高级官员，是英国在苏丹殖民统治"精英中的精英"[②]。这些精英中的精英除英埃苏丹"中央政府"官员外，主要就是省督、区专员、助理区专员。英国占领苏丹后，将苏丹分成若干个行政省；1930 年，有 12 个省，后来压缩为 9 个省。

3. 选人方式和标准

苏丹政治机构成员的产生方式，与印度文官机构成员的产生方式不同，没有选拔性考试，而是通过面试产生。英国殖民部档案中保存着一份 1933 年 1 月重印的文件，名称是《苏丹政治机构：候选人备用信息》，对人选的要求和产生方式做了规定。候选人在备选当年的 10 月 1 日必须大于 21 岁，小于 25 岁。候选人事先要认真填写申请表；由一个遴选委员会（Selection Board）负责挑选，这个委员会的成员由"苏丹政府"任命，通常每年 7 月份在英格兰开会。苏丹政治机构的成员在回英国度假时，常常参与挑选苏丹政治机构候选人的面试工作。遴选委员会负责审查候选人申请表，也可能去相关大学对候选人进行初步面试；淘汰一些人后，余下的候选人参加遴选委员会的面试。经过最后面试，遴选委员会挑选出适当数量的人选，通常每年是 5—10 名，作为助理区专员，来填补苏丹政治机构中的空缺。最后确定的人选都要求体检合格。[③]

英国驻埃及的代理人和总领事克罗默是英国政府驻埃及的全权代

[①] 安东尼·柯克 – 格林：《英国的帝国行政官员，1858—1966》，第 164 页。

[②] 同上书，第 166 页。

[③] 英国殖民部档案 CO 877/11/2：《苏丹政治机构：候选人备用信息》（*Sudan Political Service: Information for Candidates*），1933 年 1 月重印，第 1—2 页。

表。他对苏丹政治机构成员的挑选曾经提出了标准："活跃的年轻人，有健康的体魄，高尚的品格和合适的能力。"[1] 这里，这位长期在埃及进行殖民主义活动的克罗默提出了两点重要标准，一是"健康的体魄"，一是"合适的能力"。也就是说，选人标准之一是身体要强壮；"合适的能力"则意味着并非一定需要学习成绩优秀者，只要有"合适的能力"就行。根据这样的标准，在挑选苏丹政治机构的人选时，就非常看重候选人的体育成绩。因此，牛津、剑桥的学生中体育成绩突出者成了优先考虑的目标。在有影响的中学里，体育成绩优秀者也是重点挑选的对象。

　　的确，在苏丹政治机构中，体育成绩优异者很多。表6－2是1899—1956 年之间苏丹政治机构中曾经是牛津、剑桥的体育运动代表的人数。

表6－2　　1899—1956 年苏丹政治机构中牛津、剑桥体育运动代表[2]

（单位：人）

	牛津和剑桥体育运动代表	牛津和剑桥招聘的人数	全体招聘人数
1899—1918	24	59	91
1919—1939	40	169	224
1940—1952	7	54	78

　　从表6－2可见，在牛津、剑桥招聘的苏丹政治机构的人选中，体育运动代表的比例很高。从英国公学招聘来的成员有一个共同点就是他们的体育成绩好。[3] 下表6－3是苏丹政治机构中成员在中学和大学的体

　　　　① 罗斯玛丽·肯尼克编：《苏丹故事：苏丹政治机构官员妻子回忆录1926—56》，第1—3 页。

　　　　② J. A. 曼根：《一个精英的帝国管理队伍的培养：苏丹政治机构、英国人与英国公学制度》（J. A. Mangan，"The Education of an Elite Imperial Administration：The Sudan Political Service and the British Public School System"），《国际非洲史研究杂志》（*The International Journal of African Historical Studies*），第 15 卷第 4 期（1982），第 685 页。

　　　　③ J. A. 曼根：《一个精英的帝国行政队伍的培养：苏丹政治机构、英国人与英国公学制度》，第684 页。

育运动情况。

表6-3　　　　　　　苏丹政治机构成员的体育运动成员①　　　　（单位：人）

	机构中的前中学生	中学运动员	大学运动员
马尔伯勒	19	9	9
拉格比	20	14	3
温切斯特	30	16	6
曼顿克穆	4	4	2
圣比斯	3	3	1
萨顿瓦伦斯	5	4	0

原注：中学或大学体育运动员是指在学校注册为运动员或在苏丹政治机构中参加过值得提及的体育活动。

1907年加入苏丹政治机构的 H. C. 杰克逊后来在其书《苏丹岁月和苏丹方式》（*Sudan Days and Ways*）中描写了他到达苏丹时的情景。

八位青年人登上了拥挤的沙漠快车号，开始从瓦迪哈勒法到喀土穆的长途旅行。我们都是从大学新来的（五位来自牛津大学，两位来自剑桥大学，一位来自都柏林的三一学院）……虽然我们中四位是学者，一位是剑桥大学数学荣誉学位考试第四名，我认为我们之所以被挑选……主要是因为我们是体育运动员……在我们八人中，有一位前牛津和苏格兰橄榄球队队长，一位前剑桥大学板球队队长，一位牛津大学 XI 足球队队员，一位男子赛艇选拔赛队员，一位牛津和米德尔塞克斯郡板球队队员，以及一位萨墨赛特郡橄榄球队队员。正是这种对身体强壮的重视形成了这样的格言：苏丹是一个由蓝色人管理黑色人和棕色人的国度。②

---

① J. A. 曼根：《一个精英的帝国行政队伍的培养：苏丹政治机构、英国人与英国公学制度》，第686页。

② 同上书，第684页。

这里的"蓝色人"英文是"Blues",一般指牛津大学、剑桥大学校队运动员或球队队员,他们多佩带蓝色标志。[①] 而苏丹人则大多为黑色和棕色人种。关于有多少这样的"蓝色人",柯克-格林进行过统计,详见下表6-4。[②]

表6-4　　　1901—1952年苏丹政治机构中的"蓝色人"数量[*]　（单位：人）

招聘时间	任命人数[**]	橄榄球	板球	田径	赛艇	曲棍球	足球	射击	其他	总数[***]
1901—18	63	6	5	4	5	3	3	0	2	28
1919—44	193	14	7	7	6	3	3	6	12	58
1945—52	54	1	1	1	0	2	0	0	2	7
总数	310	21	13	12	11	8	6	6	16	93

原注：[*] 主要指牛津或剑桥大学毕业生；也包括苏丹政治机构的成员在其他大学如都柏林三一学院、爱丁堡大学等。

[**] 这个人数不包括苏丹政治机构中那些没有上过大学但却上过英国皇家军事学院或皇家军事研究院或其他没有本科生的机构。这样的成员整个苏丹政治机构存续期间大约有80人。

[***] 这个总数包括12位获得双重"蓝色标志"和一位获得三个"蓝色标志"者。

4. 成员的社会背景

牛津、剑桥两个大学是苏丹政治机构成员的主要来源。从1899年至1956年苏丹独立,招聘进入苏丹政治机构的人员将近400人,其中285位(约占3/4)来自牛津大学和剑桥大学,[③] 详见下表6-5。

———————

① J. A. 曼根：《一个精英的帝国行政队伍的培养：苏丹政治机构、英国人与英国公学制度》，第672页；安东尼·柯克-格林：《苏丹政治机构：初步概况》（A. H. M. Kirk-Greene, *The Sudan Political Service: A Preliminary Profile*），牛津羊皮纸有限公司1982年版，第20页。

② 安东尼·柯克-格林：《苏丹政治机构：初步概况》，第8页。

③ 罗伯特·科林斯：《苏丹政治机构："帝国主义者"的一个标本》（Robert Collins, "The Sudan Political Service: A Portrait of the 'Imperialists'"），《非洲事务》（*African Affairs*），第71卷第284期，1972年7月，第296页。

表 6 - 5　　　　　　　苏丹政治机构的来源①　　　　　（单位：人）

年代	牛津大学	剑桥大学	其他（士兵、其他大学等）	总数
1899—1914	37	23	28	88
1915—1933	89	43	53	185
1934—1939	23	15	5	43
1941—1944	4	1	3	8
1945—1951	29	21	19	69
总数	182	103	108	393

安东尼·柯克-格林在《英国的帝国行政官员，1858—1966》一书中，对苏丹政治机构成员的大学背景也进行了考察，详见表 6 - 6。

表 6 - 6　　　　　1899—1952 年苏丹政治机构的大学背景②　　　（单位：人）

大学	人数	大学	人数
牛津	180	剑桥	103
都柏林三一学院	7	威尔士	2
爱丁堡	4	艾伯丁	1
圣安德鲁斯	4	悉尼	1
伦敦	3	维多利亚	1
格拉斯哥	2	普瓦捷	1
R. M. C. 桑赫斯特（英国陆军学校）	19	林肯律师学院	1

关于英国苏丹政治机构总人数的统计和从各大学、公学招聘人员的数目的统计，专家们提供的数字稍有出入，年限表述也有所不同。但从这些统计中，我们能见其梗概。从上表中，还可看出，英国的苏丹政治机构中还包括来自英国之外大学的毕业生。

---

①　罗斯玛丽·肯尼克编：《苏丹故事：苏丹政治机构官员妻子回忆录 1926—56》，第 4 页。

②　安东尼·柯克-格林：《英国的帝国行政官员，1858—1966》，第 174 页。本表中来自牛津大学的人数与上表中来自牛津大学的人数稍有出入，后表中多 2 人，时间上多一年。

除部分军官外，前面的考察已揭示大多数进入苏丹政治机构的成员来自牛津、剑桥两所大学，而就读这两所大学的学生中也有很多来自英国有名的公学。这一教育背景本身说明了进入苏丹政治机构的人员多为富家子弟。罗伯特·柯林斯指出："苏丹政治机构的成员来自乡村，或者来自那些根基和传统在英国乡下的帝国文职机构或职业阶级成员的家庭。他们出生和成长于乡下绅士氛围之中，如果说实际上不是这个阶级一员的话，他们生来就被灌输了一种绅士义务、责任与特权意识。"①柯林斯还指出，加入苏丹政治机构的约 400 人中的三分之一是教士的儿子，其他人则是医生、士兵或文官的儿子。非常少的人来自商业或工业家庭；没有一位来自工人阶级家庭。②

J. A. 曼根持不同观点，他认为没有证据表明苏丹政治机构及其省督们是经过仔细挑选的英国上层统治阶级的成员，他们也不是资产阶级小集团的代表。"事物的真相是，这个机构主要是由上层中产阶级家庭的儿子组成的，这些家庭与大商业、工业或政治王朝很少有紧密的联系。与其天真地接受政治理论家们的诱惑性教条，不如更简明地承认苏丹政治机构是一种职业性自我优待的形式，主要由具有公学背景和上层中产阶级背景的牛津大学和剑桥大学的毕业生享有。"③ 因此，他认为苏丹政治机构招聘的成员，"并非几乎排他性地来自地主绅士家庭及其旁系"。

尽管英国学者对苏丹政治机构成员的社会背景持有不同的看法，但有一点是比较明确的，其成员大多来自中产阶级家庭。

5. "沼泽男爵"

英国占领苏丹后，起初派遣军官进行统治，但不久苏丹政治机构即被那些从大学招聘来的文官所主导。不过，在苏丹政治机构中始终存在

---

① 罗伯特·科林斯：《苏丹政治机构："帝国主义者"的一个标本》，第 300 页。
② 同上书，第 301 页。
③ J. A. 曼根：《一个精英的帝国行政队伍的培养：苏丹政治机构、英国人与英国公学制度》，第 690 页。

着一小部分军官。这批英国军官一般被任命到南部苏丹难以管辖的地区，或在环境艰苦的沼泽地区。这批军官被人们称为"沼泽男爵"，英文是"Bog Barons"；"Bog"英文有"沼泽"之义，"Baron"是"男爵"的意思。"沼泽男爵"多担任偏远地区的区专员，他们以父权制专制作风管理所统治的地区，善于用高压手段来维持所管地区的稳定。这些"沼泽男爵"是苏丹政治机构中一个组织严密的小团体；他们与苏丹政治机构中的"文官"是有差异的。"沼泽男爵"作为一个群体到第二次世界大战开始时实际上已消失了，但仍有几位在"最孤立和最困难的地区"任职。他们不像文官那样领取退休金，而是在退休时获得一笔补偿金。①

6. 人员培训与试用

苏丹政治机构招聘的新成员培训内容并不多。根据英国学者罗伯特·柯林斯的记载，起初被挑选的候选人要在大学学习一年阿拉伯语。一战后情况发生了变化，到20世纪30年代时，大多数有希望的成员在伦敦学习三个月的阿拉伯语，然后送到喀土穆接受几个月培训，再到有关省某个地区去就职。两年内，年轻的文官需要通过一次阿拉伯语和法律的资格考试，以便提高薪水。② 安东尼·柯克－格林也认为，一战后培训内容有所增加，如增加了人类学、热带医学、急救、地图绘制。从1930年起，年龄没有达到22岁者要送回大学学习殖民部为热带非洲机构设置的课程。③

1933年1月重印的《苏丹政治机构：候选人备用信息》明确规定，挑选出来的年龄低于22岁的人员通常要在牛津或剑桥大学完成一个长

---

① 罗伯特·科林斯：《苏丹政治机构："帝国主义者"的一个标本》，第298—299页；参阅约翰·W. 弗罗斯特《苏丹文职机构回忆录》（John W. Frost, "Memories of the Sudan Civil Service"），见罗伯特·O. 科林斯、弗朗西斯·M. 邓主编《苏丹的英国人1989—1956：甜蜜与悔憾》（The British in the Sudan, 1898–1956: The Sweetness and the Sorrow），麦克米伦出版公司1984年版，第92—93页。

② 罗伯特·柯林斯：《苏丹政治机构："帝国主义者"的一个标本》，第299—300页。

③ 安东尼·柯克－格林：《英国的帝国行政官员，1858—1966》，第183—184页。

达三个学期的热带研究课程，包括学习阿拉伯语。英国的苏丹殖民当局将负责培训的课程费用，并带有附加条件地给予候选人 225 英镑补贴。超过 22 岁者，当年冬季就可能被派遣到苏丹。在他们离开英格兰之前，要参加一个阿拉伯语辅导课，为期约 3 个月，在伦敦东方学院培训；也有可能要求参加约两周的关于勘测和法律的短期培训课程。苏丹政府负担所有课程费用，并给予候选人员 50 英镑补贴。①

《苏丹政治机构：候选人备用信息》对试用与考试也有明确规定。被挑选的人选到达苏丹时，被任命为助理区专员，进入试用期；试用期每年支付薪水 480 埃镑。试用期至少两年，直到通过阿拉伯语和法律考试。在试用期内，苏丹政府可能随时提前 3 个月通知，免除实习人员的任职。如果实习人员不能满足任职条件，政府可能延长试用期；但总试用期通常不超过 5 年。②

7. 待遇

苏丹政治机构的官员在苏丹任职享有两大优待。一是每年可以休长假。由于气候问题，苏丹政治机构的成员，每年在苏丹工作不必超过 9 个月，这就意味着每年有约 3 个月时间回国度假。二是退休早，一般不晚于 50 岁，48 岁即可退休。此外，在苏丹供职，对结婚时间有限制，在苏丹供职超过 4 年才允许结婚；在两次世界大战之间有一段时间减少到两年或满 27 岁。③《苏丹政治机构：候选人备用信息》明确规定：结婚者将不被挑选；试用期若结婚，可能免除职务；苏丹政治机构的任何成员只有供职满 5 年或年满 28 岁才能带妻子到苏丹。④

《苏丹政治机构：候选人备用信息》对相关级别的官员薪水也有说明。苏丹政治机构的官员，只要他们任职及其行为令人满意，并且在他

---

① 英国殖民部档案 CO 877/11/2：《苏丹政治机构：候选人备用信息》，第 2 页。
② 同上书，第 3 页。
③ 罗斯玛丽·肯尼克编：《苏丹故事：苏丹政治机构官员妻子回忆录 1926—56》，第 3 页。
④ 英国殖民部档案 CO 877/11/2：《苏丹政治机构：候选人备用信息》，第 3 页。

们任职满两年或提前通过了必要的阿拉伯语和法律考试，就可领取如下数额的薪水。①

表 6－7　　　　　　　　　苏丹政治机构基层官员薪水

级别	任职年限	薪水数额（埃镑）
助理区专员	加入时	480
	2	540
	4	660
	6	720
	8	780
区专员	10	852
	12	924
	14	996
	17	1080

表 6－7 中设定的薪水，会根据经济状况，受到一定量交税的影响。送回到大学读研究生课题的人选，在资历上要低于同一年挑选的、并在挑选后直接派遣到苏丹任职的人选，但要高于下一年度挑选的人选；同一天任命的试用人员在资历上的高低取决于阿拉伯语和法律考试的成绩，但从助理区专员晋升到区专员不必考察入职时间的早晚。而晋升到更高级别，则要进行严格的挑选。②

关于休假的事，1933 年重印的《苏丹政治机构：候选人备用信息》中规定，如果工作允许，每年可以休假 90 天；扣除路上的时间，苏丹政治机构的官员可以在英国休假 78 天。假期可以集中起来，但一年休假时间不宜超过 122 天。根据"现有规章"，批准休假时，会给予一份差旅津贴；并发放一张从苏丹港或一个埃及港口的往返免费许可证。③

《苏丹政治机构：候选人备用信息》也概述了关于退休和养老金的

---

① 英国殖民部档案 CO 877/11/2：《苏丹政治机构：候选人备用信息》，第 4 页。
② 同上。
③ 同上书，第 5 页。

内容。所有长期任职的成员，从任命时起，每年把薪水的5%支付给一个政府准备基金，当他们任职到领取退休金时，他们所有已支付的数额记入他们对养老金的贡献。苏丹政治机构的成员任职满15年后，可以在48岁时自愿退休；退休金按照过去有效任职两年的平均薪水计算，以这一平均数的1/48，乘以任职年限；但在任何情况下，年度退休金总额不能超过这一平均数的2/3，最高也不能超过1000埃镑；因病或因免除职务而退休者，也可按以上计算方式获取应得的退休金。如果任职没有达到12年，则有资格领取一笔补偿金；任职的前7年的补偿金，每年数额相当于一个半月的薪水；任职7年到12年的补偿金，每年数额相当于3个月的薪水。[①]

8. 总督

像在其他殖民地一样，英国在苏丹的最高统治者是总督。这里的总督一词英文是 Governor-General，可翻译成为大总督。需要注意的是，这里的总督与作为省督的 Governor 是不一样的。Governor 一词通常也译为总督，而且在一些小殖民地，Governor 确实就是"总督"的身份。Governor-General 一般只是一些大殖民地才设有的职位。下一章考察英国殖民地总督时，我们还会讨论到这个问题。在英埃苏丹，总督是 Governor-General，而 Governor 则实际上是省督。

英埃苏丹的总督是由英国外交部提名的，由埃及总督任命。英国驻苏丹的总督权力很大，与专制君主相似，掌握着民事和军事大权，在苏丹内部管理事务上享有广泛权力。总督能够制定法律和法令，只要通知英国和埃及就行。

1910年，苏丹成立总督会议（Governor-General's Council，参事会），由秘书长、司法秘书、财政秘书、监察长等人组成；此外，还有两位至四位政府部门负责人也是总督会议的成员。法律由总督会议制

---

① 英国殖民部档案 CO 877/11/2：《苏丹政治机构：候选人备用信息》，第5页。

定，总督主持会议。① 虽然由会议多数做出决定，但总督本人有否决权。重要的行政事务应交总督会议讨论；关于任命和晋升问题、军事事务，如果总督不同意，就不可提交总督会议讨论。各省的省督和政府部门的负责人只对总督负责。通常有关事务不是直接提交给总督，而是提交给秘书长、财政秘书或法律秘书。1927 年之后，还设有教育与健康秘书一职，再由有关秘书根据是否需要，提交给总督或总督会议研究解决。②

英埃苏丹的早期总督（Governor-General）是雷金纳德·温盖特（Reginald Wingate）。温盖特在皇家军事学院学习过，早年成为军人，参加了英国一系列殖民战争。1891 年，他出版了《马赫迪主义与埃属苏丹》一书。1899 年成为英埃苏丹总督，长期在苏丹进行殖民统治，直到 1916 年。

总督以下的秘书长、法律秘书、财政秘书等是苏丹政治机构成员；各省的省督、副省督，各区的区专员、助理区专员，也是英国苏丹政治机构的成员。区专员管理下的村庄和部落的当权者发挥着基层管理作用。

9. 区专员履职情况

《苏丹政治机构：候选人备用信息》对区专员和助理区专员的一般职责有个概略说明。该文件讲：区专员或助理区专员的职责一般讲具有监管性质，他们向省督负责，负责所在区的安定和其下属履行职责的风纪；他们作为地方法官，也处理民事和刑事案件；他们要"积极向上"，许多时间要用在巡查上；如果工作需要，政府有权将苏丹政治机构的成员调到苏丹政府任何部门中任职。③

从 1901 年起，在苏丹政治机构中，文官逐渐取代武官担任区专员

---

① 曼杜尔·埃尔·马赫迪：《苏丹简史》（Mandour El Mahdi, *A Short History of the Sudan*），牛津大学出版社 1965 年版，第 121—122 页。

② 哈罗德·麦克迈克尔爵士：《苏丹》，第 102—104 页。

③ 英国殖民部档案 CO 877/11/2：《苏丹政治机构：候选人备用信息》，第 4 页。

的职务。区专员们也逐渐建有自己的总部，下面还有级别较低的埃及官员，称作马穆（Mamur），对区专员们负责。区专员是英国在苏丹进行殖民统治的"脊梁"。他扮演着多重角色，权力巨大；既是法官、警官，也是土地注册员、农官、经济专家、调查员、卫生官员、公共工程和交通管理人。① 英国学者柯克－格林甚至强调："区专员就是政府，政府就是区专员。"②

　　区专员的事务内容可以分成两大部分：一部分是在"站"工作，一部分是巡查。在"站"工作时，身边同事也很少，区专员可能就是唯一的苏丹政治机构成员。区专员在站工作期间的主要任务可以分为三个方面。一是正式的司法任务。他要分析案情，查阅证据，进行审判。二是维持"秩序"与"和平"。达到此目的的一个办法就是听取请愿。区专员在站工作期间，也包括在巡查期间，会碰到请愿者。维持"和平"，包括采取"警察"行动，甚至发动一场"惩罚性远征"；也包括采取措施管控游行示威抗议活动。三是进行检查。对机构、大楼、市场、公共工程、监狱等进行检查。这种检查在苏丹有的地方以"镇骑视"为名（Town Ride），检查时还有马穆、族长、酋长陪同。③ 当然，除以上事务外，在"站"工作期间，区专员还有日常的办公事务。

　　关于区专员日常一天工作的节奏和内容，下面的描述或许具有一定的代表性。早餐之前，区专员出去进行"站"检查，包括警察在岗情况、监狱、有关大楼、修路情况等。早餐后，去办公室，上午处理法律事务和行政管理事务；与来访者交谈，解决提出的一些问题。下午，进行休闲锻炼，如打马球、网球等，有时还可以去打猎；下午可能回到办公室处理通信等事务，也可能邀请朋友打桥牌，演奏音乐或共进晚餐。区专员可能隔一段时间就到本区巡查，会见头人和当地民众，现场解决问题和处理争端，监视地方传统法庭，等等。④

　　区专员在"站"工作期间，有"镇骑视"活动，而在离镇远的地

---

① 曼杜尔·埃尔·马赫迪：《苏丹简史》，第124—125页。
② 安东尼·柯克－格林：《英国的帝国行政官员，1858—1966》，第186页。
③ 同上书，第188—189页。
④ 同上书，第190页。

区，经常需要安排长途"旅行"（Trek），也可译作"巡查"，每次若干天或若干星期。苏丹政治机构的官员就职后，通常每年要在自己任职的地区长途巡查，以处理管理方面的事务。这种长途跋涉，有时用车，但更多时候是徒步。结了婚的官员往往带上妻子随行。[①] 巡查可以骑骆驼、马或骡子；在尼罗河地区，可以乘汽船，铁路沿线地区则可乘车；在南方省份，可能骑自行车，也经常徒步。后来，也可以用摩托车。[②]

当高级别岗位空缺时，区专员有资格被考虑选任为省督或政府部门中的相当职务；薪水是 1200 埃镑或 1350 埃镑，可以提高到 1500 埃镑，有些情况下可提高到 1750 埃镑。[③] 由于苏丹政治机构官员队伍不大，因此任职流动性比较小，获得晋升的机会比印度文官机构和殖民地公职机构的成员要少些。[④]

10. 苏丹化

苏丹政治机构是英国在苏丹进行统治的机器，是整个英埃苏丹从中央到地方管理队伍的"精英"。这个"精英"群体是代表英国殖民利益的，与英国殖民统治共沉浮。长期以来，这个"精英"群体保持了比较纯的"英国性"，苏丹人难以进入"苏丹的"政治机构。这种情况也逐渐发生变化。第二次世界大战后，随着广大亚非拉地区和苏丹民族解放运动的高涨，"苏丹政治机构"也经历了一个"苏丹化"的过程。

二战对苏丹政治机构带来冲击。不少成员被借调到英国在北非、阿比西尼亚（埃塞俄比亚）、中东地区的指挥部，同时不少其他人参加了苏丹防卫部队。由于这种人员流失，"苏丹政府办公室"于 1941 年 3 月 5 日向英国外交部写信，要求外交部出面与负责战争与陆军的部门协

---

① 约翰·W. 弗罗斯特：《苏丹文职机构回忆录》，见罗伯特·O. 科林斯、弗朗西斯·W. 邓主编：《苏丹的英国人，1989—1956：甜蜜与悔憾》，第 83—84 页。
② 安东尼·柯克－格林：《英国的帝国行政官员，1858—1966》，第 190—191 页。
③ 英国殖民部档案 CO 877/11/2：《苏丹政治机构：候选人备用信息》，第 5 页。
④ 安东尼·柯克－格林：《英国的帝国行政官员，1858—1966》，第 184—186 页。

商，允许为苏丹政治机构招聘 21 岁及以上的实习生。这封信讲，殖民部已与战争部达成一致意见，早就可以为殖民地公职机构自由招聘 21 岁的实习生，只要该实习生在英国进行了 6 个月的军事训练。此信提出，苏丹政治机构应该享受殖民地公职机构同等待遇。①

二战后，埃及要求恢复真正的英埃共管地位，而苏丹的民族主义者也极为活跃。当苏丹向民族独立迈进时，英国的"苏丹政治机构"也逐渐失去了对局势的控制。一方面，在"苏丹政治机构"中，苏丹人越来越多了；另一方面，留下来的英国官员出现人心不稳现象。"苏丹化"以"不相适应的步伐"前进。

需要指出的是，苏丹政治机构的苏丹化是与"苏丹文官机构"（Sudan Civil Service）的苏丹化紧密联系在一起的；苏丹政治机构的成员是英国在苏丹殖民统治的精英，而还有很多低级别的英国文职人员也在苏丹任职。1951 年底，苏丹文官机构中 9625 个定了级别的职务，有 8412 个由苏丹人担任，993 个由英国人担任，202 个由埃及人担任，还有 18 个由其他国籍者担任。② 当时苏丹有 9 个省，分成 46 个区；每个省有一个英国省督和副省督；在区专员中，48 位是英国人，9 位是苏丹人；在助理区专员中，42 位是英国人，24 位是苏丹人。③ 另有材料显示，到 1952 年时，在 136 个区专员岗位上，有 41 个是苏丹人。但这时 39 位省督和副省督仍然都是英国人。④ 这表明级别越高的职务，"苏丹化"越慢。

1953 年 1 月，英国与埃及达成了关于苏丹自治和自决的协定。协定规定成立一个"苏丹化委员会"，由一位英国人、一位埃及人和三位苏丹人组成；该委员会将以多数票形式做出决定，最多 3 年内完成其任务。它的职责是推进苏丹行政、警察、防卫部队和任何其他可能影响苏

---

① 英国外交部档案 FO 371/27476：《苏丹政治机构实习生的招聘》（"Recruitment for Probationers for Sudan Political Service"）。

② 哈罗德·麦克迈克尔爵士：《苏丹》，第 113 页。

③ 同上书，第 113—114 页。

④ 安东尼·柯克－格林：《英国的帝国行政官员，1858—1966》，第 195 页。

丹人"自决自由"的职务的苏丹化。①

　　"1953 年下半年，苏丹政治机构看起来已失去了对事件的所有控制，被迫默默袖手旁观，当小心守护和认真谋划的梦想化为泡影时，则带着一种不敢置信的——后来是恐怖的——情绪。"② 这就是当时英国在苏丹的殖民统治队伍的状况！在民族解放运动大潮的冲击下，英国人已无法驾驭苏丹的独立进程。实际上，苏丹政治机构余下的岗位须在很短时间内实现"苏丹化"。

　　1954 年 7 月 22 日，英国外交部的一份文件讲，"新苏丹政府的成立使外籍官员问题突出，他们从行政机关、警察与政府某些部门撤出是英埃协定所规定了的。根据协定成立的苏丹化委员会已建议对一些职位实行苏丹化，显然绝大多数英国官员急于在不损害他们的权益的情况下辞职。他们能够这样做的日子是 1955 年 7 月 1 日，但要提前 6 个月预告。"关于具体补偿问题，该文件讲，根据已通过的法案，所有外籍官员，不管有没有领取养老金的资格，一律有权因提前终止合同而获得补偿，最高可获得 8000 埃镑，是 39 岁时年薪峰值的 4 倍；1955 年 7 月 1 日之后，这一规定将同时适用于免职者和选择退休者。文件认为这样的条件"大体上是令人满意的"③。

　　1955 年 8 月，苏丹化委员会报告说，所有可能影响苏丹自决的职

---

　　① 肯尼思·扬格：《新国家的公职机构：某些人力培训问题研究》（Kenneth Younger, *The Public Service in New States: A Study in Some Trained Manpower*），牛津大学出版社 1960 年版，第 67—68 页。

　　② 戴维·斯科尼尔斯：《仆人或破坏者？关键十年的苏丹政治机构：1946—1956》（David Sconyers, "Servant or Saboteur? The Sudan Political Service during the Crucial Decade"），《英国中东研究学会会刊》[(*Bulletin*) *British Society for Middle Eastern Studies*]，第 14 卷第 1 期，1987 年，第 48 页。

　　③ 英国外交档案 P 1013/17G：《英国官员从苏丹撤出》（ "Withdrawal of British Officials from the Sudan"），外交部，1954 年 7 月 22 日，见保罗·普雷斯顿、迈克尔·帕特里奇总编《英国关于对外事务的文献：外交部秘密报告和文件》（Paul Preston and Michael Partridge, General Editors, *British Documents on Foreign Affairs: Reports and Papers from the Foreign Office Confidential Print*），第 5 部分：1951—1956，Series G，彼得·伍德沃德主编：《非洲：1954》（Peter Woodward, ed., *Africa: 1954*），第 4 卷：《非洲（综合）、埃塞俄比亚、利比亚、埃及、苏丹、摩洛哥、阿尔及利亚和突尼斯 1954》[*Africa (General), Ethiopia, Libya, Egypt and Sudan and Morocco, Algeria and Tunisia, 1954*]，律商联讯公司出版（LexisNexis），2008 年版，第 32 号文件，第 256 页。

务都已经苏丹化了。这个委员会考查了 1222 个曾被外国人占据的职务，其中 1069 人是英国人，153 人是埃及人；这些职务中的 743 个职务（647 个职务由英国人掌握，87 个由埃及人掌握）已苏丹化了或者已被废除了。① 1955 年 12 月，苏丹独立前夕，苏丹政府已终止雇用 307 位英国官员（officials），另外的 346 位辞职了，还有 388 位从 1952 年起已陆续正常退休离开了。② 需要注意的事，这里讲的"外籍官员"或英国人，不仅仅指英国的"苏丹政治机构"中的成员，也包括在苏丹任职的其他英国人。

这是苏丹独立前夕发生的事。实际上，1951—1952 年，英国只为苏丹政治机构招聘了 7 位助理区专员，此后则没有招聘了。与此相关的是，苏丹政治机构 100 多名成员相继退休或被退休。"行政机关本身（内政部、省督、区专员）于 1954 年 11 月实现了苏丹化。"③ 到 1955 年底时，最后的 6 位英国苏丹政治机构的成员集中到了喀土穆，加入了英国总督个人工作班子。④ 1956 年 1 月，苏丹独立，成为共和国。

11. 埃苏关系

在苏丹走向独立进程中，出现了一个比较复杂的问题，就是如何处理与埃及的关系问题。长期以来，苏丹名义上是"英埃共管地"，在独立进程中就面临着是与埃及合并还是单独立国的问题。实际上，在苏丹

---

① 肯尼思·扬格：《新国家的公职机构：某些人力培训问题研究》，第 68 页。

② 同上。

③ 英国外交档案 JE 1017/60；《苏丹化的完成》（"The Completion of Sudanisation"），1955 年 8 月 18 日喀土穆，亚当斯先生致麦克米伦先生，8 月 29 日收到，见保罗·普雷斯顿、迈克尔·帕特里奇、皮尔斯·勒德洛总编：《英国关于对外事务的文献：外交部秘密报告和文件》（Paul Preston, Michael Partridge, Piers Ludlow, General Editors, *British Documents on Foreign Affairs: Reports and Papers from the Foreign Office Confidential Print*），第 5 部分：1951—1956，Series G，彼得·伍德沃德主编：《非洲：1955》（Peter Woodward, ed., *Africa: 1955*），第 5 卷：《非洲（综合）、埃塞俄比亚、利比亚、埃及、苏丹、阿尔及利亚、摩洛哥、丹吉尔和突尼斯 1955》［*Africa (General), Ethiopia, Libya, Egypt and Sudan, and Algeria, Morocco, Tangier, and Tunisia, 1955*］，律商联讯公司出版（LexisNexis），2009 版，第 11 号文件，第 125 页。

④ 安东尼·柯克－格林：《英国的帝国行政官员，1858—1966》，第 195 页。

也出现了主张与埃及合并的统一党，同时也出现了主张苏丹单独立国的乌玛党（Umma Party）、社会主义共和党（Socialist Republican Party）等政党。很明显，当被迫从苏丹撤退时，英国政府是支持苏丹独立的，而不是支持苏丹与埃及合并。这一点从英国外交部的国务部长一份内阁备忘录可以清楚地看到。这份备忘录也涉及英国的苏丹政治机构问题。

这份备忘录的题目是"苏丹"，时间是 1953 年 6 月 11 日。根据该备忘录，国务部长塞尔温·劳埃德①于 5 月 27 日与乌玛党领导人赛义德·阿卜杜勒·拉赫曼（Sayed Sir Abdul Rahman el Mahdi）进行了一次长谈，乌玛党总书记阿卜杜拉·哈利勒（Abdullah Bey Khalil）陪同。在会谈中，拉赫曼告诉英国外交部的国务部长，他并不接受埃及人对出钱影响苏丹舆论的否认，并向埃及的纳吉布将军（Neguib）指出过："埃及人愿意说服苏丹人选择与埃及联合，而英国人没有任何直接的兴趣支持苏丹人选择独立。"备忘录讲："我警告赛义德·阿卜杜勒·拉赫曼不要被拖入无休止的无结论的通信之中。他说他意识到这种危险；他认为与埃及人的破裂几乎是肯定的，苏丹人与英国人一起工作的时间已经到了。我同意了。"②

备忘录讲："我告诉赛义德·阿卜杜勒·拉赫曼，如果女王陛下政府要与乌玛党合作，那需要某些前提：（1）与埃及人的关系，乌玛党应该有明确态度；（2）支持独立的人应该组成共同阵线——乌玛党与社会主义共和党应该达成谅解；（3）为了能够获得南方的支持，乌玛党应该严格保证英国的行政官员在相当长时间内将会在南方留下来。"拉赫曼认为可以满足这些条件，但也补充建议自决的日期应该提出来。接着，英国外交部的国务部长指出了两个时间段。"从现在起到秋季，有必要建立一个独立阵线，这个阵线将站出来赢得选举。如果选举结果令人满意的话，那么女王陛下政府、支持独立的苏丹政府和英国行政机

---

① 档案上的签名是 S. L.，经查当时英国外交部的国务部长（不同于外交大臣，地位比外交大臣低，在外交部协助外交大臣工作）是塞尔温·劳埃德（Selwyn Lloyd），1951—1954 年间为英国外交事务国务部长。

② 英国内阁档案：CAB 129/61，C.（53）168，《苏丹：国务部长备忘录》（"The Sudan：Memorandum by the Minister of State"），1953 年 6 月 11 日。

关一起就会处于如此强的地位，以至于在决定做什么时不必过分顾忌埃及。"①

双方的讨论还谈到英国政府购买苏丹的棉花问题。

备忘录讲："我们将有机会看到乌玛党在以后一两周里会明确摆脱与埃及的瓜葛，我们将能够设计出与他们合作的方案，保证埃及阻止苏丹独立的企图不能成功。"备忘录讲："如果我们将着手与乌玛党合作，我们可能也不得不给予他们和其他独立政党某种帮助。这当然必须保密。"②

备忘录最后指出："我很高兴能够说，看来我们已经排除了苏丹政治机构人员心中的错误认识：他们的角色是事件的中立旁观者。"③ 从这个备忘录中，我们也可以看出当时英国殖民官员们面对"苏丹化"浪潮所表现出的某种心态。

12. 苏丹南北分歧

殖民地独立步伐往往快于殖民统治者的预期。英国殖民统治者对苏丹独立进程的估计也是如此。英国的苏丹政治机构的苏丹化起步晚，因此在英国被迫承认苏丹独立时，苏丹本身还没有足够的训练有素的管理人员来取代英国的"苏丹政治机构"的官员。在这种情况下，苏丹政治机构的"苏丹化"影响到苏丹的行政效率；同时，在苏丹北方引起了政治纷争，在苏丹南方则导致严重势态。在英国统治苏丹50余年间，仅五、六位南苏丹人受到过最低技术水平的训练，来适应"苏丹化"的需要。正如一位苏丹南部的政治家所讲过的，"对我们来说，苏丹化意味着北方化"④。在这一进程中，苏丹南北矛盾激化，实际上在苏丹

---

① 英国内阁档案：CAB 129/61，C.（53）168，《苏丹：国务部长备忘录》，1953 年 6 月 11 日。

② 同上。

③ 同上。

④ 戴维·斯科尼尔斯：《仆人或破坏者？关键十年的苏丹政治机构：1946—1956》，第 47—50 页。

独立前夕，南方的军队已开始杀害北苏丹人，包括普通民众和政府官员。① 这种局势加剧了苏丹南北长期存在的差异和分歧。而这种南北差异和分歧是与英国"分而治之"的殖民统治策略分不开的。在英国殖民统治期间，英国的殖民政策促使南北苏丹的分歧和隔离，北方苏丹人到南方受到严格限制。一项典型的措施是 1922 年颁布的"封闭区敕令"（Closed Districts Order）。南苏丹属于"封闭地区"，北方的工作人员和商人被排除出南方，南方人不得到北方找工作和接受教育。所有的埃及与北苏丹穆斯林官员从南方撤离，招聘本地南苏丹人。正如有学者指出的，"封闭区敕令有效地把南方与北方隔离"②。"在 1947 年之前，南北之间没有任何政治接触"③。英国"分而治之"的统治策略与后来苏丹南北分裂、南苏丹单独立国是分不开的。

---

① 戴维·斯科尼尔斯：《仆人或破坏者？关键十年的苏丹政治机构：1946—1956》，第 47—50 页。

② 安德斯·布赖德里德等主编：《南苏丹简史》（Anders Breidlid, et al. , eds. , *A Concise History of South Sudan*），坎帕拉：方丹出版家 2010 年版，第 112、113 页。

③ 布纳·马勒瓦勒：《苏丹与南苏丹：从一到二》（Bona Malwal, *Sudan and South Sudan: From One to Two*），帕尔格雷夫·麦克米伦出版公司 2015 版，第 17 页。

第七章　英国殖民地总督略考

英国不是世界中世纪晚期近代早期以来最早建立海外殖民帝国的国家，但却是世界近现代长期拥有最大的海外殖民帝国的国家。英国的殖民地种类多样，管理的机构也是多样的。英国的帝国统治体系十分复杂，且不断变化着。英帝国很庞大，延续时间长，在管理体制上往往存在着这样那样的个例或特例，这给研究英帝国史和阅读英帝国史增加了难度。英国殖民统治体制、机制的这种多样性、复杂性、变动性，在英国总督体制、总督职能的发展变化中表现得也很突出。本章拟对英国殖民地总督进行粗略考察。由于对史实了解的局限性，有些表述很难达到十分精确的程度，仅能概而言之；也希望读者能意识到英国殖民地总督体制的复杂性。

1. 总督的概念与级别

英国在海外占领和建立一块殖民地，通常要任命一位官员担任总督职务，进行管理。"总督"一词在英文中的名称是多样的。在英国早期殖民扩张活动中，由英国王室授予了特许权的公司发挥着重要作用，这些公司在海外进行殖民扩张，建立殖民地，也需有总督来治理。"总督"是英国殖民地的最高统帅，是殖民地的首脑，是英国王室（政府）在殖民地的代理人，负责管理殖民地。

在殖民地，扮演总督角色的官员英文称呼很多，基本的称呼是 Governor-General 和 Governor，还有其他不少称呼。根据英国研究海外殖民统治的知名专家安东尼·柯克－格林，担任"总督"角色者还可能是

Commissioner（专员），Resident Commissioner（常驻专员），Resident（驻扎官），High Commissioner（高级专员）等等。殖民地总督是殖民地文官的最高职务，担任这个职务后往往会在任上退休。[1] 在另一部作品中，柯克-格林对英国殖民地"总督"的不同称呼做了更细致的说明。和"总督相当"的头衔还包括"总司令"（Captain-General，牙买加），"高级专员"（High Commissioner，西太平洋领地），"英国驻扎官"（British Resident，桑给巴尔），"常驻专员"（Resident Commissioner，巴苏陀兰），"首席专员"（Chief Commissioner，阿散蒂），"专员"（Commissioner，乌干达），"副总督"（Lieutenant Governor，北尼日利亚），"常驻行政官"（Resident Administrator，格林纳达），"代理人"（Agent，亚丁），"行政官"（Administrator，安提瓜），"英国领事"（British Consul，汤加）等等。[2] 但是，最常用的、最基本的头衔还是 Governor 和 Governor-General。

Governor-General 一词在我国学术界一般译为"总督"，但也有学者有时译成"大总督"。译成"大总督"时，主要是考虑到在"大总督"之下还有"总督"（Governor），因此译成"大总督"也是可以理解的，在一些情况下可以避免混淆。但学术界一般情况下还是将 Governor-General 译为"总督"。本书也是这样处理的，一般情况下译为"总督"，但在某些特别情况下为了对比也译称"大总督"。

《英帝国英联邦词典》给 Governor-General 的定义是：英国之外的、视女王为国家首脑的英联邦国家中被任命的女王的代表，并在该国履行君主仪式上和宪法上的职责。[3] 这一定义是针对今天英联邦国家而言

---

[1] 安东尼·柯克-格林：《英国殖民地总督传记词典》，第 1 卷《非洲》（Anthony H. M. Kirk-Greene, *A Biographical Dictionary of the British Colonial Governor*, Volume 1：*Africa*），哈维斯特出版社 1980 年版，第 26—27 页。

[2] 安东尼·柯克-格林：《论英属非洲的总督职位与总督》（Anthony H. M. Kirk-Greene, "On Governorship and Governors in British Africa"），见 L. H. 甘恩、彼得·杜伊格南主编：《非洲的总督：在非洲的欧洲总督》（L. H. Gann and Peter Duignan, eds., *African Proconsuls：European Governors in Africa*），自由出版社 1979 年版，第 213 页。

[3] 艾伦·帕尔默：《英帝国英联邦词典》（Alan Palmer, *Dictionary of the British Empire and Commonwealth*），约翰·默里出版公司 1996 年版，第 144 页。

的。1931 年英联邦正式成立之前，英帝国早已有 Governor-General 一职，英国在印度的第一位"大总督"是沃伦·哈斯丁斯，1774 年任英印大总督。哈斯丁斯此前是东印度公司在印度的三大"管区"之一孟加拉的总督。孟加拉的总督英文是 Governor，而学术界一般将英属印度各省的 Governor 译为"省督"。在大的殖民地，如加拿大、澳大利亚，也设有 Governor-General 这一职务。此外，正如在第六章已讨论过的，英埃苏丹的总督也是 Governor-General。还有其他一些殖民地在某个阶段也曾设立过 Governor-General 一职，如在西印度联邦、中非联邦、尼日利亚等。在一些即将独立的殖民地也短暂地设立过这个职位。

加拿大是英帝国内第一个自治领（Dominion），1867 年正式成立。其"总督"一词是 Governor General，而不写成 Governor-General，与其他自治领总督的英文写法稍有区别。当然，实质的意义没有什么不同。在 1867 年加拿大联邦（Canadian Confederation）成立之前，加拿大也有了"大总督"一职。18 世纪末，英国就为加拿大任命了"大总督"。1838 年，德拉姆勋爵（Lord Durham）就是以"大总督"的身份到英属北美去履职的。

Governor-General 一词的复数写法是 Governors-General。在 20 世纪20 年代之前，所有 Governor-General 都是英国人，根据英国政府的建议而被英王任命。1931 年，澳大利亚人艾萨克·艾萨克斯爵士（Sir Isaac Isaacs）当上了澳大利亚的"大总督"。这一模式逐渐为其他英联邦国家仿效。

这个代表大总督的职位在一些情况也称作 Viceroy，一般译为"副王"，也可译为总督。通常情况下，Viceroy 这一头衔主要用于英国殖民统治下的印度。1858 年，英国政府从东印度公司手中全盘接管印度后，将印度总督加上了"副王"头衔。"副王"的地位究竟如何，从英国具有担任政府官职和殖民地官职经历的寇松的任职经历可窥一斑。在1859—1899 年之间，有不少于 5 位印度副王曾担任过印度国务次官（Under-Secretary of State for India）职务。1895—1898 年，寇松（George Nathaniel Curzon）为英国议会外交国务次官；1898 年，寇松被授予男爵头衔；1899 年被任命为印度副王，担任了 7 年印度总督。寇松后来成了英国战争内阁的成员，并于 1919 年 10 月担任英国外交大臣。[①] 从寇松这一任职经历看，副王的地位可以视为介于国务次官和国务大臣之间。

英国殖民地总督大多数是"Governor"。英帝国内的总督，起初是由英国君主（或内阁）任命的官员，管理一个殖民地，并且是殖民地行政机构的首脑。一般而言，Governor 的级别要低于 Governor-General。在 Governor-General 之下，往往还有 Governor 或 Lieutenant Governor 等，作为一个省的总督，或一个州的总督，或联邦中一个组成部分的总督。同样是 Governor 身份的，级别也不一样；同一级别的总督在薪水上也不完全一样。英国殖民地的总督分为四个级别。从表 7-1 中，可以略见一斑。

表 7-1 　　　　　　　　1947 年英帝国总督地位举例[②]

职位	国家	人口（人）	面积（平方英里）	薪俸（英镑）	级别
副王	印度	430000000	1808679	19000	—
总督	印度 Pres/Pros	—	—	10000	—
大总督	苏丹	9000000	990000	6000	—
总督	尼日利亚	20000000	372674	6500	I
总督	锡兰	5300000	25332	6000	I
高级专员	巴勒斯坦	1800000	10157	5500	I
大总督	马来亚	4900000	50350	5000	I
总督	肯尼亚	4000000	224960	5000	I
总督	牙买加	1400000	4411	5000	I
总督	直布罗陀	20000	285	5000	I
总督	香港	1600000	391	4800	I
总督	黄金海岸	4000000	92203	4500	I
总督	坦噶尼喀	5500000	362684	4500	I

① 艾伦·帕尔默：《英帝国英联邦词典》，"寇松"（"Curzon"）词条。
② 安东尼·柯克-格林：《英国的帝国行政官员，1858—1966》，第 233 页。

续表

职位	国家	人口	面积（平方英里）	薪俸（英镑）	级别
总督	特立尼达/多巴哥	600000	2000	4000	I
总督	乌干达	4000000	93981	3500	II
总督	北罗得西亚	1700000	288130	3000	II
总督	亚丁	600000	112080	2500	III
总督	冈比亚	200000	4003	2500	III
总督	背风群岛	110000	413	2200	IV
驻扎官	桑给巴尔	272000	1020	2000	IV
总督	福克兰群岛	2594	4788	1500	IV
总督	圣赫拿勒	4748	47	1200	IV

2. 总督的产生与总督的背景

英国殖民地总督产生的过程，各个时期不同殖民地并不完全一致。但总的讲，殖民地总督是由英王任命的，授予了委任状（Commission）和王室训令（Royal Instructions）。英国内阁在决定殖民地总督的任命上起着决定性作用；当殖民部成立后，殖民大臣则起着关键的作用。

关于总督的任命，1930 年的《费希尔报告》作了简单分析，并提出了相关建议。报告讲："我们意识到，在大多数情况下，这样的任命是给予殖民地公职机构中最好官员的奖赏，作为他们海外职业生涯的终极机会。总督在其殖民地具有如此突出的影响和重要性，以致只有那些最经实践证明、最有经验者才适合于这样的职位。因此，我们建议应该首先在殖民地的公职机构中拥有高级职务者当中寻找总督人选。"①

当然，在实际中，英国殖民地总督的挑选在不同时期做法不完全一样。这里介绍一下 20 世纪英国殖民部成立了殖民地公职机构分部时的做法。在殖民部保持着关于殖民地公职机构中的两个"最优人员"的名

---

① 英国政府敕颁文件 Cmd. 3554：《关于殖民部和殖民地公职机构任命制度的委员会报告》（Cmd. 3554：*Report of a Committee on the System of Appointment in the Colonial Office and the Colonial Services*），英国皇家文书局，1930 年 4 月，第 31 页。

单。名单 A 中是 55 岁以下人员，当有空缺时，可以考虑晋升为总督；名单 B 具有相似功能，包括那些被认为适合于被任命为殖民地秘书长的人员。名单 A 上的人员通常已经是秘书长了，当然有时也可能考虑很有发展前途的其他殖民官员。名单 A 也包括已是总督者，以备晋升到更重要的总督岗位上。当出现总督职位空缺时，由殖民部高级官员组成的一个小型委员会来研究名单 A，从中提出一个小名单。殖民部人事部门对人选进行评议，必要时加上对未入选者的说明。通常情况下，这种讨论会要提出具体建议。这些讨论记录加上其他记录，一起向上递呈。在审阅了这些记录后，殖民部常任国务次官提出最后建议人选。1945 年之后的殖民部机关与 1909 年时区别很大，当时总督人选呈递上来后，由殖民大臣与常任国务次官秘密商定。① 殖民部有不成文规定，通常不从本殖民地供职的人员中晋升本殖民地的总督，但这一规则有时被忽略。尽管最后的建议人选由常任国务次官提出，但任命权却掌握在国务大臣（殖民大臣）手中。关于最后建议的名单，英国首相"有被咨询的权力"；最后是由君主确定。在英国君主当中，维多利亚女王对任命谁当总督很关注。但在"最近的历史中，没有白金汉宫拒绝过国务大臣建议的记载"②。

官员被任命为皇家殖民地总督时，将被授予两份文件。一是以特许状为形式的委任状；一是以密封函为形式的"王室训令"。这种做法可以追溯到 18 世纪北美殖民地总督的任命。委任状是权威的特权法，具有法律效力。"王室训令"是辅助性文件，旨在详细指导总督行使其权力和职责。③

对殖民地公职机构的官员来说，能当上总督是其"职业生涯"的一个顶点。英国殖民地总督是英国殖民地公职机构中的最高官员，但我们也要注意到，殖民地总督并不都是从殖民地基层级别较高的官员中晋升而来的，特别是高级别的总督和重要岗位的总督，如印度总督或副王。

---

① 安东尼·柯克-格林：《论英属非洲的总督职位与总督》，见 L. H. 甘恩、彼得·杜伊格南主编：《非洲的总督：在非洲的欧洲总督》，第 250—251 页。
② 同上书，第 251—253 页。
③ 安东·伯伦特爵士：《殖民地公职机构》，第 16—17 页。

亨利·L. 霍尔指出，从1850年开始，职业总督的数量稳步上升，政界人士担任总督的人数则相应下降。但澳大利亚情况不一样，澳大利亚各州要求任命贵族为总督而不是职业人士为总督。霍尔对总督名单进行了分析（不包括直布罗陀、马耳他、百慕大，这三处是战略重地）。1850年，在获得相关资料的9位总督（Governor）中，五位是军人，一位属于"纯粹的政治任命"，三位是职业人士。1865年，33位总督当中，11位是职业人士，10位是军人，2位来自海军，3位是在殖民地公职机构中担任过行政职务的律师，1位是探险家，1位来自外交部，1位来自殖民部，4位是政界人士（politicians）。1871年，在30位总督当中，10位是职业人士，9位是政界人士，7位是军人。1881年，30位总督当中，13位是职业人士，5位是政界人士，8位是军人。1891年，31位总督，14位是职业人士，7位是军人，5位是政界人士。1901年，29位总督中，15位是职业人士，两位是政界人士。1932年，30位总督当中，17位是职业人士，6位是军人，一位是政界人士，两位是医生，一位是律师，一位是殖民部官员，两位来自英属东非公司。[1]

表7-2　　　　　　　　1851—1901年殖民地总督职业来源[2]　　　　（单位：人）

年份	调查对象总数	军队	政治	职业	其他
1851	9	5	1	3	0
1861	33	12	4	11	6
1871	30	7	9	10	4
1881	30	8	5	13	4
1891	31	7	5	14	5
1901	29	?	2	15	?

---

①　亨利·C. 霍尔：《殖民部：一部历史》（Henry L. Hall, *The Colonial Office: A History*），朗曼出版公司1937年版，第88—89页。

②　安东尼·柯克-格林：《论英属非洲的总督职位与总督》，第245页；这里的总督英文是"Governor"。

柯克－格林对19世纪下半叶殖民地总督的职业来源制作了表7－2，与霍尔提供的数据近似，都揭示了当时总督职业来源情况。

表7－2内容与《殖民部：一部历史》中提供的数据基本相同。下表7－3是1919—1966年殖民地总督的职业简况。

表7－3　　　　　　　　1919—1960年殖民地总督的资历①

		1919—1939 任命总数（人）	1940—1960 任命总数（人）
殖民地公职机构中的全职人员（或者相关的工作），不包括战时服务	（a）作为东方学员，马来亚文职机构，或锡兰文职机构	16	20
	（b）在热带非洲	20	49
	（c）在其他殖民地	15	6
	（d）作为助手或私人秘书	3	3
	总数	54	78
在其他领域开始职业工作，任命到殖民地公职机构担任低于总督的职务	（a）以前在军队	22	4
	（b）以前在国内文官（殖民部）机构	3	1
	（c）以前在国内文官机构，其他部	3	2
	（d）以前在埃及、苏丹或印度文官机构	4	1
	（e）法律职业	—	5
	（f）其他	5	4
	总数	37	17
直接任命为总督	（a）从政界	5	2
	（b）从军队	6	3
	（c）从国内文官机构	1	3
	（d）从外交机构	—	1
	（e）其他	—	6
	总数	12	15
总数		103	110

---

①　根据安东尼·柯克－格林的《论英属非洲的总督职位与总督》提供的表格数据制作，第247页。

续表

			1919—1939 任命总数（人）	1940—1960 任命总数（人）
非直接任命的总督的教育情况	学校	（a）克拉伦登	未提供	24
		（b）其他公学	未提供	58
		（c）其他	未提供	28
	大学	（a）无	48	28
		（b）牛津	27	40
		（c）剑桥	18	27
		（d）其他	10	15

原注：所有数据不包括直布罗陀、马耳他、百慕大的总督。1919—1939 年数据涉及 30 个殖民地；1940—1960 年的数据涉及 32 个殖民地，但不包括锡兰和巴勒斯坦。

从表 7-3 可以看出，在牛津、剑桥大学和公学接受过教育者在新任总督当中占了很大比例。在 1940—1960 年间，在牛津、剑桥受过教育者超过了 60%；而上过公学的则将近 75%。

关于新任总督的来源，安东尼·柯克-格林对 1900—1965 年在英属非洲担任总督的人员进行了考察，并制作了如下表格 7-4。

这些考察揭示良好的教育和家庭背景有利于在殖民地担任高官，包括总督、大总督、副王。同时，政界对殖民地总督、大总督、副王的任命也有很大影响。例如，在 1859—1899 年之间，不少于五位印度副王曾经担任过印度国务次官；除了四位外，其他副王属于"政治任命"，不是从印度文官机构或殖民地公职机构等类似机构中提拔上来的；不少副王在任职前有担任议会议员的经历；三位印度副王是首相的儿子，一位是首相的兄弟，一位是王室成员。印度副王有 14 位在牛津大学受过教育；超过 40 名在伊顿公学读过书；其中 10 位副王出自牛津大学同一个学院——基督教会学院。[①] 由此亦见，英国殖民地高官不仅具有浓厚的富人阶级背景，而且还具有明显的官场"裙带关系"色彩。

---

① 安东尼·柯克-格林：《英国的帝国行政官员，1858—1966》，第 208—209 页。

表 7 - 4　　　1900—1965 非洲总督任命前的最后一个职位情况①

	人数（人）	
从另一个总督职位任命	在非洲	20
	在西印度、英属圭亚那、英属洪都拉斯	8
	在太平洋、印度洋、大西洋	6
	在东南亚、远东	5
	在地中海、亚丁	4
	合计	43
从首席秘书或殖民秘书任命②	在非洲	35
	非洲之外	9
	合计	44
从其他职位任命	副总督、首席专员	9
	副总督	6
	武装部队	7
	省行政（在非洲）	5
	首席本土专员、本土事务秘书	1
	行政官（西印度）	3
	省行政（马来亚）	3
	苏丹政治机构	3
	驻扎专员（巴苏陀兰）	2
	英国高级专员委员会（南非）	2
	殖民部	2
	外交部	2
	政界	2
	合计	47
总计		134

---

①　安东尼·柯克－格林：《英国殖民地总督传记词典》，第 1 卷，《非洲》，第 41 页。

②　"首席秘书"（Chief Secretary）或"殖民秘书"（Colonial Secretary）一般均译为"秘书长"，是殖民地总督之下的主要官员；在"殖民地"，一般称"殖民秘书"，在"保护地"或"委任统治地"，一般称"首席秘书"。

3. 总督的职权

殖民地总督是英国进行殖民统治的关键角色，总督是殖民地的最高统治者，代表着英王和英国政府。用查尔斯·杰弗里斯（Sir Charles Jeffries）的话说，"总督可以恰当地称为在英国和依附地之间关系体系中的主要人物（kingpin）"①。英国殖民官员安东·伯特伦爵士（Sir Anton Bertram）写道："皇家殖民地的政府由总督直接的个人统治所组成。所有权力和所有责任都集中在他身上。在必要的初步阶段，在他熟悉当地环境之后，他个人即指导和构想其政权的整体政策。任何重要事务都要提交给总督，听取总督指示。政府都以他的名义采取行动。每一封传达决定的信函都声称是总督的决定。为了显示其地位，为了使其指示从包括它们的官方文件中突显出来，总督用红色墨水做记录并签上自己姓名的首字母。通过直接代表君王，他在殖民地拥有生死决定权，履行君主赦免死刑的特权。他的个性贯穿在政府机关之中。所有下级官员的职责是潜心低调地执行他的政策。"② 可见，英国殖民地总督的权力之大。在殖民地，"总督是唯一的、最高的代表国王陛下并对陛下负责的权威"③。今天的历史学者也强调了总督在英帝国统治中的重要作用。西蒙·J. 波特指出，殖民地总督是英国政府派遣到殖民地的行政首脑，负责每个殖民地日常事务的管理，"的确在殖民地管理中扮演了更活跃的角色"④。

下面简要地考察一下英国殖民地规章中规定的总督职权。从 1837 年起，英国就开始颁布《殖民地规章》。这里，我们以 1908 年版的《国王陛下殖民地公职机构规章》为例。到 1908 年，可以说殖民列强已经把世界瓜分完毕。在列强瓜分世界过程中，英国抢夺到了许多新殖

---

① 查尔斯·杰弗里斯：《殖民部》，第 35 页。
② 安东·伯伦特爵士：《殖民地公职机构》，第 18 页。
③ 同上书，第 19 页。
④ 西蒙·J. 波特：《英国的帝国史》（Simon J. Potter, *British Imperial History*），帕尔格雷夫出版公司，2015 年。

民地，特别是在非洲。在此过程中，一些新的"皇家殖民地"建立起来了。这个时候，英帝国内虽然已产生了几个拥有"自治政府"的自治领，如加拿大、澳大利亚、新西兰，但自治领部和英联邦还没有成立，这些自治领也仍属于英国殖民部主管。这样，实际上殖民部管理的各殖民地存在状态差异很大，总督的权力实际上也是有较大差异的。

　　1908 年的《殖民地规章》规定：殖民地总督是代表英王并对英王负责的唯一的、最高的权威，根据授予的委任状和特许状组成政府，有权获得所有文武官员的遵从和协助。但是，虽然总督是总司令，级别比统率军队的官员高，除非有英王的特殊任命，总督无权统率驻扎在自己殖民地的"国王陛下的常规军"。总督无权直接指挥任何军事行动；除紧急情况需要外，没有军队统帅的同意，总督不能与下级军官进行公务交流，任何这种例外的公务交流必须马上通告。①

　　总督作为英王的代表，在其政府内各处发布命令。如果总督要求了解军队力量和条件或关于殖民地的军事防御，军队统帅要给予总督答复。②

　　当几个殖民地处于同一个军队统帅之下，并且一个殖民地总督申请把部队派遣到该殖民地时，那么军队统帅可以把部队从一个殖民地调到另一个殖民地。这一申请如果可行的话，应该包含军队统帅态度的文字表述；但统率军队的军官在任何情况下都必须咨询部队将被派往的殖民地的总督；如果把部队派往该殖民地而未征求总督同意，除非从国内获得过特殊指令，否则军队统帅将承担特殊责任。③

　　总督无权管理"国王陛下"的舰船，无权对"皇家海军"军官发布命令。但"国王陛下"所有文武官员有义务在影响"国王利益"的情况下，提供相互支持；军事基地司令或港口高级军官根据英王的海军规章，要关注总督可能提出的要求，保护"国王陛下"领地的财产、

---

　　① 《国王陛下殖民地公职机构规章》（*Regulations for His Majesty's Colonial Service*），达林有限公司为英国皇家文书局，殖民部，1908 年 7 月，第 4 条，第 6 页。
　　② 《国王陛下殖民地公职机构规章》，1908 年版，第 5—6 条，第 6 页。
　　③ 同上书，第 8 条，第 6 页。

贸易利益和公共设施。①

在政治形势要求"国王陛下政府"采取行动时，总督应该直接向殖民大臣表达"国王陛下"舰队有必要出场的意见，而不是直接向舰队司令表达意见，除非英国臣民的生命和财产处于紧迫危险之中，需要立即采取行动。②

殖民地总督的权力是由英王的委任状和训令授予的，其职责由英王委任状和训令做出界定。以下是总督权力与职责的要点，不同殖民地还可能有其特殊规定。

（1）总督有权赦免或缓期执行法庭判处的任何罪行，有权免除可能归于英王的任何罚款或没收的判处。总督有义务将获得赦免的判罚或被免除死刑的每个案例的报告尽早呈送殖民大臣。

（2）用于公共机构的开支由总督批准执行。

（3）总督有权以英王名义发布选举代议制大会和委员会的令状，有权召集和解散立法机关，有权让立法机关休会。

（4）总督有权任命、暂停和解除殖民地公职人员的职务。

（5）总督有权同意或拒绝立法机关通过的任何法案。但在某些情况下，总督需要保留有关法案等待国王陛下表态；如果这些法案包含了暂停法案而等待君主批准的条款时，总督可以批准该法案。

（6）没有"国王陛下"的允许，总督没有任何理由离开殖民地。③

除了以上权责外，总督还有许多其他权力，《殖民地规章》有明确规定。例如，当殖民地立法会议的成员出现空缺时，总督可以做出临时任命，填补空缺。④ 任何牵涉到动用殖民地收入的法律、投票和决定，都必须由总督提出或获得总督的同意。⑤ 除非法律本身明确规定了开始实施的具体时间，那么只要总督批准，该法就能生效。当然，英王保留

---

① 《国王陛下殖民地公职机构规章》，1908 年版，第 10 条，第 6—7 页。
② 同上书，第 12 条，第 7 页。
③ 同上书，第 13 条，第 7—8 页。
④ 同上书，第 17 条，第 8 页。
⑤ 同上书，第 18 条，第 8—9 页。

着否决权；一旦英王否决了，殖民地收到否决通知时，该法即停止实施。① 在皇家殖民地，行政会议成员出现空缺时，总督可以临时任命人员填补空缺，但需要英工确认。在紧急情况下，总督可以暂停行政会议成员资格，但总督应立即向殖民大臣汇报采取这种行动的理由。② 在皇家殖民地，行政会议有责任通过建议帮助总督。在主要事务上，总督要征询行政会议的意见，但总督可以不同意行政会议的意见，自行其是；在这种情况下，总督要向殖民大臣尽快报告其行动理由。③

英国殖民地的公职人员分成三个大的级别。根据 1908 年的《殖民地规章》，级别一的年度起薪不超过 100 英镑；级别二的年度起薪超过 100 英镑但不超过 300 英镑；级别三的年度起薪超过 300 英镑。在级别一当中，出现岗位空额时，总督任命人员补充，并在下个季度向英国殖民大臣报告。在级别二当中出现岗位空额时，总督立即向殖民大臣报告，如果有总督建议任命的合适人选，应附上相关人选的姓名和资历。总督的建议通常会被接受。但关于这两个级别官员，总督无权任命或临时任命不是居住在该殖民地的人员。在级别三中出现岗位空缺时，总督要立即向殖民大臣报告，并确定地通知任何他可能临时任命的人员：只有其任命被殖民大臣确认后才能拥有该职位。总督可以提出最终任命的候选人的建议，但必须明确殖民大臣可能挑选其他人选。④

总督每年要形成一个关于本殖民地公职机构中申请或者符合晋升的人员的内部报告。报告涉及有关人员的资历和借调到其殖民地就职的现役军人所有军官名单。当有人通过他向殖民大臣提出在公职机构中供职的申请时，总督也要形成类似的报告。⑤

1908 年的《殖民地规章》还规定：对作为私人秘书、助手或其他角色与总督有关系的"绅士们"（gentlemen）的任命，不管是临时的还

---

① 《国王陛下殖民地公职机构规章》，1908 年版，第 19 条，第 9 页。
② 同上书，第 23 条，第 9 页。
③ 同上书，第 24 条，第 10 页。
④ 同上书，第 29—33 条，第 10—11 页。
⑤ 同上书，第 36 条，第 11—12 页。

是长期的，都必须事先与殖民大臣沟通。① 这一条规定显然是为了防止殖民地总督在提拔官员上搞裙带关系，任人唯亲。

从这些规章中可以看出，在皇家殖民地，总督是权力中枢。在很大程度上，总督负责或者说掌控着殖民地下级官员的升迁。总督是英国在殖民地的代表；属于英国殖民部主管的殖民地，总督负责与殖民大臣联系，殖民地与殖民大臣的通信，需要总督签字。②

需强调的是，不同时期，英国殖民地规章对总督权力的界定也是不尽相同的；《殖民地规章》本身处于演变之中。

4. 总督职权的演变

这里简要谈谈英国殖民地总督职权的演变。在英国的殖民地，总督权力的大小在不同殖民地和在同一殖民地的不同时期是不一样的。起初，殖民地总督的权力非常大，可以说与专政君主的权力相似。随着英国国内政治的发展，封建专制君主制向资产阶级立宪君主制转变，白人移民殖民地受英国国内资产阶级民主政治发展的影响，自治诉求逐渐增强。特别是在 18 世纪，英国国内资产阶级责任制政府制度逐渐成熟，白人移民殖民地的权力诉求也逐渐加强。这可以说是美国爆发独立战争的原因之一。美国独立后，英国为了防止其他白人移民殖民地出现类似反对宗主国争取独立的斗争，遂允许它们逐渐扩大自治权。到 19 世纪中叶，在一些殖民地已形成了"责任制政府"，殖民地自治权力较大。1867 年加拿大成为英帝国内的第一个自治领（Dominion）。自治领的成立标志着白人移民殖民地实行自治制度进一步加强，逐渐向独立迈进。马克·弗朗西斯在其著作《总督与移民：英国殖民地的权威形象，1820—1860》一书中，考察 19 世纪上半叶英国移民殖民地总督的情况。他认为："这个时期的总督、官员和政治上活跃的移民几乎都是移居国外的英国人，他们将其社会变成了智力实验室，常规的宪法信念、政党

---

① 《国王陛下殖民地公职机构规章》，1908 年版，第 38 条，第 12 页。
② 安东尼·柯克 – 格林：《英国的帝国行政官员，1858—1966》，第 228 页。

理论和社会习惯每一条都受到质疑和改造。""总督作为社会首脑的位置使他对政府的日常管理负责,负责建立学校,修建道路、桥梁、灯塔,提供社会福利,捍卫帝国政策和其个人行为,同样重要的是还要履行仪式。"① 但在 19 世纪,英国还有广大的被征服殖民地,这些殖民地仍然实行"总督专制制度"。这样的殖民地,大多被英国称为"皇家殖民地"。在皇家殖民地或非自治的殖民地,行政机关由总督直接的个人统治构成:所有权力和责任都集中在总督身上,他个人主宰着整个行政机关。用英国殖民部"最精明的官员之一"的话说,总督"兼有国王、首相、议长和文官机构首脑的功能"②。

"皇家殖民地"制度也是发展变化的,总的趋势是自治权力逐渐扩大,由总督专制逐渐向"责任制政府"过渡。这一演变过程比较缓慢。在大多数"皇家殖民地",这种演变在第二次世界大战后才加速进行,出现高潮。而在各殖民地独立前夕,几乎都有一个形成"责任制政府"的短暂时间。"责任制政府"的建立,意味着殖民地即将独立。

但是,在 19 世纪和 20 世纪上半叶,除白人自治领及个别殖民地外,英国广大殖民地的典型统治制度是"皇家殖民地"的总督专制制度,总督权力非常大。总督之下设行政会议(Executive Council)和立法会议(Legislative Council),扮演总督的咨询机构。早期行政会议和立法会议的成员一般都是官方指定的。皇家殖民地政治体制发展和变化的中心是立法会议。立法会议逐渐纳入一些指定的非官方成员,起初非官方成员是少数。而在非官方成员中,逐渐有了选举的成员。当殖民地不满情绪和反抗斗争加强时,英国就通过增加立法会议中非官方成员来做出让步,特别是增加选举的非官方成员数量。而当立法会议中选举的非官方成员达到或超过半数时,从法律上讲立法会议可称作"代议制立法

---

① 马克·弗朗西斯:《总督与移民:英国殖民地的权威形象,1820—1860》(Mark Francis, *Governors and Settlers*: *Images of Authority in British Colonies*, *1820 – 60*),麦克米伦出版公司 1992 年版,第 1 页。

② 安东尼·柯克－格林:《论英属非洲的总督职位和总督》,第 224 页。

机关"；殖民地政府也可称为"代议制政府"①。

殖民地立法机关中选举的成员越多，立法机关对行政机关的影响就越大，总督权力就受到更大的制约。在皇家殖民地，立法机关一般是立法会议，行政机关一般是行政会议；当然名称也发生变化。当立法机关取得了任命或罢免行政会议成员的权力时，殖民地"责任制政府"就出现了。"责任制政府"的出现并不意味着殖民地独立，英国总督还有很大的权力。在殖民地独立前，英国还掌握着修改、制定、甚至中止宪法的权力，所谓的责任制政府随时有可能被改变。② 真正的责任制政府只有当一个殖民地获得独立后才能建立起来。在这种责任制政府制度下，君主或总督只是扮演立宪君主式的形式上的宪法角色和仪式方面的角色，没有什么实权。

根据总督与立法机关相互权力的变化，安东尼·柯克－格林认为，可以说有三种类型的殖民地。第一类是君主（总督是英国君主在殖民地的代表）对立法机关完全控制的皇家殖民地，同时行政权由英国国内控制的公职人员掌控；第二类是拥有代议制机构但没有形成责任制政府的殖民地，在这样的殖民地君主只对立法有否决权，但英国政府仍然掌握着殖民地公职人员；第三类是拥有代议制机构和责任制政府的殖民地，在这样的殖民地君主对立法只有否决权，国内政府对公职人员除总督外，没有控制权。③ 殖民地在演变过程中出现了这三种形式，从第一类形式向第三类形式逐步过渡；在这个过程中，总督权力逐渐下降，立法机关权力逐渐上升。

5. 总督的几种重要关系

安东尼·柯克－格林在考察英国非洲殖民地的总督时，特别考察了总督与殖民部、殖民地立法机关、殖民地行政机关的关系以及与其他总

---

① 张顺洪等：《大英帝国的瓦解——英国的非殖民化与香港问题》，社会科学文献出版社1997年版，第124—125页。

② 同上书，第125页。

③ 安东尼·柯克－格林：《论英属非洲的总督职位和总督》，第224页。

督的关系。这里我们不妨简单概述一下柯克－格林的考察。

（1）总督与殖民部的关系。殖民地总督与殖民部的关系是比较密切的，来往信件很多。殖民地与殖民部的通信分几种类型。官方急件、信件、电报等可能标上非保密、保密、秘密、机密。在总督府与殖民部之间，还经常有"机密和个人"通信往来。总督的急件通常需要是全面的、周密的、阐述性的，并附有充分的实证报告和文件；而殖民大臣的回复则是简略的。总督给殖民部的通信，不论事情大小，都要寄给殖民大臣。同样，殖民部给总督的信件要由殖民大臣签字。殖民部与总督的联系在航空线开通后加强了；殖民大臣出访殖民地的机会也多了。①

为了加强殖民部官员与殖民地公职人员的联系，英国设计了一种"借调制度"，即安排一些殖民地公职人员借调到殖民部工作一段时间，同时派遣殖民部一些官员到殖民地任职一段时间。在这种制度下，也出现过总督借调到殖民部工作一段时间的事例。②

柯克－格林在这里并没有阐述英国殖民部对总督的控制。在皇家殖民地，总督可能像专制君主一样，但实际上英国殖民部对总督是有控制的。例如，总督如果不事先向殖民大臣报告并获得同意，不能向殖民地立法机关建议实施任何大的公共工程；年薪超过300英镑（不同阶段，数目可能会有所不同）的公职人员由殖民大臣确定人选，总督的意见可以不接受；政策的重大变化必须提交讨论；殖民地每部新法律都必须呈送给殖民部，并附上首席检察官的报告和证明。③

（2）总督与殖民地立法机关的关系。"皇家殖民地"的总督虽然需要一个立法会议，但他并非必须听取立法会议的建议。立法会议起初由总督提名的成员组成，逐渐加上了选举产生的成员。总督主持立法会议。随着殖民地宪制的发展，选举权逐步扩大；当立法会议过渡为立法大会时，主持立法大会的则是"议长"；选举的部长们在立法会议（或立法大会）中取代过去的"官方成员"。当立法大会变成了议会，行政

---

① 安东尼·柯克－格林：《论英属非洲的总督职位和总督》，第230—233页。

② 同上书，第233页。

③ 安东·伯伦特爵士：《殖民地公职机构》，第26页。

会议又由部长会议变成内阁时，宪法上的权力移交就完成了。①

（3）总督与殖民地行政机关的关系。总督与殖民地行政机关的关系是不断变化着的。在皇家殖民地，总督是行政机关的首脑，起初几乎与专制君主无异。随着殖民地宪制的发展，总督权力逐步下降，主要行政官员的权力逐步上升。前文已讨论过，这里不赘述了。需要指出的是，当殖民地总督因公离开殖民地时，通常的做法是高级官员（Senior Official）代行总督职务；当离任总督已离开殖民地，上任总督未到达时，这位高级官员就是殖民地"管理政府的官员"。几乎在所有情况下，这位"管理政府的官员"就是殖民地的秘书长（Colonial Secretary 或 Chief Secretary）。秘书长也是总督的后备人选。②

（4）与其他总督的关系。相连的殖民地的总督相互见面也并不多。例如，东非总督会议经常参会的是殖民地的秘书长。总督们聚会的一个好时机是殖民部会议。伦敦的冠俱乐部（Corona Club）的年度晚宴也是总督们相互交流的好时机。这个冠俱乐部于 1900—1901 之际由当时的殖民大臣约瑟夫·张伯伦成立，主要活动是每年 6 月份举办一次晚宴。300—400 位回国度假的殖民地公职人员参加，殖民大臣要在晚宴上致辞。殖民大臣往往利用这个机会发表重要讲话。其他一些社团，也是总督聚会的场所，如皇家英联邦学社。③

以上考察了总督的几种重要关系。这里稍微讲讲殖民地其他官员或公职人员。不同类型的殖民地，其官僚体系有较大差异，而且在不同时期也是发展变化着的。在许多殖民地，总督往往直管区长，而区长以下的官员，总督接触并不多。殖民地低级官员如区长助理，见到总督的机会很少。④ 有的殖民地，在总督与区长之间，还有省督，或州督，或省专员。在殖民地"中央政府"，总督下面设有办公厅，是殖民政府的办事机关；殖民地的"殖民秘书"（Colonial Secretary），即秘书长，往往就是办公厅"主任"，其行政地位仅次于总督。

---

① 安东尼·柯克－格林：《论英属非洲的总督职位和总督》，第 233—234 页。
② 同上书，第 234—237 页。
③ 同上书，第 239—241 页。
④ 同上书，第 236—237 页。

在殖民地，还有其他一些官员或人物，总督需要处理与他们的关系。例如，殖民地还可能有以下官员或人物（各殖民地情况会有不同）：副总督，英国海军驻军司令，首席法官，行政会议成员，陪审法官，立法会议主席和成员，立法院院长和成员，首席专员，省驻扎官，检察长，副检察长，高级海军军官等。[①] 在一些殖民地，如英国在非洲的殖民地，总督还需处理好与白人移民及传教士的关系；这两个群体可能给总督带来很大压力。[②]

6. 总督的待遇

总督是英国殖民地的最高长官，是殖民地的"国王"。不言而喻，总督的待遇是比较高的。

根据1908年的《殖民地规章》，总督任期一般不超过6年。[③] 殖民地总督的休假制度受到本地特殊规定的限制，但在大多数皇家殖民地，总督一年可能享有不超过6个星期的带薪假，但不包括娱乐消遣项目的职务津贴。总督不在殖民地时，代行管理殖民地政府的官员有权领取全额娱乐消遣津贴和职务津贴。[④]

总督从一个殖民地调往另一个殖民地，路过英格兰时，如果殖民大臣认为留在英格兰有利于促进公共利益，该总督通常可以领取他离职岗位薪水的一半，直到被任命到其他殖民地政府而离开英格兰时为止；如果没有这样的薪水，他通常可以领取新职务薪水的一半。[⑤]

关于总督旅程补贴问题，1908年《殖民地规章》有如下规定：从英国出发，则用英国经费。具体补贴情况，参见表7-5。

---

① 英国殖民部印行文件 Colonial No. 37：《国王陛下殖民地公职机构规章》（Colonial No. 37: *Regulations for His Majesty's Colonial Services*），英国皇家文书局，1928年10月，第131条，第46—47页。

② 安东尼·柯克-格林：《论英属非洲的总督职位和总督》，第237—239页。

③ 《国王陛下殖民地公职机构规章》，1908年版，第103条，第23页。

④ 同上书，第106条，第24页。

⑤ 同上书，第109条，第24—25页。

表 7 - 5　　　　　　　　部分殖民地总督的旅程补贴①

职务	补贴额（镑）
澳大利亚大总督	2000
澳大利亚各州	800
百慕大	350
英属洪都拉斯	300
加拿大大总督	400
好望角	500
锡兰	700
塞浦路斯	400
东非保护地	350
福克兰群岛（马尔维纳斯群岛）	400
斐济	800
冈比亚	150
直布罗陀	200
黄金海岸	200
香港	800
马耳他	300
毛里求斯	700
新西兰	1000
尼亚萨兰（马拉维）	450
塞舍尔	400
乌干达	400

　　总督在任满回国或调任其他职务时，英国支付同样数额的旅程补贴。但只有殖民大臣事先同意，他才能领取这笔补贴。如果任期未满，总督自行要求解除职务，则该总督必须自己支付旅程费用。② 关于总督其他情况下的旅程费用，《殖民地规章》也有明确规定。③

---

① 《国王陛下殖民地公职机构规章》，1908 年版，第 110 条，第 25—26 页。
② 同上书，第 111 条，第 26 页。
③ 参阅《国王陛下殖民地公职机构规章》，1908 年版，第 112—120 条，第 26—29 页。

总督休假时，除了全薪休假外，接替管理殖民地政府的官员，如果已经在殖民地，则领取总督薪水的一半；如果按替职务的官员在该殖民地公职机构中任职，他将额外领取自己工资的一半。[①] 从其他地方调来临时管理殖民地政府的官员，可以领取总督的全部薪水，但不能从其原有岗位领取薪水。

英国殖民地的总督分成不同级别，总督们的薪水也有差异，表7 - 6清楚地显示了这一点。

表7 - 6　　　　　　　　　　英国殖民地总督年薪[②]　　　　　　（单位：英镑）

年份　殖民地	1945	1950	1955	1960
索马里兰	—	2900	3000	4800
冈比亚	3250	3250	4000	4900
黄金海岸	6000	6000	7500	—
肯尼亚	7500	8500	8500	10500
尼日利亚	7750	8250	10150	10150
北罗得西亚	4000	5500	6500	8000
尼亚萨兰	3000	4000	5000	6700
塞拉里昂	4000	4000	5000	6250
坦噶尼喀	6000	6500	6500	8000
乌干达	5000	5500	5500	7500
桑给巴尔	3000	3650	4750	5100
锡兰	8000	—	—	—
巴勒斯坦	8000	—	—	—
马来亚	7500	7500	9500	—
香港	7000	7300	8500	10000
牙买加	5500	6000	6300	6300
巴哈马	5000	5000	6300	8700

---

① 《国王陛下殖民地公职机构规章》，1908 年版，第 104 条，第 23—24 页。
② 安东尼·柯克 - 格林：《论英属非洲的总督职位和总督》，第 215 页，根据表格 II 内容制作。关于总督薪水的情况，从本章前面的表中也可见一斑。

从表 7－6 可以看出，总督的薪俸也是处于调整变化之中；总的趋势是年薪数额越来越高。总督的薪水和津贴是免税的。[1]

总督的住处是总督府（Government House），免费供总督居住。印度设立副王头衔后，称作副王府（Viceroy's House）；"英埃苏丹"的苏丹大总督官邸则以"宫殿"（Palace）著称。殖民地的其他文官通常需要为他们的住房交纳象征性的租金。

总督的待遇也可能受到殖民地本身法规的影响。殖民地可以自行制定一些法规，来确定总督和其他官员的有关待遇。例如，牙买加 1929 年 11 月就制定了一项法律，规定从 1928 年 3 月 31 日起，在为总督府提供家具时，总督再也没有义务支付任何费用。[2]

总督任期一般 5—6 年，通常在 55 岁退休。总督退休金的计算是一个很复杂的事情，受到不同立法的影响。总督的退休金也容易受到复杂规章和在不同殖民地供职经历的影响。有学者称：英国殖民地总督的退休金"格外像数学迷宫"[3]。

总督可以被称为"阁下"（Excellency）；总督夫人也可以用"阁下"的称呼。在殖民地，礼节上总督享受优先待遇。根据 1928 年版的英国《殖民地规章》，自治领的大总督，如加拿大总督和澳大利亚总督，享受礼炮 19 响；总督（Governors）或高级专员享受礼炮 17 响。[4]总督府要升英国国旗，从日出到日落。[5]

总督是英国进行殖民统治的关键人物，是英国殖民统治的"功臣"。因而，英国君主给总督们颁发各种勋章和荣誉头衔，如"大英帝国成员勋章"（Member of the Order of the British Empire）、大英帝国官佐勋章（Officer of the Order of the British Empire）等。总督被授予爵士头

---

① 安东尼·柯克－格林：《英国的帝国行政官员，1858—1966》，第 231 页。

② 英国殖民部档案 CO 323/1022/22，Jamaica（牙买加），No. 22－1929 号等文件。

③ 安东尼·柯克－格林：《英国的帝国行政官员，1858—1966》，第 232 页。

④ 英国殖民部印行文件 Colonial No. 37：《国王陛下殖民地公职机构规章》，1928 年版，附录 3。

⑤ 同上书，第 140 条，第 49 页。

衔后，可以称作"高级圣迈克尔和乔治勋爵士"（Knight Commander of the Order of St. Michael and St. George）或者"爵级司令勋章"（Knight Commander of the Order of the British Empire）。殖民地总督常被授予爵士头衔，通常是"高级圣迈克尔和乔治勋爵士"。资深总督还能够进一步获得更高级别的荣誉头衔——"圣迈克尔和圣乔治大十字勋章爵士"（Grand Cross of the Order of St. Michael and St. George）。当英国被迫撤出殖民地时，这种高级荣誉头衔通常授予最后一任总督，有时是倒数第二任总督。"出色的"总督还被授予贵族头衔。总督还可能被大学授予荣誉学位，或者授予荣誉研究头衔。[①]

7. 总督调任实例考察

殖民地总督从一个殖民地调到另一个殖民地的事时有发生。调任程序如何呢？下面基于档案材料，对英国殖民地总督调任实例略加考察。

（1）休·克利福德从锡兰调任海峡殖民地总督和马来联邦高级专员

休·克利福德（Hugh Clifford）从 1883—1901 年，曾在马来亚任职。此后担任过以下职务：特立尼达秘书长、锡兰秘书长、黄金海岸总督、尼日利亚总督、锡兰总督（1927 年时的职务）。[②]

1927 年 2 月 21 日，殖民部官员埃奇库姆（A. Edgcumbe, Esq. C. B. E.）给沃特豪斯（Waterhouse）写信，讲劳伦斯·吉尔马爵士（Sir Laurence Guillemard）1919 年被任命为海峡殖民地总督和马来联邦高级专员；根据他的愿望，建议他于 1927 年年中退休。如果英王同意，继任者将是现任锡兰总督休·克利福德爵士。休·克利福德到夏天

---

① 安东尼·柯克－格林：《英国殖民地总督传记词典》，第 1 卷，《非洲》，第 27—30 页。
② 英国殖民部档案 CO 323/978/1，"休·克利福德爵士任命为海峡殖民地总督和马来联邦高级专员"（"Appointment of Sir Hugh Clifford as Governor of the Strait Settlements and High Commissioner of the Federated Malay States"），1927 年 3 月 21 日殖民大臣埃默里（L. S. Amery）呈递给英王的报告。

时担任锡兰总督将满两年，建议他在海峡殖民地任职时间限制在 4
年内。①

1927 年 2 月 22 日，殖民部的埃奇库姆给白金汉宫官员——乔治五
世的私人秘书——斯坦福德汉勋爵（Lord Stamfordham）写信，讲现任
海峡殖民地总督和马来联邦的高级专员劳伦斯·吉尔马爵士希望 1927
年年中退休；他是 1919 年担任这一职务的，任期已延长过。如果英王
同意的话，继任者是现任锡兰总督休·克利福德爵士。到夏天时，克利
福德在锡兰任总督将满两年，建议他在海峡殖民地任职时间限制在
4 年。②

1927 年 2 月 23 日，斯坦福德汉勋爵给殖民部埃奇库姆回信讲：
"22 日函悉，国王同意吉尔马年中辞职。国王赞成休·克利福德爵士从
锡兰晋升到海峡殖民地任职。但国王陛下一直认为锡兰总督是殖民地公
职机构中头等级别的。"③

1927 年 2 月 24 日，殖民部埃奇库姆给斯坦福德汉勋爵写信，感谢
英王非正式同意调整休·克利福德的总督岗位，从锡兰调到海峡殖民
地。埃奇库姆认为英王视锡兰总督为殖民地公职机构中头等职位是正确
的。但休·克利福德经常表示他希望在海峡殖民地结束其职业生涯，某
种意义上讲，海峡殖民地可以被视为其"精神家园"。克利福德在殖民
地公职机构中任职起初是在马来亚，从 1883 年到 1896 年；1883 年时
克利福德才 17 岁。此信也指出，克利福德也可以选择不担任这一
职务。④

1927 年 2 月 28 日，殖民大臣埃默里给锡兰总督克利福德"亲自"
发送了"私人"电报。电报讲："我一直了解你愿意在马来亚结束你的
职业生涯。当海峡殖民地出现空缺时，你希望将你的名字呈递给国王陛
下吗？吉尔马的任期将约在仲夏结束。你在那里的任期将约 4 年，从你

---

①　英国殖民部档案 CO 323/978/1，"休·克利福德爵士任命为海峡殖民地总督和马来联
邦高级专员"。

②　同上。

③　同上。

④　同上。

任现职开始，任期满 6 年时止。"①

休·克利福德表示同意调到海峡殖民地担任总督，但提出他在锡兰担任总督的时间应从他实际履职时间开始，而不应从他被任命的时间算起。1927 年 3 月 1 日，他在给殖民大臣埃默里的电报中表达了这一想法。电报讲："感激地接受您在 2 月 28 日私人电报中的提议，但我认为 6 年的任期不应该从提名任命的时间算起，委任状签名时间是 1924 年 11 月，而应该从 1925 年 11 月 30 日我承担该政府职责时算起。"在这份电报记录上，3 月 1 日殖民部官员 S. H. W 向殖民大臣表达了意见："我认为同意休·克利福德爵士 6 年任期应该从 1925 年 11 月算起是合理的，这意味着他在马来亚任职将刚好超过 4 年。"同一天，另外一位官员 J. S. A 在电报本上写了"是"这个字。②

1927 年 3 月 3 日，殖民大臣埃默里给锡兰总督休·克利福德发电报，同意克利福德的要求。电报讲："6 年总督任期将从你承担锡兰政府职责时算起。"1927 年 3 月 4 日，克利福德给殖民大臣回电报："感谢您 3 月 3 日的电报。"③

1927 年 3 月 16 日，英国白金汉宫（王室）给殖民部官员埃奇库姆回复，感谢埃奇库姆 3 月 15 日的信。在 15 日的信中，埃奇库姆讲休·克利福德爵士愿意从锡兰调到海峡殖民地任职，他担任锡兰总督的时间应该从实际履职算起，对此国王毫无异议。④

1927 年 3 月 21 日，殖民大臣埃默里向英王呈递报告，正式推荐休·克利福德爵士担任海峡殖民地总督和总司令，并担任马来联邦高级专员，以取代不久将离职的劳伦斯·纳恩斯·吉尔马（Sir Laurence Nunns Guillemard）。埃默里表示，他相信休·克利福德爵士将能卓越地履行其新职责。⑤

---

① 英国殖民部档案 CO 323/978/1，"休·克利福德爵士任命为海峡殖民地总督和马来联邦高级专员"。

② 同上。

③ 同上。

④ 同上。

⑤ 同上。

在英国殖民部档案的同一卷中，也有文件涉及休·克利福德从锡兰到马来亚任职的路费和相关津贴问题。这表明克利福德得到了及时的正式任命。1927 年 5 月 10 日，殖民部官员格林德尔（G. Grindle）①受殖民大臣埃默里指示，给财政部写信通知财政部王室专员（Lords Commissioners）②，殖民大臣已考虑了应支付给休·克利福德爵士旅程津贴问题。克利福德现为锡兰总督和总司令，任命为海峡殖民地总督和总司令及马来联邦高级专员后，克利福德将直接从锡兰到新加坡。从锡兰到新加坡的一等票是 22 英镑，而从英格兰到新加坡则是 94 或 88 英镑（根据船舱价格不同有所不同）。因此，请求王室专员们批准给予克利福德适当补助，作为旅程津贴。殖民大臣埃默里希望财政部将同意支付 300 镑津贴。③

1927 年，克利福德到马来亚任职，1930 年因病退休。

（2）休·富特从牙买加调任塞浦路斯总督

与休·克利福德调任相比，休·富特（Hugh Foot，1907 年 10 月—1990 年 9 月）1957 年的调任要复杂一些。休·富特的调任紧密地关系到两位总督的态度和当时复杂的局势；同时，在 20 世纪 50 年代，世界形势发生着重大变化，广大殖民地民族解放运动蓬勃高涨，英国一系列殖民地独立在即。在总督的选择上，英国政府可以说颇费思量。这一点从英国殖民部档案有关文件中也可以窥知。在殖民部档案中，专门记录休·富特调任的档案有两卷，内容也比较丰富。④

---

① 档案上的签字是 G. Grindle；经查，其人应是吉尔伯特·格林德尔（Sir Gilbert Grindle），1925 年至 1931 年间为英国殖民部副国务次官。

② 王室专员（Lords Commissioners）是英国枢密院成员，由英国君主任命，代表君主履行职务。

③ 英国殖民部档案 CO 323/978/1，"休·克利福德爵士任命为海峡殖民地总督和马来联邦高级专员"。

④ 这两卷档案是：英国殖民部档案 CO 967/320，"塞浦路斯、总督、1957 年任命休·富特为总督"（"Cyprus, Governor, Appointment of Sir Hugh Foot as Governor 1957"）；英国殖民部档案 CO 967/321，"塞浦路斯、总督、1957 年任命休·富特为总督"（"Cyprus, Governor, Appointment of Sir Hugh Foot as Governor 1957"）。

1957 年 3 月 24 日，牙买加总督休·富特爵士给英国殖民大臣艾伦·伦诺克斯－博伊德写信。休·富特讲虽然自己的任期要到 1958 年 4 月才结束，但他将于 5 月份离开牙买加；自己年届 50，过去每份工作收入都不高，有 4 个孩子需要教育，他相信能找到其他职业，不准备回到牙买加了。富特写道："我记得曾经向您开玩笑地提到过我可能回到塞浦路斯。"富特甚至表示："我可以说确实准备好了降低薪水……在哈丁之下工作一段时间，如果这被认为是可行的，并且政策是我能够完成赞成的。"① 从这封信可以看出富特的确想离开牙买加，寻找其他岗位，并明确表达了回到塞浦路斯任职的愿望。

1957 年 6 月 21 日的一次谈话记录显示：谈话时间是 1957 年 6 月 18 日，谈话内容是关于休·富特的未来。记录讲：富特是"完全现实的"，准备退休，不会有怨言，而不准备在牙买加延长任期。富特在谈话中讲："塞浦路斯很有趣"，他热爱这个岛屿。他思考过在其他地方任职的事，如坦噶尼喀、北尼日利亚；关于塞浦路斯，谈到了他给殖民大臣的信。记录显示，塞浦路斯现任总督约翰·哈丁爵士想尽快离开。因此，英国殖民大臣并未完全排除由休·富特接替哈丁。在谈话中，富特希望将对他去留的安排尽快告知他。②

1957 年 7 月 18 日，由殖民部官员托马斯（A. R. Thomas）③ 签字的秘密记录，讨论了休·富特未来工作安排事宜。记录显示，富特可能的选择很有限，退休也是一种可能；可以考虑调任到塞浦路斯，也可考虑调到坦噶尼喀、肯尼亚、尼日利亚任职；1957 年 7 月 22 日，J. M. M. 给约翰·麦克弗森爵士（Sir John Macpherson）④ 写了一封秘信，认为休·富特不是塞浦路斯总督的理想人选，也不必认真考虑以上提到的其他可能性。⑤

---

① 英国殖民部档案 CO 967/321，"塞浦路斯、总督、1957 年任命休·富特为总督"。约翰·哈丁爵士（Sir John Harding）是当时塞浦路斯的总督。

② 英国殖民部档案 CO 967/321，"塞浦路斯、总督、1957 年任命休·富特为总督"。

③ 从档案上的亲笔签名辨认，并查阅有关材料，这位官员应是殖民部托马斯（A. R. Thomas），1952 年至 1964 年间为助理国务次官。

④ 约翰·麦克弗森爵士为英国殖民部常任国务次官（1956—1959）。

⑤ 英国殖民部档案 CO 967/321，"塞浦路斯、总督、1957 年任命休·富特为总督"。

1957 年 8 月 17 日，休·富特给约翰爵士写了一封亲笔信。在信中，休·富特坚定地表示只要有机会，他就希望能够继续在殖民地公职机构中任职。他讲："我想说的是我不想放弃殖民地管理，我从事这方面工作已将近 30 年了，除非我最终被告知在殖民帝国没有任何职位……适合我了。""我非常清楚您不得不加以考虑的所有困难和复杂情况，但我敢肯定您会理解除非我被明确告之我必须放弃继续在殖民地公职机构中任职的希望，我不会开始寻找其他职业。"① 这封信实际上明确显示了休·富特的"强硬态度"——继续担任殖民地的公职。

1957 年 9 月 12 日，有一份关于休·富特的谈话记录。这份记录讲：休·富特说他非常愿意当一名殖民地总督。如果没有总督职位，也可考虑其他可能性：（1）可以组织殖民地公职机构；（2）可以在外交部门工作，如作为驻中东某国大使；（3）也可以到石油公司任职。②

1957 年 9 月 24 日，殖民大臣与休·富特谈话的记录摘要讲：休·富特"无限地希望"仍然与殖民地公职机构保持联系，并对尼日利亚、坦噶尼喀、塞浦路斯感兴趣。他反对塞浦路斯分治，如果英国推行分治政策，他就不愿意担任塞浦路斯总督。这次谈话的结果是：如果政府政策将有一个五年宪政实践的话，那么他非常高兴被考虑到塞浦路斯任职。③

与此同时，1957 年 9 月 19 日，塞浦路斯总督约翰·哈丁给殖民大臣写信讲：自己私事多，夫人病了，要求年底离职；并希望不久便离开塞浦路斯，回英国度假。在他度假期间，塞浦路斯行政管理事务交给副总督乔治·辛克莱（George Sinclair）。在信中，哈丁还说："如果您不认为我太贪婪的话，我想提出为了公务目的，我应该被批准 6 个月带薪假，前提是如果形势发展需要的话，这样做将不会阻止您任命某人在新年或更早时间取代我。我希望您能够同意这样的安排。"④

1957 年 9 月 28 日，塞浦路斯副总督乔治·辛克莱给约翰（John）

① 英国殖民部档案 CO 967/321，"塞浦路斯、总督、1957 年任命休·富特为总督"。
② 同上。
③ 同上。
④ 同上。

写信讲：哈丁病倒后，又遇流感袭击，身体很虚弱。①

这样，一方面休·富特急于想离开牙买加寻找新岗位，一方面塞浦路斯总督急于休假、退休，辞去总督职务。英国殖民部必须加紧考虑有关人员的职务安排。当时，塞浦路斯情况很复杂：国家处在独立运动进程中，希族、土族矛盾激化，英国政府亟须物色新的总督人选。

1957 年 10 月 2 日，英国殖民部给渥太华的英国驻加拿大高级专员发了一份电报，要求将殖民大臣的个人密信转交给休·富特爵士；休·富特此时正在加拿大。信的内容是：不得不考虑早点将休·富特任命到塞浦路斯。对此问题，殖民大臣在相关会议上已进行了研究。这份电报把会上讨论的有关内容传达给了休·富特，特别指出了殖民大臣在会上介绍休·富特对如何处理塞浦路斯问题的态度。电报要求休·富特确认殖民大臣在会上讲的是否符合他的本意。电报还讲："目前，没有任何人能够说我们有把握进行五年期或多长时间的宪制实践。我们可能会不得不停止或继续我们正在做的事，或采取某种很不同的解决方案。"电报接着说："外交大臣和我就此进行了讨论，我们感到任何总督都必须保证他将按照英国政府的指示寻求塞浦路斯解决方案，这一解决方案对女王陛下政府、土耳其政府和希腊人都不是不可接受的，也必须保证该总督不会因为英国政府拒绝给土族强加什么而辞职。"② 在电报中，殖民大臣要求休·富特做出保证，并讲明这封电报并不意味着已答应任命他了。

1957 年 10 月 3 日，休·富特致电殖民大臣。电报讲："我确认我将非常高兴被考虑任命到塞浦路斯。"电报还强调他自己能够干得很好；能够踏实地履行英国政府的任何决定，使土族和希族都满意。但他表示反对分治，宁愿辞职，也不落实分治政策。③

英国殖民事务国务部长佩斯勋爵（Lord Perth）认为休·富特的态度仍然不够明朗，用电报交流不能令人满意，建议休·富特于 10 月 9

---

① 英国殖民部档案 CO 967/321，"塞浦路斯、总督、1957 年任命休·富特为总督"。
② 同上。
③ 同上。

日之前飞回伦敦。此后，因有保守党大会等事务，时间安排比较困难。殖民部给英国驻加拿大高级专员发电报，要求他转达休·富特。电报要求休·富特回伦敦面商，因为从他的电报中仍看不清他的明确态度。①

1957 年 10 月 3 日，殖民大臣伦诺克斯－博伊德也写信给塞浦路斯总督、陆军元帅约翰·哈丁爵士，表示同意哈丁在 9 月 19 日信中提出的要求，并说他自己已与首相哈罗德·麦克米伦（Harold Macmillan）商量过。②

根据由私人秘书阿米蒂奇－史密斯（J. N. A. Armitage-Smith）签名的 1957 年 10 月 4 日的一份文件，殖民大臣当日上午启程前往东非之前，与首相哈罗德·麦克米伦讲了休·富特的电报事宜；关于休·富特接替约翰·哈丁担任塞浦路斯总督一事，佩斯正在与外交大臣协商，届时将会向首相报告协商结果。

休·富特接到电报后，及时回到了英国伦敦，并于 10 月 8 日与有关官员进行面谈。上午与约翰·马丁爵士（Sir John Martin）③ 和约翰·麦克弗森爵士进行了面谈。约翰·麦克弗森的记录讲：休·富特用最明确的语言重申，他认为塞浦路斯分治是完全不可接受的政策，他不愿意作为总督实施这样的政策。但如果经过谈判而别无他法的话，那么分治也可以作为最后的解决办法。休·富特不认为有早期分治的可能性。如果有机会避免分治，他将很高兴接受所分配的任务。休·富特强调说，他对塞浦路斯和中东很了解，也有对付动乱和操作代议制政府的经验。在谈话中，约翰·马丁指出：塞浦路斯总督与大多数总督相比，独立地位要相对弱些，因为塞浦路斯的政策不可避免地在很大程度上由内阁在伦敦决定。休·富特接受了这一点，但希望有机会表达他的看法，并强调他作为一名文官成长起来，习惯于执行指示。④

10 月 8 日，佩斯勋爵也与休·富特有一次谈话。佩斯记录：富特

① 英国殖民部档案 CO 967/321，"塞浦路斯、总督、1957 年任命休·富特为总督"。
② 同上。
③ 约翰·马丁爵士当时是英国殖民部副国务次官（1956—1965）。
④ 英国殖民部档案 CO 967/320，"塞浦路斯、总督、1957 年任命休·富特为总督"。

"喜欢这个职务，他应该能够在塞浦路斯实行自治方面扮演建设性的角色"。记录还讲："在我盘问他之后，我感到满意，他个人对分治的反对不会排除他作为总督的合适人选。他不害怕坚定地对付暴乱。他感到他在牙买加的职责不会阻止他去塞浦路斯；如果需要，他甚至可以提早至 11 月就到任，尽管会有严重的个人困难。"①

　　10 月 8 日与休·富特的两次谈话记录都及时交给了英国外交大臣。10 月 9 日，私人秘书给首相留下汇报字条："佩斯勋爵要求我送给您他昨天与休·富特讨论的记录抄件；他认为首相在今天下午 4 点半会见休·富特之前可能想看看。"②

　　10 月 10 日约翰·麦克弗森爵士给佩斯勋爵的信讲：休·富特 10 月 8 日在与佩斯谈话后，又与外交大臣谈话；10 月 9 日下午与首相谈话。10 月 10 日，休·富特来见约翰·麦克弗森，讲了他 8 日先后面见佩斯勋爵、外交大臣和 9 日下午见首相之事，并说他们对富特所讲的都没有什么异议。外交大臣对富特讲，在回答任何问题时，一定不能说或暗示他反对分治，否则这张牌将失去价值。首相与休·富特的谈话主要是英国关于塞浦路斯的政策问题。在 10 日与约翰·麦克弗森的谈话中，休·富特希望早点公布他将到塞浦路斯担任总督一事。尽管 10 月 10 日，休·富特还要回到牙买加，但富特讲如果需要的话，他能马上到任。在这次谈话中，休·富特讲到了家里孩子教育方面的困难和开支紧张问题。③

　　1957 年 10 月 14 日的一份呈递给女王的材料，向女王推荐现任牙买加总司令（Captain-General）和"主总督"（Governor-in-Chief）休·富特爵士（Sir Hugh Mackintosh Foot），拟任命为塞浦路斯总督和总司令，接替陆军元帅约翰·哈丁爵士。这份材料对休·富特的生平做了简介。休·富特爵士出生于 1907 年；1929 年被任命到殖民地公职机构，到巴勒斯坦作为初级助理秘书；1932 年成为助理区专员；1938 年被委派到

---

① 英国殖民部档案 CO 967/320，"塞浦路斯、总督、1957 年任命休·富特为总督"。
② 同上。
③ 同上。

殖民部；1939 年被任命为英国驻外约旦驻扎官助理；1943 年被借调到昔兰尼加（Cyrenaica）的军政府供职 6 个月；1943 年被任命为塞浦路斯秘书长；1945 年被任命为牙买加秘书长；1947 年被任命为尼日利亚秘书长；1951 年 4 月开始担任目前的职务。

这份材料是苏格兰大臣约翰·麦克莱（John Maclay）代表殖民大臣向英王呈递的。材料中，约翰·麦克莱认为休·富特在各个方面都非常合适担任塞浦路斯总督。麦克莱在担任苏格兰大臣之前短期担任殖民事务国务部长；当时殖民大臣仍然在东非访问，请苏格兰大臣麦克莱代呈可能是因为他刚担任过殖民事务国务部长，对有关情况比较熟悉。

1957 年 10 月 14 日，殖民部的麦克弗森准备给女王身边的官员阿迪恩（Adeane）电报。电报讲："殖民大臣，在首相和外交大臣完全赞同下，提议现任牙买加总督休·富特爵士，接替约翰·马丁爵士作为塞浦路斯总督，应于 12 月 1 日前后履职。""出于多种考虑，应该同时尽早公布哈丁退休和富特继任之事。请电告女王陛下是否慈祥地、高兴地对富特任命给予非正式支持。如果这样的话，将制作正式的呈递函供国务参事（Councillors of State）签名，并随即宣布。"①

1957 年 10 月 15 日殖民事务国务部长佩斯勋爵给休·富特发了电报。电报讲："我与首相和塞尔温·劳埃德（Selwyn Lloyd）②已进一步讨论。非常高兴地告诉你，我们都赞同授予你总督职务。艾伦从内罗毕要求我问你是否愿意接受。女王陛下已给了了非正式支持。请确认你的意愿，我们都将为此感到高兴。"电报认为，休·富特应该于 12 月 1 日在塞浦路斯履职。③

以上是英国殖民部档案揭示的休·富特从牙买加调任塞浦路斯的大致过程。休·富特最终接替了约翰·哈丁为塞浦路斯总督，直到 1960 年塞浦路斯独立。1961 年，休·富特成为英国驻联合国托管委员会大使；1964—1970 年，任英国驻联合国大使；退休后，成为哈佛大学和

---

① 英国殖民部档案 CO 967/320，"塞浦路斯、总督、1957 年任命休·富特为总督"。
② 塞尔温·劳埃德为英国保守党成员，从 1955 年 12 月到 1960 年 7 月担任外交大臣。
③ 英国殖民部档案 CO 967/320，"塞浦路斯、总督、1957 年任命休·富特为总督"。

普林斯顿大学访问学者。

8. 人物小传

(1) 汤姆斯·梅特兰

汤姆斯·梅特兰（Thomas Maitland, 1760 年 3 月 10 日—1824 年 1 月 17 日），是英国 19 世纪初知名殖民地总督。梅特兰出生于苏格兰古老的贵族家庭。青年时参军，为陆军军官，逐步晋升为中将。他曾成为哈丁顿区的英国议会议员。1803 年 11 月，成为英国枢密院成员。梅特兰因在海外担任殖民官员而声名卓著。1805 年至 1811 年，梅特兰担任英国殖民地锡兰（斯里兰卡）的总督；1813 年 6 月，梅特兰成为英国殖民地马耳他的总督。梅特兰担任马耳他总督，直到 1824 年去世。在担任马耳他总督的同时，他于 1815 年至 1823 年还兼任英国驻爱奥尼亚群岛（Ionian Islands）王室高级专员（Lord High Commissioner）。

在担任总督之前，梅特兰长期担任军官。1795 年，他被派遣到圣多明各，在那里他与黑人领袖杜桑·卢维杜尔进行过谈判，并于 1798 年 8 月签订了双方达成妥协的一个秘密协定。

在拿破仑战争时期，英国从荷兰手中夺取了锡兰。1802 年，锡兰成为英国的"皇家殖民地"，归英国的战争和殖民部主管。

在锡兰，立法权和行政权都掌握在总督手中，一个由主要行政官员组成的咨询委员会协助总督；同时也成立了一个文职机构（civil service）。[①] 汤姆斯·梅特兰"是一个独裁统治者"[②]。办公厅是殖民地政府的枢纽。梅特兰十分注意这个部门。当时的办公厅秘书长是阿巴斯诺特（Arbuthnot）。[③] 对梅特兰总督来说，殖民地的"国库"极为重要；他本人兼任司库（Treasurer）。

---

① C. 威利斯·狄克逊：《汤姆斯·梅特兰爵士的殖民地管理》（C. Willis Dixon, *The Colonial Administrations of Sir Thomas Maitland*），纽约：奥古斯塔斯·M. 凯利出版家 1969 版，第 20—21 页。

② 同上书，第 34 页。

③ C. 威利斯·狄克逊：《汤姆斯·梅特兰爵士的殖民地管理》，第 34—35 页。

殖民统治的一项重要任务就是收税。梅特兰选择了亚历山大·伍德（Alexander Wood）当岁收专员，作为"副司库"。这位专员负责检查收税官每月的收入账目；收税官是省的首脑。"副司库"的账目每月由民事审计长（Civil Auditor-General）审查。而财政主计长（Paymaster-General）则负责所有民事和军事开支账目。财务主任（Accountant-General）负责总的收支账目，对整个殖民地资金业务保持季度账目。[①]

省的行政由收税官负责，岁收专员负责监督。当时锡兰有十个省，它们是：科伦坡、贾夫纳、亭可马里、加勒、马特勒、奇洛、马纳尔、卡卢特勒、拜蒂克洛、瓦尼。每年，梅特兰都要到科伦坡以外的地区巡查。

不管是进行"直接统治"，还是"间接统治"，英国的殖民统治都离不开本土封建势力或部落酋长们的支持和配合。在锡兰，梅特兰利用本地"头人"维持殖民统治；这些"头人"的权力大小因各省收税官的不同性格而有所不同，他们的主要任务是将收税官的命令付诸实施。高级本土官员是由总督任命的；低级本土官员则由岁收专员根据收税官的建议做出任命。与荷兰人统治时期相比，梅特兰主张对本土封建势力进行限制。[②]

为了加强殖民统治，1808 年，梅特兰对收税官发布了指南。要求收税官在其地区巡查，通过直接考察了解情况；收税官每月要向岁收专员报告其地区的岁收情况，每个季度要报告其下属部门的岁收情况和地区其他情况。[③]

梅特兰不允许"国王陛下的文官"从事商业投机活动。[④] 1808 年，梅特兰制定了文职机构规章，对文官管理做出了一些规定。例如，一级文官，包括秘书长、岁收专员和其他三个年薪在两至三千英镑的职位，任期是七年；任何人只有供职三年后，才能进入年薪在 600 至 1800 英镑的第二级岗位；第三级岗位包括那些年薪不超过 550 英镑的人员；假

---

① C. 威利斯·狄克逊：《汤姆斯·梅特兰爵士的殖民地管理》，第 36 页。
② 同上书，第 38—39 页。
③ 同上书，第 41—43 页。
④ 同上书，第 43—44 页。

期不算作任职时间；免职或停职意味着失掉公职的级别，也不能获取津贴。① 本书在第二章中，考察了英国殖民地规章，英国政府颁布的第一部《殖民地规章》是在 1837 年。梅特兰这些做法表明，在英国政府正式颁布《殖民地规章》之前，有关殖民地已实行过相关规章，以加强殖民地事务管理。

梅特兰曾反复要求提高招聘者的年龄，要求设置最低年限，但没能实现。当时通常情况下，文官在 15 岁或 16 岁就被派到海外供职，27 岁或 28 岁即离职领取退休金。正当这些人员能发挥作用时，却离开了锡兰。梅特兰认为，能够领取退休金的年限要延长；并建议担任文官职务到了一定年限时，即使继续任职，总督也应该有权给予退休金。②

在用人方面，只要可能，梅特兰就任用自己的朋友。这引起了质疑。③

在锡兰，农业和商业是殖民统治者主要关心的事。为了维持殖民统治，保护英国殖民地文职和军职人员的利益，梅特兰面临的一个重要问题是如何保持预算平衡。为此，梅特兰尝试鼓励出口，减少进口。

英国占领锡兰后，建立了省法院，文官担任省的法官，负责民事审判和有限的刑事审判。治安法官则负责小的民事和刑事审判。还建立了一个高级上诉法院和最高法院，并由英王任命一位首席法官和一位陪审法官。④

梅特兰到锡兰时，英国殖民统治下的锡兰人口约 50 万，当时文职人员约 40 人。审判官通常只有一人；他负责审理小的刑事案件，而无权审理关于岁收的案件。1806 年，梅特兰对审判官的刑事权力进行了限定，罚款不能超过 20 荷兰银币（rix-dollar），鞭刑不能超过 50 鞭，关押不能超过一个月。⑤

---

① C. 威利斯·狄克逊：《汤姆斯·梅特兰爵士的殖民地管理》，第 46—47 页。
② 同上。
③ 同上书，第 48 页。
④ 同上书，第 89 页。
⑤ 同上书，第 89—91 页。

梅特兰命令收税官在每个村庄任命一位或多位警察；警察有权进行搜查和拘留，可以要求居民或其他警察帮助；如果警察抓到罪犯送审，那么这位警察则可以获取追回的被侵财产的十分之一。①

梅特兰作为总督有权不经审判就把任何人逐出锡兰这个岛屿。②

在司法方面，梅特兰与首席法官勒欣顿（Lushington）产生了分歧；1809 年 2 月，勒欣顿再次宣布总督的一项赦免不合法，双方矛盾激化，最后勒欣顿让步并辞职。③

梅特兰采取了一些措施来加强殖民地司法体系。例如，他建立了小的上诉法庭（Minor Courts of Appeal），接受省法院和下级法院所有案件的上诉，但通常不包括岁收方面的案件。④

1809 年 9 月，当时英国的战争和殖民大臣卡斯尔雷勋爵（Lord Castlereagh）写信告知他们正在根据梅特兰的想法制定一部司法章程。1810 年 6 月，这部新章程送达梅特兰。根据新的司法章程，最高法院被授予全面的民事和刑事司法权。各省巡回审判分成两个分支，分别由首席法官和陪审法官主持。并制定了规章，将陪审团引进法庭。首席法官在总督或总督副手知情的情况下，有权安排巡回审判。首席法官起草关于陪审团的规章或根据新形势制定必要的规章。首席法官的年薪是6000 镑，从英国殖民统治下的印度的马德拉斯领取。⑤

有学者指出，这部司法章程"将总督降到旁观者的位置，总督可以表达好恶，但他的命令却是不必要的"。梅特兰反对给予首席法官这样的地位。因为不可能建立分开的司法部门，每个文官可能在某个方面会处于首席法官之下。他认为，司法管理应该保留在总督手中，"绝对需要适当地维护他的权威和统治"⑥。

后来英国对锡兰的司法制度又做了新的安排，总督的司法权有所

① C. 威利斯·狄克逊：《汤姆斯·梅特兰爵士的殖民地管理》，第 91—92 页。
② 同上书，第 92 页。
③ 同上书，第 95 页。
④ 同上书，第 96—97 页。
⑤ 同上书，第 97—98 页。
⑥ 同上书，第 98 页。

扩大。①

　　当时英国的战争和殖民部大臣忙于对法战争——拿破仑战争，且频繁更换大臣，对锡兰的殖民统治关注不够，来自锡兰的信往往得不到及时回复。②

　　总督是殖民地最重要的行政角色。梅特兰也是军队的统帅，所以他拥有民事和军事权力。他的立法权也很大，没有他的许可，就不能进行立法。当梅特兰同时掌握财政权时，可以讲他本人实际上就是锡兰的政府。梅特兰强调总督的权力，主张削弱总督会议（参事会）成员的权力，特别是首席法官的权力。③ 实际上，这正是英国"皇家殖民地"的特征——总督专权。

　　1811 年，梅特兰不再担任锡兰总督，回英国后仍然活跃于政坛，担任过地方职务。

　　拿破仑战争期间，英国与法国在地中海地区展开争夺。1813 年，马耳他正式被英国兼并；1814 年 5 月，这一兼并行为被欧洲列强承认。

　　1813 年 7 月，梅特兰被任命为马耳他总督。作为马耳他总督，梅特兰还于 1815 年被任命为英国所占爱奥尼亚群岛（Ionian Islands）的王室高级专员，随之又被授权管理英国在北非沿海地区的领事工作。这样，梅特兰就成为英国在地中海地区除直布罗陀之外的代表性权威人物。④

　　1813 年 10 月 3 日，梅特兰到达时，马耳他正流行瘟疫。这场瘟疫使 11.6 万人中的 4500 人失去了生命。⑤

　　在马耳他，梅特兰决心使他本人成为"政府"，他想当"仁慈君主"；马耳他人反对总督专权的要求被拒绝。"梅特兰在马耳他是无所不在的，活跃于马耳他生活的各个方面，不久即以'汤姆国王'著

---

① C. 威利斯·狄克逊：《汤姆斯·梅特兰爵士的殖民地管理》，第 99 页。
② 同上书，第 110—111 页。
③ 同上书，第 111—113 页。
④ 同上书，第 127 页。
⑤ 同上书，第 131—133 页。

称。"① 梅特兰善于专权。他成功地抵制成立行政会议；他反对任何建立责任制政府的主张。根据委任状，梅特兰被任命为总督和总司令。他拥有全部的民事和军事权力，由一位秘书履行其民事职权；这位秘书就是秘书长，是殖民地政府的办公中枢。1814 年，与梅特兰在锡兰共过事的亚历山大·伍德（Alexander Wood）被任命为秘书长；再加上一位财政官员，一位公共账务审计官员，一位审核官员，组成了殖民地政府的核心。②

马耳他人"被视为英国臣民"，处于英国君主的统治之下。

梅特兰关注马耳他当地贵族，并利用他们来维护英国的殖民统治。一些贵族被安排到马耳他民兵组织中担任职务。英国政府同意梅特兰任命当地贵族担任"治安长官"；1815 年 6 月发布的一道公告，将原来的村头人变成了治安长官的副手；从贵族当中挑选了 6 位治安长官。③

1814 年 4 月，梅特兰向英国战争和殖民大臣巴瑟斯特伯爵（Earl Bathurst）呈递了他起草的关于司法管理的新规章。他的构想是，由总督任命六位法官，由英王批准。其中两位法官负责刑事法院，刑事法院不得上诉；三位法官负责民事法院，民事法院可以向高级上诉法院上诉。法官任职是终生的或者干到退休为止；但总督可以暂停法官资格，等待国务大臣（战争和殖民大臣）做出裁决。对民事法院和刑事法院的运行，也做出了规定。高级上诉法院分为两个厅；一个负责从商务法院来的上诉案件，一个负责民事法院来的上诉案件；两个厅均由高级上诉法院院长指导，这位院长是一位英国律师。总督和高级法院院长及由总督挑选的两位法官共同组成最高司法委员会。④

1814 年 5 月，新的法律章程颁布；总督推翻司法决定的权力被撤销。⑤

---

① C. 威利斯·狄克逊：《汤姆斯·梅特兰爵士的殖民地管理》，第 138—139 页。

② 同上书，第 140—141 页。

③ 同上书，第 142—143 页。

④ 同上书，第 148—150 页。

⑤ 同上书，第 150 页。

1820 年，梅特兰下令要求所有公证人和辩护律师能够使用英文；此后，除一些临时特例外，所有请愿书和政府契约都要用英文写。而此前，法院使用意大利文。[①]

梅特兰还对原来的警察机构进行了改组，以加强总督权力，对警察机关进行一定规范管理。[②]

起初，对向英国上诉的事，梅特兰并没有拿出方案。在经过实践后，1822 年 11 月，梅特兰决定：涉及马耳他人的判决，或涉及在马耳他做生意或做与马耳他有关的生意的外国人的判决是最终的判决；如果牵涉任何英国臣民，如果上诉涉及财物数量超过 3 万斯库多[③]（不包括诉讼开支）时，可以向英王上诉；如果只牵涉到英国臣民，涉及的财物数量超过 1500 斯库多，就可以上诉。[④]

在马耳他，梅特兰采取了他在锡兰的做法，严格控制财政开支。促进商业是改进财政状态的一个途径。梅特兰的商业政策三原则是：优先考虑英国制造的产品和殖民地的产品；鼓励马耳他产品的出口；鼓励发挥马耳他货物集散地作用。[⑤]

1824 年 1 月，梅特兰病逝于马耳他总督任上。

（2）弗雷德里克·卢加德

弗雷德里克·卢加德勋爵（Frederick Lugard）是英国著名殖民地总督。卢加德生于 1858 年 1 月 22 日，卒于 1945 年 4 月 11 日。1900—1906 年，为北尼日利亚保护地第一任英国高级专员；1907—1912 年，任英国殖民统治下的香港总督。1912—1914 年，卢加德任北尼日利亚保护地总督；1914—1919 年，为统一的尼日利亚大总督（Governor-General）。

卢加德出生在英属印度的马德拉斯，父母在印度从事传教活动。

---

① C. 威利斯·狄克逊：《汤姆斯·梅特兰爵士的殖民地管理》，第 148、151 页。
② 同上书，第 151—152 页。
③ Scudi 是当时意大利使用的银币单位，是 scudo 的变形。
④ C. 威利斯·狄克逊：《汤姆斯·梅特兰爵士的殖民地管理》，第 152—153 页。
⑤ 同上书，第 162 页。

他在英国接受教育，就读于罗素中学（Rossall School）；并在英国桑德赫斯特皇家军事学院学习过。1878 年，卢加德参加军队，加入诺福克团。他参加过英国入侵阿富汗的战争、入侵苏丹的战争、第三次侵缅战争。

卢加德曾与一位已婚女子谈恋爱，并因此名誉受损。为避人耳目，卢加德跟随英国殖民探险家利文斯敦到了东非。1888 年 5 月，卢加德率领尼亚萨兰（今马拉维）的英国移民在尼亚萨湖附近击败了阿拉伯"奴隶贩子"，但在战争中身负重伤。此役使卢加德名声大噪，他得以到英属东非公司任职，该公司当时正在积极从事瓜分非洲的活动。1890 年，英属东非公司派遣卢加德进军乌干达；卢加德不久迫使布干达国王签订"效忠"英国的条约。

1894 年，卢加德被英国皇家尼日尔公司派遣到博尔古，迫使非洲的国王与酋长们承认英国皇家尼日尔公司主权。卢加德于 1896—1897 年入侵博茨瓦纳。之后，他又被英国派往西非。1897 年，英国殖民大臣约瑟夫·张伯伦组织了一支两千人的"西非边防军"，卢加德任指挥官，拥有上校军衔。卢加德积极侵占北部尼日利亚，迫使北尼日利亚成为英国的保护地，卢加德成为驻此地的高级专员。1900 年初，英国皇家尼日尔公司放弃了对尼日利亚的管辖权，由英国政府接管。"公司为英国取得尼日利亚做出了重大贡献，所以英国政府终于给了它三倍于英帝国东非公司所得的补贴。"[1] 1901 年，因侵占尼日利亚有功，卢加德被英王授予爵士头衔。卢加德具有军事才能，在列强瓜分非洲过程中，为英国夺取殖民地发挥了重要作用。英国政府接管对尼日利亚的殖民统治后，身为高级专员的卢加德能够更好地展示其殖民主义野心。他试图使整个北尼日利亚保护地全境承认英国统治，于是不断使用武力，发动侵略战争。一场有名的军事行动是 1903 年侵略卡诺和索科托的"埃米尔"之战。结果卢加德取得胜利，富拉尼王国落入英国之手。卢加德向被打败了的"埃米尔"们承诺，不干涉他们的伊斯兰教信仰，从而获

---

① 佐伊·马什、G. W. 金斯诺思：《东非史简编》，第 260 页。

得了他们的"永久忠诚"①。

卢加德用一支小部队征服了广阔的北尼日利亚，但他难以找到足够的行政官员进行直接统治。于是，他推行一种"间接统治"（indirect rule）方式，即利用北尼日利亚原来的统治者进行统治。"在北尼日利亚，卢加德既缺少足够的训练有素的行政官员，又缺少足够的资金，无法把他在1900—1906年所征服的、人口比较稠密而土地辽阔的地方置于英国官员的直接统治之下。"因此，卢加德决定直接统治埃米尔们，再让埃米尔们及其官吏去统治非洲人，英国派遣驻扎官员进行监督。②捐税由埃米尔的官吏负责征收，而埃米尔岁入的固定部分（开始时是四分之一，后来增至一半）上缴给殖民地"中央政府"③。

这种"间接统治"方式并不完全是卢加德在北尼日利亚的创新。卢加德自己曾在东非的乌干达也尝试过，而英国在印度对数百个王公土邦的统治也类似于这种"间接统治"。"间接统治"方式在尼日利亚得到了推广，也在英国其他一些殖民地得到实施。卢加德后来出版了《英属热带非洲的双重委任统治》（1922），也宣扬其"间接统治"理论。

卢加德是英国著名的殖民主义者。青年时，他接受过军校教育，并长期从军，具有一定的军事才能，而且极具殖民扩张冒险精神。有学者称赞这位殖民主义冒险分子说："卢加德是个天生的帅才，勇气无限，一生吉星高照。""在战斗中，即使对方占压倒性优势，他也发动进攻，从不犹豫迟疑。"④

卢加德辞去尼日利亚保护地高级专员后，于1907年担任香港总督，直到1912年。在香港任总督时，曾名为卢押。卢加德曾试图谋划永久占领香港。任总督期间，香港大学成立，卢加德成为香港大学第一任

---

① 佐伊·马什、G. W. 金斯诺思：《东非史简编》，第263页；约翰·E. 弗林特：《弗雷德里克·卢加德：一位独裁者的形成》（John E. Flint，"Frederick Lugard：The Making of an Autocrat［1858—1943］"），见 L. H. 甘恩、彼德·杜伊格南主编《非洲的总督：在非洲的欧洲总督》，第301页。

② ［英］J. D. 费奇：《西非简史》，第355页。

③ 同上书，第356页。

④ 佐伊·马什、G. W. 金斯诺思：《东非史简编》，伍彤之译，上海人民出版社1974年版，第235—236页。

校长。

1912 年卢加德被调回尼日利亚，任尼日利亚保护地的总督。他的主要任务之一是统一尼日利亚，将英国在尼日利亚的殖民地、保护地合并起来。1914 年第一次世界大战爆发前夕，英国实现了尼日利亚的统一；卢加德成为尼日利亚的大总督，直到 1918 年离开尼日利亚。卢加德合并尼日利亚的举措和在尼日利亚南部地区进行的"改革"遭到了广泛抵制，甚至引起过骚乱。①

1919 年卢加德退休，但仍然充当着殖民统治的"谋士"。1922 年，他出版了《英属热带非洲的双重委任统治》。此书后来成为关于殖民统治的名著。卢加德在前言中讲，他撰写此书的目的有两个。"首先，我希望给那些对海外英帝国中大不列颠直接负责的地区发展感兴趣的人，介绍这种制度的梗概。正是在这种制度下，那些责任产生了并被履行着；我同时也希望对他们谈点地方行政官员所面临问题的本质的看法。第二，在讨论这些问题时，我冒昧地提出了些许建议，作为经验，希望它们能够被'在场者'发现并考虑，或许我们皇家殖民地和保护地的不同情形可能使它们稍微有点实用价值。"② 在本书的结论中，卢加德对"双重委任统治"（"Dual Mandate"）给予了精彩阐释。他写道："让我们开宗明义地承认，欧洲的智慧、资本、精力被用来开发非洲资源，一直不是、将来也不会是出于纯粹慈善的动机；欧洲到非洲去是为了她自己的工业阶级和土著民族向更高水平进步的共同利益；这种利益能够使之成为互惠的；而文明管理的目的和愿望就是完成这样的双重委任统治。"③ 卢加德还写道："正如罗马帝国打下了现代文明的基础，并引导这些岛屿上野蛮人沿着进步之路前进一样，今天我们在非洲正在偿还这一债务，正在把进步与文化的火种带到地球上黑暗的地方——野蛮与残

---

① 约翰·E. 弗林特：《弗雷德里克·卢加德：一位独裁者的形成》，见 L. H. 甘恩、彼德·杜伊格南主编《非洲的总督：在非洲的欧洲总督》，第 306 页。

② 卢加德勋爵：《英属热带非洲的双重委任统治》（Lord Lugard, *The Dual Mandate in British Tropical Africa*），弗兰克·卡斯和有限出版公司 1965 年版，前言。

③ 同上书，第 617 页。

忍之所，而同时也在满足我们自己文明的需要。"①

　　卢加德是个狂热的帝国主义者，他的书为殖民扩张歌功颂德，为帝国主义提供论理支撑。从 1922 年至 1936 年，卢加德在国际联盟常设委任统治委员会担任英国代表。1925—1941 年，卢加德还在国际劳工组织关于本土军工的专家委员会任职。卢加德因对英国殖民统治有功，于 1928 年就被英王加封为男爵。

---

① 卢加德勋爵：《英属热带非洲的双重委任统治》，第 618 页。

第八章　英国殖民地区长略考

英国殖民地的最高官员是总督。在有的殖民地，总督下面设有省督、州督或省专员。在省、州之下，一般划分为多个区；有的殖民地直接划分成若干个区，区设有地方官——区长。区长是英国殖民统治体系中基层的主要官员。英国的殖民统治体系有一条清晰的主线：殖民大臣—总督—区长；殖民大臣之上，有首相、议会、君主，而区长之下往往有助理区长和其他工作人员。

区长这一级别或相对应的官员在英文中主要称 District Officer。同级官员也有其他称呼，如"税收官"，英文是 Collector，或"区专员"，英文是 District Commissioner；在锡兰，区长级官员称作 Government Agent（政府代理人）。在西印度群岛，当奴隶制被废除后，为了加强治理，格雷戈里总督（Governor Gregory）决定向主要的岛屿派驻法官，称为"驻扎法官"（Resident Justices）。这些驻扎法官逐渐发挥着本地政府的功能；直到 1907 年，"驻扎法官"这一名称才改为"专员"①。英国殖民地广布亚、非、拉、澳洲地区，在同一时期发展程度和状况不一样，各地的条件环境也不相同。因此，区长这一职务的名称并不完全一致，区长的职权也是多样的、变化的。

安东尼·柯克-格林谈到英国在非洲的有关殖民地时讲：一个省通常分成几个区，一般是 3 至 4 个区，每个区由一个区长管辖；区长的级别可能是"高级区专员"或"高级区长"，也可能是"助理区专员"或

---

① 安东·伯伦特爵士：《殖民地公职机构》，第 63—64 页。

"助理区长"①。当然，在区长下面，也会有助理区长。安东尼·柯克 –
格林讲，在许多情况下，一个区就只有一位区长和一位助理区长；而在
大的区，区长之下，还可能有一位农官、一位警官、一位教育官员、一
位医务官员、一位工程师，他们都是英国殖民地公职机构的公职人
员。② 在不同阶段，各殖民地的情况也会有所不同。

区长在英国殖民统治当中发挥着十分重要的作用。英国殖民官员黑
利勋爵（Lord Hailey）在给肯尼思·布拉德利的《一位区长的日记》作
序时写道："在殖民统治史中，区长的工作值得写一章，但这并不容易
写。难以对其多重活动进行分类；他发现要做什么就做什么。但真实地
讲，政府的名声和地方的满意，很大程度上依靠区长。"③

1. 区长的产生

区长是英国殖民地公职机构中的基层官员，多由公职机构中较年轻
的官员担任。据有关材料显示，申请参加殖民地公职机构的人选，经过
面试等程序并参加相关培训后，即被派往殖民地任职，大多先担任区长
助理。安东尼·科克 – 格林在考察 1932 年至 1966 年间英国在非洲殖民
地的区长历史时讲道：进入殖民地行政机构的申请人要求低于 30 岁，
最好是低于 26 岁，而没有到 21 岁则不会任命到海外任职；实际上，通
常担任区长的最低年龄将近 22 岁。④

显然，在不同时期，进入殖民地公职机构的方式并不完全一样。在
1930 年前后完全靠推荐的制度改变后，进入殖民地公职机构，首先需要
向殖民部申请领取并填写申请表。殖民部对有关申请人还要进行考察。
申请人需要有三位推荐人；推荐人则需要提交关于申请人的品质优点的
报告；通常情况下，推荐人是舍监、熟悉申请人的学校校长或学院导

---

①　安东尼·柯克 – 格林：《权力的象征：非洲的英国区长》，第 5 页。

②　同上书，第 81 页。

③　肯尼思·布拉德利：《一位区长的日记》（Kenneth Bradley, *The Diary of a District Of-
ficer*），乔治·G. 哈拉普与有限公司 1943 年版，前言。

④　安东尼·柯克 – 格林：《权力的象征：非洲的英国区长》，第 33 页。

师，也可能是家庭医生或银行经理；在战后时期，推荐人也可能是上级军官。在这种情况下，可以说殖民部执行的是"一种没有选拔性考试的挑选政策"①。如果证明材料还不够充分的话，申请人可能被要求到殖民部进行一次甚至两次初步面试。通过这种面试后，申请人还要到殖民部殖民地公职人员任命局接受面试。这个面试通过后，要接受殖民部的体检；此后申请人名单才被提交给殖民大臣批准。得到批准后还要到牛津、剑桥参加培训课；培训结束后，再到殖民地任职。②

在锡兰、海峡殖民地、马来联邦等地，在很长时期内，担任区长的人选要通过选拔性考试；英属印度的"区长"人选也是通过了选拔性考试的。而英国在东非、西非的殖民地区长，一个时期主要由殖民大臣的私人秘书来挑选，主要依据候选人的履历和能力。被选中的候选人要上培训课，然后被任命具体职务。培训课程的内容有热带卫生、会计、刑法和诉讼程序、热带经济作物、测量、国际法、伊斯兰法、人种学、非洲语言等。③

区长在级别上是有差距的，至少有"低级区长"（junior district officer）和"高级区长"（senior district officer）之分。"区长"不仅仅是实职，也相当于级别；有的官员不担任区长职务，但具有"区长"级别。这一点从 1934 年 3 月英国殖民地乌干达的总督辛普森（M. H. Simpson）给英国殖民大臣的一封信可见一斑。在这封信中，乌干达总督向殖民大臣推荐担任"高级区长"职务的人选，从具有区长职务的人选中考虑。总督首先提到，1933 年 12 月 7 日殖民大臣的密电规定了从区长晋升到高级区长职位的原则。通常情况下，高级区长职务从具有大致相等资历的区长中选择最有资格者担任。这次涉及晋升的这位高级区长要担任省专员职务。在这封密信中，乌干达总督请求殖民大臣同意他推荐的人选。④

———————————

① 安东尼·柯克-格林：《权力的象征：非洲的英国区长》，第36—37 页。
② 同上书，第38—41 页。
③ 安东·伯伦特爵士：《殖民地公职机构》，第64—65 页。
④ 英国殖民部档案 CO 536/180/18，1934 年 3 月 9 日乌干达总督致殖民大臣的密信。

2. 区长的职能

正像殖民地是总督的殖民地一样，地区则是区长的地区。用英国一位作者的话说，"这一职务的特点是任职者直接与民众接触，民众的利益托付给他了。在民众眼中，他代表着政府，大权在握。地区是他的地区，他的工作是亲自了解该地区——不时地从飞落在他办公室的大批请愿书、报告、信件和表格中逃离出来——在地区各地巡查，了解各村庄的特点。当民众集合起来欢迎他或当他们单独来到其住处提出要求或表达不满时，或同他们一起到丛林中考察、为他当向导或为他扛枪时，区长要用当地语言与民众交流"[1]。

区长的工作主要分两个方面，一是"在站工作"，一是在区内各地巡查。从在站工作讲，区长不仅与总督治下的"中央政府"办公厅保持直接联系，也要与各部门在当地的代表保持接触。区长本人也可能是本地的邮政局长、港口主任、税收官、登记官、警察局长、狱长。管辖公地是他要特别关注的事。在许多情况下，区长既要扮演行政角色，又要扮演司法角色当法官。殖民地政府一些涉及本地区的政策，如果需要向民众做出解释和传递"限制性警告"，区长则要出面宣传。区长也是其地区的"社会首脑"，得出席在本地区举行的有关集会或仪式活动。[2]

到各地巡查是区长的一项主要工作内容。安东尼·柯克－格林讲，巡查主要有两种形式，一种是一般性质的例行公事的巡查，一种是有特别目的的巡查。一般性巡查时，从村到村，区长经常坐在屋外的桌子旁，升起英国国旗，进行庭审，检查税收记录，听取投诉，享受游玩活动。特别巡查一般时间较短，事务较为具体，如收税、驱蝗等活动。[3]

在履行殖民统治职责中，区长既依赖职员也依赖地区和村庄头人。他需要接收报告，发布命令，进行考察调研。调查有时由区长亲自进

---

① 安东·伯伦特爵士：《殖民地公职机构》，第61—62页。
② 同上书，第62—63页。
③ 安东尼·柯克－格林：《权力的象征：非洲的英国区长》，第127—128页；关于区长的巡查活动，参阅此书第6章《日常工作：巡查》，第124—142页。

行，有时由其下属进行，这是进行地区管理的经常性的手段。①

根据出版于1930年的安东·伯特伦的《殖民地公职机构》，英国殖民部主管下的殖民地的区长这一级别的官员当时主要在热带非洲。在亚洲的锡兰，这类官员称作"政府代表"或"助理政府代表"，共19人。在尼日利亚，有334人；在黄金海岸及其相连领地，有89人；在塞拉利昂，有31人；在乌干达，包括受训学员，有74人；在肯尼亚，有98人；在坦噶尼喀，有89人；在尼亚萨兰，有39人。②

区长是英国殖民地基层的主要官员，为英国维护殖民统治发挥着重要作用，也受到一些殖民统治者的高度赞扬。例如，被称为英国"现代最卓越总督"的弗雷德里克·卢加德就曾写道：

> 区长来自这样一类人，他们建立和维持了英帝国……他的优势通常是在公学也可能是在大学受过教育，而公学或大学教育并未给他提供特别适合其工作的可观的确定性知识。但是，公学和大学教育塑造出了一位英国绅士，具有几乎激昂的公平、保护弱者和"道义"的观念。它们教给他个人的主动精神和智谋，教会他如何指挥和服从……

> 区长需要履行的职责是多种多样的。在偏远站点，除了正常工作外，他可能不得不履行政府各部门的职能——邮政、税收、警务和工程。在劳工与供应事务中，他是军官或政府部门官员与土著首领们之间交流的中介，特别负有责任检查劳工们是否获得了足额工资和适当待遇。像传教士一样，商人和矿工向他求助和听取建议。被排斥者和奴隶向他寻求保护。正像在印度一样，他兼有司法和行政权力……他也负有责任不断监视土著法庭……他实施法令，发放执照，保管法定的记录，递交法定的报告……

> 他作为直接（所得）税的征税官，不仅仅意味着征税。这项工作也使他与民众拉近距离，直接了解民众，了解各个村庄的首领和

---

① 安东·伯伦特爵士：《殖民地公职机构》，第69页。
② 同上书，第64页。

长者们的个性与特点。出访各个村镇时，他处理司法事宜，调查和解决争端，收集关于人口、农业和工业宝贵的统计数据。他利用各种机会查明可能存在的压榨行为，对村庄长者们强调对首领忠诚并由此对政府忠诚，强调停止非法行为的义务，强调每个人都有对不公正行为提出上诉的权力。①

卢加德是英国殖民统治的实践者、辩护者。他站在殖民主义者的立场上，对殖民统治充分肯定，对殖民地基层官员——区长高度赞扬。从他的描述中，我们也能管窥殖民地区长的角色和维护英国殖民统治的强烈意识。卢加德是经验丰富的殖民主义者，在1922年出版《英属热带非洲的双重委任统治》时，他已在非洲和亚洲进行了长期的殖民扩张和殖民统治活动。在此书中，他对殖民地的区长如何维护殖民统治提出了意见建议。从上面的引文中，我们已能明确地见到这一点。这里再看看他提出的一些其他观点。他认为：区长经常巡查能够早些发现和防止问题，能够增强民众对政府的信心，有利于保持稳定；区长应该深入了解本区情况，有利于促进地区发展；区长要重视经济资源的开发，重视最便捷经济的运输方式；区长的影响能有多大在于他多大程度上赢得了酋长与民众信心，掌握了他们的语言，了解了本地习惯；新的年轻官员应该到多个地区，在多个驻扎官指导下工作；当区长获得经验后，就不应调离，而应继续在他熟悉的区、省任职；当成为一个省的驻扎官后，没有重要理由就不要调离他。② 卢加德的意见反映了他的殖民统治经验。

3. 直接统治与间接统治

英国进行殖民统治，从形式上看，可分成两种："直接统治"和"间接统治"。但不管是哪种形式，都是对殖民地主权的剥夺，对殖民

---

① 安东·伯伦特爵士：《殖民地公职机构》，第65—66页；原文摘自卢加德《英属热带非洲的双重委任统治》，第131—135页。

② 卢加德勋爵：《英属热带非洲的双重委任统治》，第135—136页。

地人民实行剥削和压迫。① 尽管英国在亚洲早已实行过"间接统治"的殖民统治策略，但"间接统治"殖民策略以在英属非洲推行而闻名。沃尔特·拉塞尔·克罗克就认为："间接统治政策是由卢加德勋爵在北尼日利亚设计出来的，他当时是尼日利亚的首任总督（1900—1906）；在他担任南北联合后的尼日利亚大总督期间（1912—1919），这一政策扩展到了整个尼日利亚；这一政策随后在其著作《英属热带非洲的双重委任统治》中得到阐述。"②

在英国的殖民地，实行"直接统治"时，区长直接统治其地区；该地区的酋长、区头人、村头人、翻译人员等都是区长的下属，都接受区长的命令。基于他们的报告和调研做出的决定是区长的决定，由区长个人负责。除了区长要求他们做的事情之外，这些人没有管辖权。③

19世纪末20世纪初，在列强瓜分非洲过程中，英国占领了大片殖民地，英国在新占领的一些地区积极推行所谓的"间接统治"。英国殖民主义者卢加德占领北部尼日利亚后，就系统实行"卢加德的'间接统治'制度"。"在这个时期，间接统治信条支撑着英国殖民统治。"④ 1930年，安东·伯特伦在其《殖民地公职机构》一书中说：间接统治"的确是我们帝国中正在开展的最重要的运动，值得学政治的学生细心关注"⑤。最有代表性的"间接统治"是在北尼日利亚，卢加德是主要的推行者。在这种间接统治模式下，英国的行政官员不是直接管理民众，而是通过当地部落首领或其他当权者作为中介进行统治。⑥ 关于"间接统治"，托因·法洛拉做了一个解释。他说："间接统治是一套地

① 参阅郑家馨主编《殖民主义史·非洲卷》，北京大学出版社1990年版，第62—70页。

② 沃尔特·拉塞尔·克罗克：《论殖民地治理：现实问题要点与英法比对策比较》（Walter Russell Crocker, *On Governing Colonies: Being an Outline of the Real Issues and a Comparison of the British, French and Belgian Approach to Them*），伦敦：乔治·艾伦和昂温有限出版公司1947年版，第68页。

③ 安东·伯伦特爵士：《殖民地公职机构》，第69页。

④ 迈尔斯·奥斯本、苏珊·金斯利·肯特：《帝国时代的非洲人和不列颠人1660—1980》（Myles Osborne and Susan Kingsley Kent, *Africans and Britons in the Age of Empires, 1660 – 1980*），劳特利奇出版公司2015年版，第116页。

⑤ 安东·伯伦特爵士：《殖民地公职机构》，第70页。

⑥ 同上书，第70—71页。

方管理体系，它可以通过土著统治者和机构帮助英国人统治尼日利亚。殖民官员为土著统治者出主意，自身则尽量减少与广大民众的直接接触。由酋长和国王向民众发布新的规章制度。在剔除所谓的过分和非人道的习俗后，原有的体制被保留下来。对殖民统治没有帮助的土著法被舍弃。"①

在这种"间接统治"模式下，北尼日利亚的每个省，英国人任命一位驻扎官（Resident）。正像埃米尔在其每个地区都有一位区头人（District Headman）一样，驻扎官在其省内每个地区有位区长，在这里区长以"政委"（Political Officer）出名。②

英国在尼日利亚的驻扎官并不仅仅是委派到保护地的"监督性""咨询性"官员，还具有管理权力。驻扎官的下属在各地巡回，监视埃米尔的下属，向他们提出建议，并报告他们的情况，而同时"英国管理"的重大结构延伸到埃米尔的整个领地。③ 正如查尔斯·奥尔（Charles Orr）指出的，"英国和本土官员并肩统治"。本土统治者进行政府管理；而驻扎官不仅仅是当顾问，他有权在自己的法庭中对本土人进行逮捕、审讯和判处，而不必询问本土统治者。在税收方面，驻扎官传达总督的指示；亲自考察和评估农场与村庄；调查对"过度评估或敲诈勒索"的不满行为，并且对内部事务通常实行直接干预。④

在这种"间接统治"制度下，驻扎官与埃米尔每周会见两三次，本地区长可能参加这种会议。区长并不直接给村头人发号施令，他向区头人提出要求；如果是重要事情，他可以通过向驻扎官陈述的方式，把问题提交给最高酋长。⑤

区长的主要事务之一是审理案件。在间接统治的地区，如西非地区的穆斯林"酋长国"，因为许多原始案件已在土著法庭审理，区长的责

---

① ［美］托因·法洛拉：《尼日利亚史》，沐涛译，中国出版集团东方出版中心2015年版，第67页。
② 安东·伯伦特爵士：《殖民地公职机构》，第71页。
③ 同上书，第71—72页。
④ 同上书，第72—73页。
⑤ 同上书，第77—78页。

任是从行政和司法角度对案件进行复审；区长只是在政府管辖下的镇区充当法官角色。相比之下，在没有实行"间接统治"的地区，在法庭审理原始案件和处理上诉案件成为区长工作的重要方面。①

但是，在这种"间接统治"下，埃米尔或酋长多任命自己亲属或亲信为下级官吏，这一制度在维护殖民统治的同时，形成极端保守的倾向，阻碍社会政治经济的发展。②

4. 区长职权运行考察：主要以英属坦噶尼喀为例

下面举例考察一下英国殖民地区长职权运行的具体情况，主要以英属坦噶尼喀区长职权运行为例。英属坦噶尼喀在列强瓜分非洲过程中，被德国占领，是德属非洲的一部分。第一次世界大战期间，英德军队在东非地区展开长期较量。德国战败后，根据《凡尔赛和约》，德属东非作为委任统治地被战胜国瓜分，英国所瓜分的部分为英属坦噶尼喀（British Tanganyika）。坦噶尼喀于是成为英国的殖民地，由英国殖民部主管，英国派遣总督进行统治。

罗伯特·休斯勒尔（Robert Heussler）在其著作《英属坦噶尼喀：关于地区管理的论文和文献》中考察了英国殖民统治下坦噶尼喀的地区管理问题。这里主要根据此书提供的材料，对坦噶尼喀的区长的活动进行简要考察。在英国殖民统治初期，坦噶尼喀被分成 20 多个区，每个区派遣一位区长进行管理；所有区长直接向殖民地首府达累斯萨拉姆呈送报告。"区长的权威和自主权非常大，在有些情况下是不受任何限制的。"③

1925 年，曾任英国殖民地尼日利亚秘书长的唐纳德·卡梅伦（Donald Cameron）到坦噶尼喀任总督。"卡梅伦的政策是使部落当局重新恢复，并且让它来统治。他的政策是以两个重要因素为依据的。第

---

① 安东尼·柯克－格林：《权力的象征：非洲的英国区长》，第 111 页。
② 郑家馨主编：《殖民主义史·非洲卷》，第 65 页。
③ 罗伯特·休斯勒尔：《英属坦噶尼喀：关于地区管理的论文和文献》，第 6 页。

一，他属下的欧洲籍官员太少，单靠这些欧洲籍官员，就无法建立起一个有效的行政管理机构。第二，委任统治本身就含有这样的意思，即委任统治地政府的目的应该是使坦噶尼喀的人民能够自治，不管他们究竟需要多久才能做到这一点。卡梅伦的行政管理机关有时被说成是间接统治，但是他本人却喜欢把它叫作土著政府。"①

卡梅伦任总督期间（1925—1931），将坦噶尼喀划分为 11 个省；每个省由一个省专员（Provincial Commissioner）掌管，省下设有区。这样，在原来的总督与区长之间，就多了一个省专员。各个区仍由区长掌管。②

《英属坦噶尼喀》一书的第三章标题是《区长的众多领域》，大致考察了区长的日常事务。作者坦陈：没有一个代表性的区，也没有一个代表性的区长；"各地条件差异很大，不同时期变化也很大，没有任何两个行政官员是同样的"③。

通信工具很落后，供政府使用的经费也很少。缺乏经费就意味着人手少。在两次世界大战之间时期，平均每年在英属坦噶尼喀大约有 150—170 位行政官员，包括度假者和其他原因不能在地区履职者。④1937 年英国一位省专员也因此讲："我担忧，我们比在原地踏步强不了多少，除了完成找上门的工作外……未能尝试什么进步性的管理。"⑤

人手缺乏和通信工具落后阻碍了政府行为，农村地区的官员对殖民地"中央政府"很难做到"严格地、密切地负责"⑥。

在司法方面，大多数案例是在本地非正式地得到解决的，并不受外

---

① 佐伊·马什、G. W. 金斯诺思：《东非史简编》，伍彤之译，上海人民出版社 1974 年版，第 391—392 页。

② 中译本《东非史简编》说：各个区由区专员掌管。（第 392 页）区专员对应的英文应是 District Commissioner，而《英属坦噶尼喀：关于地区管理的论文和文献》一书并没有讨论英文 District Commissioner 的官职，各区最高行政官员为 District Officer（DO），在本书中，我们均译为"区长"。

③ 罗伯特·休斯勒尔：《英属坦噶尼喀：关于地区管理的论文和文献》，第 22 页。

④ 同上书，第 22—23 页。

⑤ 同上书，第 23 页。

⑥ 同上书，第 24 页。

部因素的影响。但殖民地高等法院也可能不同意区长的判决。对一般的区长来说，中心事务是通过简化程序，协调习惯法与英国法，使普通的本土人能够理解。①

在英属坦噶尼喀，区长的事务之一是处理和协调不同族群之间的关系，特别是本土非洲人与白人移民、印度裔人之间的关系。在不同群体中，区长扮演着在"竞争性文化"之间的调停角色，经常需要做出评判，就争端问题给予指令。②

区长通过参加游猎活动，能够经常访问地区的酋长。但各部落有成百上千的部落长者，区长能见到的很少。从传统上讲，酋长们是尊重部落长者的。因此，区长可以利用部落长者来解除酋长的职务。区长可以召开集会，与民众交流，并会见部落长者。③

罗伯特·休斯勒尔写道："但是大多数区长几乎不考虑这样的远景。他们忙于眼前事务，利用能够在当地获取的工具，在达到有限的、有形的目标上得过且过。而政府则在其平凡的常规工作中，建设性地、不引人注目地、稳步地辛勤工作。"④ 休斯勒尔在这里不免对殖民地政府有赞誉之嫌，但也揭示出殖民地基层官员——这些区长们，在促进殖民地的长期发展中是无所作为的。

《英属坦噶尼喀：关于地区管理的论文和文献》一书的第四章是《总部与土著管理》，也讨论到区长们的职责问题。区长的顶头上司是省专员。但负责管理地区的区长也是地方法官，他们直接与最高法院打交道，并不需要通过省专员。作为会计师时，他们直接与殖民地政府财政部门联系。如果在其地区有警察分队，而又无欧洲警官负责管理的话，则由区长本人负责，区长就供给问题、纪律问题等，与达累斯萨拉姆的警察总部直接沟通联系。关于技术专业方面的问题，达累斯萨拉姆的农业、林业、公共工程等部门倾向于跳过省专员，直接与区长打

---

① 罗伯特·休斯勒尔：《英属坦噶尼喀：关于地区管理的论文和文献》，第 30 页。
② 同上书，第 27 页。
③ 同上书，第 36—37 页。
④ 同上书，第 39 页。

交道。①

虽然省专员与区长相比，在年龄、经验、级别、薪水方面资历更深，但省专员实质上是"协调人、评论者、官僚式上级"，依靠区长管理他们的区，区长们让省专员知情，偶尔把重要事务提交给省专员，听取意见或指导。有些区长一年内甚至有长达 5 个月与省专员没有联系。②

省专员是省总部的"官僚式协调人"，而首府达累斯萨拉姆的办公厅则是整个殖民地的"协调人"。在区长们的眼里，在殖民地总部工作的官员是远离实际的官僚，与英国殖民部的官僚一样，对"灌木丛"地区的行政管理不知情。用一位区长的话说，两者区别是：殖民地总部的官僚是"坐在电扇下面，由黑人给他们端茶，而伦敦的官僚则是坐在电炉旁，由白人给他们端茶"③。

当然，不少区长有在殖民地政府总部供职的经历。

有的区长在其官署不保存任何文档。回复重要信件时，直接写在信背面，寄回原处，把其他材料扔掉。④

在实行"间接统治"政策的情况下，英国殖民当局更多地依赖本土人来维持殖民统治。这样，区长与农村地区的本土官吏"合作"就很重要了。在坦噶尼喀，本土官吏称作"阿基达"（Akida）⑤。

实行"间接统治"，意味着要扶植部落酋长进行管理。部落领导人是由区长挑选的。罗伯特·休斯勒尔讲：这种制度"可以支撑区长统治，而从未取代区长统治。正像在非洲每个具有初步社会组织的部落地区一样，区长们根据自身才智管理他们的地区。"⑥

此书的第五章，标题为《掌控局势》。书的作者在评估区长的作用时指出：所计划的事情并没有发生，所发生的事情并未预见到。"在部落中间，在农村，通常区长们试图支持传统的权威，支持习惯，视其为

①　罗伯特·休斯勒尔：《英属坦噶尼喀：关于地区管理的论文和文献》，第 41 页。
②　同上书，第 41—42 页。
③　同上书，第 43 页。
④　同上书，第 44 页。
⑤　同上书，第 49 页。
⑥　同上书，第 54 页。

秩序和在秩序内实现进步的唯一合理基础。效果之一是使农村民众安心，他们熟悉的观念和生活方式几乎会一如既往地延续下去。"①

英国对坦噶尼喀的殖民统治时间并不长。在民族解放运动冲击下，坦噶尼喀于1961年获得独立，成为坦桑尼亚的主体部分。

显然，在英帝国，不同时期不同殖民地，区长的职责和事务是不同的、变化着的。根据英国在尼日利亚的殖民地行政官员阿特金森（M. C. Atkinson）的计算，在二战前夕尼日利亚西部远离省总部的地区，普通区长们平均每周工作34小时（不包括办公时间之外安排的工作）；时间分配是：处理投诉和审议本土法庭的案件各占15％，通信占10％，参加会议占10％，检查土著权力机构账目占10％，税收事务、调查犯罪、管理监狱、建设和检查道路、桥梁与楼房各占5％，管理政府财政占3％，访问政府、土著管理或传教机构占17％。② 到1942年时，阿特金森用于审议法庭案件的时间上升到高达其全部办公时间的25％，平均每天审议30至40个案件。③

5. 人物小传：肯尼思·布拉德利

肯尼思·格兰维尔·布拉德利（Kenneth Granville Bradley），一般称肯尼思·布拉德利，是英国有名的殖民地公职人员。1904年出生，曾在英国牛津大学学习，获得文科学士学位。1926年被任命为北罗得西亚的实习生；1928年担任区长，后来还担任过区专员等职务。北罗得西亚是今天的赞比亚，位于中南部非洲内陆地区，在19世纪末列强瓜分非洲狂潮中，被英国侵占。1911年，英国将这一地区命名为"北罗得西亚保护地"，由英国南非公司管辖；1924年，北罗得西亚成为由英

---

① 罗伯特·休斯勒尔：《英属坦噶尼喀：关于地区管理的论文和文献》，第66—67页。

② M. C. 阿特金森：《非洲生活：一个殖民官员的故事》（M. C. Atkinson, *An African Life: Tales of a Colonial Officer*），I. B. 陶里斯和有限出版公司1992年版，第12页。

③ 安东尼·柯克－格林：《权力的象征：非洲的英国区长》，第112页；关于区长履行职能的情况，参阅安东尼·柯克－格林这部著作的第5章《日常工作：在站》、第6章《日常工作：巡查》，第94—142页。

国殖民官员管理的保护地，英国派驻总督统治；后来北罗得西亚曾是英属中非联邦的一部分；1964 年北罗得西亚正式独立，改称赞比亚。

肯尼思·布拉德利长期在北罗得西亚担任殖民官员。布拉德利职位并不高，但却声名卓著。这主要是因为他出版了一些关于他在殖民地任职的著作，如《区长日记》（*The Diary of a District Officer*）（1943）和《曾经是区长》（*Once a District Officer*）（1966）。从其著作中，我们可以了解到他在殖民地任职的一些基本情况。这里简要考察一下他作为区长和区专员的活动。由于材料的局限，这里的信息主要来自他的《曾经是区长》一书。该书的第五章标题是《区长：马扎布卡》，他作为区长的经历从中可略见一斑。

1928 年，肯尼思·布拉德利被借调到殖民部工作，并于 1929 年 6 月乘船去南非的开普敦，然后从开普敦乘火车北行至北罗得西亚就职。在以后的 12 年里，他在地区或殖民地首府任职；在 1930—1939 年之间，布拉德利有 5 年担任区长。[①]

1932 年，他到马扎布卡当区长。马扎布卡是一个大区的中心，位于卡富尔河（Kafue River）南岸的铁路线上。布拉德利讲，他在马扎布卡大多数时间是在高原地区，这里的巴图加人喂养牛群，大量种植玉米出售。居民面临的主要问题是缺水。布拉德利讲，他与当地人一起择地掘井，并建造了几座水坝。[②]

当时，英国在北罗得西亚推行"间接统治"政策。这就涉及正式承认酋长们的法庭，同时赋予部落会议行政权威和职责，并正式赋予酋长们和部落长者们刑事审判权，向他们提供法庭办事员等。"我们的角色是尽量经常检查法庭记录，听取上诉，但上诉很少，原因是非洲酋长们一直是部落法律和习惯的守护者，他们的判决对民众来说，通常是可以接受的，我们也几乎总是能够接受。我们经历的唯一困难是当非洲法律与英国法律发生冲突的时候。"[③]

---

① 肯尼思·布拉德利：《曾经是区长》（Kenneth Bradley, *Once a District Officer*），麦克米伦和圣马丁出版社 1966 年版，第 58—61 页。

② 同上书，第 64—65 页。

③ 同上书，第 65 页。

"总的来看，部落法庭做出的判决是正确的，我们用我们自己法律不同的但并非总是更好些的逻辑干涉得越少，对有关各方就越有利。"①布拉德利认为，训练酋长和长者们从事行政管理要更难些；过去本土权威势力从不强求或鼓励"社会改善和经济改善"，巴图加人是"保守的"②。他讲：非洲法律中的问题和地方法庭中许许多多其他需要按照英国法律审理的案件，"占用了我们在马扎布卡的大多数时间"。此外，还要参加镇的会议，保持与以本地为基地的部门负责人的联系，还要关注欧洲移民社区的事务。这些事务很难躲避，因而也难以管理村庄事务。③

1934 年，肯尼思·布拉德利调到蒙布瓦任区专员（District Commissioner）。蒙布瓦是一个大区，当时采采蝇为患。采采蝇叮咬会导致昏睡病，在当时对人是致命的，并且能杀死牛群。为了调查采采蝇的密度，打过预防针的一位非洲人在灌木丛小径上行走，衬衫背后别上一块白布，后面跟着人，拿着笔记本，数着飞落在白布上采采蝇的数量。根据这种记录，制作出图表来，称作"1 男孩/英里飞蝇密度"④。

布拉德利记述，这个地区有两个传教会站点，一个小金矿，非洲人不超过 3 万；人数也许是野牛、羚羊、狮子数量的 10 倍。布拉德利非常喜欢打猎；打猎也成为他了解非洲人的一个途径。他说，后来他卖掉了猎枪，只要能避免，就不去打猎了。⑤

布拉德利认为，蒙布瓦的问题比马扎布卡要简单得多。这里的问题是"帮助非洲人在他们自己的自然环境下更好地生活"，而不是"帮助他们艰难地适应欧洲人带来的、强加的环境"。当然，在偏远驻扎地，区专员就是国王，"能够做他想做的事情，能够做任何尝试。他是筑路者、建桥师、医生、教师、侦探、警察、地方法官、农场主、畜群饲养者，如果必要的话，也是承办者。最重要的是，他是民众的朋友，民众

---

① 肯尼思·布拉德利：《曾经是区长》，第 66 页。
② 同上书，第 66—67 页。
③ 同上书，第 67 页。
④ 同上书，第 69 页。
⑤ 同上书，第 69—70 页。

们信任他。在蒙布瓦，我们尝试过各种事情。这样做是基于如下原则：
如果试验失败了，至少任何人也不会知道；如果成功了，则可以向总部
报告，或许会被发现对其他地方有用"[1]。这里作者讲非洲人"信任
他"，他是"民众的朋友"，显然是在美化殖民统治，为自己帖金。

布拉德利在山坡上靠近溪流的地方试种水稻，结果被一场洪水冲光
了，包括他自己的菜园。在高地上，他进行过棉花种植实验，这一实验
是比较成功的。还用晒干的土坯建造了一家"相当有吸引力的医院"，
"一位熟练的非洲卫生员满怀激情地工作"，医院也红火起来。布拉德
利说："成功秘诀是不让任何人死在医院里。卫生员一旦意识他无法治
疗时，就允许家属将病人带回家。这排除了对白人医药的恐怖，并且使
病人在前去加入灵界永远存在的祖先们之时，临终仪式能够根据习惯
进行。"[2]

布拉德利写道，他将其法庭改作一所学校，并把职员借调去任教，
自己却在大树下审理案件。他们还用树皮制作了一些圆桶型蜂窝，挂在
树上以便野蜂进住，这样就形成了一个小型的"蜂蜡工业"，用很少的
劳动量获得一定收益。修筑晴天使用的土路，5 镑 1 英里，维护土路 1
镑 1 英里。[3]

布拉德利还动员一位酋长尝试建立"新村庄"，修建"家庭茅坑"。
他写道："在雨季来临之前，村庄建完了，任何人都没有花钱，村庄建
得很好。确实，法院建歪了一点，但比萨塔也是这样；也确实，只有法
院和酋长自己的房子是用砖做的，但毕竟开了一个头。"[4] 该酋长还制
定了一项法规："所有我的村庄我的人民都要自己挖茅坑，否则就进监
狱。"布拉德利说，酋长的法规得到了实行，村民自己挖了茅坑。

这一消息在整个区内传开了，布拉德利也以"茅坑先生"（Bwana
of the Latrines）而知名。布拉德利说他为此也感到"自鸣得意"。有一
次他到了一个偏远村庄，看到村庄内挖了很多家庭茅坑却无人使用。他

---

[1]　肯尼思·布拉德利：《曾经是区长》，第 70 页。

[2]　同上书，第 70—71 页。

[3]　同上书，第 71 页。

[4]　同上书，第 73 页。

问村民："那么你们为什么又建它们呢?"村民回答："为了让你高兴。"① 布拉德利听到此言,颇感失望。

布拉德利作为区专员还要审理案件,如杀人、强奸、自杀、魔法方面的案件。他说强奸案件通常被证明不过是情侣之间的争吵。②

1930—1938 年,布拉德利在北罗得西亚有两次轮岗,都是到北罗得西亚殖民当局总部就职。第一次是在利文斯敦,这是当时殖民地的首府;第二次是在新首府卢萨卡。这两次轮岗到总部,布拉德利看来并不得意。他在《曾经是区长》一书第五章中对此有所描述,标题是《不愉快的官僚》。

在殖民地总部就职,在总督身边工作,是获得升迁的好机会,对有区长经历的殖民地公职人员来说更是如此。殖民地的最高官职是总督,总督以下的第二号人物一般是秘书长,是殖民地政府办公厅的首脑。像布拉德利这样有区长经历的殖民地官员到总部任职很有可能获得升迁,成为秘书长,甚至调到其他殖民地担任总督。布拉德利写道:那些具有高度批评精神的区长们瞧不起秘书类人物,瞧不起这些"呆板官僚"和"追名逐利者",但一旦有机会轮岗到总部,他们就会"暗自高兴"③。尽管布拉德利有两次轮岗,但他本人当时却没有获得升迁机会。

在总部任职一段时间后,他后来被带有责备口气地告知:"思想上太年轻了",可以到詹姆斯堡担任区专员。布拉德利写道:"自那以后,我对此一直感到迷惑不解。如果他们是指我单纯乐观,那我只能说30年后的今天,我依然如故。他们的意思可能是,我批评能力弱,对其他人的反应不够敏感,所以在与其他官员或与现在更加重要的立法会议成员打交道时,没有显示出什么政治能力。这种非常实在的弱点意味着必然的事实,即尽管我的经历丰富,但我不是'秘书类型的人',将永远不会成为一个好的秘书长。"④

看来布拉德利对自己没有获得升迁机会还是有点耿耿于怀的。他写

---

① 肯尼思·布拉德利:《曾经是区长》,第 73—74 页。
② 同上书,第 75—76 页。
③ 同上书,第 82 页。
④ 同上书,第 87 页。

道："我们每个人都有抱负，正如我已说过的，办公厅是爬到更高处的梯子。但有两种不同的抱负。一种是你努力工作，纯粹是为了把工作做得更好，并希望能得到公认；另一种是你自己猛力向上爬，把挡着路的人或看上去像与你竞争的人全都踢下梯子。我知道有的人像这样做了，他们爬得相当高（我希望他们享受这一点），但在殖民地公职机构中，他们中间只有一两位曾爬到了顶部。"①

布拉德利写道："我仍然记得当我 1938 年离开卢萨卡时，我的心情是高兴的。我已接受了对我的放逐判决和秘书生涯的终结，感到如释重负，没有什么不满。"②

第二次世界大战期间，1939—1942 年，布拉德利成为陆军军官；1942 年，担任福克兰群岛的秘书长和财政秘书。1946 年获得英国的乔治勋章。③ 战后，英国殖民大臣阿瑟·克里奇·琼斯决定为殖民地公职机构主办一份杂志。这份名为《冠》的杂志于 1949 年 1 月创刊，布拉德利是这份杂志的第一位主编。1950 年，布拉德利还出版了《作为职业的殖民地公职机构》一书；1955 年修订出版时，标题改为《在海外文职机构中的职业》。该书的出版工作是由英国殖民部和信息总局（Central Office of Information）安排的④。

6. 区长涉案实例

这里略举英国殖民地公职机构成员中担任区长时涉及被处罚的案例。一是在英国殖民地乌干达北方省布尼奥罗地区担任区长的辛普森的案例；一是在坦噶尼喀担任区长的摩根斯的案例。

---

① 肯尼思·布拉德利：《曾经是区长》，第 88 页。
② 同上书，第 90 页。
③ 安东尼·柯克－格林编：《英国殖民地公职机构传记词典 1939—1966》（*A Biographical Dictionary of the British Colonial Service, 1939 - 1966*），汉斯·泽尔出版家，1991 年。
④ 安东尼·柯克－格林：《为君主供职：皇家殖民地公职机构与海外文职机构史，1837—1997》，第 107 页。

（1）辛普森涉案实例

英国殖民部有关档案记载了这一涉案实例的有关情况和处理过程。①
区长辛普森（B. H. M. Simpson）1930 年在霍伊马的住所里与所雇本地
女仆发生了性关系。他的行为引起其夫人的怀疑；辛普森向夫人坦白
了，并获得了夫人的原谅。虽然此事在人群中传开了，但并未被报告给
英国的乌干达殖民当局。问题是 1931 年 3 月，辛普森的妻子发现另一
位女佣来住所工作时，辛普森把手放在了这位女仆肩上，并用当地语言
与其打招呼。辛普森的妻子认为辛普森旧习未改，一气之下带着孩子们
离开了，搬到靠近霍伊马的朋友家；并很快搬到了殖民地首府坎帕拉附
近的朋友家居住，在这里她做出安排，带着孩子们立即回到英国。

此事传开后，被北方省的省专员报告给了乌干达总督。这一报告，
加上其他相关消息，导致总督于 3 月 26 日把辛普森从布尼奥罗地区
召回。

英国殖民当局担心此事在殖民地民众当中引起不良影响，遂决定给
予辛普森一定的处分。首先是认为辛普森不适合在乌干达布尼奥罗地区
或其他地区继续担任区长了。辛普森本人否认了 1931 年 3 月与女仆有
不当行为，但乌干达殖民当局认为他妻子的怀疑是因为他在 1930 年的
不当行为引起的，因此他负有责任。

英国总督要求辛普森立即休假。考虑到辛普森已表达过在担任殖民
地公职满 20 年后就退休。1930 年辛普森在殖民地公职机构中任职 19
年了；而到 1931 年才 20 年，即使加上正常休假时间，任职也不能满 20
年。

就如何处理这一问题，英国乌干达殖民政府代理秘书长斯科特（E.
L. Scott）与辛普森进行了沟通，也表达了总督对他的关心。

1931 年 4 月 17 日，英国乌干达的殖民当局向英国殖民大臣帕斯菲
尔德呈送了请示报告，汇报了处理过程，并提出了相关建议。报告认

---

① 英国殖民部档案 CO 323/1133/19，"乌干达的区长辛普森"（"Uganda, B. H. M. Simp-
son, District Officer"）。

为，除了辛普森本人承认的事实外，并没有其他直接证据，这就没有必要成立调查委员会了；同时，报告也建议不宜调辛普森到其他省份继续任职。报告还讲，辛普森作为区长在工作方面也不是令人满意的。乌干达殖民当局已安排辛普森于1931年8月份开始休假，这将意味着假期结束时，他任殖民地公职时间可以满20年。报告不赞成他继续担任殖民地公职，但解除公职并取消养老金这样的处分又过于严厉。考虑到这是他在任职第19年中发生的孤立事件，报告因此建议殖民大臣允许延长辛普森的假期，以便他能任职满20年；延长度假的时间不支付薪水，但到时退休后能够领取养老金。这一处分也导致减少一定量的养老金。至于减少多少养老金，建议请殖民大臣决定。①

从有关档案材料可以看出，给辛普森的信，要放入个人档案，并在热带非洲职员部门（Tropical African Clerical Section）传阅，同时通知有关皇家代理人（Crown Agents）辛普森退休之事。

1931年6月25日，唐宁街的殖民部官员起草了给辛普森的通知，通知签名人是帕金森（A. C. C. Parkinson）②。通知指出：乌干达总督的报告讲明了"要求你回国的情况"。总督做出这样的决定，"并不仅仅是考虑到近期的事件，也考虑到你过去的记录"。因此，通知"你假期结束后不再任职"。"鉴于你任职终止之情形"，"在乌干达任职获得的养老金减少5%"③。

1931年8月16日，辛普森给殖民部写了一封信，要求殖民部改变对他的处分。而1931年8月26日殖民部的回信讲，殖民大臣帕斯菲尔

---

①　英国殖民部档案 CO 323/1133/19，"乌干达的区长辛普森"。

②　帕金森（A. C. C. Parkinson），全名是 Sir Arthur Charles Cosmo Parkinson（1884 – 1967），为英国政府文官。1908年进入英国文官机构，到海军部工作；1909年转到殖民部；1914年为殖民大臣助理私人秘书。一战期间，曾参加军队，1920年再次进入殖民部；1925年，为自治领部助理秘书；1928年，再次回到殖民部，为东非局局长；1931年，为助理国务次官。帕金森后来还担任过其他职务。1931年时，他应以助理国务次官身份或东非局局长身份起草此信。参阅《简明英国名人传记词典：从最早时代到1985年》（*The Concise Dictionary of National Biography: From the Earliest Times to 1985*），第3卷，牛津大学出版社1992版。

③　英国殖民部档案 CO 323/1133/19，"乌干达的区长辛普森"。

德不准备改变已做出的决定了。①

（2）摩根斯涉案实例

摩根斯（F. W. C. Morgans）是英国殖民地坦噶尼喀的一位区长。在其地区发生的一个案件中，他受到了六项指控。这个案件是：一箱子公款丢失，一些被怀疑的本地人受到严刑拷打。案情与摩根斯的责任受到调查委员会的调查。在英国殖民部档案中，1931 年 11 月 2 日的一份文件对 6 项指控有简要记载。②

第一项指控是摩根斯坚持要求印制后来被盗走的钞票，并对监管钱箱的酋长进行了恐吓，而没有考虑他是否有罪。对这个指控，摩根斯解释说他使用的斯瓦希里语并不意味着威胁。但这一解释没有充分的说服力。他的用语使本地人感到必须补偿丢失的公款，而且如果钱不弄来的话，他们的酋长在监狱将会受到折磨。因此，他们一起认捐了这个数量的钱，并且采取办法自行寻找盗劫者，以便解脱他们自己。调查委员会认为这项指控是成立的，摩根斯负有责任。

第二项指控是他没有履行监管监狱的应有职责。摩根斯承认他把这方面的许多日常事务分配给了助理区长。调查委员会认为他负有当然的责任，无权将权力下放给下级。委员会认为他失职了，毫无疑问促使了监狱管理人的不规范行为和嫌犯遭受折磨。

第三项指控是，摩根斯允许一位本土在押人非法转移了，交给警察拘留长达三个星期。这一指控也受到调查委员会的确认。摩根斯的错误导致该囚犯受到严刑拷打。摩根斯解释道：他忙于其他工作，也不知道警察羁押与监狱羁押的区别，而且印裔副督察说，让警察羁押是合适的事。调查委员会对这种解释，并不满意，认为该项指控成立。

第四项指控是，摩根斯未能公开他所掌握的关于在押候审者被严刑拷打的信息和相关酋长的责任。摩根斯对此也做出了解释。调查委员会

---

① 英国殖民部档案 CO 323/1133/19，"乌干达的区长辛普森"。

② 英国殖民部档案 CO 323/1135/1，"坦噶尼喀的区长摩根斯"（"Tanganyika, F. W. C. Morgans, District Officer"）。

认为，这项指控属实，但认为这一行为"更多是忽略，而不是渎职"。

第五项指控是，摩根斯没有充分地指导和监督下级管理人员，并允许他们在执法过程中采纳了不规范程序。此项指控，调查委员会也认为是成立的，摩根斯没有有效地履行职责，至少在某些方面存在懈怠和松弛。

第六项指控是摩根斯让本土权力机构（Native Authorities）对因犯使用手铐，代替了原来使用绳索捆绑的方式。关于这项指控，调查委员会并未指责摩根斯。

这样，在六项指控中，有五项是成立的。关于最后一项，行政会议委员会（Committee of the Executive Council）接受了摩根斯的辩解。

摩根斯为自己做了申辩，英国有关机构也考虑过将摩根斯调到其他地方继续任职，同时也考虑过撤销其区长职务。经过多方研究，英国殖民大臣决定：摩根斯的冒犯行为"不应受到免职的处罚"，"因为这将意味着失去退休金"；在考虑强制终止其职务而让其享有适当养老金之前，应该给予摩根斯机会选择"带养老金的自愿退休"。从档案材料看，"自愿退休"是对摩根斯的最终处分。①

从这两个案例看，在 20 世纪上半叶，英国政府与殖民地当局对殖民地公职人员的管理是比较严格的，违反了规定要作一定的处理。英国颁行的《殖民地规章》对殖民官员的纪律有明确规定和处理要求。关于殖民地公职机构人员的纪律规定，本书第 2 章进行了适当考察。而从1928 年版的《殖民地规章》看，英国政府对殖民地公职队伍纪律问题也做了比较详细的规定。②

---

①　英国殖民部档案 CO 323/1135/1，"坦噶尼喀的区长摩根斯"。

②　《国王陛下殖民地公职机构规章》（*Regulations for His Majesty's Colonial Services*），殖民部文件第 37 号，英国皇家文书局，1928 年 10 月，第 27—51 条，第 10—19 页。

结　　论

　　本书对英国殖民地公职机构的历史进行了概要的考察，简明地揭示了英国殖民地公职机构发展演变的大致脉络。由于资料局限和时间仓促，本书的研究还不是十分系统，对某些问题的探讨也不够深入。英帝国是世界近现代最庞大的殖民帝国，时跨数世纪，地跨五大洲，各殖民地也有不同特点。本书侧重于从宏观角度考察，且重点考察的是英国关于殖民地公职机构政策的发展变化和殖民地公职机构整体上的概况；对具体殖民地的公职机构和殖民地公职机构中各分支机构尚缺乏深入系统的考察。

　　当然，在本书中，作者努力集数年阅读思考之功，运用所掌握的英文文献资料，做了一些基础性的研究工作。第一，对英国殖民地公职机构发展变化做了一个大致的梳理，揭示了其发展演变概况。第二，对英国 20 世纪殖民地公职机构的政策，特别是第二次世界大战后的政策，做了比较深入的、系统的考察，并对其发展变化原因进行了一定剖析。第三，对英国殖民地公职机构的结构和队伍概况也进行了一定梳理。第四，本书还重点考察了英国殖民地公职机构中关键岗位总督与区长的职责功能及运行概况。

　　本书坚持以唯物史观为指导，提出了一些自己的看法。首先强调了英国殖民地公职机构是英国进行殖民统治的工具，是为英国殖民统治服务的。本书认为英国的"殖民地公职机构"这个概念有广义和狭义之分。广义的殖民地公职机构是指英国所有殖民地的公职机构，从殖民统治的开始到殖民统治的终结；狭义的殖民地公职机构，英文是 Colonial Service 或 Colonial Services，是英国由殖民部主管下的殖民地的公职机构，这个狭义上的殖民地公职机构，不包括统治"英属印度"的"印度文官机构"和统治"英埃苏丹"的"苏丹政治机构"等殖民统治机构。英国殖民地公职机构，一直处于发展变化当中，是在帝国扩张的历史进程中逐步形成和不断演变的。

英国殖民地公职机构的演变，正如英国殖民扩张和殖民统治一样，受到多种因素的影响，特别是国际局势和殖民地人民反抗斗争的影响。英国殖民地公职机构并未按照英国政府设计的那样发展变化。在研究英国殖民地公职机构演变史时，笔者更加感受到恩格斯关于历史发展"合力论"的深刻含义。比如说，20世纪发生的两次世界大战就直接对英国殖民地公职机构产生了重大影响，而战争的爆发和进程，并不是英国一国所能决定的。世界大战对英国殖民地公职机构产生了冲击。一方面，战争的进行妨碍了殖民地公职人员的招聘和培训，不少公职人员加入军队；另一方面，战争一结束，英国殖民地公职机构则又得到非常快速的发展。这些变化是在世界大环境下发生的。而且，世界大战促进了殖民地民族解放运动，这也对英国殖民地公职机构带来了冲击。

二战后，英国许多殖民地迅速走向独立，在这个进程中，英国政府采取了多种措施稳定殖民地公职队伍，以便维护殖民统治，并争取在殖民撤退过程中，在殖民地公职机构本土化方面，仍然掌握一定的主动权。实际上，殖民地独立时，英国采取了多种措施维护旧有的关系，不少殖民地独立后仍有一些英国殖民地公职人员留下来继续任职。无疑，这有利于英国维持旧有的关系。而且，英国在殖民撤退过程中，成功地促使英帝国向英联邦过渡，并维持了英联邦的存在。在考察英国殖民地公职机构的历史时，也能感受到英国殖民统治者很好地利用了殖民地上层来维护殖民统治，他们在殖民地寻找和培养了一批"合作者"。

在考察英国殖民地公职机构的历史时，特别是在阅读英国一些殖民官员撰写的著述包括他们的日记时，笔者也感到英国资产阶级统治阶层确实培养了一批甘愿为殖民主义效劳的人，有些人成为狂热的帝国主义者，成为维护英国殖民统治的"虔诚者"。英国资产阶级政府重视对殖民地官员的挑选和培训。知名公学和大学实际上成为培训殖民地公职队伍的基地。这一点也是与当时英国的教育比较发达分不开的。早在19

世纪、20世纪上半叶，英国中产阶级家庭子女就受到了良好的教育，在公学、大学学习，接受殖民主义理论熏陶，使他们当中不少人热衷于为殖民统治服务。英国政府也很重视保障殖民地公职人员的利益，以提高和维护他们为殖民统治服务的积极性。这一点在第二次世界大战后显得特别突出。

在撰写本书过程中，笔者也在以下方面做了一定的尝试。第一，注意把微观考察与宏观历史背景相结合。第二，关注经济因素对英国殖民地公职机构发展变化的影响。第三，注意历史进程中相关人物角色的考察。在对历史进程叙述"见物亦见人"上，做出了尝试。第四，对一系列英文专有名词进行了推敲审定，力求翻译简明准确，排除某些杂乱现象。在适当地方，对一些概念的翻译做了说明，以便读者参考。

中文学术概念的构建是我国世界史学科的一门"必修课"。这是一项学科建设和发展的基础性工作，本书在这方面做了一定的努力。由于英帝国史涉及五大洲许多国家的历史，研究国别史的学者对同一英文概念的翻译处理有时会有出入，而本书则不得不力求做到一致；考察整体的英国殖民地公职机构的历史，对重要概念的翻译力求一致。例如，本书对殖民大臣、总督、秘书长、区长、皇家殖民地、责任制政府、行政会议、立法会议、立法大会等重要概念做了仔细的推敲和把握。当然，对有的概念，也采取了兼容的态度。例如，殖民地的"参事会"，英文概念是"Council"，国内学术界多译为"参事会"，在本书中某些地方也沿用了这样的翻译。同时，也根据实际情况，特别是根据"Council"这个机构功能的变化，构建了其他概念，如行政会议和立法会议，英文分别是"Executive Council"和"Legislative Council"，这两个机构也是从"参事会"这个机构发展演变而来的。另外，本书对一些英文词的翻译则采取了灵活方式，没有力求一致，而是根据上下文语境选用了不同的中文词汇。例如，英文的"Pension"一词，有时译成"养老金"，有时则译为"退休金"；"Post"一词有时译成"职务"，有时则译成"职位"，没有严格一致，根据语境确定。有些概念在中文里，人们可能不太注意它们之间的区别，但在英文里却有区别。例如，"附件"和"附录"在英文是两个不同的词；本书把"Appendix"译为"附件"，把"Annex"译为"附录";在英文材料里,一般是先有"Appendix",在"Appendix"之下可能有"Annex"。

本书着眼于推动世界史有关学科专业的建设和发展,因而也提供了重要的中英文参考文献目录,撰写了一个比较简明的关于英国殖民地公职机构的年表,同时也准备了专有名词中英文对照表,以便一般读者特别是初级研究人员参阅。

英国殖民地公职机构简明年表

1496 年　　英格兰国王亨利七世发给约翰·卡伯特从事"地理发现"航行的专利权。1497 年卡伯特航行到了北美洲；1498 年，卡伯特第二次航行失利。

1577—1580 年　　弗朗西斯·德雷克环球航行。

1578 年　　汉弗莱·吉尔伯特开始其首次跨大西洋殖民活动并失败。

1587 年　　英国第一次尝试在北美建立殖民点。这年 7 月，包括妇女儿童的移民队伍到达了美洲，在罗阿诺克登陆，领头人是约翰·怀特。

1600 年　　英属东印度公司成立。

1606 年　　詹姆斯一世授予伦敦公司和普利茅斯公司特许状；弗吉尼亚公司也获得王室特许状。

1607 年　　英格兰人在詹姆斯敦建立第一个永久性居民点，开始了弗吉尼亚殖民史。

1613 年　　莫卧儿帝国准许英国人在苏拉特设立商馆。

1619 年　　北美英国殖民地首次召开殖民地代议性质的大会。7 月 30 日，弗吉尼亚总督乔治·亚德利爵士召开，成员是殖民者，在詹姆斯敦举行。

1625 年　　英国成立贸易委员会，这是一个咨询性的机构，就国外拓殖地提出建议。但不久这个机构解散。

1634 年　　成立国外拓殖地委员会。这不仅仅是一个咨询性机构，还可以制定法律，撤换总督，可以处理殖民地的刑事控告。

1660 年　　查理二世颁发委命状，成立贸易委员会和国外拓殖地委员会。

1660 年　英国成立枢密院委员会，负责殖民地事务。

1672 年　国外拓殖地委员会与贸易委员会合并，组成贸易和拓殖地委员会。

1675 年　查理二世任命了贸易和拓殖地王室专员。

1696 年　威廉三世颁发委任状，成立贸易局。

1707 年　英格兰与苏格兰合并。

1768—1782 年　1768 年英国成立了一个新的政府部门，并任命一个新的大臣，主要职责是管理北美殖民地。

1771 年　沃伦·哈斯丁斯担任加尔各答总督。

1772 年　东印度公司公职机构取代了商人公职机构。

1773 年　英国议会通过《管理法》，后来通称为《东印度公司法》，加强了英国政府对东印度公司事务的干预和对印度的统治。

1774 年　沃伦·哈斯丁斯担任英印大总督。

1782 年　贸易局解散。

1782—1801 年　殖民地事务由内政大臣管理。

1784 年　英国议会通过《东印度公司法》。因是小威廉·庇特任首相时提出的，故亦称《庇特法》。

1784 年　英国成立监督局，负责监管东印度公司事务。

1788 年　英国阿瑟·菲利普总督率领犯人及军队，到达澳大利亚，开始建立殖民地。

1793 年　《东印度公司特许状法》通过，实行契约文官制度。

1794 年　英国成立战争部，任命战争大臣。

1800 年　威尔斯莱总督在加尔各答开办了威廉堡学院，培训英属东印度公司行政管理人员。

1801—1854 年　殖民地事务由战争和殖民部主管。

1806 年　在英国建立黑利伯里学院，作为培训英属印度文官的基地。

1825 年　战争和殖民部设立一个新职位——"常任国务次官"，负责殖民事务。

1836 年　詹姆斯·斯蒂芬接替罗伯特·威廉·海为负责殖民事务的常任国务次官，直到 1847 年。

1837 年　　英国首次印行《殖民地规章》。

1839 年　　德拉姆提出了一个调研报告，一般称作《德拉姆报告》，建议加拿大省合并，对抗法裔加拿大的分裂主义；建议给予加拿大人责任制政府，即给予加拿大内部自治，为英国议会保留的事务是宪法、对外事务、贸易政策、公共土地。

1853 年　　英国决定在印度实行文官考试制度，取代原来的推荐提名方式。

1854 年　　克里米亚战争爆发，英国建立单独的殖民部，设殖民大臣，专门负责管理殖民地事务；乔治·格雷爵士成为第一任殖民大臣。

1858 年　　正式建立印度文官机构，将原来东印度公司的文官机构转变为英国皇家文官机构，称"印度文官机构"。

1858 年　　英国议会通过《印度政府法》，英国政府完全接管对印度的殖民统治；成立印度部，设立印度大臣职位，负责管理印度事务。

1858 年，英国维多利亚女王颁布诏书，给印度总督加上副王头衔，坎宁为第一任副王。

1862 年　　第一版《殖民部名录》印行，全称是《1862 年殖民部名录或英国属地总记》。

1865 年　　英国通过《殖民地法律有效法》，规定殖民地的立法若与英国议会通过的法律相违背，则殖民地的立法是无效的。

1867 年　　英国通过《英属北美法》，该法规定四省（安大略、魁北克、新斯科舍、新不伦瑞克）联合，组成加拿大自治领，成为英帝国内的第一个自治领。

1867 年　　第一位印度人进入英属印度文官机构。

1869 年　　锡兰、海峡殖民地等地建立文官机构，称作"东方学员机构"，实行公开选拔性考试招聘制度。

1895 年　　约瑟夫·张伯伦担任殖民大臣，直到 1903 年。

1895 年　　英国决定合并"东方学员机构"考试，与印度文官机构和英国国内文官机构中一级学员一起考试，形成了单一的选拔性考察制度；并于 1896 年 8 月付诸实施。

1899 年　　"苏丹政治机构"形成；1901 年招聘首批文官加入苏丹政

治机构。

1900 年　　成立了供殖民地公职人员在伦敦活动的冠俱乐部，以利于回国度假的殖民地公职人员相互交流。在冠俱乐部年度晚宴上，殖民大臣致辞。

1900—1906 年　　卢加德为北尼日利亚保护地第一任英国高级专员；1907—1912 年，卢加德任英国殖民统治下的香港总督；1912—1914 年，卢加德任北尼日利亚保护地总督；1914—1919 年，卢加德任尼日利亚大总督。

1907 年　　英国在殖民部成立自治领分部。

1922 年　　卢加德出版了《英属热带非洲的双重委任统治》。

1922 年　　英属印度文官考试开始同时在印度和英国举行。

1923 年　　开始实施"自治领遴选计划"，从自治领挑选殖民地公职机构人员。

1924 年　　埃默里担任殖民大臣，直到 1929 年，是英国著名殖民大臣。

1925 年　　成立自治领部，设立自治领大臣职位，负责自治领事务。

1926 年　　帝国会议形成了界定英国与各自治领关系的《贝尔福宣言》，理论上承认了在英帝国内自治领与英国享有平等的地位。

1927 年　　召开了首届"殖民部会议"。

1929 年　　英国通过了第一个《殖民地发展法》。

1929 年　　澳大利亚人艾萨克斯爵士（Sir Isaacs）当上了澳大利亚的总督。这一模式后来为其他英联邦国家仿效。

1930 年　　《费希尔报告》建议成立统一的殖民地公职机构。

1930 年　　英国殖民部会议赞同实现殖民地公职机构的统一。

1930 年　　英国殖民部成立人事分部。

1930 年　　安东·伯特伦出版《殖民地公职机构》。

1931 年　　英国通过《威斯敏斯特法》，成立英联邦。

1932 年　　殖民地行政公职机构实现统一。

1943 年　　拉尔夫·弗斯提交《关于战后殖民地公职机构培训的备忘录》。

1945 年　　英国通过《殖民地发展和福利法》，计划每年拨款 1200 万
　　　　　英镑，有效期为 10 年。

1946 年　　英国殖民部颁布《殖民地公职机构的组织》。

1946 年　　英国殖民部颁布《战后殖民地公职人员的培训：殖民大臣
　　　　　任命的委员会的报告》

1947 年　　英国印度部、自治领部取消，成立英联邦关系部。

1948 年　　英国设立殖民事务国务部长职位，协助殖民大臣工作。

1948 年　　英国成立了"东非高级委员会"，由肯尼亚、坦噶尼喀和乌
　　　　　干达的总督组成。

1949 年　　英联邦会议确定英联邦宪法形式，通过决议，宣布"英王为
　　　　　英联邦独立成员国自由结合的象征和英联邦的首脑"。

1949 年　　英国殖民部创办殖民地公职机构杂志《冠》。

1954 年　　英国殖民部颁布《殖民地公职机构的改组》，宣布从 1954
　　　　　年 10 月 1 日起正式成立"女王陛下的海外文职机构"，取代"殖民
　　　　　地公职机构"。

1956 年　　英国政府颁布《女王陛下的海外文职机构：关于组织的政
　　　　　策声明》。

1958 年　　英国政府颁布《女王陛下的海外文职机构：关于在尼日利
　　　　　亚供职的海外公职人员的政策声明》。

1960 年　　英国政府颁布《在海外政府供职》。

1961 年　　英国成立技术合作部。该部接管了殖民部、英联邦关系部、
　　　　　外交部、劳工部招聘海外供职人员的工作。

1962 年　　英国政府颁布《海外供职人员的招聘：未来的政策》。

1966 年　　4 月 6 日—8 月 1 日，弗雷德里克·李（Frederick Lee）为
　　　　　英国最后一任殖民大臣。

1966 年　　英国英联邦关系部与殖民部合并组成英联邦部。

1968 年　　英国英联邦部与外交部合并，组成"外交与英联邦部"，一
　　　　　般亦称外交部。

1997 年　　香港回归中国，英国的殖民地公职机构正式终结。

主要参考文献

中 文

［澳］曼宁·克拉克：《澳大利亚简史》，中山大学《澳大利亚简史》翻译组译，广东人民出版社 1973 年版。

［德］赫尔曼·库尔克、迪特玛尔·罗特蒙特：《印度史》，王立新、周红江译，中国青年出版社 2008 年版。

［苏］安东诺娃、戈尔德别尔格、奥西波夫主编：《印度近代史》，生活·读书·新知三联书店 1978 年版。

［苏丹］迈基·希贝卡：《独立的苏丹》，上海新闻出版系统"五·七"干校翻译组译，上海人民出版社 1973 年版。

［特］埃里克·威廉斯：《加勒比地区史（1492—1969）》，辽宁大学经济系翻译组译，辽宁人民出版社 1976 年版。

［特］埃里克·威廉斯：《特立尼达和多巴哥人民史》，吉林师范大学外语系翻译组译，吉林人民出版社 1973 年版。

［印度］恩·克·辛哈、阿·克·班纳吉：《印度通史》，张若达、冯金辛等译，商务印书馆 1973 年版。

［英］J. D. 费奇：《西非简史》，于珺译，上海人民出版社 1977 年版。

［英］J. H. 帕里、P. M. 舍洛克：《西印度群岛简史》，天津市历史研究所翻译室译，天津人民出版社 1976 年版。

［英］艾伦·伯恩斯：《尼日利亚史》，上海师范大学《尼日利亚史》翻译组译，上海人民出版社 1974 年版。

［英］雷蒙德·特·史密斯：《英属圭亚那》，吉林师范大学外语系翻译

组译，吉林人民出版社 1974 年版。

［英］理查德·霍尔：《赞比亚》，史毅祖译，商务印书馆 1973 年版。

［英］威·恩·弗·瓦德：《加纳史》，彭家礼译，商务印书馆 1972
年版。

D. H. 菲格雷多、弗兰克·阿尔戈特－弗雷雷：《加勒比海地区史》，王
卫东译，中国出版集团东方出版中心 2011 年版。

芭芭拉·沃森·安达娅、伦纳德·安达娅：《马来西亚史》，黄秋迪译，
中国出版集团中国大百科全书出版社 2010 年版。

陈启能主编：《香港与英国的殖民撤退》，中国社会科学出版社 1993
年版。

高岱、郑家馨：《殖民主义史·总论卷》，北京大学出版社 2003 年版。

贺圣达：《缅甸史》，云南人民出版社 2015 年版。

蒋孟引主编：《英国史》，中国社会科学出版社 1988 年版。

康斯坦丝·玛丽·藤布尔：《新加坡史》，欧阳敏译，中国出版集团东
方出版中心 2013 年版。

林承节：《印度近现代史》，北京大学出版社 1995 年版。

林恩·福斯特：《中美洲史》，张森根、陈会丽译，中国出版集团东方
出版中心 2016 年版。

林良光主编：《印度政治制度研究》，北京大学出版社 1995 年版。

刘辉：《英国对苏丹殖民政策：特点与影响》，《重庆与世界》2015 年
第 2 期。

刘绪贻、杨生茂总主编：《美国通史》第 1 卷《美国的奠基时代 1585—
1775》（李剑鸣著），人民出版社 2008 年版。

罗伯特·基：《爱尔兰史》，潘兴明译，中国出版集团东方出版中心
2010 年版。

骆介子：《澳大利亚建国史》，商务印书馆 1991 年版。

钱乘旦主编：《英国通史》第 3 卷：《铸造国家——16—17 世纪英国》
（姜守明等著），江苏人民出版社 2016 年版。

钱乘旦主编：《英国通史》第 4 卷：《转型时期——18 世纪英国》（刘金
源等著），江苏人民出版社 2016 年版。

斯坦利·沃尔波特：《印度史》，李建欣、张锦冬译，中国出版集团东方出版中心 2015 年版。

斯图亚特·麦金泰尔：《澳大利亚史》，潘兴明译，中国出版集团东方出版中心 2015 年版。

苏联科学院非洲研究所编：《非洲史》（1800—1918），上、下册，顾以安、翁访民译，上海人民出版社 1977 年版。

托因·法洛拉：《尼日利亚史》，沐涛译，中国出版集团东方出版中心 2015 年版。

汪熙：《约翰公司：英国东印度公司》，上海人民出版社 2007 年版。

王振华：《英联邦兴衰》，中国社会科学出版社 1991 年版。

王助民、李良玉、陈恩虎等：《近现代西方殖民主义史（1415—1990）》，中国档案出版社 1995 年版。

杨生茂、陆镜生：《美国史新编》，中国人民大学出版社 1990 年版。

詹森·汤普森：《埃及史：从原初时代至当下》，郭子林译，中国出版集团商务印书馆 2012 年版。

张顺洪：《从帝国到联邦：20 世纪英国殖民体系的演变》，齐世荣、廖学盛主编：《20 世纪的历史巨变》，人民出版社 2000 年版。

张顺洪：《战后英国关于殖民地公职人员的政策（1945—1965）》，《历史研究》2003 年第 6 期。

张顺洪等：《大英帝国的瓦解——英国的非殖民化与香港问题》，社会科学文献出版社 1997 年版。

张顺洪：《英属东非公职机构本土化初考》，《世界历史》2010 年第 4 期。

张顺洪：《英国殖民地公职机构的统一：1930 年费希尔报告考察》，《学海》2010 年第 3 期。

郑家馨主编：《殖民主义史·非洲卷》，北京大学出版社 2000 年版。

周红江：《英属印度文官机构研究综述》，《云梦学刊》第 34 卷第 2 期，2013 年 3 月。

佐伊·马什、G. W. 金斯诺思：《东非史简编》，伍彤之译，上海人民出版社 1974 年版。

《中国大百科全书》，中国大百科全书出版社 2002 年版。

《不列颠百科全书·国际中文版》，中国大百科全书出版社 2002 年版。

《世界历史词典》，上海辞书出版社 1985 年版。

中国国家图书馆有关电子资源。

中国社会科学院图书馆有关电子资源。

英　文

英国内阁档案：

CAB 128/ 1 — CAB 128/42（1945—1967）卷，内阁会议结论；

CAB 129 有关卷，内阁备忘录；

CAB 66/25、33、47、54 有关卷，关于殖民地公职机构；

CAB 124/507 卷，关于殖民地公职机构。

例如：英国内阁档案 CAB 128/9 C. M. 36（47），1947 年 4 月 14 日，
　　"印度和缅甸：对印度和缅甸公职机构成员的补偿"（"India and Bur-
　　ma：Compensation for the Members of Indian and Burma Services"）；英国
　　内阁档案 CAB 129/102 C.（60）116，《女王陛下的海外文职机构：
　　1960 年 7 月 19 日殖民大臣备忘录》（"Her Majesty's Overseas Civil
　　Service：Memorandum by the Secretary of State for the Colonies"）；英国
　　内阁档案 CAB 129/41，C. P.（50）171，《本土出生的行政人员和殖
　　民地公职机构：1950 年 7 月 17 日殖民大臣备忘录》（"Native-born
　　Administrators and the Colonial Services：Memorandum by the Secretary of
　　State for the Colonies, 17 July 1950"）；英国内阁档案 CAB 129/61，C.
　　（53）168，《苏丹：国务部长备忘录》（"The Sudan：Memorandum by
　　the Minister of State"），1953 年 6 月 11 日。

英国殖民部档案：

CO 1017/7—CO 1017/772 有关卷，关于殖民地公职机构；

CO 915/1—2，关于殖民地公职机构；

CO 83/191/18，关于殖民地公职机构；

CO 323/978/1，关于有关总督的任命；

CO 323/1011/2，关于费希尔委员会；

CO 323/1076/9，关于殖民部与殖民地公职人员招聘、《费希尔报告》、
　　1930 年殖民部会议；

CO 323/1110/20，关于从自治领大学招聘殖民地公职人员；

CO 323/1133/19，关于乌干达区长辛普森案例；

CO 323/1135/1，关于坦噶尼喀区长摩根斯案例；

CO 536/180/81，关于区长的晋升；

CO 967/320、321、363，关于有关总督的任命；

CO 877/11/2，关于苏丹政治机构候选人的信息；

CO 877/34/11，关于苏丹政治机构借调人员。

例如：英国殖民部档案 CO 1017/14，《英联邦招聘方案：一般政策》
　　（"Commonwealth Recruitment Scheme：General Policy"）；CO 1017/683：
　　《公职机构的本土化：东非》（ "Localization of the Public Service：East
　　Africa"）。

英国自治领部档案：

DO 118/117— DO 118/270 卷中有关档案文献；

DO 35/909/1—3，关于二战期间殖民地公职机构；

DO 35/984/3，关于二战期间殖民地公职机构。

例如，英国自治领部档案：DO 35/984/3， "殖民地公职机构 1937—
　　1941"（Colonial Service 1937 – 1941）。

英国政府敕颁文件 Command Papers：

Cmd. 2883：*Colonial Office Conference, 1927：Summary of Proceedings*,
　　HMSO，June 1927.

Cmd. 2884：*Colonial Office Conference, 1927：Appendices to the Summary of
　　Proceedings*，HMSO，June 1927.

Cmd. 3554： *Report of a Committee on the System of Appointment in the Colonial Office and the Colonial Services* ，HMSO，April 1930.

Cmd. 3628： *Colonial Office Conference , 1930 ： Summary of Proceedings* ，July 1930.

Cmd. 5760： *The Colonial Empire in 1937 – 38* , Statement to Accompany the Estimates for Colonial and Middle Eastern Services 1938, HMSO, June 1938.

Cmd. 6023： *The Colonial Empire* ，HMSO，May 1939.

Cmd. 7116 ， *India： Compensation for the Services： Grant of Compensation for Premature Termination of Their Service in India to Members of the Civil Services Appointed by the Secretary of State and to Regular Officers and British Warrant Officers of the Indian Naval and Military Forces* , HMSO, April 1947.

Cmd. 7167： *The Colonial Empire 1939 – 1947* , HMSO, July 1947.

Cmd. 7189 ， *Burma： Compensation for the Services： Grant of Compensation for Premature Termination of Their Service in Burma to Members of the Civil Services Appointed by the Secretary of State and to Regular Officers and British Warrant Officers and Non-commissioned Officers of the Defence Forces* , HMSO, April 1947.

Cmd. 7192 ， *India： Recapitulation of Terms and Assurances Given to Officers of the Civil Services of India and to Members of the Indian Armed Forces in Connection with the Constitutional Changes in India* , HMSO, August 1947.

Cmd. 7257： *Proposals for Conferring of Ceylon Fully Responsible Status within the British Commonwealth of Nations* , HMSO, September 1947.

Cmd. 7433： *The Colonial Empire , 1947 – 1948* , HMSO, June 1948.

Cmd. 8243： *The Colonial Terrtories , 1950 – 1951* , HMSO, May 1951.

Cmd. 8553： *The Colonial Terrtories , 1951 – 1952* , HMSO, May 1952.

Cmd. 8856： *The Colonial Terrtories , 1952 – 1953* , HMSO, May 1953.

Cmd. 9169： *The Colonial Territories , 1953 – 1954* , HMSO, May 1954.

Cmd. 9489： *The Colonial Terrtories , 1954 – 1955* , HMSO, June 1955.

Cmd. 9768： *Her Majesty's Oversea Civil Service*： *Statement of Policy regarding Organization*, HMSO, May 1956.

Cmd. 9769： *The Colonial Territories*, *1955 – 1956*, HMSO, May 1956.

Cmnd. 195： *The Colonial Territories*, *1956 – 1957*, HMSO, June 1957.

Cmnd. 451： *The Colonial Territories*, *1957 – 1958*, HMSO, June 1958.

Cmnd. 497： *Her Majesty's Overseas Civil Service*： *Statement of Policy regarding Overseas Officers Serving in Nigeria*, HMSO, July 1958.

Cmnd. 780： *The Colonial Territories*, *1958 – 1959*, HMSO, June 1959.

Cmnd. 854： *Public Officers Agreement between the Government of Great Britain and Northern Ireland and the Government of the Federation of Malaya*, HMSO, October 1959.

Cmnd. 1065： *The Colonial Territories*, *1959 – 1960*, HMSO, June 1960.

Cmnd. 1193： *Service with Overseas Governments*, HMSO, October 1960.

Cmnd. 1433： *The Future of East Africa High Commission Services*, HMSO, July 1961.

Cmnd. 1529： *Public Officers' Agreement between the Government of Sierra Leone and the Government of United Kingdom*, HMSO, October 1961.

Cmnd. 1740： *Recruitment for Service Overseas*： *Future Policy*, HMSO, May 1962.

Cmnd. 1751： *The Colonial Territories*, *1961 – 1962*, HMSO, June 1962.

Cmnd. 1778： *Report of the Uganda Independence Conference*, *1962*, HMSO, July 1962.

Cmnd. 2099： *Policy on the Recommendations of the Committee on Training in Public Administration for Overseas Countries*, HMSO, July 1963.

Cmnd. 2156： *Kenya*： *Independence Conference*, *1963*, HMSO, October 1963.

Cmnd. 2178： *Public Officers Agreement between Her Majesty's Government in the United Kingdom and the Government of Western Nigeria*, HMSO, November 1963.

Cmnd. 2180： *Public Officers Agreement between Her Majesty's Government in the United Kingdom and the Government of Northern Nigeria*, HMSO, November 1963.

Cmnd. 2244: *Public Officers' Agreement between Her Majesty's Government in the United Kingdom and the Governments of Kenya, Tanganyika and Uganda and the East African Common Services Organization*, HMSO, January 1964.

Cmnd. 2285: *Public Officers' Agreement between Her Majesty's Government in the United Kingdom and the Government of Kenya, 16 January 1964*, HMSO, February 1964.

Cmnd. 2376: *Overseas Development: The Work of the New Ministry*, HMSO, August 1965.

Cmnd. 3056: *Public Officers Agreement between Her Majesty's Government in the United Kingdom and the Government of Guyana*, HMSO, July 1966.

Cmnd. 3109: *Public Officers Agreement between the Government of the United Kingdom of Great Britain and Northern Ireland and the Government of Guyana, 26 May, 1966*, HMSO, October 1966.

Cmnd. 3180: *Overseas Development: The Work in Hand*, HMSO, January 1967.

英国殖民部印行文件：

The Colonial Office List for 1862; or, General Register of the Colonial Dependencies of Great Britain, compiled by William C. Sargeaunt and Arthur N. Birch, London: Edward Stanford, 1862.

Colonial No. 37: *Regulations for His Majesty's Colonial Services*, HMSO, October 1928.

Colonial No. 197, *Organization of the Colonial Service*, HMSO, 1946.

Colonial No. 198, *Post-war Training for the Colonial Service: Report of a Committee Appointed by the Secretary of State for the Colonies*, HMSO, 1946.

Colonial No. 223: *Report of the Commission on the Civil Services of Kenya, Tanganyika, Uganda and Zanzibar 1947 – 1948*, HMSO, 1948.

Colonial No. 306, *Reorganization of the Colonial Service*, HMSO, 1954.

Uganda: *Report for the Year 1959*, HMSO, 1960.

Uganda: *Report of the Uganda Constitutional Conference 1961 and Text of the Agreed Draft of a New Buganda Agreement Initiated in London*, October *1961*, HMSO, October 1961.

Regulations for His Majesty's Colonial Service, Colonial Office, Printed for HMSO by Darling & Son, July 1908.

Rules and Regulations for the Information and Guidance of the Principal Officers and Others in His Majesty's Colonial Possessions, London: W. Clowes and Sons, 1837.

C. S. R. I. 1950, Colonial Office, *Appointments in His Majesty's Colonial Service*, London: HMSO, 1950.

C. S. R. I. 1954, Colonial Office, *Appointments in Her Majesty's Colonial Service*, London: HMSO, 1954.

African No. 1193, Not for Publication: Colonial Office Summer Conference on African Administration: Ninth Section, 25th August – 6th September, 1958 at King's College, Cambridge, "A General Review of the Progress in Local Government in British African Territories".

出版的文献集:

British Documents on the End of Empire, Series A: Volume One: *Imperial Policy and Colonial Practice 1925 – 1945*, edited by S. R. Ashton and S. E. Stockwell, London: HMSO, 1996.

The Labour Government and the End of Empire 1945 – 1951, edited by Ronald Hyam, Volume Two, London, HMSO, 1992.

The Conservative Government and the End of Empire 1951 – 1957, edited by David Goldsworthy, Volome Three, London: HMSO, 1994.

Sudan, edited by Douglas H. Johnson, Volume Five, London: HMSO, 1998.

Documents on British Foreign Policy 1919 – 1939, some volumes.

Documents on British Policy Overseas, some volumes.

British Documents on Foreign Affairs：*Reports and Papers from the Foreign Office Confidential Print*, General Editors, Paul Preston and Michael Partridge, Part V：*From 1951 through 1956*, Series G, *Africa 1954*, editor, Peter Woodward, volume 4：*Africa（General）*, *Ethiopia*, *Libya*, *Egypt and Sudan and Morocco*, *Algeria and Tunisia*, LexisNexis, 2008.

Select Documents on the Constitutional History of the British Empire and Commonwealth, some volumes, Greenwood Press, 1994.

英文著作和文章：

Abbott, A. W. , *A Short History of the Crown Agents and Their Office*, printed by Eyre and Spottiswoode Limited, Her Majesty's Printers at the Chiswick Press, 1959.

Adu, A. L. , *The Civil Service in New African States*, London：George Allen & Unwin, 1965.

Andrews, Charles M. , *British Committees, Commissions, and Councils of Trade and Plantations, 1622 – 1675*, The Johns Hopkins Press, 1908.

Anjaria, Dhara, *Curzon's India：Networks of Colonial Governance, 1899 – 1905*, Oxford University Press, 2014.

Atkinson, M. C. , *An African Life：Tales of a Colonial Officer*, T. B. Tuaris & Co Ltd. , 1992.

Baker, C. A. , "Africanisation of the Administrative Service", Anthony Kirk-Greene, ed. , *The Transfer of Power：The Colonial Administrator in the Age of Decolonizaion*, Oxford University Press, 1979.

Bell, G. W. and Kirk-Greene, A. H. M. , compiled, *The Sudan Political Service 1902 – 1952*, Oxford, 1989.

Bell, Sydney Smith, *Colonial Administration of Great Britain*, London：Longman, 1859.

Bertram, Sir Anton, *The Colonial Service*, Cambridge University Press, 1930.

Bradley, Kenneth, *Once a District Officer*, Macmillan and St Martin's

Press, 1966.

Bradley, Kenneth, *The Colonial Service as a Career*, HMSO, 1950.

Bradley, Kenneth, *The Diary of a District Officer*, George G. Harrap & Co Ltd., 1943.

Breidlid, Anders, et al, eds., *A Concise History of South Sudan*, Kampala: Fountain Publishers, 2010.

Burns, Sir Alan, *Colonial Civil Service*, London: George Allen & Unwin Ltd., 1949.

Canny, Nicholas, *The Origins of Empire: British Overseas Enterprise to the Close of the Seventeenth Century*, Oxford University Press, 1998.

Cawood, Ian and Upton, Chris, eds., *Joseph Chamberlain: International Statesman, National Leader, Local Icon*, Palgrave Macmillan, 2016.

Cell, John W., *British Colonial Administration in the Mid-Nineteenth Century: The Policy-Making Process*, Yale University Press, 1970.

Collins, Robert O. and Deng, Francis M., eds., *The British in the Sudan, 1898 – 1956: Sweetness and the Sorrow*, The Macmillan Press Ltd., 1984.

Collins, Robert, "The Sudan Political Service: A Portrait of the 'Imperialists'", *African Affairs*, Vol. 71, No. 284, July 1972.

Crocker, Walter Russell, *On Governing Colonies: Being an Outline of the Real Issues and a Comparison of the British, French and Belgian Approach to Them*, London: George Allen and Unwin Ltd., 1947.

Crosby, Travis L., *Joseph Chamberlain: A Most Radical Imperialist*, I. B. Tauris, 2011.

Cunningham, H. S., *British India and Its Rulers*, Delhi: Low Price Publications, 1995.

Darwin, John, *Unfinished Empire: The Global Expansion of Britain*, Allen Lane, An Imprint of Penguin Books, 2013.

Desai, Tripta, *The East India Company: A Brief Survey from 1599 – 1857*, New Delhi: Kanak Publications, 1984.

Dewey, C. J., "The Education of a Ruling Caste: The Indian Civil Service in the Era of Competitive Examination", *The English Historical Review*, Vol. 88, No. 347, April, 1937.

Dewey, Clive, *Anglo-Indian Attitude: The Mind of the Indian Civil Service*, Oxford University Press, 1996.

Dickerson, Oliver Morton, *American Colonial Government 1696 – 1765: A Study of the British Board of Trade in Its Relation to the American Colonies, Political, Industrial, Administrative*, Hardpress Publishing, 1913.

Dixon, C. Willis, *The Colonial Administrations of Sir Thomas Maitland*, Augustus of Economic Classics, 1969.

Duncan, J. S. R., *The Sudan: A Record of Achievement*, William Blackwood & Sons Ltd., 1952.

Fiddes, Sir George V., *The Dominions and Colonial Offices*, G. P. Putnam's Sons Ltd., 1926.

Francis, Mark, *Governors and Settlers: Images of Authority in British Colonies, 1820 – 60*, Macmillan Press Ltd., 1992.

Furse, Major Sir Ralph, *Aucuparius: Recollections of a Recruiting Officer*, Oxford University Press, 1962.

Gann, L. H. and Duignan, Peter, eds., *African Proconsuls: European Governors in Africa*, The Free Press, 1979.

Gatheru, R. Mugo, *Kenya: From Colonization to Independence 1880 – 1970*, McFarland & Co. Inc., 2005.

Hall, Henry L., *The Colonial Office: A History*, Longmans, Greene and Co., 1937.

Hanna, Mark G., *Pirate Nests and the Rise of the British Empire, 1570 – 1740*, University of North Carolina Press, 2015.

Harris, P. B., *Studies in African Politics*, Hutchinson University Library London, 1970.

Heussler, Robert, *British Tanganyika: An Essay and Documents on District Administration*, Duke University Press, 1971.

Heussler, Robert, *Yesterday's Rulers: The Making of the British Colonial*

Service, Oxford University Press, 1963.

Hunt, Roland, and Harrison, John, *The District Officer in India 1930 – 1947*, London: Scolar Press, 1980.

Jeffries, Sir Charles, *Whitehall and the Colonial Service: An Administrative Memoir, 1939 – 1956*, The Athlone Press, 1972.

Jeffries, Sir Charles, *The Colonial Office*, Oxford University Press, 1956.

Jennings, Sir Ivor, *The British Commonwealth of Nations*, Hutchinson University Library London, 1961.

Kenrick, Rosemary, compiled, *Sudan Tales: Recollections of Some Sudan Political Service 1926 – 56*, The Oleander Press, 1987.

Kirk-Greene, Anthony H. M. , " Taking Canada into Partnership in ' The White Man's Burden' : British Colonial Service and the Dominion Selection Scheme of 1923 ", *Canadian Journal of African Studies*, Vol. 15, No. 1, 1981.

Kirk-Greene, Anthony H. M. , "The Thin White Line: The Size of the British Colonial Service in Africa ", *African Affairs*, Vol. 79, No. 314, Jan. 1980.

Kirk-Greene, Anthony H. M. , *A Biographical Dictionary of the British Colonial Governors*, Volume 1: *Africa*, The Harvest Press, 1980.

Kirk-Greene, Anthony, *A Biographical Dictionary of the British Colonial Service, 1939 – 1966*, Hans Zell Publishers, 1991.

Kirk-Greene, Anthony, *Britain's Imperial Administrators, 1858 – 1966*, The Macmillan Press, 2000.

Kirk-Greene, Anthony, ed. , *Aspects of Empire: A Second Corona Anthology*, I. B. Tauris and Co. Ltd. , 2012.

Kirk-Greene, Anthony, *Glimpses of Empire: A Corona Anthology*, T. B. Tauris Publishers, 2001.

Kirk-Greene, Anthony, *On Crown Service: A History of HM Colonial and Overseas Civil Service, 1837 – 1997*, T. B. Tauris Publishers, 1999.

Kirk-Greene, Anthony, *The Transfer of Power: The Colonial Administrator in the Age of Decolonisation*, Oxford University Press, 1979.

Kirk-Greene, A. H. M. , *The Sudan Political Service: A Preliminary Profile*, Parchment (Oxford) Ltd. , 1982.

Kirk-Greene, Anthony, *Symbol of Authority: The British District Officer in Africa*, I. B. Tauris and Co. Ltd. , 2006.

Knaplund, Paul, *James Stephen and the British Colonial System 1813 – 1847*, Greenwood Press, Publishers, 1974.

Laski, Harold J. , "The Colonial Civil Service", *The Political Quarterly*, Vol. 9, No. 4, 1938.

Leacock, Stephen, "Responsible Government in the British Colonial System", *The American Political Science Review*, Vol. 1, No. 3, May 1907.

Lee, J. M. and Petter, Martin, *The Colonial Office, War and Development Policy: Organization and Planning of a Metropolitan Initiative, 1939 – 1945*, Maurice Temple Smith Ltd. , 1982.

Lloyd, T. O. , *The British Empire 1558 – 1983*, Oxford University Press, 1984.

Louis, William Roger, ed. , *The Oxford History of the British Empire*, Vol. 1: *The Origins of the Empire*, Nicholas Canny, ed. , Oxford University Press, 1998.

Louis, William Roger, ed. , *The Oxford History of the British Empire*, Vol. 2: *The Eighteenth Century*, P. J. Marshall, ed. , Oxford University Press, 1998.

Louis, William Roger, ed. , *The Oxford History of the British Empire*, Vol. 3: *The Nineteenth Century*, Andrew Porter, ed. , Oxford University Press, 1999.

Louis, William Roger, ed. , *The Oxford History of the British Empire*, Vol. 4: *The Twentieth Century*, Judith M. Brown, William Roger Louis, eds. , Oxford University Press, 1999.

Lowell, A. Lawrence, *Colonial Civil Service: The Selection and Training of Colonial Officials in England, Holland and France*, The Macmillan Company, 1900.

Lugard, Frederick, *The Dual Mandate in British Tropical Africa*, Frank Cass & Co. Ltd. , 1965.

Macleod, R. D. , *Impressions of an Indian Civil Servant*, London: H. F. & G. Witherby Ltd. , 1938.

Macmichael, Sir Harold, *The Sudan*, Ernest Benn Limited, 1954.

Mahdi, Mandour El, *A Short History of the Sudan*, Oxford University Press, 1965.

Majumdar, R. C. , et al, *An Advanced History of India*, Third Edition, Macmillan, 1967.

Mangan, J. A. , "The Education of an Elite Imperial Administration: The Sudan Political Service and the British Public School System", *The International Journal of African Historical Studies*, Vol. 15, No. 4, 1982.

Manners, Robert A. , "Africanization, Neo-Racialism and East Africa", *Africa Today*, Vol. 9, No. 9, November 1962.

Marsh, Peter T. , *Joseph Chamberlain: Entrepreneur in Politics*, Yale University Press, 1994.

Masefield, G. B. , *A History of the Colonial Agricultural Service*, Oxford: Clarendon Press, 1972.

Mason, Philip, *The Men Who Ruled India*, London: Jonathan Cape, 1985.

Menon, V. P. , *The Transfer of Power in India*, Orient Longman, 1957.

Misra, B. B. , *The Central Administration of the East India Company 1773 – 1834*, Manchester University Press, 1959.

Mukherjee, Mithi, *India in the Shadows of Empire: A Legal and Political History 1774 – 1950*, Oxford University Press, 2010.

Newbury, Colin, "Patronage and Professionalism: Manning a Transitional Empire, 1760 – 1870", *The Journal of Imperial and Commonwealth History*, Vol. 42, No. 2, 2014.

O'Malley, L. S. S. , *The Indian Civil Service 1600 – 1931*, Frank Cass and Co. Ltd. , 1965.

Odenyo, Amos O. , "An Assessment of the African Brain Drain, with Special Reference to the Kenyan Mid-Career Professional", *A Quarterly Journal of Africanist Opinion*, Vol. 9, No. 4, Winter 1979.

Olson, James S. and Shadle, Robert, eds. , *Historical Dictionary of the British Empire*, Greenwood Press, 1996.

Osborne, Myles, and Kent, Susan Kingsley, *Africans and Britons in the Age of Empires, 1660 – 1980*, Routledge, 2015.

Oyinloye, Olatunji, *The Changing Role of the District Officer in Northern Nigeria, 1945 – 1965*, University of Pittsburg, August 1966, kept in SOAS, University of London.

Palmer, Alan, ed. , *Dictionary of the British Empire and Commonwealth*, London: John Murray, 1996.

Panton, Kenneth J. , ed. , *Historical Dictionary of the British Empire*, Rowman & Littlefiled, 2015.

Parkinson, Sir Cosmo, *The Colonial Office from Within 1909 – 1945*, London: Faber and Faber Limited, 1947.

Parsons, Timothy H. , *The 1964 Army Mutinies and the Making of Modern East Africa*, Praeger Publishers, 2003.

Podmore, David, "Localization in the Hong Kong Government Service, 1948 – 1968", *Journal of Commonwealth Political Studies*, Vol. 9, 1971.

Porter, A. N. , ed. , *Atlas of British Overseas Expansion*, Routledge, 1991.

Potter, David C. , *India's Political Administrators, 1919 – 1983*, Clarendon Press, 1986.

Potter, Simon J. , *British Imperial History*, Palgrave, 2015.

Principles and Methods of Colonial Administration: Colston Papers Based on a Symposium by the Colston Research Society and the University of Bristol in April 1950, London: Butterworths Scientific Publications, 1950.

Rathbone, Richard, "The Transfer of Power and Colonial Civil Servants in Ghana", *Journal of Imperial and Commonwealth History*, Vol. 28, No. 2, May 2000.

Robbins, Keith, ed. , *The Blackwell Biographical Dictionary of British Political Life in the Twentieth Century*, Basil Blackwell Ltd. , 1990.

Robson, William A. , ed. , *The Civil Service in Britain and France*, The Macmillan Company, 1956.

Rothchild, Donald, "Kenya's Africanization Program: Priorieties of Development and Equity", *The American Political Science Review*, Vol. LXIV, No. 3, September, 1970.

Savelle, Max, *A History of Colonial America*, Third Edition, Illinois, Dryden Press, 1973.

Saxena, Anil, *East India Company*, New Delhi: Anmol Publications PVT. LTD. , 2007.

Sconyers, David, "Servant or Saboteur? The Sudan Political Service during the Crucial Decade", *Bulletin* (British Society for Middle Eastern Studies), Vol. 14, No. 1, 1987.

Shenk, Wilbert R. , "The Legacy of James Stephen", *International Bulletin of Missionary Research*, Vol. 35, No. 4, 2011.

Smith, John, *Colonial Cadet in Nigeria*, Duke University Commonwealth Studies Center, 1968.

Smith, John, ed. , *Administering Empire: The British Colonial Service in Retrospect*, University of London, 1999.

Spear, Percival, *The Oxford History of Modern India*, Oxford: Clarendon Press, 1965.

Sunderland, David, *Managing the British Empire: The Crown Agents 1833 - 1914*, Boydell Press, 2004.

Symonds, Richard, "Reflections on Localization", *Journal of Commonwealth Political Studies*, Vol. 2, 1963 - 1964.

The Concise Dictionary of National Biography: From the Earliest Times to 1985, Oxford University Press, 1992.

Tupp, Alfred Cotterell, *The Indian Civil Service and the Competitive System*, R. W. Bridges, 1876.

Wight, Martin, *British Colonial Constitutions*, Oxford: Clarendon Press, 1952.

Wilbur, Marguerite Eyer, *The East India Company and the British Empire in the Far East*, New York: Richard R. Smith, 1945.

Williams, A. A., "Administrative Adjustment of a Colonial Government to Meet Constitutional Change", *Public Administration*, Vol. 35, Autumn, 1957.

Willis, Justin, "Violence, Authority, and the State in the Nuba Mountains of Condominium Sudan", *The Historical Journal*, Vol. 46, No. 1, March, 2003.

Woodruff, Philip, *The Men Who Ruled India*, Vol. 2: *The Guardians*, Oxford, The Alden Press, 1954.

Wright, Louis B. and Fowler, Elaine W., eds., *English Colonization of North America*, London: Edward Arnold (Publishers) Ltd., 1968.

Young, D. M., *The Colonial Office in the Early Nineteenth Century*, Longmans, 1961.

Younger, Kenneth, *The Public Services in New States: A Study in Some Trained Manpower Problems*, Oxford University Press, 1960.

网络参考资源:

中国国家图书馆: http://www.n/c.cn/

中国社会科学院图书馆: http://www.lib.cass.org.cn

英帝国网站: http://www.britishempire.co.uk/

伦敦大学历史研究所网站: http://www.history.ac.uk/publications/historical-research

英国国家档案馆: http://www.nationalarchives.gov.uk/

专有名词英汉对照简表

Accountant-General	财务主任
Africanization	非洲化
Agent	代理人
Amery，Leopold	利奥波德·埃默里
Anglo-Egyptian Condominium	英埃共管地
Annex	附录
Appendix	附件
Assembly	大会（立法大会）
Assistant Commissioner	助理专员
Assistant Under-Secretary of State	助理国务次官
Attorney General	检察长或律政司（香港）
Auditor General	审计长
Belfour Declaration	《贝尔福宣言》
Bertram，Sir Anton	安东·伯特伦爵士
Board of Control	监督局
Board of Trade	贸易局
Bog Barons	沼泽男爵
Bradley，Kenneth	肯尼思·布拉德利
British Commonwealth 或 Commonwealth	英联邦
British Empire	英帝国
British Guiana	英属圭亚那
British India	英属印度

British North America Act	《英属北美法》
British Resident	英国驻扎官
British Tanganyika	英属坦噶尼喀
Cabinet	内阁
Cameron，Donald	唐纳德·卡梅伦
Canadian Confederation	加拿大联邦
Captain-General	总司令
Central African Federation 或 Federation of Central Africa	中非联邦
Ceylon	锡兰
Chamberlain，Joseph	约瑟夫·张伯伦
Chief Commissioner	首席专员
Chief Secretary	秘书长（首席秘书）
Civil Auditor-General	民事审计长
Civil Service	文官机构/文职机构
Civil Service Commission	文官机构委员会
Collector	收税官
Colonial Administrative Service	殖民地行政机构
Colonial Development Act	《殖民地发展法》
Colonial Empire	殖民帝国
Colonial Laws Validity Act	《殖民地法律有效法》
Colonial Office	殖民部
Colonial Office Conference	殖民部会议
Colonial Office List	《殖民部名录》
Colonial Regulations	《殖民地规章》
Colonial Secretary	秘书长（殖民秘书）
Colonial Secretary 或 Secretary of State for the Colonies	殖民大臣
Colonial Service	殖民地公职机构
Colonial Service Appointments Board	殖民地公职机构任命局
Colony/Colonies	殖民地
Commission	委任状

Command Papers	英国政府敕颁文件
Commissioner	专员
Commonwealth	英联邦
Commonwealth Office	英联邦部
Conservative Party	保守党
Corona Club	冠俱乐部
Council for Foreign Plantations	国外拓殖地委员会
Councillors	参事
Court of Directors	董事会
Court of Proprietors	业主会
Crown Agents	皇家代理人
Crown Colonies/Crown Colony	皇家殖民地
Curzon，George Nathaniel	寇松
Cyprus	塞浦路斯
Decolonization 或 Decolonisation	非殖民化
Distinguished Service Order	优异服务勋章
Deputy Under-Secretary of State	副国务次官
District Commissioner	区专员
District Headman	区头人
District Officer	区长
Divide and Rule	分而治之
Division of Dominions	自治领分部
Dominion	自治领
Dominion of Canada	加拿大自治领
Dominion Selection Scheme	自治领遴选计划
Dominions Office	自治领部
Dual Mandate	双重委任统治
Dundas，Henry	亨利·邓达斯
Durham（John George Lambton）	德拉姆

East Africa High Commission	东非高级委员会
Eastern Cadetship 或 Eastern Cadet Services	东方学员机构
East India Company	东印度公司
Egyptian Civil Service	埃及文官机构
Executive Council	行政会议或行政局（香港）
Expatriates	外籍人
Final Examination	终考
Fisher, Warren	沃伦·费希尔
Foot, Hugh	休·富特
Foreign Office	外交部
Foreign Secretary	外交大臣
Furse, Ralph. D.	拉尔夫·弗斯
General Department	综合局
General Division	综合分部
Ghana	加纳
Gibraltar	直布罗陀
Gold Coast	黄金海岸
Government Agent	政府代理人
Government House	总督府
Government of India Act	《印度政府法》
Governor	总督
Governor General	大总督/总督
Governor-General	大总督/总督
Governor-General's Council	总督会议
Gowers, William	威廉·高尔斯
Grand Cross of the Order of St. Michael and St. George	圣迈克尔和圣乔治大十字勋章
Grey, George	乔治·格雷
Griffiths, Jim	吉姆·格里菲思
Guyana	圭亚那
Haileybury College	黑利伯里学院

续表

Harding, John	约翰·哈丁
Hastings, Warren	沃伦·哈斯丁斯
Hay, Robert William	罗伯特·威廉·海
Her Majesty's Oversea Civil Service	女王陛下的海外文职机构
Heussler, Robert	罗伯特·休斯勒尔
High Commissioner	高级专员
Hobart, Robert	罗伯特·霍巴特
Home Civil Service	（英国）国内文官机构
Home Secretary	内政大臣
India Civil Service	印度文官机构
India Office	印度部
Indian India	印属印度
Indian Political Service	印度政治机构
Indirect Rule	间接统治
Interpretation Act	解释法
Isaacs, Isaac	艾萨克·艾萨克斯
Jeffries, Charles	查尔斯·杰弗里斯
Jones, Arthur Creech	阿瑟·克里奇·琼斯
Junior Posts	低级职位
Labour Party	工党
Legislative Assembly	立法大会
Legislative Council	立法会议或立法局（香港）
Legislature	立法机关
Lennox-Boyd, Alan	艾伦·伦诺克斯－博伊德
Lieutenant Governor	副总督
Localization	本土化
Lord High Commissioner	王室高级专员
Lugard, Frederick	弗雷德里克·卢加德
Lyttelton, Oliver	奥利夫·利特尔顿
MacMillan, Harold	哈罗德·麦克米伦

续表

Malawi	马拉维
Malaya	马来亚
Maitland, Thomas	汤姆斯·梅特兰
Mandate	委任统治地或委任统治
Maudling, Riginald	雷金纳德·莫德林
McLeod, Iain	伊恩·麦克劳德
Member of the Order of the British Empire	帝国勋章
Minister of State for the Colonies	殖民事务国务部长
Minister	部长
Morgans, F. W. C.	摩根斯
Northern Rhodesia	北罗得西亚
Nyasaland	尼亚萨兰
Official Member	官方成员
Order in Council	枢密院敕令
Parliament	议会
Paymaster-General	财政主计长
Peel, Robert	罗伯特·皮尔
Peerage	贵族头衔
Pension	退休金/养老金
Permanent Under-Secretary of State	常任国务次官
Personnel Division	人事分部
Pitt, the Younger, William	小威廉·庇特
Post	职位/职务
Premier	总理
Prime Minister	首相/总理
Private Secretary	私人秘书
Privy Council	枢密院
Promotions Branch	晋升分局
Promotions Committee	晋升委员会
Protectorate/Protectorates	保护地

续表

Provincial Commissioner	省专员
Public Officer	公职人员
Public Officers Agreement	公职人员协定
Public School	公学
Regulating Act	《管理法》
Regulations for His Majesty's Colonial Service	《国王陛下殖民地公职机构规章》
Representative Institutions	代议体制
Resident	驻扎官
Resident Administrator	驻扎行政官
Resident Commissioner	驻扎专员
Resident Justices	驻扎法官
Responsible Government	责任制政府
Rossall School	罗素学校
Robertson, William	威廉·罗伯逊
Royal Colony	王室殖民地
Royal Africa Company	皇家非洲公司
Royal Instructions	王室训令
Secretariat	办公厅
Secretary of State	国务大臣
Secretary of State for India or Indian Secretary	印度大臣
Secretary of State for the Southern Department	南方大臣
Secretary of State for War	战争大臣
Secretary of State for War and the Colonies	战争和殖民大臣
Selection Board	遴选委员会
Self-governing Colonies	自治殖民地
Senior official	高级官员
Senior posts	高级职位
Sinclair, George	乔治·辛克莱
Southern Rhodesia	南罗得西亚
Sri Lanka	斯里兰卡
Stanley, Edward Henry	爱德华·亨利·斯坦利

Stanley，Herbert	赫伯特·斯坦利
Statute of Westminster	《威斯敏斯特法》
Stephen，James	詹姆斯·斯蒂芬
Straits Settlements	海峡殖民地
Study leave	进修假
Sudan Civil Service	苏丹文官机构
Sudan Political Service	苏丹政治机构
Tanganyika	坦噶尼喀
Town Council	镇会议
Town Ride	镇骑视
Transfer of Power	权力转移
Umma Party	乌玛党
Under-Secretary of State	国务次官
Viceroy	副王
Viceroy's House	副王府
Wingate，Reginald	雷金纳德·温盖特
Yeardley，George	乔治·亚德利
Zambia	赞比亚
Zimbabwe	津巴布韦

索 引

后　记

　　笔者为中国社会科学院大学特聘课程主讲教授。本书为国家哲学社会科学基金项目"英国殖民地公职机构研究"的成果，出版得到了中国社会科学院创新工程经费的资助，特此表示衷心感谢！

张顺洪

2018 年 2 月